"十四五"国家重点出版物出版规划项目

胡適年譜長編

宋广波 著

第八卷

● 1952　1958 ●

长江出版传媒
湖北人民出版社

目　录
第八卷　1952—1958 年

1952 年　壬辰　61 岁 …………………………………………… 1
 1 月 …………………………………………………………… 1
 2 月 …………………………………………………………… 9
 3 月 …………………………………………………………… 15
 4 月 …………………………………………………………… 19
 5 月 …………………………………………………………… 24
 6 月 …………………………………………………………… 29
 7 月 …………………………………………………………… 33
 8 月 …………………………………………………………… 35
 9 月 …………………………………………………………… 37
 10 月 ………………………………………………………… 43
 11 月 ………………………………………………………… 48
 12 月 ………………………………………………………… 53

1953 年　癸巳　62 岁 …………………………………………… 65
 1 月 …………………………………………………………… 65
 2 月 …………………………………………………………… 76
 3 月 …………………………………………………………… 77
 4 月 …………………………………………………………… 84
 5 月 …………………………………………………………… 86
 6 月 …………………………………………………………… 92
 7 月 …………………………………………………………… 98
 8 月 …………………………………………………………… 102

1

9月		108
10月		111
11月		114
12月		116
1954年 甲午 63岁		**120**
1月		120
2月		121
3月		125
4月		137
5月		142
6月		145
7月		147
8月		149
9月		152
10月		156
11月		158
12月		164
1955年 乙未 64岁		**168**
1月		168
2月		172
3月		178
4月		184
5月		185
6月		187
7月		188
8月		190
9月		193
10月		197
11月		203

	12月	207
1956年 丙申 65岁		211
	1月	211
	2月	213
	3月	218
	4月	225
	5月	234
	6月	239
	7月	240
	8月	249
	9月	255
	10月	260
	11月	268
	12月	277
1957年 丁酉 66岁		279
	1月	279
	2月	289
	3月	291
	4月	296
	5月	298
	6月	301
	7月	305
	8月	309
	9月	312
	10月	313
	11月	317
	12月	321
1958年 戊戌 67岁		324
	1月	324

2月 ………………………………………………………………… 331

3月 ………………………………………………………………… 336

4月 ………………………………………………………………… 341

5月 ………………………………………………………………… 356

6月 ………………………………………………………………… 365

7月 ………………………………………………………………… 374

8月 ………………………………………………………………… 378

9月 ………………………………………………………………… 381

10月 ……………………………………………………………… 383

11月 ……………………………………………………………… 386

12月 ……………………………………………………………… 398

1952年　壬辰　61岁

6月30日，胡适的葛思德东方图书馆馆长一职满任，旋受邀担任该馆名誉馆长，直至逝世。

11月19日，胡适于1949年4月赴美后首次回到台湾。

1月

1月1日　胡适在日记中总结了1951年一年的成绩（见本谱1951年最末一条）。

按，本谱引用胡适1952年日记，均据《胡适的日记》手稿本第17册，以下不再特别注明。

同日　毛子水致函胡适，谈道：

"自由中国"仍照常出版。社中人仍坚持以先生居发行人的名义，他们以为这是一种精神上的寄托。我屡向雷儆寰君提出换去发行人名义问题，雷君总以"等有机会时再讲"为辞；理由是：此时向"政府机关"申请换发行人之名，不免引起麻烦也。因此，我亦无法必强他们更换。好在社会人士，都知道先生与这个刊物的关系。（去年十一月十六日出版的"自由中国"，曾把先生之所以居发行人之名，和先生对该刊言论行动等不能负责任的意思声明了一下。）我和雪屏都极不赞成以先生的名字为发行人。我想，先生便中可致雷君一信提出这个问题。……

  雷君办理"自由中国"事，颇为热心。……他所以这样，多少总是为"国家"为人民的利益，并没有其他心肠——这一点是可以相信的。朋友中如雪艇、立武、雪屏诸君对雷君近来的态度颇有不谅解处。我想，这是因为雷儆寰君身受恶势力的迫胁，所以于言辞之间不免稍有忿激的地方。雪艇、雪屏诸公等在官言官，自不能不怪雷君。至于有许多人说他退去怎样那样，亦不甚对。……无论如何，我意雷君决不至为有害于"反共抗俄"的事情，决不至为有害于"国家"的事情，决不至为有害于现在"政府"的事情。他的办"自由中国"，纯粹是要以"政府"的"箴友"自居。……（台北胡适纪念馆藏档，档号：HS-US01-091-006）

1月4日 段荣昌致函胡适，询胡适在美组织"自由中国大同盟"事，并告知愿追随提供己力：

  在去年末，生听到一位朋友说，他看见仰光《中华商报》载，说先生领导海内外名流，为了民主自由，为了反抗极权暴戾，在美组织"自由中国大同盟"。确乎？如确，请赐示，赐告组织纲领章程及斗争目标，只要是先生领导，生决奔来参加，并愿在缅结合有志之士，协同为主义而努力。

  闻同盟组织人，有李宗仁、许崇智、陈启天、余家菊诸君子……李弥也在，大家推先生为主席，确乎？特来致问。（台北胡适纪念馆藏档，档号：HS-US01-104-002）

1月5日 胡适读罢胡家健从香港寄来的顾颉刚、沈尹默、蔡尚思三人的批胡文章后，在日记中评论道：

  蔡尚思是一个有神经病的人，但他写《胡适反动思想批判》还参考了不少书，引了我许多话。

  颉刚说的是很老实的自白。他指出我批评他的两点（《系辞》的制器尚象说,《老子》出于战国末年说),也是他真心不高兴的两点。

沈尹默的一篇则是全篇扯谎！这人是一个小人,但这样下流的扯谎倒罕见的！

按,当日胡适将这些批判文章函寄杨联陞,并请杨向洪煨莲、裘开明传观。(台北胡适纪念馆藏档,档号:HS-LS01-003-017)

1月7日　胡适日记有记:

连日摘钞朱熹论生死鬼神的信札同语录。前答杨联陞书,指出朱子《答连嵩卿一》与《答廖子晦二》,其实还不止此二书。

我在一九四五在 Harvard Divinity School 作 Ingersoll Lecture,指出殷人的祖先教的用人祭及殉葬等惨酷风俗,引起后来思想家的反抗,故孔子说"未知生,焉知死""未能事人,焉能事鬼""务民之义,敬鬼神而远之",都带有 agnosticism 意味。下一代当然说"无鬼神"了。

此次答杨联陞信,指出北宋南宋的思想家为什么也提倡一种 agnosticism。我说,当时禅家说的尽管高明,其实很浅陋。他们所以要思想学问,只为了"生死事大,无常迅速"。宗杲教人,总说,"腊月三十夜到来,管取你热乱"。司马光以下,张程朱子,都只是要打破这种卑陋的心理。

司马光的《资治通鉴》特别表章范缜的神灭论与反因果论,这是有意的提倡。

张载《西铭》说的"存,吾顺事；没,吾宁也",也只是孟子所谓"夭寿不贰,修身以俟之"。

朱子更明显的指出释氏"为生死事大无常迅速然后学",指出这是"陋",这是"私意之尤者"。

1月8日　胡适在日记中粘贴了 George E. Sokolsky 评论胡思杜批评胡适的英文剪报。该评论说:

HUSHIH has played the role in modern China that Dante, Boccaccio and Petrarch played in Italy of the Renaissance. He bridged the ancient to the current. He wrote poetry, not in the classical tongue, but in the spoken language of the people. The first volume of his *History of Chinese Philosophy* was a best-seller. He edited a library of novels which had become the folklore of his race. He has come to be known as the father of the "literary revolution".

Studying at Cornell and Columbia, he came under the influence of William James and John Dewey and brought back with him to China the American concept of pragmatism. No matter what one's view may be of pragmatism, Dr. Hu, instead of devoting himself solely to scholarship, became the man of action, making a profound impression on his time. He has served as "Chinese Ambassador" to the United States and is now librarian of the Gest Library at Princeton.

1月9日　胡适复函杨联陞，谈道：

> 我读了你论"连坐""祸延"一段……很想你检读《弘明集》卷十三收的郗超的《奉法要》第五叶有驳"殃延亲属"的大段……此中最精采的话，有这些：
>
> 若衅不当身，而殃延亲属，以兹制法，岂唯圣典之所不容，固亦申、韩之所必去矣。是以《泥洹经》（涅盘经）云，"父作不善，子不代受。子作不善，父亦不受。善自获福，恶自受殃"。至矣哉斯言，允心应理！……
>
> 此大段前半论"祸延子孙"之不合理，后半论佛法"归诸宿缘，推之来世"是当然的推理。（Karma之说，过去、现在、未来、罪祸报应，始终假定是"一己"承当。）
>
> 郗超是绝顶聪明人，故能抓住这一个根本区别。但两千年的佛教史上，好像没有人特别指出这个区别。大家接受了印度来的三生业报之说，但没有人能像郗嘉宾那样斥责"殃延亲属"的"中国本位思想"。

《奉法要》全文是很扼要的叙述佛法的大文章。汤锡予先生似不曾充分赏识此文的重要性。(台北胡适纪念馆藏档，档号：HS-LS01-003-019)

按，杨联陞之1月7日来函现存台北胡适纪念馆，档号：HS-LS01-003-018。

同日 徐高阮致函胡适，云：1951年4月信函所附寄《中山先生论外交政策》一文是否寄到？看到胡适复藏哲先谈潘夏红学的信后，自己写了一篇《替胡适之先生作一个注解》，随函寄上，并略陈自己的看法。胡适自上海出国时，自己曾赠送一本英文的孙中山论中国存亡问题的书，因自己需要参考这本书，故请胡适寄还。(台北胡适纪念馆藏档，档号：HS-US01-092-001)

1月10日 胡适去Dr. Robert L. Levy处检查身体，状况良好。(据《日记》)

1月12日 胡适收到江泽涵1951年11月30日写的信，江函说："我们开始觉得你们如果在北京，必定不会感觉不舒服的。我这么觉得，也还是近半年多以来的事，而且也是我们自己心里相信的。你可以想象我们的生活是很快乐的。"(据《日记》)

1月13日 胡适从房兆楹、杜联喆夫妇手中买得《大清历朝实录》，所以买此书，"是感觉此书有用，而我知道这三百年的史实太少，所以想到这书在我手头也许可以引起我读清史的兴趣"。(据《日记》)

1月14日 胡适写信给陈源，请陈代照British Museum所藏的"世界最古的印本书"(唐懿宗咸通九年戊子〔868〕刻的《金刚经》卷子)，并将影片寄来。(据《日记》)

同日 胡适在Ninety Three Drawings (by Boardman Robinson; with an introduction by George Biddle. 科罗拉多，1937)签记：Hu Shih Jan. 14, 1952。(《胡适藏书目录》第4册，2848～2849页)

同日 方豪致函胡适，告胡适先辈文稿已在1951年《大陆杂志》最后

一期刊登并寄送 20 册。据哈佛燕京社社长来书，自己赴美研究事将在 3 月讨论。又谈及陈垣致胡适公开信似为柴德赓代写。陈垣常让人代写文稿，自己也代过两次。（台北胡适纪念馆藏档，档号：HS-US01-063-005）

1 月 15 日　胡适在普林斯顿大学参加 Committee on the Gest Library 讨论会。（据《日记》）

1 月 16 日　来访的客人有 W. Thorbecke 及 F. Lawrence Balcock，代表 Radio Free Europe。访客还有王人麟、王恭守、叶良才。（据次日《日记》）

1 月 25 日　F. B. Schick 致函胡适，云：

  In checking our files, I find that we send you on 8/22/51 *Mao Tse-Tung* by Robert Payne for review in the *Western Political Quarterly*. You will oblige me by returning your review at your earliest convenience. Please inform me whether I may send you once in a while other books for review. I shall try to comply with your requests in case you should be interested in reviewing specific books.（台北胡适纪念馆藏档，档号：HS-US01-070-011）

1 月 26 日　吴思琦致函胡适，说明办"少年中国晨报"之情形，并为 1951 年 12 月 1 日所登胡适文有误排字事致歉。又谈道：我老早把您的意见和想法传达给"自由亚洲协会"各负责人，他们对您都很仰慕。该会会长最近易人，到现在还在过渡状态之中，但看情形不会有任何其他人事更动，也没有什么政策上的转变。他们最重视"中国问题"，对"中国政府"的态度也很不错。您在"自由亚洲"的广播词（农历新年）很动人，我已经事先听过了。又希望胡适针对大陆的"清算胡适思想"写文章。又请胡适在他负责的"自由亚洲"电台的"学生节目"发表一次广播讲话。（台北胡适纪念馆藏档，档号：HS-US01-091-007）

1 月 27 日　胡适在日记中粘贴了报道他对大陆广播的剪报。

1 月 31 日　胡适复函杨联陞：

  我颇感觉这个思想不全是中国本位的思想。这似是中国的旧报应观念，已受到了印度"业报"观念的打击，起来补充自卫，自圆其说，乃成为"承负"之说。《太平经》说："前为承，后为负。……负者乃先人负于后生者也。"这里有欠债还债的观念。《经钞》说："力行善反得恶者，是承负先人之过，流灾前后积来害此人也。其行恶反得善者，是先人深有积畜大功来流及此人也。能行大功万万倍倍，先人虽有余殃，不能及此人也。"这是发挥"积善之家必有余庆，积不善之家必有余殃"的古话，特别发挥"积"字与"余"字——"用日积久，相聚为多，今后生人反无辜蒙其过谪。……亦不由一人之治，比连不平，前后更相负，故名之为负"。

三世（三生）业报之说的长处正是能解释"力行善反得恶"与"行恶反得善"两个难题。汉世思想家或主"三命"之说，或主"二命"之说，都想解答此二点，但都偏向自然主义。王充于命禄与遭遇之外，还加上"幸偶"，更不是人功（修行）所能转移的了。

三世业报之说，虽然"归诸宿缘，推之来世"，究竟不否认"善自获福，恶自受殃"；究竟不否认修五戒，具十善，可生天堂。

承负之说，特别侧重"前后积畜"，又侧重"先人负于后生者"，这里似很有"归诸宿缘，推之来世"的影响。但此说又侧重"能行大功万万倍倍，先人虽有余殃，不能及此人"。

两说不同之点是三世业报之说的三世仍是一个"我"；而承负之说的"前后世"不是一人，乃是祖宗与子孙的前后相负，乃是后世替先人还冤债。

请注意"负"在东汉人的《说文》里是"受贷不偿"，即是"欠债"。承负即是担承"先人负于后生者"的债项。用这个"还债"的意思来说报应，我颇疑是佛教思想的影响，所以我说这不全是中国本位的思想。

我觉得郗超驳祸延亲属的一大段是中国思想史上希有的文字。中国士大夫奉佛者无数，很少人有郗嘉宾的绝顶聪明。试看《颜氏家训·归心》篇的末几节，可见四百年的佛教完全没有动摇那殃延子孙的中国

本位的报应论。（台北胡适纪念馆藏档，档号：HS-LS01-003-020）

按，就胡适提出的问题，杨联陞于 2 月 5 日复函说：

您说这个思想似不全是中国本位思想。我也这么猜疑过。不过《太平经》时代本身既有问题，印度业报观念在汉末流行至何程度，也难断定，好像不易说得确实。

您指出《说文》中"负"的定义是"受贷不偿"。甚重要。但您说"用这个'还债'的意思来说报应，我颇疑是佛教思想的影响"，我一时想不起很好的证据来，还没有功夫去查（果报之"果"则似是外来的）。如庞居士放来生债之类，当然太晚了。

我重视这个问题，因为我曾想过：中国传统思想，有时似把经济上的贷借观念放大，引申到种种社会关系，如俗谓"欠某某人的情，还未补报"即是根据"礼无不答"（俗语"礼尚往来"）的原则，投桃报李。不但朋友，子报亲恩，臣报君恩，也是因为先有了施受关系，照理说君亲可以不施恩（等于有钱人不投资），但受恩者等于借钱者不能不报。"养儿防老积谷防饥"这一类期望（或有希望、可能）得报的施的行为，或可名为"社会（关系上的）投资 social investment"（名词也许可以算我发明的）。不忠不孝之所以罪大恶极，除掉道德上意义之外，或更有"受贷不偿"的经济罪，（爸爸白疼了他了，大伤厥考心）自然经济意义不及道德意义重要。

朋友特别帮忙，如所谓 do him a favor，在中国往往期望报答。这种投报关系，有时希望加利，俗语"你敬人一尺，人敬你一丈"。更重要的是可以以家庭为单位，如某君替我谋事，我可替他儿子找奖学金或在他父亲庆寿时送份厚礼之类。

这种投报思想，有时可以引起公私不分之弊，如唐代考官有以所取士人为庄园的，"御碑亭"戏词所谓"桃李公门姓氏香，选报之恩不可忘"是也。（台北胡适纪念馆藏档，档号：HS-LS01-003-022）

2月

2月1日　胡适在普林斯顿撰写《中国印书的一千年》,作"中国书展览"的小序。昨天得陈源回信,告 Dr. Lionel Giles 很起劲,提议要照至少13种敦煌卷子给胡适展览。胡适回信,要他加上 Carter 说的石刻《金刚经》敦煌本,还要 Dr. Lionel Giles 的小册子 Six Centuries at Tun-huang。(据《日记》)

2月2日　胡适读毕雍正朝《实录》一百五十九卷(共四十册)。同日日记又记:

> 香港报纸说,何思源到今天还只是"革大研究院三班四组"的一个不毕业的学员。当1950的春天,有人去北平,见着思杜,那时何思源已是思杜的"同学"了!

2月3日　胡适致杨联陞一明信片,云:补谢杨寄回顾颉刚自白文及全汉昇《汉阳钢铁厂》文。普林斯顿大学图书馆将举办"中国善本书展览",2月22日开展,3月底结束。Dr. Lionel Giles 已允将大英博物馆的敦煌的刻本《金刚经》照相寄给胡适,他种敦煌影片,他也挑了十几种。请转询裘开明、洪煨莲,予以切实指示。(台北胡适纪念馆藏档,档号:HS-LS01-003-021)

2月4日　胡适在新泽西州西东大学发表演说"China Seven Years after Yalta"。(《胡适未刊英文遗稿》,373～381页)。

2月5日　12时30分,胡适在纽约 Ambassador Hotel 先后出席"中基会"执行委员会第一百四十九次会议和财务委员会第六十五次会议。(台北胡适纪念馆藏档,档号:HS-US01-104-017、HS-US01-104-018)

2月7日　胡适复函杨联陞,云:

> "报"的观念很古,原义应是半斤报八两,来书所谓"投桃报李"也。投桃而报以琼瑶,投李而报以琼玖,是报厚于施,故值得歌咏。"以

德报怨"是一反乎常情的超人见解，故值得老子的提倡，也值得孔门师弟的讨论。

孔子的"以直报怨，以德报德"，是回到半两报八两的常识态度。用这个观念来应用到社会政治，则有"君使臣以礼，臣事君以忠"——此在当日，已是足以惊人的君臣关系——则有"己所不欲，勿施于人"；则有孟子的"君之视臣如手足，则臣视君如腹心；君之视臣如犬马，则臣视君如国人；君之视臣如土芥，则臣视君如寇仇"。孟子说的痛快，但他并没有超出孔二先生"君使臣以礼，臣事君以忠"一句话。

西洋法理学思想上所谓古代法律基于"名分"（status），近世法律基于"契约"（contract）——Henry Maine 的名言——在中国社会政治，也可用这个区别去看。"天下无不是底父母""臣罪当诛，天王圣明"，都是依据"名分"。"君之视臣如土芥，则臣视君如寇仇。……寇仇何服之有！"这是□对待的观念，近于契约的看法了。

"负"与"承负"，与"报"的观念绝不相同，也没有关系。我还可以指出"负"与"承负"与《易·文言》的"积善……有余庆，积不善……有余殃"的话也没有关系。《文言》原意只说明"渐"与"顺"，"履霜坚冰至"。《太平经》硬抓住"余庆""余殃"的名词，加入"承负"的新意，与《文言》绝不相同了。

《太平经》的年代似无大可疑。《襄楷传》一面说他前在顺帝时上神书《太平经》，一面又两引《四十二章经》中语，皆是重要史实，不必疑也。

我深信佛教入中国远在汉明帝之前；我也深信佛教之来，不止陆路一条路，更重要的是海道，交州在后汉晚年早已是佛教区域，所以佛教大概先由海道来，由交、广到长江流域及东海滨，先流行于南方，楚王英以至笮融皆在南方，其消息最可使我们玩味。

此意可告戴弥微，问他在越南有无可以考证此事的地下或地上资料。（台北胡适纪念馆藏档，档号：HS-LS01-003-023）

按，3月12日杨联陞复函胡适说：

佛教来华有陆海两路，虽似已成定说，但一般总觉得陆路略先于海。您提出"佛教大概先由海道来""先流行于南方"这个假设，甚有意味。我猜想，由两道传来的佛教，内容或形式可能有不同之处。如您在十几年前与陈援庵先生讨论过的浮屠与佛问题，浮屠之译似早于佛，季羡林在《史语所集刊》第二十本又提出来，说浮屠似本印度古代方言而佛似出于吐火罗语，然则浮屠之先出现于中国文籍，可能是佛教先由海道直接来华之结果。（台北胡适纪念馆藏档，档号：HS-LS01-003-024）

2月17日 胡适在日记中摘记马元调刻《梦溪笔谈》有关记载并感想：

马本《续笔谈》有这一条：

太祖皇帝尝问赵普曰："天下何物最大？"普熟思未答间，再问如前。普对曰："道理最大。"上屡称善。

此"道理"是"天道""天理"吗？还是今人所谓"真理"（truth）呢？

同日 胡适抄白居易《永丰坊西南角园中垂柳》《浪淘沙·借问江潮与海水》《洛阳春》。（《胡适手稿》第10集卷1，107～109页）

2月20日—4月20日 由葛思德东方图书馆举办的"中国书展览"在普林斯顿大学图书馆举行。胡适曾为此次展览写一介绍词。胡适在20日日记中记道：

……今天各架都摆好了。

我不很满意，因为有些书竟无地可放，又有些书，我认为不能不收入，而版本不好，不能不暂缺。前者如元刻的书，一本都没有列入。（如碛砂版《大藏》，已陈列绍定五年〔1232〕刻的一册了，故不列元时续刻诸经了。）后者如《本草纲目》，如《农政全书》，都没有原刻本，所以不列入。

2月21日　胡适在 *Papermaking: The History & Technique of an Ancient Craft*（by Dard Hunter，纽约，1947）一书扉页题记："大德·亨脱著　造纸的历史　胡适　一九五二，二，廿一。"（《胡适藏书目录》第4册，2860页）

2月22日　胡适日记有记：

去年十一月初，Robert Patterson 同他的同事律师曾草一说帖给顾"大使"，说明，毛邦初的案子既决定用法律解决，则不设立 Fact-finding Commission 了。此说帖中说，若讼事进行，则毛、向必逃走。

当初我赞成他们的说帖主旨，并且曾力劝顾"大使"采用其说。当时少川与宋子文、董显光都不赞成此说帖。后来我又力劝少川采用说帖最后的"附白"，主张先进行法律手续。少川答应了。三日之后，诉讼即开始。

但我当初颇不信毛邦初会逃走。及今看来，他们的话果然验了。

2月24日　胡适为其自编《绝句一百首》作一后记：

"每天一首诗"，是民国廿三年（1934）四月廿日开始的。当初本是每天写一首记熟了的诗。后来随时看见可喜的诗，也抄一首两首。当时每天记有年月日——没有年份的，大概都是民国廿三年（1934）——但收的诗都没有依时代编次。

昨天偶然想翻看一首绝句，颇感觉检查的不方便。所以我把这几本"每天一首诗"拆开，依照作者的年代重新分编，装成一厚册。重编之后，我又删去了几首，分时代作了一个小统计，共计唐人廿七首，北宋廿七首，南宋四十二首（内有金人一首），元以下十三首。总数止有一百零九首！后又删了几首，止存一百五首了。我今天改题作"绝句三百首"，因为我觉得这个选本可以继续下去，做成一部颇有意义的"绝句三百首"。（《胡适手稿》第10集卷1，98页）

2月27日　胡适在日记中记读《梁漱溟不肯洗脑》一文的感想：

上页黏的《梁漱溟不肯洗脑》一文的后三分之二（前一段失落了），使我很感叹。漱溟的父亲梁巨川先生在民国八年发愤自杀（也许是七年尾），原因不明，但大致是因为不满意于当时的政治社会。……

漱溟今天的行为也是"殉道者"（martyr）的精神，使我很佩服。"不能向不通处变"，不能"自昧其所知以从他人"，都是很可敬的。

2月28日　胡适向Harold W. Dodds函荐童世纲继续担任葛思德东方图书馆馆员，并为自己能在普林斯顿大学工作向其致谢。（台北胡适纪念馆藏档，档号：HS-US01-041-029）

同日　陈源致函胡适，再寄石刻影片。又告：世界科学文化史委员会本月曾在巴黎开会，听说已通过议案，追聘您为委员。并力劝胡适就任，"足见委员会已承认以前的错误，稍可吐气。希望您不计以往，惠予应允，以免多事者又要设法拉郭沫若这一类人进去"。又谈及杭立武去英并赴美诸事。（台北胡适纪念馆藏档，档号：HS-US01-091-008）

2月29日　Malcolm MacDonald致函胡适，云：

> I am writing in my capacity as Chancellor of the University of Malaya, to ask whether there is any chance of your considering favourably an offer to become Professor of Chinese Language and Literature in the University. I do hope that there is.
>
> As you know, the University is one of the youngest in the world, having been founded three years ago. I shall not write much detail about it in this letter; but shall, of course be happy to give you more information if you desire it. I have followed closely the development of the University, and it strikes me as an institution of immense promise. It is situated in an extremely important part of the world where much work can be done for the cultural and human unity of different races. Not only is Malaya a meeting place for various cultures, Eastern and Western, but also the staff and student body are composed of Chinese, Malays, Indians, Europeans (on the staff) and others. The un-

dergraduates and graduates are fine people with fresh enthusiasms, attractive ideals and good standards of attainment. For our examinations we secure experienced external examiners from the United Kingdom, and they report that the standard of work for the University's degrees in its various Faculties is as high as that in a good English or Scottish University. I personally enjoy my job as Chancellor of the University more than any other work which I do in any other capacity in South East Asia. I have great faith in the University.

Its authorities decided recently to establish a Department of Chinese Language and Literature. Many applications have been received for the Chair, but the Selection Board decided to recommend that you should be invited to accept the Chair. This recommendation has been accepted by the University Council.

Your acceptance of the post would be received with acclamation by everyone in Malaya and especially by the large and important Chinese community here. With a man of your eminence in the Chair, the Department would of course gain a reputation from the beginning, and its work would have inspiring leadership.

The Department will be in the Faculty of Arts. Chinese Language and Literature will be a subject leading to a Pass Degree, and it is hoped that at a very early stage Honours Courses will be offered. All questions concerning the form which the study should take, the precise structure of the Department, the number of lecturers required, etc., are being left until a Professor has been appointed, for the Senate are anxious to take no steps at the present time which might embarrass him. He will be given the maximum freedom in planning his courses and research and in formulating proposals about his staff requirements; he will of course play a major part in the selection of his staff. No decisions have been taken about salary, conditions of appointment, etc., for the authorities are first anxious to know whether you are at all interested in this invitation. If you are, then we would enter immediately into a discussion of these important details with you.

If there are any other questions which you would like to ask, either about the University, or conditions in Malaya, or staff matters before you reach even a tentative decision, please let me know so that I may give you the information which you desire.

It is a long time since we met, but I have always followed your activities with keen sympathy and admiration. It would be grand from many points of view if you came here, and from my personal point of view it would give me the great pleasure of renewing our personal friendship.（台北胡适纪念馆藏档，档号：HS-US01-076-020）

3月

3月4日　毛子水致函胡适，谈及"自由中国"杂志仍继续出版，可惜好文章太少。雷震虽热心，但没有近代科学管理的观念，尤其在经费方面。若由杭立武、陈雪屏、雷震组织一个"新方法"的管理委员会，将来便可有一个稳固的基础。又为陈浔生赴美争取奖学金、助教职务事拜托胡适帮忙。（台北胡适纪念馆藏档，档号：HS-US01-063-006）

3月5日　祖炳民函谢胡适答允做公开演讲，又谈及时间、地点及接送等细节问题。又谈及Hanley邀晚宴事，询胡适是否接受。（台北胡适纪念馆藏档，档号：HS-US01-091-009）

3月7日　胡适发表"The Gest Oriental Library"一文。该文副标题为"The Eye Trouble of an Engineering Contractor Leads to a Rare Collection of 100000 Volumes"。（*Princeton Alumni Weekly*，Vol. 52，No. 19，March 7，1952，pp. 9-10）

3月13日　Fred W. Riggs致函胡适，云：

I have been asked to prepare a study on the present situation in Taiwan for publication in a small booklet. So far as possible, I have attempted to present a balanced, factual account without expressing value judgments. In the appendix, however, I want to include a number of documents, chiefly from Taipei sources, but also representing other points of view, which will show the different attitudes taken by "authorities" on the subject.

In this connection I propose to use part of a press release entitled "Chiang Kai-shek as an Administrator" issued by General Li Tsung-jen. In this release there occurs the following sentence: "Dr. Hu-shih, a staunch supporter of Chiang Kai-shek, admitted: 'There is no freedom in "the Free China", "Formosa".'" Before using Mr. Li's statement, I want to obtain your confirmation of the accuracy of the sentiment which he attributes to you. If you would care to elaborate on this idea, or let me know where I can find a fuller and more accurate report of your statement and ideas, I would be glad to include this reference in the study.

I am doing this study at the present time on a "free-lance" basis, but for several years, until last June, I worked on the research staff of "the Foreign Policy Association" and wrote a few articles about the Far Eastern situation.（台北胡适纪念馆藏档，档号：HS-US01-100-014）

3月14日　Oliver Franks 致函胡适，云：

I have heard from Malcolm MacDonald that he has invited you to become Professor of Chinese Language and Literature in the University of Malaya.

I write to express the hope that you will give the suggestion very earnest consideration. It is unnecessary for me to say anything about the importance of Malaya at this time, or to echo the Commissioner-General's account of the part which the University is playing. I am, however, so impressed by the happy results which could follow your acceptance of the offer that I cannot resist writing in support of it.

I read with great interest the other day of the opening of the Gest Oriental Library. It must have been a very proud moment for you.（台北胡适纪念馆藏档，档号：HS-US01-076-021）

3月15日　胡适致函Fred W. Riggs：

I appreciate your kindness in asking me to verify the accuracy of a sentence attributed to myself by General Li Tsung-jen in his recent press release. I am particularly grateful to you because I have never seen General Li's press release and because he and his staff had neither the courtesy nor the respect for veracity and accuracy to ask me to verify the quotation.

You inform me that in his press release there occurs this sentence:

"Dr. Hu Shih, a staunch supporter of Chiang Kai-shek admitted:'There is no freedom in "the Free China", "Formosa".'" This is best evidence that General Li（who does not read English）and his secretary responsible for the release in English have no regard for veracity. For I have never made such a statement.

The quotation is in all probability a deliberate distortion of a sentence in my letter to an editor of "the Free China" fortnightly magazine, which was published in that magazine in its issue for September 1, 1951. I was protesting against what I had suspected to be some "interference with the freedom of the press by some military organ" with regard to an editorial published in "the Free China" magazine entitled "The 'Government' must not entrap the people to commit crimes"…That is the sentence that was shortened into eight words, deliberately lifted out of its context, and deliberately mis-translated so that "Free China" was taken to mean "Formosa" instead of "the Free China" magazine, and a specific right, namely, the right of "responsible criticism of 'government' policy", was "translated" to mean all "freedom"!

I enclose a copy of my own translation of my published letter to "the Free China" magazine. I also enclose a copy of "Radio Broadcast, Taipei, English, September 16, 1951", which gives a summary of Premier Ch'en Ch'eng's letter to me which was also published in "the Free China" magazine（Sept.16, 1951）.（台北胡适纪念馆藏档，档号：HS-US01-081-002）

3月20日　胡适在其日记中粘贴了一封致Robert Morris的信，内容如下：

Relying to your inquiry, I wish to state that as far as I can now recall it was about one or two days before June twenty nine 1941 that Mr. Liu Chieh, "counselor of Chinese embassy" told me at breakfast that at a social party the previous evening Mr. Laughlin Currie casually told him that President Roosevelt had recommended Mr. Owen Lattimore to be political adviser to "Generalissimo" Chiang Kai-shek and that the appointment would be announced soon. Mr. Liu who is now "Chinese Ambassador" to Canada confirms this recollection. Unfortunately he and I kept no written record of the date of this conversation.

3月21日　王同荣致函胡适，谈及王星拱等人近况，重点就如何救济中国"流亡"知识分子提出建议书，包括救济的目标、对象、性质、办法、步骤，等等。（台北胡适纪念馆藏档，档号：HS-US01-091-011）

3月25日　胡适收到王聿修寄来的《思想改造文选》第一集（光明日报社编印，1952）。（台北胡适纪念馆藏书资料库藏档，档号：N06F2-003）

3月26日　胡适复杨联陞一明信片，谈及杨联陞上次征求"不屑不死"的文献，卢仝的《忆沈山人》二首，都值得一读。特别是"不须服药求神仙，神仙意智或偶然。自古圣贤放入土，淮南鸡犬驱上天"。（台北胡适纪念馆藏档，档号：HS-LS01-003-025）

4月

4月2日　下午，胡适在 Far Eastern Association 的波士顿年会上，读了一篇短文，题为"From the Open Door to the 'Iron Curtain'"。日记又记：

……学生两人（一为赵国钧，一为□□□）站起来质问反驳，其一人"气"的说话四面打旋！其一人问："你不信中国现在比从前强（stronger）了吗？"我说："No！"他又说："中国现在不比从前更独立了吗？"我大声说："No！"

我本不曾加入 Far Eastern Association，此次我来，全是为了一个青年学者 Richard Walker……此君今年刚满三十岁，他头脑明白，人极聪明，又肯用功。他发表了一些文字，我很敬重他，所以我此次为他走这一遭。

今晚他来谈，从十点半直谈到半夜后两点！

按，胡适在波士顿期间，曾会晤来开会的赵元任。(《赵元任年谱》，324页）

4月3日　刘攻芸致函胡适，云：

I learn with great pleasure that the University of Malaya is most anxious to secure your services as the first Professor in Chinese Language and Literature and I have been invited by the Vice-Chancellor of the University to make my personal plea to you as well.

I understand that the Rt. Hon'ble Malcolm MacDonald, former Governor-General of Canada and at present Commissioner-General for the United Kingdom in South East Asia who is concurrently the Chancellor of the University has already extended an invitation to you to accept the offer of the Chair and that the foremost Malayan Chinese political leader, Dato Sir

Cheng-lock Tan, will also be writing a personal appeal to you. I am given to understand further that Mr. Lee Kong Chian, the leading industrialist in South East Asia and a keen Chinese educationalist himself, who is now on a business tour in Europe, will, if he has the opportunity of passing through the States, call on your goodself with this same object in view.

You will appreciate that should you elect to head the Department in Chinese in this University, the honor will reflect not only on the University but to the millions of oversea Chinese who play such an important role in the destiny of the countries that comprise South East Asia. The oversea Chinese, as you are fully aware, are exceedingly proud of their culture and literature... their desire to preserve and maintain the age-old traditions of the past for the future, if not for posterity, is genuine and fervent and I firmly believe that the torch of Chinese civilisation can be kept alight by your acceptance of the appointment. Malaya itself is feat approaching nationhood and with half the country's population being of Chinese race, I need not emphasise the extent of the very valuable contributions which the young graduates of this University can give to the country if they be provided with the opportunity to imbibe the spirit and the wisdom of that vast heritage of Chinese literature and language which would only be possible through your most inspiring leadership and guidance.

Trusting that you are keeping in good health and wishing you the very best for the future.（台北胡适纪念馆藏档，档号：HS-US01-076-022）

4月7日　陈祯禄致函胡适，云：

As a member of the Council of the University of Malaya and the Selection Board for the appointment of the first Professor to the Chair in Chinese Language and Literature, it is my privilege and honour to address this letter to you in the hope that you would be good enough to consider the acceptance of this post which the University is pleased to offer you. Although numerous applications have been received from all parts of the world for this appointment, it was the considered view of the Board that owing to its exceptional nature and importance attached to the post, the choice of a candidate should not be limited to applicants only and that all avenues of approach should be explored to secure and attract the most eminent person to fill the Chair. Your name was accordingly put up for consideration and by virtue of your erudite scholarship and international reputation, the Board was unanimous in its choice. This decision, I am most pleased to add, was also unanimously re-affirmed by the referees appointed by the Inter-University Council in London. The University accordingly, earnestly and eagerly awaits the news of your acceptance of its offer.

Before you come to a decision, which I trust will be in the affirmative, may I give you a general background of this University. Although founded three years ago, flowing the recommendations made in 1947 by the Commission for Higher Education in Malaya which had Sir Alexander Carr-Saunders, Director of the London School of Economics, as its Chairman, the University has much deeper roots in that it came into being by the fusion of two former Colleges of Singapore, namely, The King Edward Ⅶ College of Medicine founded in 1912 and Raffles College in 1928. The former College offered courses in Medicine, Dentistry and Pharmacy and the latter Arts and Science. Altogether about 900 have graduated from the two Colleges and are now members of the Guild of Graduates of the University. There are, at present, 830 students in the University of whom 30% are in the Art Faculty, 15% Science, 40% Medicine, 10% Dentistry and 5% Pharmacy. The distribution by race of the student population is 65% Chinese, 14% Indians and Ceylonese, 11% Malays and 10% of mixed extraction .

The Carr-Saunders Commission envisaged the University on a site, not in Singapore, but in Johore which is separated from the Island of Singapore by a narrow strait of about three-fourths mile and the University would then be within 20 miles from the City of Singapore. The site comprising 1447 acres has just been acquired and the planning of the new University will begin in earnest from now on. Until the transfer of the University to Johore, the University continues to function in Singapore and normal expansion is proceeding smoothly in all departments.

As you are probably aware, the Chinese from about 80% of the one million inhabitants in the Island of Singapore and about 45% of the population in the whole of Malaya which numbers about 6.5 millions. The Chinese therefore have large economic interests in Malaya... and more of the oversea Chinese are devoting their loyalty to the land of their adoption.... By the institution of a Department in Chinese in this University it is hoped that Chinese culture will be preserved and the beauty and joys of its literature shall remain to be enjoyed not only by the Chinese alone but by all the "freedom-loving" peoples of the world. It is without a doubt that the University of Malaya is destined to be the rallying point for all those who love and stand for academic "freedom" in the East and that it would be the repository of all the best that China has to offer to the world at large. The danger of China's culture, which has been accumulated by the wisdom of its scholars throughout the centuries, being obliterated altogether can only be avoided if a man of your deep learning and distinguished scholarship is available to lead and to maintain the traditions of all that is best in things Chinese.

On behalf of the whole Chinese community in Malaya, I extend to you a hearty welcome and assure you that your acceptance of the Chair in this University will be greeted by the Chinese in South East Asia as a symbol of yet another Renaissance in Chinese Literature and who else is better qualified than the "father of the Pai-Hwa Revolution"? It is my pleasure to state that the Chinese merchants will have no hesitation in providing the necessary funds for the proper establishment and maintenance of a Chinese Department in this University if a man of your calibre and undisputed leadership is ready to undertake the task.

I take the liberty to forward herewith some reprints of my speeches regarding Malaya and the Chinese community here which maybe of some interest to you.（台北胡适纪念馆藏档，档号：HS-US01-076-024）

4月12日　赵元任来访。（《赵元任年谱》，324页）

4月16日　Don Dillon 致函胡适，云：

Our Singapore bureau understands that Comissioner Malcolm MacDonald has invited you to take the chair on the Department of Chinese studies in the University of Malaya.

We would like to cable a story back to Asia about whether you are to accept or reject this invitation, and any reasons you care to make public about your decision.

I'd be grateful if you would advise me at your convenience.（台北胡适纪念馆藏档，档号：HS-US01-076-025）

4月27日　雷震致函胡适，谈退稿之苦及经费困难事。又恳请胡适为"自由中国"杂志撰稿："尚有一最苦而最无法自解之事，即先生不大为本刊撰稿子，本刊系先生之〔为〕发起人，大家都希望读到大作"，尤其是大陆批判胡适"此事继续演至今日而仍未已，但先生则缄口不言，使大家非常失望。因此请先生务为本刊撰一稿件……本刊先生总是发行人，尽管先生心中有多少不愿意，但是如非先生为发行人，此刊不易支持，请先生念弟等编辑之苦，多多为本刊撰稿子，一年中希望先生写二篇稿子，则要求总不算苛刻吧！"（《万山不许一溪奔——胡适雷震来往书信选集》，30～31页）

4月28日　胡适在 Aid Refugee Chinese Intellectuals, Inc. 发表演说。（台

北胡适纪念馆藏档，档号：HS-NK01-201-005）

4月30日　裘开明致函胡适，将胡适所寄用以影印的大英博物馆藏《金刚经》底本奉还并致谢。又附寄新著《芥子园版本考》一文请胡适指正。（台北胡适纪念馆藏档，档号：HS-US01-063-008）

4月　胡适在新出版的 The Person or the Significance of Man（by Ralph Tyler Flewelling）一书封面题记：Gift of the author, Prof. Ralph T. Flewelling, to Hu Shih, April 1952。（《胡适藏书目录》第4册，2862～2863页）

5月

5月1日　胡适复函普林斯顿大学校长 Dodds，表示愿意接受葛思德东方图书馆名誉馆长职位，并向 Dodds 表达谢意：

I am most grateful to you for your very kind letter of April 28, conveying the good wishes of Messrs. Kelley, Heyl, and Rice and adding those of your own, that I might be persuaded to accept the Honorary Curatorship of the Gest Oriental Library.

I am greatly touched by this warm expression of appreciation for the little—indeed much too little—I have done for the Gest Library. I have called on Mr. Kelley and told him of my sincere thanks to him and to Mr. Heyl and Mr. Rice for their kind thoughtfulness.

I have thought over your kind offer and have decided to accept it with sincere appreciation of the honor it confers on me. I shall continue, as I have already told you in a recent letter, to try to be of service to the Gest Library and to the University.（转引自《光焰不熄——胡适思想与现代中国》，383页）

按，胡适担任葛思德东方图书馆名誉馆长，直到逝世为止。普林斯顿大学社会学系李马援（Marion Levy）在一份报告中对胡适在葛思德东方图书馆的成绩做了如下的评述：胡适对这个图书馆所做的贡献是无法估量的。具体表现为七条。一、请童世纲来做胡的助手，童是一位能干的图书馆员。二、胡与童检视了全馆藏书，胡为此写了一个详细的报告，说明藏书之价值及功用。三、胡与童为本馆建立了一个新的分类系统，这个系统远胜于原来的分类。四、在胡适的督导下，童世纲对全馆近10万册的书重新整理和安排。使一般人都能使用这批藏书。五、在胡教授的督导下，全馆进行了清理和重新安排的工作。六、胡适与童世纲用葛思德图书馆的材料，举办了一次小型展览。七、胡教授总是极乐意协助他的同事，并花了许多精力来教导那些不如他那么博学的同事。（转引自《光焰不熄——胡适思想与现代中国》，380页）

5月4日　美国空军飞机接胡适到Alabama的Marshall空军大学，请胡适在次日演讲。（据次日《日记》）

5月5日　早8时30分到10时30分，胡适在Marshall空军大学演说"China & The West"。日记有记：

有人问我，"你有什么乐观的话可以给我们一点慰安吗？"我说：我有三点，以做我乐观的根据：

①一百多年与西方近世文明接触的影响不容易消失。

…………

③最大的慰安在于西方国家的重整军备。1947年，美国止有一师及三分之一师是可用的兵力。但这五年来，尤其是"韩战"开始以来，不到两年，美国的军备已大有进展。今日的西方力量虽比不上1944—1945，但已比1947增加几十倍了。

同日　晚，胡适到华盛顿。（据日记）

5月7日　早8时，张君劢来与胡适共吃早饭，谈了1小时30分钟。胡适日记有记：

他是为了"第三势力"问题来的。我对他说，此时只有共产国际

的势力与"反共"的势力，绝无"第三势力"的可能。香港的"第三势力"只能在［美国］国务院的小鬼手里讨一把"小米"（chicken feed）吃吃罢了。这种发"小米"的小鬼，毫无力量，不能做什么事，也不能影响政策！

同日　晚8时，胡适在 The National Academy of Economics & Pol. Sc. 讲 "From the Open Door to the 'Iron Curtain'"。（据《日记》）

5月14日　胡适在普林斯顿大学哲学系讨论会上讲 "What is Zen Buddhism？" 日记有记：

> 我指出日本人铃木贞太郎（Daisetsz Teitaro Suzuki）近年大讲 Zen, 其实越讲越糊涂！而英美颇有人信从他，故不可不矫正。
>
> 铃木一流人的大病有二：
>
> ①不讲历史。……
>
> ②不求理解。……
>
> 我自从二十五六年前，就搜求可信的史料，重新写出禅宗变化形式的经过。铃木曾助我找寻材料。他在日本印行的《神会语录》……和北宋本《坛经》……都是很重要的材料。但铃木从不敢接受我研究的结论。他用英文写了许多讲禅学的书，仍是说，"世尊拈花不语，大迦叶微笑，此一笑经过廿八代，传到菩提达磨"一类的传说。
>
> 此是不讲历史的说法。
>
> 铃木一流人，总说禅是不可思议法，只可直接顿悟，而不可用理智言语来说明。
>
> 此种说法，等于用 × 来讲 ×，全是自欺欺人。
>
> 我的说法，第一，要从历史入手，指出禅是中国思想的一个重要阶段，指出达磨所传的是《楞伽》四卷，其宗派自称为"楞伽宗"；指出神秀碑文里传出的世系只是"楞伽宗"的一个支派的世系；指出神会是南宗的真建立者。我指出二十八代（以及唐朝的种种传法世系）是捏造出来的神话。我又指出《坛经》是神会门下依据神会语录来编

造的。

关于禅宗的方法,我细细研究的结果,觉得其中确有一个教授方法。其方法的主要成分,第一是"不说破",其实只是孟子说的"欲其自得之也"。凡禅者所谓"话头",所谓"公案",其中百分之九十以上是自欺欺人的伪造作品,但其中确有百分之二三是有意义的,其意义在于"不说破"。

其次是"行脚",多参诸方善知识,多经历风霜雨雪之苦,多遇见四方才士学人,多磨炼出一点真知灼见。

禅学方法,如道一,如宣鉴,如义玄,都有自觉的了解。最有见解的是五祖山的法演(d.1104),其后有径山的宗杲,都似有见于禅学的方法,并且能说出一个道理来。宗杲的《宗门武库》最好。

朱子也有很透彻的说法。

5月18日　胡适在《蒲留仙遗著考略与志异遗稿》(正中书局,1950年6月)题记:此中所收,无一条可取,也无一条文字可读。(台北胡适纪念馆藏书资料库藏档,档号:N02F1-03101009)

5月19日　胡适在此间天主教办的 St. Loyloa 学校讲堂讲演"The Chinese Renaissance"。(据《日记》)

5月20日　吴健雄致函胡适,感谢胡适帮忙。给崔参事的信,昨晨寄去。如果胡适能说几句话,肯定效力大得多。自己从6月起一边避暑,一边做研究。暑假中胡适若有空,请偕胡太太来过一个周末。又述自己双亲和哥哥吴健英之近况。(台北胡适纪念馆藏档,档号:HS-US01-064-004)

5月22日　胡适与铃木大拙、Mr. Demartino 吃午饭。铃木赠胡适日本公田连太郎藏的敦煌本《神会语录》的 microfilm。(据《日记》)

5月26日　胡适致函李国钦,云:

I am ashamed of myself when I realize how long I have kept the Goodrich letter in my place! I now return it to you with my comments.

I have intended to have a long talk with you on this matter. I think that this kind of request for aid should be considered only as a part of the larger question of a general policy for the Li Foundation. Since I have not been informed of the recent decisions of the Li Foundation in the last few years, I can only discuss the Goodrich letter in very general terms.

The Chinese Department at Columbia University certainly deserves support, because it is one of the living and active centers of Chinese studies in the U.S.. Goodrich is a good teacher and a good administrator. The Chinese Library at Columbia has been brought up-to-date and ranks as the third or fourth Chinese collection in the country.

But there may be other institutions where the Li Foundation's aid may be more urgently needed than a rich American university like Columbia. Therefore, all depends upon what general policy you have adopted or are considering to adopt.

"The China Foundation" which now has to limit its operations to an estimated annual income of $45000, has been giving to the University of Taiwan annually five Faculty Fellowships ($3150 each plus tuition and laboratory fees) to bring five of its faculty members to study in the States, and 40 "research grants" ($300 each) to help bettering a little of the living conditions of some of its teachers at home. And we are now giving two additional Fellowships to two of the Provincial colleges in "Formosa" ($3150 each).

Can the Li Foundation do something for the teaching and research institutions in "Formosa"?

Let me cite a concrete case. The Institute of History and Linguistics of "the Academia Sinica"—the only one of its 11 institutes to have moved to "Formosa" in 1948-49—has asked me to seek about $10000 of U.S. money for the building of an urgently needed fire-proof store-house and work-shop to house the over a thousand boxes of historical and archaeological materials (including the vast amount of the world-famous finds of the Anyang excavations of the remains of the Shang Dynasty) and to enable the large body of trained personnel to work and report on these materials.

Won't you and the Li Foundation come to its aid? "The China Foundation", which has in the past given generous aid to the Institute, is at present unable to make such a large appropriation; and I feel hesitant to approach the American Foundation for assistance.

If you are interested, I shall be glad to show you or the officers of the Li Foundation the plans and blue-prints which "the Academia Sinica" has prepared for this project.

I cite the above cases to show that there are many places where you and the Li Foundation may be of great help. As one of the first officers of the Li Foundation, and as your old friend, I should like very much to see a general policy adopted by the Foundation which might direct its resourses to help the heroically struggling institutions in "Free China".

With warmest greetings.（台北胡适纪念馆藏档，档号：HS-US01-073-008）

按，6月3日，李国钦复函胡适云：

I appreciate your kindness in writing me so frankly about educational needs in "Formosa". While the bye-laws of the Li Foundation do not permit us to make building grants, we shall be glad to award two Fellowships to "Formosa" if you will be responsible for the selection of two brilliant candidates who are poor and deserving of such assistance.（台北胡适纪念馆藏档，档号：HS-US01-073-009）

6月

6月1日　约翰·杜威（Dr. John Dewey）逝世。当晚，胡适从杜威夫人处得此噩耗。胡适日记中记道：

> 杜威先生的思想，影响了我一生。他的 Reconstruction in Philosophy 是 1919 年在日本的讲演，1920 年印出的。1948 年，此书由 The Beacon Press 重印，有杜威先生的长序，题为 "Reconstruction as Seen Twenty-five Years Later"，其年月为 October 1948，实已在廿九年后了。
>
> 在此新序里，他对于这廿五年的哲学思想表示不满足，认为还是需要"改造"。老先生的精神（他那时正八十九岁）真可佩服！

6月4日　胡适到杜威的殡葬服务厅听了 Prof. Otto 的演说。（《近代学人手迹》三集，40页）

6月5日　胡适致函赵元任，谈杜威死讯，又告在葛思德图书馆收藏的"金陵刻经处"的刻本里发现杨仁山的几种著作，并准备将杨著目录整理后送给杨步伟。25日，胡适将查到杨著目录函告杨步伟，计《道德经发隐》《阴符经发隐》《冲虚经发隐》《南华经发隐》各一卷，合一册；又《佛教初学》一册。（《近代学人手迹》三集，40～42页）

同日　何炳棣来访，洽购胡适所藏的《清实录》，并在此用餐。何炳棣回忆：

> 我唯一的一次在纽约胡府吃饭是1952年六月五日。……我拜望胡先生主要的目的是洽购他私藏的全部伪满原本《清实录》。由于早就知道他老人家经济状况并不宽裕，从我的立场总以相当超过当时市价买进为快。不料胡先生却极坚定地说，他已决定把它赠送给普林斯敦大学的远东图书馆了。
>
> 这次晚饭前后，我们的谈话大体上是围绕着我当时所作的研究——十八世纪的两淮盐商及商业资本。这可能是他和我之间唯一一次有真正共同兴趣的学术谈话。主题谈完，胡先生送我一本《胡适论学近著》第一集，并感慨地对清华和北大加以比较和回忆。他说："清华文学院一向是比较'谨慎'、比较'小'，而北大则大不相同。只要

我一天当北大校长，我就有把握把文学院办成世界第一流……"（何炳棣：《读史阅世六十年》，香港商务印书馆，2012年，325～326页）

6月7日　叶良才夫妇开汽车接胡适夫妇到大西洋城去玩一天，住Traymore Hotel。（据《日记》）

6月13日　陈之迈致函胡适，云：

"The Ambassador" desires me to submit to you the attached paper, which is a summary of the findings of the 3-men investigation group (Dr. Wang Shih-chieh, "General" Wu Sung-ching, and Mr. Chou Hung-tao), appointed by the "President" to investigate the seven specific charges of corruption and irregularities in procurement brought by "General" P. T. Mow against "the Chinese Air Force" in general, and "General" C. J. Chow in particular.

The paper is composed on the basis of some 6000 documents all of which are now in Washington, either in originals or in photostats. Vice-Minister Cha Liang-chien, Mr. Chou Hung-tao, Dr. S. C. Wang, "Colonel" Liu Chun-kung, "Colonel" Shih Chao-chu, "Major" Hsia Kung-chuan, and myself worked in the composition of the paper. We met for about 20 times, each meeting lasting from four to six hours. It is our belief that each statement therein is supported by documentary evidence, and great care is taken to depict the situation exactly as it is.

The summary is, of course, not a substitute for the documents. Since it is impossible for others to go over so voluminous a file, we offer this summary which is intended to serve as a general introduction to the more important documents, as the last paragraph clearly indicates.

"The Ambassador" had thought at first that this summary, together with the important documents, will be made public as soon as the court case is concluded. However, it appears that the court case is likely to drag on for some more time. "The Ambassador", therefore, feels that it might be wise to make public this summary and the important documents in the very near future. Many people have asked us about our side of the story, in contrast to the news stories given out by Mow and Hsiang. This summary, it is felt, will be able to answer such queries. It is "the Ambassador's" view that this summary and the important documents be printed in a small brochure, to be distributed, not as general release, but only to Chinese and American friends who are interested and concerned over the issue. It will show how seriously the "President" and the "Government" had taken the charges brought by "General" Mow, and how meticulously careful and thorough the subsequent investigation had been. The findings, it is felt, should dispel any doubt that our "Government" had tried to cover up corruption and irregularities.

"The Ambassador" hopes that you will find time to go over the summary, and your comments and suggestions are cordially invited. He wants particularly your advice as to whether or not it is wise to publish the summary and the important documents at this time.（台北胡适纪念馆藏档，档号：HS-NK02-002-008）

6月16日　胡适在叶青著《胡适批判》（辛垦书店，1933年）题记："叶青的《胡适批判》第一册据自序，这书是1933年八月写完了的，先印出第一册，包括全书的第一部份。第二册比第一册还更厚，包括全书的第二、三、四、五、六部份。全部书大概有六十多万字！叶青就是后来的任卓宣先生。这一册是房夫人杜联喆送我的。"（《胡适藏书目录》第1册，717页）

6月19日　蒋介石电令俞国华代送胡适5000美金。（台北"国史馆"藏"蒋中正'总统'文物"，档号：002010400019035；又可参考台北胡适纪念馆藏档，档号：HS-NK02-001-028）

6月30日　胡适的葛思德东方图书馆馆长一职满任，旋受邀担任该馆名誉馆长，直至逝世。

7月

7月3日 Charles B. Fahs 致函胡适，云：

Following my recent conversation with you, I have discussed further here the question of the aid which "the Academia Sinica" requires to provide mini-mum housing for the valuable collections which were brought from Nanking. While I cannot make any final commitment prior to a more fully worked out proposal, I think that we might be able to consider here a request for a maximum of $10000, provided that at least an additional $5000 could be raised for the same purposes by "the China Foundation" or from other sources which you might be able to contact.

Such a request to be considered would, I think, require prior correspon-dence on your part with "the Academia Sinica" to ascertain exactly what could be accomplished at the present time with this amount of assistance. I think also that it would be more satisfactory from our point of view for the request to come through "The China Foundation" which would thereby accept the responsibility for the necessary detailed negotiation and administration of the project.

If this seems to you to be a proposal worth further exploration, I shall be glad to hear from you. Please do not hesitate to ask if you have further ques-tions.

It was a pleasure to see you the other day.（台北胡适纪念馆藏档，档号：HS-US01-073-011）

7月10日 胡适在忽滑谷快天（Kaiten Nukariya）所著 *The Religion of the Samurai: A Study of Zen Philosophy and Discipline in China and Japan*（伦敦，1913）一书扉页题记："忽活［滑］谷快天早年的作品还是很幼稚的。

后来他有两大册《中国禅学史》，就很不同了。"（《胡适藏书目录》第 4 册，2881 页）

7 月 13 日　胡适作有《朱子论禅家的方法》《禅宗的方法》，又抄《朱子四句诀》。（《胡适手稿》第 9 集卷 1，43～78、79～80、81～83 页）

7 月 14 日　胡适在日记中有读禅宗文献的笔记。

7 月 15 日　胡适汇 300 美金给胡祖望（时在曼谷）。（台北胡适纪念馆藏档，档号：HS-US01-074-009）

7 月 21 日　胡适复函朱家骅、董作宾：6 月尾，洛克菲勒基金会文史部主任 Charles B. Fahs 邀我吃饭，谈到自己在台北同朱、董及李济同去视察木栅地基的经过。他们认为："中央研究院"的大计划太大了，小计划又太小了。希望有个折中的计划，并希望"中基会"能负责担任一部分的捐款。说得具体一点，如果罗氏基金会能捐 8000 或 9000 美金，"中基会"能不能担负四五千美金呢？7 月初，Fahs 来信（台北胡适纪念馆藏档，档号：HS-US01-073-011），告：如果"中基会"可担任 5000 美金（或指任何别处捐 5000 美金），则他们那边可以考虑不得超过 1 万美金的请求，并希望"中央研究院"做个 1.5 万美金的建筑计划。胡适决定担承募足此 5000 美金之数。此时最要紧的是请"中研院"从速商定一个关于两计划之间的不大不小折中办法，以 1.5 万美金为计划的依据。商定之后，请即日飞邮函告，并请决定正式委托"中基会"代向罗氏基金会申请助款 1 万美金。（台北胡适纪念馆藏档，档号：HS-NK05-014-029）

按，8 月 7 日，朱家骅复函胡适，陈述木栅建筑计划缩小一节之困难所在，并请与 Charles B. Fahs 商量设法补助不足之数，附致"中基会"一函请察夺进行；另告以院务谈话会决定拟将工作室一部分划出单独设计，如 Charles B. Fahs 坚持原议即以此一万五千美金作为该室经费。同时附寄"朱家骅致'中基会'委托函"等文件。（台北胡适纪念馆藏档，档号：HS-NK05-014-030）

7 月 27 日　胡适在日记中引了朱熹、孙兴衍等人的话后，指出：殷人在亡国之前已有经营商贾的风气。徐中舒说商贾之"商"所以得名，正因为殷人善经商。故记之待检。

7月29日 上午10时，胡适请C. E. Forkner为其检查身体。他说，胡适的脉总是不规则，须戒烟并减体重，胡适决意依他的"食单"试行。又在日记中大写很喜欢的吕坤的"为人辨冤白谤，是第一天理"。（据《日记》）

7月 胡适有《朱熹论死生与鬼神》。（《胡适手稿》第9集卷1，85～124页）

8月

8月4日 胡适日记有记：今天去称重，我只有152磅了。6天的忌口，居然掉了5磅！

8月6日 T. M. Owen致函胡适，云：

Dr. Yang Hung-lieh, who is an applicant for appointment to a Chair of Oriental Languages at the Canberra University College, has supplied with his application a copy of a hestimienal from yourself dated 10th March, 1951, and has given your name as a person to whom reference may be □ on his behalf.

I should be grateful for any further observations you might care to make on Dr. Yang Hung-lieh's academic and personal qualifications for this particular appointment. It would be of great assistance if you could replay as soon as convenient, since the applications for the position have now closer, and it is hoped shortly to consider an appointment.（台北胡适纪念馆藏档，档号：HS-US01-076-027）

8月13日 胡适复函高宗武、沈惟瑜，告周鲠生在电梯中目不斜视，不认刘锴、崔存璘等事。（台北胡适纪念馆藏档，档号：HS-NK05-057-029）

同日 房兆楹致函胡适，为受德效骞之托拟聘为教授事说明利弊并请回复。（台北胡适纪念馆藏档，档号：HS-US01-076-001）

8月17日　赵元任来访。(《赵元任年谱》，325页)

8月19日　早5时30分，胡适写完 Chinese Ch'an: Its History & Method, 6时45分校毕。此文共费了近一个月的工夫。旋整理行装乘火车去 Glenburnie Club on Lake George。下午4时30分抵达。拟住7天。(据《日记》)

8月22日　胡适日记有记：看完 Carl Jonas 的小说 Jefferson Sellock。

8月24日　胡适日记有记：

看完 Paul Hyde Bonner 的小说 SPQR。SPQR 是 Senatus Populas que Romanus 的缩写。凡 Rome 所有的，都盖此印为记。

…………

多年没有工夫看长篇小说了。此次休息，读小说两本，可说是很快乐的事。

8月27日　王世杰致函胡适云：日前接纪五信，谓兄或可于秋间回台一行，不胜盼望之至。昨与介公言及，亦力嘱劝兄决定此行。此间国民党将于10月开大会，"国大"开会将于明夏之前决定，故认为胡适回台的最佳时间是11月。此间情形，值得亲身一看。若欲减少演讲、应酬，可请陈雪屏代为安排。陈源10月左右回台，果尔，或可与其一晤。(台北胡适纪念馆藏档，档号：HS-US01-076-002)

8月30日　胡适复函牛津大学 Homer H. Dubs，告可接受牛津大学的 Spalding Professorship of Eastern Philosophies & Religions。(台北胡适纪念馆藏档，档号：HS-US01-076-028；胡适当日《日记》)

按，Homer H. Dubs 来函作于8月2日，现存台北胡适纪念馆，档号：HS-US01-076-026。

同日　胡适复函 Dubs 后，又因英国政府已承认了大陆政权，故"很感觉迟疑"，乃将 Dubs 原信及胡之复信抄本，都寄给台湾对外交流事务主管部门负责人叶公超，请他同王世杰、罗家伦商量，如必要时，可问蒋介石的意见。"如他们觉得我不应该接受，我可以去信取消"。(据《日记》)

8月31日　顾颉刚日记抄录思想改造小组给顾颉刚所提意见,其中俞剑华道:研究工作一方面受了胡适的影响,一生未能跳出这范围。(《顾颉刚日记》第七卷,263页)

9月

9月1日　胡适作有《全祖望〈水经注〉五校本的首卷:五校本题辞》。(《胡适手稿》第5集卷1,3～43页)

9月3日　胡适有《双韭山房〈水经〉序目》一文。(《胡适手稿》第5集卷1,45～62页)

9月11日　叶公超从台湾打电话给胡适说,关于牛津大学的Spalding Professorship of Eastern Philosophies & Religions,他个人赞成胡适接受邀请,但王世杰、罗家伦、蒋介石都不赞成胡去。(据《日记》)

9月12日　王世杰致电胡适:已经和罗家伦、蒋介石讨论过牛津大学的事,均建议胡适婉言谢绝此事。(台北胡适纪念馆藏档,档号:HS-US01-078-001;又可参考胡适当日《日记》)次日,胡适复电王世杰,为提供忠告致谢。(台北胡适纪念馆藏档,档号:HS-US01-078-002)

9月13日　胡适致函Homer H. Dubs,告知改变了8月30日应允的承诺,恳请不要自己担任Spalding Professorship of Eastern Philosophies & Religions。这是与好朋友商量的结果。(据《日记》;台北胡适纪念馆藏档,档号:HS-US01-076-029)

9月15日　胡适致函蒋介石,就在台湾建立多党并立的民主政治和国民党改革问题建言:

> 十月中国民党大会,使我回想到去年向我公建议的一个意见——建立多党的民主政治,必须由专政多年的政党自由分化出来成为两三个有组织、有领袖的政党。"行宪"初期的"立法院"内,已有各种"讨论会""俱乐部"的形成,其分野颇近于政党的雏形。……鄙意总觉得

此次国民党大会，实是一个难得的机会，可以借此奠定一个民主政治的新基础。远在海外系念"国家"的前途，颇妄想我公能在这次大会上有这些表示。

（1）明白表示民主的政治，必须建立在多数政党对立的基础之上，明白表示这四五年"行宪"期中，尚未能做到这多个政党对立的基础。其中一个主要原因，是由于国民党未能完全抛弃早年"党外无党，党内无派"的根本心理习惯，在这一点上，国民党不妨"罪己"。

（2）明白表示国民党应废止"总裁"制，力求党内的民主化。

（3）明白表示国民党内部可以自由分化成为几个友谊的公开的政治竞争的团体。

…………

（5）当此"国难"最严重的时期，国民党召集大会，不可不有剀切"罪己"的明白表示。国民党要"罪己"，我公也要"罪己"，愈能恳切"罪己"，愈能得人民的原谅，愈能得世人的原谅。"罪己"的文字，不可限于说话给本党人听，必须用最明白恳切的白话发表在一切报纸上，必须用无线电向全台人民及大陆人民广播。……

最后，胡适详述讲土耳其遵从民意，和平转移政权的故事，以期打动国民党。（《胡适中文书信集》第4册，96～98页）

按，蒋介石9月23日阅罢此函后记道：（胡适）建议本党应照土耳其分为两党之办法，此其书生之见，不知彼此环境与现状完全不同也！中国学者往往如此，所以"建国"无成也。（蒋介石是日日记）

同日　Emmett F. McCarthy 致函胡适，云：黄文山来申请工作，请胡适提供对他的意见。（台北胡适纪念馆藏档，档号：HS-US01-038-004）

9月16日　胡适复函童世纲，谈及《碛砂藏》的目录收在《昭和法宝目录》里，但这目录是南宋端平年间刻印的，只依宋朝的《大藏经》普通目录作一个预计，不能代表《碛砂藏》全部的卷数与部数。《碛砂藏》到宋亡时，还没有刻完。兵乱平静之后，到元大德时，又继续刻板。其中加入了管主八刻的《秘密藏》许多部，都是密宗的书，大部分是元朝翻译的，故都不在端平预刻的目录之内。上海影印本是依据西安两寺现存的卷册，但也有缺卷。普林斯顿所存，可补缺卷的大部分。胡适影印的《影印本目录》共有1532部。部与卷数不关"册数"。（台北胡适纪念馆藏档，档号：HS-NK05-095-010）

9月17日　Homer H. Dubs 致函胡适，云：

> Your note refusing to have your name put forward for the Spalding Professorship of Eastern Religions and Ethics arrived a week ago....
>
> Since you have written as you do, I shall refrain from recommending your name for the Professorship. As yet only two persons know that I have had you in mind for this place. So there will be no publicity whatever. I do however, regret greatly that you have decided thus and believe you have made a mistake. Will you pardon me if I offer some frank words?
>
> You have probably being missinformed about the situation in Britain. In the first place, this professorship is entirely non-political. Oxford views it as a purely academic appointment and the sole concern here is to secure the best person, regardless of nationality. If you withdraw you name, it now appears that a Persian will be elected to this post! When you consider the treatment given Britain by Persia, you can see how little any political considerations enter in, since, except for myself, all the electors are British—who will quite likely elect a Persian to a British professorship!
>
> ...
>
> The meeting of the electors for this Spalding Professorship is now scheduled for the 14th of October. I hope that you will reconsider your decision and inform me well before that date that you are willing to consider this position, if it is offered to you. I shall then be glad to present your name and urge

your election. Meanwhile, like yourself, I hope that my frank words, and this whole matter will not affect our old friendship.（台北胡适纪念馆藏档，档号：HS-US01-076-030）

9月19日　Charles S. Casassa 函请胡适提供对张嘉璈的个性、学术能力的意见。（台北胡适纪念馆藏档，档号：HS-US01-038-005）

9月20日　胡适作成《六祖坛经原作檀经考》，共提出3条证据：《檀经》敦煌写本里11次提到"檀经"，最前5次和最后2次都写作"坛经"，中间4次写作"檀经"；9世纪初期韦处厚作"兴福寺大义禅师碑铭"；《唐诗纪事》的一条。（《胡适手稿》第7集卷1，91～101页）

按，1959年2月20日，胡适在此文封面自题："后来我看了神会的《坛语》的两个敦煌本，我也不坚持《檀经》的说法了。"

9月21日　胡适将《六祖坛经原作檀经考》一文函寄杨联陞，请杨与洪煨莲、阎辉、观胜"指教"，又请杨帮忙校对"大义禅师碑铭"；又提到因几位老朋友不赞成胡适接受牛津大学的 Spalding Professorship，故最后决定去信说明不愿考虑。又谈道：

自从七月一日以来，已着手做"还债"的工作，先从整理《水经注》的旧稿下手，还没有完。……

整理的结果是：

戴震的问题最简单，最容易结案。

赵一清的问题也简单，也容易结案。

全祖望的问题最复杂，最"神秘"，材料在我1946年回国后出现的又最多，故结案还需要一点时日。

谢山颇不老实，他曾痛诋丰坊作伪，而他自己"追赠"他四代祖宗的《水经注》校勘成绩，竟完全是模仿丰坊"追赠"他的祖宗的"五经世学"的行为！

近作《全氏四代"水经世学"小考》一文，略示此中的"神

秘"与"复杂",尚未脱稿。(台北胡适纪念馆藏档,档号:HS-LS01-003-026)

按,9月25日杨联陞复函胡适云:

……韦处厚《大义禅师碑》,似未收入《文苑英华》。《全唐文》则这里也只是通行本,故未特查。檀是正字,大家都觉得很可能。不过洪先生觉得如果是檀那法施,则"施法檀经"之称,或反有叠床架屋之嫌。多少还有疑义。又我检《隋书·经籍志》三(五行类)有……《坛经》一卷(四等撰)、《登坛经》一卷、《五姓登坛图》一卷、《登坛文》一卷。《旧唐·经籍志》下(五行)有《登坛经》一卷,《新唐·艺文志》三(五行)有《登坛经》一卷、《赵同珍坛经》一卷。《宋史·艺文志》五(五行)有《周公坛经》一卷、王佑明《集坛经》一卷、《文武百官赴任上官坛经》一卷。这些想来都是阴阳术数之书。但这个坛经名目,既然存在甚早,对于《六祖坛经》的作者及抄者,恐怕不无影响。不过这些五行性质的坛经,似乎已经亡逸……真正有无关系及关系若何,就很难确指了。……

今日读《道藏》152册《周氏玄[冥]通记》,记陶隐居弟子周子良屡次梦与神人对话,文笔细腻可喜。其中有若干白话文可注意。……(台北胡适纪念馆藏档,档号:HS-LS01-003-028)

又按,胡适藏书中,有一本《敦煌唐写本坛经》。胡适以朱笔题签"敦煌唐写本坛经","一九五一,九月影本 胡适"。首页有胡适红笔长篇注记:"此本原为 Sir Aurel Stein 从敦煌取去。到1926年,日本矢吹庆辉博士(Keiki Yibuki)从敦煌照相带回日本。……1927年,我请 Dr. Lionel Giles 依原本大小,照相寄全本给我。此系陈世裏[骧]先生从伦敦照回来的 microfilm,我借来放大的。胡适。"(《胡适藏书目录》第1册,646~647页)

9月23日 杨联陞将其所著 *Money and Credit in China*: *A Short History*(哈佛大学出版社,1952)题赠胡适。(《胡适藏书目录》第4册,

2837～2838页）

9月26日　胡适去华盛顿。访高宗武。晚，顾维钧邀餐叙。（据《日记》）

9月27日　上午10时，胡适在"驻美大使馆"开"中基会"第廿三次年会。年会修改研究补助费规程，授权代理干事长于访台期间调查台湾高等学校教育与学术情况与需求，并向执行委员会报告除了台湾大学以外其他学术单位的可能性。选举钱思亮为董事，接替周诒春之职。下午，到谭绍华寓所。晚，霍亚民邀晚餐。（据《日记》；台北胡适纪念馆藏档，档号：HS-NK05-263-002；《"中基会"对科学的赞助》，248～249页）

同日　高克毅致函胡适云，两年多以前自己曾提议编译传记资料事，承指点先由翻译《四十自述》入手。现在虽然完成初译，但总想细细修改，再请胡适过目。由周佑康处得知胡适不久要回台湾，因此想把目前已有的成绩先寄上，请胡有功夫看看，或可指示大概。又详述自己的翻译原则。另外，目前选译《藏晖室札记》是计划中的第二步。（台北胡适纪念馆藏档，档号：HS-NK05-058-007）

9月28日　上午，胡适与蒋硕杰、刘大中谈。与张纯民共进午餐并长谈。下午看望司徒雷登与傅泾波。晚与高宗武夫妇餐叙。晚9时与霍恩贝克谈2小时。（据《日记》）

9月29日　胡适到美国国会图书馆，检视托吴光清帮忙检出的《水经注》，计有：1. 吴琯刻《水经注》；2. 朱谋㙔《水经注笺》；3. 朱谋㙔《水经注笺》（赵一清硃墨校本）；4. 项纲刻《朱笺》竟陵本；5. 黄晟翻刻项本；6. 王先谦《合校水经注》；7. 嘉庆八年（1803）朱文翰纂《山阴县志》。从早上9时30分到下午4时，工作甚有趣。（据《日记》）

9月30日　胡适回到纽约。（据《日记》）

同日　胡适复函曹树铭，寄上300元支票，以应急。又谈及普林斯顿大学现时无力买书，曹之两部书——《六经图》石刻拓本与明刻张养浩《忠告三事》，暂存胡适处。将来曹若能得更好的卖价，曹随时可以收回去卖。《忠告三事》是明宣德翻刻本，故已附刻《元史》本传。《六经图》问题甚复杂。傅斯年所论避讳一节，不甚妥切。（台北胡适纪念馆藏档，档号：

HS-NK05-077-011）

同日　雷震将大肆刊登祀孔文字的"中央日报"特刊函寄胡适，并询胡适"有何意见"。(《万山不许一溪奔——胡适雷震来往书信选集》，32页）

9月　胡适作有《汉书地理志稽疑跋　附补目》。又于1957年7月8日补写道：全祖望最初的计划是要做《汉书》的两部"稽疑"，到后来他才充分利用他的《汉书》的《地理志》的知识来帮助他做校订《水经注》的工作。(《胡适手稿》第2集卷3，351～359页）

10月

10月1日　胡适复电 Homer H. Dubs：

Heartily appreciate your frank letter which arrived during my absence. Deeply regret I shall have to disappoint you by requesting you not to propose my name. Hu Shih（据《日记》；又见台北胡适纪念馆藏档，档号：HS-US01-077-025）

同日　胡适复函杨联陞，云：

你们几位老朋友对于《檀经》原作"檀"，似颇怀疑。这是我早料到的。所以我特别注意"檀施""法施"的说明，意思也在先打破"坛经"一千多年的成见。

隋唐宋各志"五行"类的《登坛经》，也叫《坛经》，其性质可从《隋志》你失举的《仙人务子传神通黄帝登坛经》一卷，及你举的《宋志·周公坛经》与《文武百官赴任上官坛经》，三个书名，推知一二，大概是设坛请召仙鬼来问事的书。

因为社会上有此名目，故法海集记的书，原名《檀经》，竟被人改作《坛经》。但敦煌本的中间尚保存四处作"檀经"，又有题目"六祖……于韶州大梵寺施法坛经一卷"，最可显示"施法"是 verb，而"檀

经"是"施法"的经文，文法上是"于大梵寺施法"的"檀经"。洪先生所疑"叠床架屋"之嫌，他若试读敦煌古本，就可以知道这班半通文墨的和尚，最多"叠床架屋"的文理，如我引敦煌本施法缘起一段，不满一百七十字，就有几处犯此病。如上文已说惠能大师"升高座说摩诃般若波罗蜜法"，次句又说"其时座下一万余人……同请大师说摩诃……法"。又如"令门人法海集记……与学道者承此宗旨，递相传授，有所依约，以为禀承"。此外例子多不胜举。

故"叠床架屋"甚不足奇怪。

你引《宋志》4，"释氏"有《坛经》一卷，僧慧能注《金坛经》一卷，慧昕注《坛经》二卷"。这是你失于检考的小错。

《宋志》甚多谬误。上文举"惠能《金刚经口诀义》一卷，《金刚大义诀》一卷……"下文又举"僧慧能注《金刚经》一卷（刚讹为坛），又撰《金刚经口诀》一卷"。史官竟不知道惠能即是慧能，也不知道四部书是同一书——同是当日伪造之书。《新唐志》有慧能《金刚般若经口诀正义》一卷，即此。

《宋志》于惠能与慧能之间，列有"法海《六祖法宝记》一卷，《坛经》一卷"，此即敦煌古本所谓"门人法海集记"，其记或称"六祖《法宝记》"，或称"《檀经》"，实是一书。后来流传"六祖法宝坛经"之名，即是合两名为一名。

此下《宋志》又举"慧昕注《坛经》二卷"。"注"字当作"编"，此即我在"坛经考之二"（《论学近著》304以下）指出的宋太祖乾德五年（969）惠昕修改古写本"分为两卷，凡十一门"的第二古本《檀经》。日本保存的京都兴圣寺藏本，即此惠昕本，现有铃木排印本。晁公武的《郡斋读书志》（《文献通考》同）记惠昕《六祖坛经》已是三卷，分十六门之本了——此是第三古本。此本今不传。

《檀经》越晚越增多。今日流传之本，比敦煌本多出一倍。惠昕本文理通顺，增加的不过三千七百多字。敦煌本不过一万一千五百字。但已是经过增加扩大的了。最初的古本（也是伪作的），大概至大梵寺说法后"一时尽散"为止。约当敦煌本第廿七叶。此下至第四十五叶，皆是后加的了。故《檀经》最早本大概不过七千字。我的"坛经考之三"，即是考敦煌本，至今未成。日本人写定排印的两本——《大正藏》本与铃木排印本——都有可议，我的写定本大概可以稍胜。此本不久可以写定，附有校勘考证。

《周氏玄[冥]通记》，我曾在《真诰考》稍加讨论。但我没想到我的纪年月日的主张（最初我似是受章实斋的指示），竟有神人占我先着了！（台北胡适纪念馆藏档，档号：HS-LS01-003-029）

10月2日 钱思亮、刘真致电胡适：We would like to invite you to give a series of lectures at Taiwan University and Teachers College will remit the travelling expense. Hope you will accept our request.（台北胡适纪念馆藏档，档号：HS-US01-082-026）

10月5日 胡适日记有记：H. T. Webster 死了。他的漫画之中，我最喜欢"The Timid Soul"……

10月6日 Woodbridge Bingham 致函胡适，云：

On behalf of the Committee on Far Eastern and Slavic Matters of the University of California, I am writing to inquire whether you may possibly be stopping in this area on your way to or from "Formosa". It is the hope of the Committee that you may be available for a lecture some time in the near future.

The Committee, of which I am chairman, has available some funds which might be used as an honorarium in this case. Since several other possibilities are being considered, I hope I may hear from you soon as to whether or not you may be available for a lecture in Berkeley.（台北胡适纪念馆藏档，档号：HS-US01-081-004）

10月8日 Charles P. Arnot 致函胡适，云：

In the years since the end of World War Two, genuine efforts have been made to stabilize world peace through such international organizations as the United Nations.

Much of the work of the International Information Administration is devoted to publicizing these efforts throughout the world.

It has been suggested that articles by outstanding historians, educators and philosophers might further this work, and also bring added hope to the people in this world who are striving for peace.

We are writing you as one of the great philosophers. We are also writing Dr. Albert Schweitzer, Dr. Charles Malik, Dr. Arnold Toynbee and Dr. James Bryant Conant, who we fell are equally outstanding in their fields of endeavor.

The question we are asking all of you is simply this: Do you feel that concrete progress has been made since the end of World War Two in creating a climate in which a lasting peace can be achieved?

We will be most grateful if you will answer this question, giving your reasons for your deductions. The article may be as long or as short as you would like to make it. We know that whatever you have to say on this subject will be of tremendous interest to peoples throughout the world.（台北胡适纪念馆藏档，档号：HS-US01-081-005）

10月9日　钱思亮、姚从吾、毛子水、杨亮功、卢逮曾等联名致函胡适，云：新近听说先生要回台湾一行，我们都欣喜万分。这里的教育文化界人士以及青年学子，都希望先生能在台作短时的讲学，以启迪后进。我们亦以为3年以来，台湾的建设，先生如能亲眼一看，亦是好的。（台北胡适纪念馆藏档，档号：HS-US01-079-009）

10月14日　胡适请 Dr. Robert L. Levy 诊察身体。（据《日记》）

同日　胡适有《先赠公与柳浦》札记。（《胡适手稿》第6集卷2，241～253页）

10月16日　日本人水野雪子邀请胡适餐叙,并介绍与诺贝尔奖物理奖得主汤川秀树相见。汤川说,他少年时就知道胡适的姓名,并读胡适的书,尤爱读胡作长序的新式标点的中国古代小说。(据《日记》)

10月21日　胡适请Dr. C. E. Forkner 检查身体,体重142磅,较7月29日减轻15磅。(据《日记》)

10月22日　胡适作有《试考全祖望"双韭山房书目"所记〈水经注〉各本》。(《胡适手稿》第2集卷3,537～575页)

10月27日　胡适致函赵元任、杨步伟,向赵祝贺60岁生日。又告将于11月飞回台北住一个月。又谈道:"人老了,许的'愿'总得还还。现正赶完《水经注》的'愿'。思想史的'愿'怕要整一年才还得了。"(《近代学人手迹》三集,43页)

同日　孟治致函胡适,云:

Confirming our telephone conversation, Mrs. Moore is delighted and is looking forward to meeting you, Dr. Mei and myself at her home, 1000 Park Avenue (near 84th Street), at 3 p. m. on Wednesday, November 5th..

From the minutes of the Board meeting of October 6 it would seem that Mrs. Moore had in mind that we should discuss among other matters the following:

1. A modest beginning of the research fellowship program under "the Free China program".

2. The formation of a committee in "Formosa".

It seems that both Ford and Rockefeller Foundations are extending direct aid to "East Asian countries". They have laid the groundwork for certain programs and have turned to private agencies to cary [carry] them out, therefore, it may be of interest to you to glance through these excerpts from their reports which I am putting on a separate sheet.

Please feel free to let me know if you wish to see me for information in advance of the meeting.（台北胡适纪念馆藏档，档号：HS-US01-081-007）

10月28日　胡适致电陈雪屏："中基会"决定提供台湾农学院一名教授奖学金，请速办理。（台北胡适纪念馆藏档，档号：HS-US01-012-026）

10月29日　雷震致函胡适，谈"自由中国"杂志苦撑三年之不易，又谈到徐复观之文章曾令蒋经国十分震怒，又希望胡适为第四年的第一期撰文一篇，雷函云：

> 本刊在先生领导之下，坚［艰］苦维持了三年，此诚因先生之德望所感召，而同人亦懔于建立健全舆论之重要，不敢丝毫疏忽也。先生看到每期之文字，当可相信同人之苦心。外传先生十一月中旬"回国"，十一月廿日为本刊发刊纪念日，如先生能于以前回到台北，同人可聚餐庆祝，惟弟意则不劝先生"返国"的。（《万山不许一溪奔——胡适雷震来往书信选集》，33～34页）

10月31日　杨鸿烈、万家淑致函胡适：阅报知您将于下月9日首途赴台，很为高兴。您回绝马来亚、牛津大学都是令人佩服。另略述家人近况与等候推荐为赴美研究事。（台北胡适纪念馆藏档，档号：HS-US01-079-010）

10月　胡适作有《纪念席德懋先生》一文。（《传记文学》第14卷第4期，1969年4月1日）

11月

11月1日　顾颉刚日记有记：

> 传闻胡适已到台湾任"总统"，今日与君匋谈，谓彼到台，如果确实，亦不过如宣统任"满洲国"执政，做个大傀儡，一个最聪明的人如何做出这种最笨的事。……（《顾颉刚日记》第七卷，298页）

11月4日　胡适终日在葛思德东方图书馆查阅《清高宗诗》四集、《永乐大典目录》等书。晚间在缪云台家通过电视观看美国大选结果。晚10时，已断定艾森豪威尔胜选。（据《日记》）

11月8日　胡适致电钱思亮、刘真，告知在台湾大学、台湾师范学院讲学的初步设想：拟在台大讲治学方法约四讲，在师院讲杜威哲学约三讲。（"中央日报"，1952年11月11日）

11月9日　胡适在日记中记录了今日台湾军人中受过西方高等训练的将领名字：孙立人、贾幼慧、王国华、王之、曾锡珪（以上均为清华出身）以及侯腾、马纪壮、王叔铭。

11月16日　胡适自纽约起飞，开始返台行程。当晚抵西雅图。"China Club"的Mrs. Price及华侨领袖多人来接。来者有Dr. & Mrs. Charles E. Martin、胡敦复夫人、李方桂夫人、朱文长等，在机场休息室谈话两个多小时。（据《日记》）

11月18日　下午，胡适飞抵东京，董显光等来接，胡适见到野村、那须皓、盐谷温诸人。半夜后离开东京。（据《日记》）

11月19日　上午8时，胡适飞抵台北松山机场，受到各界数百人之热烈欢迎，蒋经国也代表蒋介石前往迎接。胡适对记者发表谈话云：

> 我在三十八年三月来过台湾，到现在已经三年有半了。这次"回国"，照外国算法，我已走了八千四百二十英里的路程，折合中国算法，计二万五千多里，两天前的上午八时自纽约起飞，到现在只有四十八小时。当飞机飞近台湾时，我看见白浪环绕的宝岛，心里感觉到无限愉快。下了飞机以后，又看见很多老朋友和新朋友，心里高兴万分，对于各位给我的热烈欢迎，表示一万分的感谢。（"中央日报"，1952年11月20日）

同日　午间，台湾大学校长钱思亮为胡适洗尘，毛子水、陈雪屏等作陪。胡适此次回台，即住福州街二十号钱思亮寓所。午后，会见来访客人甚多。

同日　下午4时，胡适举行记者招待会。

同日　下午 5 时，胡适拜访台湾地区行政管理机构负责人陈诚。

同日　下午 6 时，胡适访俞大绥。

同日　下午 7 时 30 分，胡适晋谒蒋介石并与蒋共进晚餐。（以上均据次日台北各大报）

按，胡适回台期间，台湾省"教育厅厅长"陈雪屏委派该厅督学杨日旭担任胡适的临时秘书，负责胡适的"日程安排、覆信及陪同访问、演讲"等事宜。杨日旭后来曾将其后胡适给他的十封信编为小册，名曰《适之先生赐函计拾件》，这里所引关于杨氏任秘书职责之语，即见杨氏在《适之先生赐函计拾件》封面之题记。杨氏又在胡颂平编《胡适之先生年谱长编初稿》第六册"1952 年 11 月 19 日"条下（该书 2228 页）批注："（11 月 19 日）晚间雪屏先生来电话嘱担任胡先生记室工作。"（杨日旭教授提供）

又按，1962 年 3 月 3 日，杨日旭在其日记中记道："……那时每天至少有两个饭局，一个演讲，还要写文章。以六十二岁的高龄每天工作十四小时，不但毫无倦容，而且在晚上还关起房门，开夜车至深夜。有一天胡先生告诉我他先一天晚上睡得很早，可是我却看他桌子上的烟灰缸堆满了纸烟头。为先生晚睡，我曾劝过他好几次，他总是笑呵呵地满口应承，可是仍是改不了。后来我才明白，白天的时候，都是别人的，只有晚上的时间才是他自己的。所以夜深人静，无人打扰，他可以一个人安安静静地'作工'……"（杨日旭教授提供）

11 月 20 日　上午，胡适先后拜访吴稚晖、许世英、王宠惠、于右任等。

同日　中午，"中央研究院"院长朱家骅宴请胡适。

同日　晚，胡适出席哥伦比亚大学同学会晚宴，并演讲"美国大选的故事"。（以上均据次日台北各大报）

11 月 21 日　上午，访客甚众，有李石曾、雷震等。（次日台北各大报；《雷震全集》第 34 册，160 页）

同日　上午，胡适访芳泽谦吉。

1952年 壬辰 61岁

同日 中午，张其昀宴请胡适。

同日 下午，来客仍甚众，有沈刚伯、李宗侗等。

同日 下午，胡适访美国"外交官"蓝钦。

同日 下午，胡适参观台湾大学，到傅斯年墓献花，又参观台大女生宿舍。（以上均据次日台北各大报）

11月22日 上午，访客甚众，有王宠惠、郎静山、雷震、蒋匀田、卜少夫等。（次日台北各大报；《雷震全集》第34册，160～161页）

同日 上午，胡适访张厉生、黄少谷、周至柔、蒋经国、郭寄峤等。

同日 下午4时，台大与师院假台北宾馆为胡适举办鸡尾酒会。

同日 晚，程天放宴请胡适。（以上均据次日台北各大报）

11月23日 胡适以喉部不适，取消一切演讲。张其昀、毛子水、崔书琴等邀胡适游阳明山等地。（次日台北各大报）

11月24日 胡祖望禀胡适：

Thank you for your two letters written just before you left New York.

I have received a letter from Mr. K. C. Li in which he mentioned that if I could get over to U.S., he would be able to find employmen for me, however, he could not guarantee my entry as Hwa Chang had some trouble with the Immigration Department before. From information I gathered from T. C. Hsu and K. S. Wang, it seems that as soon as I can get over to U.S., there would be no difficulty in finding an engineering job, as the same is quite plentiful there. However, the difficulty is getting the entry. It is hard for anybody or any company to guarantee a foreigner thousands of miles away and to promise him job sight unseen, should I be in their position, I would probably also hesitate in doing so.

I have also discussed this matter with "the American Embassy" people here. It seems that short of an act from the Congress, there is little chance for me to go over. He suggested that I apply for "immigration quota" which is allocated to the Chinese at 250 per year, out of which are allocated to Chinese from "Formosa". And this is one of the reason for me to decide to go back to "Formosa".

Regarding the matter of applying for U.S. "Immigration quota", I would like to have your advise on same. I would like to know whether the application would cause any unfavorable publicity on you or may be even some embarrassment to you.

We have decided to go back to "Formosa", and hope to be able to leave Bangkok in January. I feel it is hopeless for me to stay on here any longer. Nothing outside of a miracle can pull this Mill up, and miracles only happens in stories. There is no sense to see this Mill open and to see it close, might as well leave before the inevitable comes. And once you leave, the only place we can go is "Formosa".

We have sent all the dates necessary for the application of "Formosa" entry permit to Dr. Chien, care of the University. Please check with him to see if they are received, and ask him to rush the same if he can.

I don't know what I shall do when I get to "Formosa", guess I have to get there and see for myself. In the mean time, I would appreciate it very much if you can lay the ground work for me while you are there.

Dashing this out in a hurry, hope to hear from you soon.（台北胡适纪念馆藏档，档号：HS-US01-100-016）

11月25日　上午，陈诚来访。晚，王宠惠宴请胡适。（次日台北各大报）

11月26日　下午3时，"国大"联谊会在女一中举行茶会，欢迎胡适，胡适有演说。（次日台北各大报；《雷震全集》第34册，163页）

同日　下午7时，陈诚宴胡适。（《陶希圣日记》下册，653页）

11月27日　上午8时，雷震偕徐复观来谈甚久。（《雷震全集》第34册，163页）

同日　下午5时，陈诚在台北宾馆举行鸡尾酒会，欢迎胡适。（次日台北各大报）

11月28日　下午4时，"自由中国"杂志社举行三周年纪念会兼胡适欢迎会。雷震首先简短讲话后，由毛子水代表该社致辞，次由胡适演讲。出席集会的有200余人，吴铁城、张群、许世英等均到，晚间在"自由中国"杂志社聚餐，并欢宴胡适。胡适在演讲中说：自己担任了一个发行人的虚名，事实上并没有负责任，这是很惭愧的。胡适称赞"自由中国"杂志建立了一个"言论自由"的机关。（次日台北各大报；《雷震全集》第34册，163～164页）

11月29日　雷震日记有记：午间陈香梅约餐，到者均提到"自由中国"杂志昨日茶会胡先生表示之意见，认为我可以轻松一下，似乎有保镖人到来。其实我心中听到适之先生之言，当然愉快，不过我个人是会独立奋斗的，不必要什么靠山，过去之用适之先生为发行人，并非以他为招牌也。（《雷震全集》第34册，164页）

11月30日　上午10时，胡适在"三军"球场公开演讲"国际形势与中国前途"。胡适在演讲中说，从1945年8月到今天，第二次世界大战完全没有结束。中国的前途系在"自由世界"的前途上。（次日台北各大报）

12月

12月1日　胡适在台湾大学讲演"治学方法"。胡适在台大以此题目的讲演共3次，分别讲治学方法的引论，方法的自觉，方法与材料的关系。是日所讲，即治学方法的引论。胡适将其治学方法概括为"大胆的假设，小心的求证"十字诀。特别强调：假设人人能提，最要紧的是能小心地求证；为了小心地求证，就必须"上穷碧落下黄泉，动手动脚找东西"。（演讲稿收入《胡适作品集》第24册，1～13页）

同日　台北市编辑人协会举行欢迎胡适的集会，胡适应邀演讲。（《胡适作品集》第26册，29～235页）

同日　雷震日记有记：邵华与方治约适之先生晚饭，地点在我寓，客人中谷正鼎、谷正纲、程沧波、萧青萍、洪兰友、齐世英等人。(《雷震全集》第34册，165～166页)

12月2日　中午，《自由人》聚餐，邀请胡适，胡适今天只是说了一些应酬话。胡适先行离开，等他离开后，自由社的成员讨论《自由人》要不要停刊，王云五对于这个提议不赞成。晚，民社党约胡先生吃饭，邀雷震作陪。(《雷震全集》第34册，166～167页)

12月3日　胡适在台湾师范学院讲演"杜威哲学"，本日所讲者，系杜威的哲学思想。胡适简要介绍了杜威的生平及1919—1921年曾来中国访问之事。胡适说，杜威的哲学是实验主义。分别介绍了实验主义的3位大师：皮尔士(特别强调了他的科学实验室态度)、詹姆士和杜威。杜威的影响最大，方法也比较谨严。胡适介绍了杜威的思想背景：生活在一个真正民主的社会；两三百年来的科学方法；"生物演化论"。(演讲稿收入《胡适作品集》第25册，1～13页)

同日　胡适致电童世纲：Kindly airmail my English essay on Chan Buddhism care president Taiwan University.(台北胡适纪念馆藏档，档号：HS-NK05-095-018)

12月4日　下午4时，台湾地区立法机构举行欢迎胡适的集会，胡适应邀讲演。胡适说，台湾地区立法机构有几项好的创制，一是委员有五分之一的人数出席就可以开会，一是无记名投票。(《胡适作品集》第26册，157～164页)

同日　晚，崔书琴宴请胡适。(次日之"中央日报")

12月5日　上午，胡适在台湾大学法学院大礼堂讲演"治学方法"的第二讲"方法的自觉"。胡适说：

……方法的自觉，就是方法的批评；自己批评自己，自己检讨自己，发现自己的错误。纠正自己的错误。……

…………

……自觉就是自己批评自己，自己检讨自己，自己修正自己，这是最重要的一点。在文史科学，社会科学方面，我们不但要小心的求证，还得要批评证据。自然科学家就不会有这种毛病；因为他们在实验室的方法就是一种自觉的方法。……

……………

……作文史考据的人，用考据学的方法，以证据来考订过去的历史的事实，以证据来批判一件事实的有无、是非、真假。……

……………

……要时时刻刻自己检讨自己，以养成做学问的良好习惯。……

……………

……做学问有成绩没有，并不在于读了"逻辑学"没有，而在于有没有养成"勤、谨、和、缓"的良好习惯。……

……………

……许多问题，在证据不充分的时候，绝对不可以下判断。……（《胡适作品集》第24册，14～27页）

同日　下午5时后，杜蘅之、雷震、崔书琴等来访。（《雷震全集》第34册，168页）

12月6日　上午10时，胡适在台湾大学法学院大礼堂讲演"治学方法"的第三讲"方法与材料"。胡适说：

不论团体研究也好，个人研究也好，做研究要得到好的成绩，不外上面所说的三个条件：一、直接的研究材料；二、能够随时随地扩张材料；三、能够扩充研究时所用的工具。这是从事研究学问而具有成绩的人所通有的经验。（《胡适作品集》第24册，28～47页）

12月7日　台湾"北大同学会"举行欢迎会，欢迎胡适，胡适有演讲。（台北胡适纪念馆藏档，档号：HS-NK01-326-005）

12月8日　胡适在台湾师范学院续讲"杜威哲学"，本日所讲者，系杜威哲学的应用。胡适说道：

> 杜威先生的基本观念，具体地说，是把经验用于哲学的各方面。……杜威先生说，"经验就是生活"。人的经验，就是充分运用思想的能力来应付环境，改造环境，使将来应付环境更好，更容易，更适当，更满意。所以杜威先生把基本观念用在思想上。……杜威先生以为有条理的思想的发生，大概可以分为五个步骤。……
>
> 第一步：思想的来源，或者说，思想的起点。思想不是悬空的。胡思乱想，不算思想。凡是真正有条理的思想，一定是有来源，有背景，有一个起点的。这个起点是什么呢？思想都起源于困难的问题。……
>
> 第二步：认清困难障碍在那一点；把困难加以分析，知道困难究竟在那一点。……
>
> 第三步叫作提示，或者称为暗示。……
>
> 第四步就是批评、评判；判断这许多提示，暗示当中，那一个意见比较最能解决所碰到的困难问题。……
>
> 第五步是思想的最后一点，思想的终点，就是证实。……
>
> ……………
>
> 思想的五个步骤，其实包括了归纳法和演绎法。……
>
> …………
>
> ……一笔有一笔的进步，一分有一分的进步，一寸有寸的进步。有思想的生活，都是改善环境，改善我们自己作为后来更满意应付环境的准备。这就是步步思想，步步是知，步步是行。知是从行里得来，知就在行的里面；行也是从知里得来，行就是知的本身。知分不开行，行也分不开知。
>
> …………
>
> 杜威先生的知识论用于教育哲学上，有所谓"教育就是生活，并不是生活的预备""教育是人生的经验的继续改造"。……（《胡适作品集》第25册，14～29页）

同日　下午6时，胡适出席台北"中国文艺协会"为其举办的宴会和座谈会。晚8时30分，该会又在台北女子师范学校大礼堂举办茶会，胡适演讲"提倡白话文的起因"。胡适说，白话文运动的发起，完全是一件偶然的事。历史上的许多大事的来源，也多是偶然的，不是有意的，很少可以用一元论解释。又说及自己对白话文运动是"开山有功而创作毫无成绩"。又有答问。(《胡适作品集》第24册，227～233页)

12月9日　中午，编辑人协会欢宴胡适，胡适演说言论自由问题。(次日台北各大报)

同日　下午4时，胡适出席台湾地区监察机构为其举办的欢迎会，并有演讲。胡适说，中国过去虽没有民主政治的招牌，但有民主政治的基础：考试制度，监察制度。明朝御史吕坤的"辩冤白谤，为第一天理"，值得"监察委员们"时常引用。胡适呼吁，为了人民的生命财产与声誉，监察机构要负起"辩冤白谤"的责任，给人民以保障，树立监察制度。又说，"一个制度的建立和行使及发生力量，不完全靠制度，人是最重要的"。(《胡适作品集》第26册，165～170页；《雷震全集》第34册，170页)

12月10日　上午9时，胡适偕钱思亮、陈雪屏、董作宾等5人乘坐火车去台中。(《雷震全集》第34册，171页)中午12时，台中市长杨基先欢宴胡适一行。下午，胡适到雾峰"故宫博物院"参观。下午5时30分访吴忠信。晚，台中各界在市政府欢宴胡适。(次日台北各大报)

同日　胡适作有《〈傅孟真先生遗著〉序》，说道：

> 孟真是人间一个最希有的天才，他的记忆力最强，理解力也最强。他能做最细密的绣花针工作。他又有大胆的大刀阔斧本领。他是最能做学问的学人，同时他又最能办事，最有组织才干的天生领袖人物。他的感情是最有热力，往往带有爆炸性的；同时他又是最温柔，最富于理智，最有条理的一个可爱可亲的人。这都是人世最难得合并在一个人身上的才性，而我们的孟真确能一身兼有这些最难兼的品性与才能。

序言又说，傅氏遗集最有永久价值的学术论著是在中篇的庚组，有许多继往开来的大文章，并举《历史语言研究所工作之旨趣》《史学方法导论》两篇说明之。（傅斯年撰，傅孟真先生遗著委员会编：《傅孟真先生集》，台湾大学印行，1952年）

同日 胡适致函陈颐等，告知去南部各地的日程，由陈雪屏代为安排。行期确定时，当再告知。（《胡适全集》第25卷，501页）

12月11日 上午8时，台中"国大联谊会"为胡适举办早餐会。上午9时，胡适由杨基先陪同到水源地篮球操场作公开演讲。讲题是"今日的世界"。10时45分，参观台中师范学校。11时15分，到台中农学院出席台中文教界座谈会。中午，台中农学院院长林一民设午宴招待胡适一行。宴会结束后应该学院学生之请，有演说。下午5时，胡适一行抵日月潭，住龙湖阁旅社。（次日台北、台中各大报；台北胡适纪念馆藏档，档号：HS-NK05-181-006;《胡适之先生年谱长编初稿》第六册，2266～2267页）

12月12日 上午，胡适一行游览日月潭。下午，参观大观、钜工两发电厂。（次日台北、台中各大报；《胡适之先生年谱长编初稿》第六册，2267～2268页）

同日 深夜，蒋介石约胡适小谈，蒋介石日记有记：

> 约雪屏来谈。胡适来此游览，招待及听取其报告，约谈十五分钟，乃寝。不料寝后竟未能安睡，直至今晨二时，服药后亦不奏效，苦痛极矣。此乃为胡之言行或为美国近情所致乎？

杨日旭1996年6月12日补记：

> 十二月十二日，阴。胡先生、陈雪屏、董作宾赴日月潭。晚间"总统"派"总统府"秘书沈锜来邀胡先生过"总统行馆"一谈，当日晚十一时胡先生尚未归。雪屏先生嘱先睡。次日返台北，旭曾面询胡先生昨晚与"总统"谈话情形，胡先生面告："'总统'希望我以无党籍人士出面竞选'总统'。"旭问："先生如何回答？"胡先生说："我婉谢

了。"旭问："何故？"胡先生说："我没有军队。"（杨日旭教授提供）

按，蒋介石在其上星期反省录中又记道：与胡适之谈话二小时，不知彼果有动于中否。

12月13日　下午2时多，胡适一行参观南投县政府、县议会。3时，在介寿堂致辞10分钟。4时过彰化，在县议长陪同下匆匆游八卦山。4时50分在彰化火车站对学生、民众讲演5分钟。晚9时30分，抵台北。（次日台北各大报；《胡适之先生年谱长编初稿》第六册，2268页）

12月14日　上午，"联合国中国同志会"在中山堂召开1952年度大会，会议由朱家骅致开幕辞，次由胡适演讲"联合国的理想与实际"。（《胡适作品集》第26册，99～106页）

12月15日　晚，何应钦宴请胡适，同席有邵逸周、钱思亮、朱家骅、雷震等。（《雷震全集》第34册，173页）

12月16日　上午10时，雷震陪日本《每日新闻》上沼君来访，胡适回答了他的提问。（《雷震全集》第34册，174页；《胡适作品集》第26册，123～128页）

12月17日　众多客人来为胡适贺寿。（《雷震全集》第34册，174页）

同日　上午11时，"北大同学会"200多人在中山堂集会，庆祝北大成立54周年，兼为胡适祝寿。胡适以"北大校长"身份担任大会主席。胡适先请蒋梦麟、李石曾讲话。次由胡适致辞。他回顾了北大在忧患中奋斗的历史，今天实在无庆可言，而只能说北大在忧患中度过了54年。胡适演讲毕，即由校友代表献签名祝寿册。（次日之"中央日报"）

12月19日　胡适在台湾大学文学院演讲《〈水经注〉考》相关内容，述自己考证《水经注》大体经过，指出所谓戴震窃全祖望、赵一清书之说，完全不确。（《胡适作品集》第24册，49～60页）

同日　下午6时，胡适出席台北中等以上学校校长座谈会，有答问。胡适说，自己在30多年前就提倡选课制，减少必修课，增加选修课，以培养学生兴趣。胡适又说，要注重训练学生本能天才的发展，使他的知识能

力有创造性，能应付新问题，新环境。（次日之"中央日报"；《胡适作品集》第 26 册，205～206 页）

同日　晚 7 时，芳泽谦吉宴请胡适。（次日台北各大报）

12 月 20 日　上午 10 时，胡适于台大法学院出席傅斯年逝世 2 周年纪念会。纪念会由朱家骅主席并简单致辞后，继由陈诚讲演，继由胡适演说"傅孟真先生的思想与事业"。（《新生报》，1952 年 12 月 21 日；《胡适作品集》第 25 册，53～63 页）

同日　中午，"国民外交协会"欢迎胡适及张群。胡适讲 1949 年 7 月 16 日他与马歇尔会面一段，马对过去联合政府事也不承认，看他们完全是洗刷过去，所以他不欲再见他们。……（《雷震全集》第 34 册，175～176 页）

12 月 22 日　蒋介石在新竹"阅兵"，邀胡适陪同"检阅"。（次日之"中央日报"）

12 月 23 日　胡适在中国公学校友会为其举办的欢迎会上有讲演，认为复校的首要工作是发扬中国公学校友会的历史价值，确定中国公学在中国革命史上和中国教育史上的地位。建议成立校史委员会，编撰校史，使世人知道它的光荣，它的价值，将是不朽的，崇高的，这样才可以达到复校的目的。（次日之"中央日报"；《胡适作品集》第 26 册，193～196 页）

同日　雷震日记有记：上午至胡先生处催文章，因有人未入内……晚间访适之先生索文章，他说今晚一定写好，并示董显光先生来函，谓日人请他讲演，请他预示留日日期，俾可安排，适之先生不愿讲话，不仅日本共产党要"捣乱"，他还要准备，又无功夫。又出示他在两年前与艾森豪威尔在哥伦比亚大学合摄之照片，上有刘瑞恒，系刘之照相机，请另一教授代摄者。我于 9 时 30 分返寓，不愿多谈，好让他写文章。决定与胡先生一同南下游览。（《雷震全集》第 34 册，177～178 页）

12 月 24 日　胡适有《东亚的命运》一篇讲演的札记。胡适认为，今日世界的危机是三件大事造成的：1941 年希特勒入侵苏联后，英、美竭力给苏联以经济的、物资的、军事的援助，使苏联成为欧洲第一大国；雅尔塔密约使苏联成为亚洲第一大国；1945—1946 年美国自动解除武装力量。东亚的命运的转机是1950年6月发生的朝鲜战争。东亚的命运是密切地联系在整个"自由世界"的命运之上。东亚国家的力量增高,会增加"自由世界"的力量。整个"自由世界"力量的增高,就是东亚"自由国家"力量的增强。(台北胡适纪念馆藏档,档号:HS-NK05-181-007)

12月25日 雷震日记有记:上午8时40分至胡先生处同往"国民大会"。今日到会代表千余人,由张群任临时主席,领导行礼后并致开会辞,继由陈诚报告。报告未竟而蒋介石来,即讲话15分钟。次由陈诚继续报告。继推举张群、胡适等31人为主席团,散会后主席团开会。下午2时30分开大会,由胡适主席,至4时40分休息,胡适偕雷震离开会场。(《雷震全集》第34册,178～179页)

同日 夜,胡适偕雷震、杨亮功、杨日旭及一位速记员前往台南。(《雷震全集》第34册,179页;次日之"中央日报")

12月26日 6时30分,胡适抵台南。台南市长、党部主委、台南工学院(今成功大学)院长秦大钧等数十人来接,中小学生列队欢迎,军乐队奏乐。胡适一行先到台南工学院早餐。早餐毕,先到延平郡王祠献花,旋到永福小学幼时故居遗迹,并手植榕树一株。又题写"维桑与梓,必恭敬止"。又为台南文献委员会题写"游子归来"。胡适当时很动感情,不断用手帕擦眼。(此杨日旭教授亲告笔者;《雷震全集》第34册,179～180页;次日之"中央日报")

同日 胡适游孔庙、赤嵌楼、安平古堡。

同日 午间,台南各界在新生社欢宴胡适,台南市长致辞。

同日 下午3时,胡适在公共体育场讲演国际形势。

同日 下午5时,胡适出席台南工学院教授举行的座谈会。晚,秦大钧院长宴请胡适。(以上均据《雷震全集》第34册,180页;次日之"中央日报")

12月27日 雷震日记有记:

今晨胡先生起床后,他交出一张稿纸,他说"中央日报"请他写

在元旦"中央日报"登的，原文为下：

  我希望今年我们的"总统"蒋公能停止阳明山的训练班，好把他的精力腾出来，注意到"国家"与世界的大事。我的理由：（一）蒋先生是"中华民国"的"总统"，这是他的主要任务。国民党的"总裁"不是他的重要任务。现在人人都说，他在阳明山的训练班花费精力太多了，那是很可惜的。（二）这种短时期（一个月）的肤浅训练，绝不能够造成一个有效能、有力量的国民党干部，如果有人向蒋先生说，上次对日抗战的成功，是由于庐山训练班，那是面谀的说话，最明白的理由是，在今日反省我们的抗战，不能算是太成功。（《雷震全集》第34册，181页）

  同日 上午，胡适应邀在台南工学院7周年成立会上演说，题目为"工程师的人生观"。胡适指出，"人类历史上所谓文化的进步，完全在制造器具的进步。文化的时代，是照工程师的成绩划分的。人类第一发明是火；大体说来，火的发现是文化的开始。下去为石器时代。无论旧石器时代，新石器时代，都是人类用智慧把石头造成功器具的时候。再下去为青铜器时代。用铜制造器具，这是工程师最大的贡献。再下去为铁的时代。这是一个大的革命。后来把铁炼成钢。再下去发明蒸汽机，为蒸汽机时代。再下去运用电力，为电力的时代；现在为原子能时代：这都是制器的大进步。每一个大时代，都只是制器的原料与动力的大革命。从发明火以后，石器时代、铜器时代、铁器时代、电力时代、原子能时代，这些文化的阶段，都是依工程师所创造划分的"。又说，"从西方人后来实现了我们老祖宗的理想，我们亦就可以知道，只要振作，是可以迎头赶上的。我们只要二十年、三十年的努力，就可以同世界上科学工业发达的国家站在一样的地位"。（次日之"中央日报"；《胡适作品集》第26册，143～149页）

  同日 胡适在台南工学院讲演毕，即在杨日旭、雷震等陪同下飞赴台东访问。台东县在公共体育场上举行欢迎会，胡适应邀作"中学生的修养与择业"的讲演。胡适说，中学生的修养应注重两点：工具的求得，良好习惯的养成。工具有两种：语言文字，科学的基本知识。关于良好习惯，胡适说：

> ……宋时有一新进士请教老前辈做官的秘诀，老前辈告诉他四个字："勤谨和缓"。……
>
> 勤，就是不偷懒，不走捷径，要切切实实，辛辛苦苦的去作。……
>
> 谨，就是谨慎，不粗心，不苟且。……
>
> 和，就是不要发脾气，不要武断。要虚心，要和和平平。什么叫做虚心？脑筋不存成见，不以成见来观察事，不以成见来对待人。就作学问来说：要以心平气和的态度来作化学、数学、历史、地理，并以心平气和的态度来学语文。无论对事、对人、对物、对问题、对真理，完全是虚心的，这叫做和。
>
> 缓，这个字很重要，缓的意思不要忙，不轻易下一个结论。如果没有缓的习惯，前面三个字都不容易做到。譬如找证据，这是很难的工作……证据不够，应该悬而不断，就是姑且挂在那里，悬而不断，并不是叫你搁下来不管，是要你勤，要你谨，要你和。……缓的意思，是要等着找到了充分的证据，然后根据事实来下判断。……

关于中学生的择业，胡适认为，应注重社会、个人两个标准。社会的标准，指社会的需要。个人的标准，就是个人的兴趣、性情、天才近哪门学科，适于哪一行业。个人的标准重于社会的标准。胡适说："不要问爸爸要你学什么，妈妈要你学什么，爱人要你学什么。要问自己性情所近，能力所能做的去学。这个标准很重要，社会需要的标准是次要的。"（《胡适作品集》第25册，199～208页）

同日　晚间，台东各界在县政府为胡适举办欢迎会。（《雷震全集》第34册，181页）

12月28日　上午，胡适到"忠烈祠"凭吊，并种下两棵樟树。又参观台东选举场。又参观台东女中，题了一个横匾："一个人最大的责任是把他这块材料造成器。"胡适捐资7200元作为台东籍的大学生的奖学

金。(《雷震全集》第 34 册，182 页；《胡适之先生年谱长编初稿》第六册，2288～2289 页)

　　同日　午间，"北大同学会"与安徽同乡会于台东师范学校欢宴胡适。(《雷震全集》第 34 册，182 页)

　　同日　下午，胡适出席台东师范学校举办的座谈会。由该校校长刘术甫主席。有答问。(《雷震全集》第 34 册，182 页；《胡适之先生年谱长编初稿》第六册，2289～2290 页)

　　同日　晚间，胡适在县长寓所用饭。(《雷震全集》第 34 册，182 页)

　　12 月 29 日　上午，胡适一行乘飞机回台南。参观"中央标准局"。下午，胡适参观台南工学院。晚间，台南市长欢宴胡适。晚 11 时 30 分，搭夜车回台北。(《雷震全集》第 34 册，183 页)

　　12 月 30 日　晨 8 时许，胡适一行抵台北车站，钱思亮等来接。(《雷震全集》第 34 册，183 页)

　　12 月 31 日　晚，施斡克欢宴胡适。(《胡适之先生年谱长编初稿》第六册，2291 页)

　　是年　周作人译《俄罗斯民间故事》由香港大公书局出版。后，胡适读过此书，在该书 157 页有胡适的注记："'请你给我问一声吧？'《西游记》中的老龟托唐僧问的信，就是这一类的结构。适之。"《胡适藏书目录》第 1 册，647 页)

1953年　癸巳　62岁

> 1月17日，胡适离台赴美。
> 7月，胡适夫妇应韦莲司小姐之邀到绮色佳小住。
> 是年，胡适积极推动台湾善本书的缩微拍摄事。
> 是年，胡适的学术工作，仍然是《水经注》考证。

1月

1月1日　胡适前往台湾当局领导人办公室参加新年团拜。（胡颂平：《胡颂平日记》，未刊稿，现藏北京大学图书馆；罗久芳、罗久蓉编辑校注：《罗家伦先生文存补遗》第三部《日记补遗》，香港中文大学出版社，2009年，547页；《雷震全集》第35册，3页）

同日　下午3时，台湾地区立法机构、台湾地区监察机构、"制宪国大代表"在中山堂堡垒厅举行茶会欢迎胡适，胡适在演讲中赞扬1946年"中华民国宪法"是可用的，劝勉大家养成一种守法、"护宪"的心理，又说道：

> 历史的教训告诉我们，民主制度不容易在大战的环境中，或者在战争威胁的气氛中生长成功。民主政治需有一种保障，一种和平的保障，安全的保障，避免战争的保障，才能使这个民主政体慢慢长大，成为一个力量。在实行民主政治的时期，最怕外患或者战争来摧毁这个制度。（《胡适作品集》第26册，173页）

1月2日　中午，洪兰友宴请胡适等。客人还有雷震、余井塘、程沧波、萧铮、胡健中、方希孔、吴铸人等。席上诸人对蒋介石骂台湾地区民意代表、陈诚骂民意代表颇不满。诸人认为，胡适走后，雷震可能吃亏。(《雷震全集》第35册，4页)

同日　下午，胡适出席一个天主教人士的小型茶会，在演讲中谈宗教信仰自由问题。(次日之"中央日报")

1月3日　上午，罗家伦来访。罗氏日记有记：适之先生今天赴新竹演讲。9时到钱思亮宅去看他，略谈明天他在"联合国同志会"演讲"五十年来的美国"的要点。(《罗家伦先生文存补遗》第三部《日记补遗》，548页)

同日　上午11时，胡适在钱思亮、苏芗雨陪同下前往新竹。中午，新竹各界在县府大礼堂公宴胡适。下午2时30分，胡适在新竹女中大操场演讲"三百年来世界文化的趋势与中国应采取的方向"。胡适说，三百年来，世界文化有两大趋势：科学化工业化，民主自由。他说：人，有他应该有的权力，应该有他的自由。人权不是天赋的，是人造出来的。所谓民主平等，都是一个理想，不是天赋，是人慢慢觉得自己的尊严，人是有价值的，人格是宝贵的，慢慢的才自己感觉到某种权利与他的发展有很大的关系；有了某种权利，才能使得他的教育完整，发展他的聪明才智，人格道德。所以最近三百年来文化发展的第二个趋势，就是人的价值抬高，承认人有他的尊严。要保证人的尊严，必须有宗教信仰的自由，思想自由。(次日之"中央日报"；《胡适作品集》第26册，169～178页)

1月4日　上午9时，胡适出席"联合国同志会"举办的第六十二次座谈会(朱家骅致辞说明)，并演讲"五十年来的美国"。胡适说：五十年来的美国，是以社会的制裁、政治的制裁和社会的立法，建立了自由民主制度。以大量生产建立了工业化的自由平等的经济制度，提高人民生活，无贫富之悬殊，作同等的享受，用不着革命(也不会有革命)而收到革新的效果。演讲毕，胡适有答问。(次日之"中央日报"、《新生报》)

同日　胡适出席刘崇铉、钱思亮、毛子水、英千里、张佛泉等教授在刘崇铉寓的聚餐(兼欢迎胡适)。(次日之"中央日报")

1953年　癸巳　62岁

1月5日　雷震日记有记：晚7时"自由中国"社开编辑会议，提出胡适解除发行人一事。毛子水及夏道平赞成照胡适的意见，戴、申、瞿诸人不赞成辞去，瞿说招牌越老越好，中途加记则不好。决定明日由我当面与胡适一谈，绝对不可勉强，如胡适坚辞，则任其辞职。(《雷震全集》第35册，6页)

1月6日　上午11时，台北"国语日报"为胡适举行欢迎会，胡适有答问。(次日台北各报)

同日　下午3时50分，台湾文献委员会为胡适举行欢迎会，胡适在演讲中说，台湾是他的第二故乡，他自己是"半个台湾人"，感谢黄纯青先生出版胡传的文献。又说，征文考献，"应多搜集原料，研究原料，不必在几年中将各地通志都写起来"。(《胡适作品集》第26册，151～155页)

同日　罗家伦日记有记：

> 今天出了一件意外的事。下午一时半，雪艇来电话，说是据"中央社"记者曹志渊报导，说是昨天他与适之先生有一单独谈话，适之先生大攻击台湾。适杨亮功兄在寓，彼云今晨闻卢逮曾兄说胡先生昨天被一"中央社"记者所逼，甚为生气，这种报导，或因于此。乃电询逮曾，彼将详情见告，乃知纯系曹君虚构，胡先生并未作批评，亦未作要发表谈话之要求，并且拒绝发表任何感想。当嘱逮曾将详情以书面见告，以便转达当局，免生误会。因为现在有人在设法挑拨胡先生与"政府"当局，使其距离日远，乃至反对，则彼辈能利用此矛盾以遂私图。卢函成后，即加一封信转送晓峰、词[辞]修一阅。

> 晚十时，陈词[辞]修来电话，谓得读此信，误会冰释。此记者别有作用与企图，乃造此一段大谎。夜间到胡先生处，胡先生见曹报导，连说"荒谬绝伦"。新闻道德不容许捏造他人之话，强加之他人之身。

> 晚上，雷儆寰再要求胡先生续任"自由中国"发行人，胡先生再述以前辞去此名义的理由，要贯澈坚持的初衷，并说自己几不能负实际责任，而任人用自己名义之失当，雷不得已从之。胡先生又主张编

辑委员会中委员名次，当以笔画多少为序。……(《罗家伦先生文存补遗》第三部《日记补遗》，548～549页)

同日　雷震日记有记：晚间周至柔约适之先生，我与子水均为陪客……饭后特至胡先生寓商讨发行人问题，胡先生以为仍是让他辞去好，如果有掩护作用，则掩护是一样的，留住发行人反不好，因他已公开表示也。我虽叙述外间意见，他说都是过虑，不必注意，我遂接受他的意见，决定俟其返美后，改变办法。(《雷震全集》第35册，7页)

1月7日　下午4时，台北报业公会在"记者之家"为胡适举行欢迎会，李玉阶主席，胡适应邀演讲"报业的真精神"。(次日台北各报；《雷震全集》第35册，7～8页)

1月8日　下午4时，胡适以理事资格，出席"故宫博物院""中央博物院"的"共同理事会"，并提出书面提议，希望将全台所存善本孤本书及史料都缩照microfilm。

罗家伦当日日记：

下午四时，至台大与适之先生、王云五、程天放诸人开一小委员会，为选定史料善本书等照Microfilm事，拟将四库全书、故宫实录、起居注、留中奏折及善本书等均照相分存各处保留。党史会史料之重要，亦列为其中应照之一单位。经费与技术由适之先生在美与Ford Foundation及[美国]国会图书馆接洽。(《罗家伦先生文存补遗》第三部《日记补遗》，549页)

1953年3月8日胡适复函杨联陞：

我此次在台，曾向"故宫""中央"两个博物院的"共同理事会"(我是一个理事)以书面提议，请将全台所存善本孤本书及史料都缩照microfilm，分存"国内外"，以防危险(火、白蚁、地震、轰炸)。去年十二月廿七的理事会通过我的提议，指定王云五、程天放、朱家骅、罗家伦、钱思亮、陈雪屏、董作宾、胡适为"摄印史籍小组委员会",计画此事。这个小组委员会于今年一月八日在台大开会,决议:"选择'故宫'、'中图'、台大、史语所、省图、'国史馆'六机关所藏善本书及史料,预计以一千二百万为标准,摄制小型影片,以便分地保存。即请胡适理事向美国有关方面接洽筹款,购买机械器材,并派技术人员来台摄照。一俟筹募款项有着,即在台湾组织委员会,进行实际工作。"

当日由王云五与董作宾两人根据文物清册,估计史料与善本书叶数如下:

A. 史料

（1）"国史"编纂委员会（罗家伦）　　　　约 250000

（2）"故宫"档案　　　　　　　　　　　　约 880000

（3）史语所内阁大库档案（运出百箱）　　约 440000

　　　　　　　　　　　　　　　　　　　　1570000

B. 善本书

（1）文渊阁《四库全书》　　　　　　　　约 2000000

（2）"故宫"善本书　　　　　　　　　　　1800000

（3）"中央图书馆"善本书　　　　　　　　3600000

（4）史语所、台大及省图的南方资料书　　2500000

　　　　　　　　　　　　　　　　　　　　9900000

A. B. 合计约得　　　　　　　　　　　　　11470000

……（台北胡适纪念馆藏档,档号:HS-LS01-004-001）

1月9日　雷震日记有记:午间萧铮、胡健中约胡适之及张岳军,陪客中为张道藩、叶溯中、许绍棣、洪兰友、邵华、吴铸人、许孝炎、郑震宇、齐世英等。(《雷震全集》第35册,9页)

同日　下午4时,胡适出席历届"参政会"同仁茶会,并有演说,胡适希望各位"参政员"为"参政会"留下个人记录。又说:今后留居"国外"

绝不偷懒，凡是能为"国家"、民族所做的事，决定以私人身份，努力去做。需要用嘴说的，一定用嘴去说；需要用笔去写的，一定用笔去写。（次日之"中央日报"）

1月10日　上午10时，胡适偕胡祖望到基隆俱乐部，出席各界欢迎茶会。旋在地方长官陪同下参观中正公园，在"忠烈祠"前种下一棵菠萝蜜树。又登游艇游港，又参观造船公司，近午返台北。（《胡适之先生年谱长编初稿》第六册，2311～2312页）

同日　雷震日记有记：午间徐柏园夫妇约餐，主客为胡先生，陪客有黄季陆、张道藩、朱抚松夫妇、钱思亮夫妇、胡先生之公子祖望及我等。……（《雷震全集》第35册，10页）

1月11日　上午10时，胡适在蔡元培先生84岁生日纪念会上讲"禅宗史的一个新看法"。胡适首先指出蔡元培的思想有二：思想自由、学术平等。接着讲本题。胡适说：

……禅宗是一个运动，是中国思想史、中国宗教史、佛教史上一个很伟大的运动。可以说是中国佛教的一个革新运动，也可以说是中国佛教的革命运动。

这个革新运动的意义是什么呢？佛教革命有什么意义？这个可以分为两层来说。第一个意义是佛教的简单化、简易化；将繁琐变为简易，将复杂变为简单，使人容易懂得。第二个意义是佛教本为外国输入的宗教，而这种外来的宗教，在一千多年中，受了中国思想文化的影响，慢慢的中国化，成为一种奇特的，中国新佛教的禅学。这两个意义在公元八世纪初，唐朝武则天末年开始。简单说，从公元七百年至八百五十年，在这一百多年中，包括盛唐和中唐，是禅宗极盛的时期。这在中国佛教中是一个大的运动，可以说是佛教内部革新的运动。这个新的佛教，在印度没有。这是中国佛教中革新运动所成就的一种宗教，叫做禅宗，也叫做禅门。

中国佛教革新运动，是经过很长时期的演变的结果……（《胡适作

品集》第 24 册，108～109 页）

按，2 月 1 日，朱镜宙致函胡适，就此篇演讲提出自己的看法。（台北胡适纪念馆藏档，档号：HS-US01-012-001）

同日　下午 4 时，绩溪同乡会在铁路饭店欢宴胡适，兼补祝 62 岁生日。唐子宗致欢迎辞，胡适在致辞中勉大家要将"徽骆驼""绩溪牛"的精神发扬光大。并为同乡会题"努力作徽骆驼"立轴一幅。（次日之"中央日报"）

1 月 12 日　上午，胡适接受"美国之音"记者采访。（"中央日报"，1953 年 1 月 15 日）

同日　雷震日记有记：中午张道藩约餐，共为 4 桌，有胡先生、岳军、少谷、兰友、顾正秋、张正芬等。饭后由少谷、正秋、高华、杜骊珠等清唱……（《雷震全集》第 35 册，11 页）

同日　胡适在台湾师范学院演讲"传记文学"，叙及二三十年来自己一直提倡传记文学，又说中国文学最缺乏、最不发达的是传记文学。又说传记文学不发达的原因有三：忌讳太多；缺乏保存史料的机关；中国话虽是世界上最易懂的话，但文字是困难的。又举出一二百年来最有趣味的两部传记：《罗壮勇公年谱》和汪辉祖《病榻梦痕录》。（次日台北各大报）

同日　胡适与远东图书公司（代表人浦家麟）签署《胡适文存》《胡适论学近著》二书出版权让受契约。（台北胡适纪念馆藏档，档号：HS-NK05-214-001）

1 月 13 日　上午，胡适偕胡祖望、蒋梦麟、钱天鹤、沈宗瀚、菲平、戴维斯、蒋彦士、钱思亮、徐庆钟、马保之、汤惠荪、许世钜等，到三重埔先后参观台北农业试验所及种子繁殖场、血清制造所、农会仓库、碾米厂、猪种繁殖场等多地。中午到桃园参观卫生所及地政事务所。午后，赴桃园农业职业学校参加四健会的活动。下午 2 时，胡适至中坜列席祖佃委员会会议。3 时，赴湖口，参观光复圳。5 时 30 分，返台北。（次日之"中央日报"）

同日　蒋介石从胡健中来函得知胡适主张取消"革命实践研究院"的消息后，乃记道："可知一般知识分子对本党人才之忌嫉，不愿见革命之成

功与主义之实行……知识分子自私自利，不爱'国家'之型态，大多数几乎不可救药也，岂惟张君劢、顾孟馀等卑污无耻政客而已哉？"（蒋介石日记）

1月14日　雷震日记有记：上午11时，偕徐复观访胡适之先生，又不在。下午4时，偕日本《产业新闻》特派员仁田及民意代表黄振华访问，黄女士系将其父亲写的单条送请胡先生题字。……晚间因适之先生允去看戏，嘱我买票，我买了30张票，请胡先生及张道藩、洪兰友、黄少谷、徐柏园等看戏，散戏后胡先生以汽车送我们，至其房间少留。胡先生送相片一张，他云一年后要回来。……（《雷震全集》第35册，12～13页）

同日　胡适在"自由中国之声"电台对大陆文化教育界人士发表谈话。谈话以问答方式，由"中广公司"总经理曾虚白问，胡适答。（次日之"中央日报"）

同日　Telbert F. White致函胡适，云：

Not having had any response to our previous letters or the cable which your associates in New York were kind enough to send to you, we have felt obliged to go ahead with arrangements for the projected course in Chinese philosophy at Haverford during the second semester of the current academic year. We now find that Professor Derk Bodde, of the University of Pennsylvania, would be willing to give some additional time to this project, and we have asked him to undertake it.

It is a disappointment that because of your travel schedule we have not been able to consult with you directly about this, and we hope that on a later occasion there will be some opportunity to do so.

With all good wishes.（台北胡适纪念馆藏档，档号：HS-US01-064-022）

1月15日　胡适偕胡祖望、钱思亮到阳明山休息。（次日之"中央日报"）
同日　孙洪芬为其收藏的一锭峄山桐墨作一"题记"。后来，孙氏将

此墨赠与袁帅南，袁氏又转赠胡适。(台北胡适纪念馆藏档，档号：HS-NK04-004-002)

1月16日　晚间，蒋介石邀请胡适餐叙。胡适当日日记有记：

> 蒋公约我晚饭，七点见他，八点开饭。谈了共两点钟，我说了一点逆耳的话，他居然容受了。

> 按，本谱引用胡适1953年日记，除非特别注明，均据《胡适的日记》手稿本第17册。

蒋介石1月16日日记：

> 约胡适之先生单独聚餐谈话二小时余，对余个人颇有益也。甲、汪裕泰"外汇"套汇冤枉案。乙、"总统"只有减刑权而无加刑权，不可滥用其权之意。丙、"保安司令部"与特务人员之作威，令人不敢言。丁、教育界待遇太微薄。戊、效忠"总统"之标语不应有，惟此余答其今日"国家"未恢复，一般"官兵"对效忠"国家"标语不能深入，而且事实上今日"国家"仍须由"总统"领导来恢复，过去"总统"下野，"国家"沦亡之教训，不能不深切注重，故余对此标语未予阻止也。其他皆为金石之言，余甚感动，认其为余平生之诤友也。

同日　夜，胡适致函雷震，谈到："自由中国"的"发行人"，承诸公许我脱卸，至感。但编辑委员会的人名，务乞依姓氏笔画次序排定，不要把我领衔。(《万山不许一溪奔——胡适雷震来往书信选集》，35页)

1月17日　晨，蒋经国送鲜鱼一尾，为胡佐餐。(此据胡适当日日记粘贴的《在台北送胡适》剪报。)杨日旭在此处批注："此条鱼系经国先生在钱校长寓邸进口处送来，由旭接过鱼，经国先生说系蒋夫人亲自做的送胡先生吃。"(杨日旭教授提供)

同日　午后1时，胡适到松山机场，送行者包括陈诚、王宠惠、王世杰、张道藩、蒋经国等数百人，临时秘书杨日旭竟至大哭。胡适对记者表示为

台湾的进步感到兴奋。又表示一年左右后再回来，而且希望每年能回来一次。胡适对蒋经国说："'总统'对我太好了。昨天我们谈得很多，请你替我谢谢他。"2时乘西北航空公司班机起飞。当晚抵东京，董显光、张伯谨等来接。(据《日记》;次日台北各报)

1月18日　胡适与张伯谨、王信忠去逛书店，仅走了"汤岛圣堂"(孔庙)的一处，买了一些书。董显光中午约吃中国饭。晚上董又为胡适约了一大桌客，有日本人。其中有最高法院院长田中耕太郎、前田、松方、盐谷温诸人。(据《日记》)

1月19日　胡适与王信忠逛书店，仅到山本一家，买了一些书。下午，出席东方文化学会等3个团体举行的欢迎茶会。前田主席，仓石说话，胡适也讲了半小时，松方翻译。(据《日记》)

　　按，胡适在东京所购图书中，有忽滑谷快天著《禅学思想史》上册(东京玄黄社，1925年)。胡适在此书扉页上有题记：1953年1月在东京买得此书上册，我很高兴。可惜下册已不易得了。(《胡适藏书目录》第3册，2102页)

1月20日　上午，胡适会客。(据《日记》)

同日　中午，胡适到乡间赴马延喜先生的午餐。席上有大陆问题研究所所长土居明夫，此人谈话"很有见解"。饭后，马家小姐与少奶奶，同一位客人奏乐唱歌，唱的是赵元任谱曲的胡适的《上山》与《也是微明》。(据《日记》)

同日　下午，胡适访日本国会图书馆(National Diet Library)，馆长金森(Tokujiro Kanamori)陪胡适参观。又参观东洋文库。又去玉川参观静嘉堂文库，馆长诸桥辙次已老，殷勤招待。(据《日记》)

同日　晚，胡适赴改造社晚餐谈话，社长名Hara，发问者为上原博士。谈的是世界文化问题。(据《日记》)

1月21日　上午，胡适在董显光陪同下拜会日本副首相绪方竹虎与外相冈崎胜男。(据《日记》)

同日　中午，胡适在 NHK 做为时 10 分钟的广播讲话。（据《日记》；次日之"中央日报"）

同日　"中央社"李嘉设午宴招待胡适，吃"锄烧"。（据《日记》）

同日　下午，胡适参观东京大学，会见校长。参观图书馆。访问文学部，见部长及仓石武四郎、驹井和爱、长井真琴等。（据《日记》）

同日　晚，日本外相冈崎胜男设家宴招待胡适。见到旧友谷正之。（据《日记》）

1月22日　上午，胡适会客。（据《日记》）

同日　中午，董显光约了一些新闻记者与胡适午餐。（据《日记》）

同日　晚，张子良与司徒德约了美国心理作战处长 Col. Hansen 与处中主要人员凡26人及其眷属，在张家吃饭。胡适说了半小时的话，又答复问话，约半小时。（据《日记》）

同日　晚10时30分，胡适登机飞美，有董显光夫妇及友人多人来送别。（据《日记》）

1月23日　胡适于前夜飞抵阿拉斯加的 Anchorage。换飞机，早晨10时起飞。夜10时到西雅图。"China Club"的会长 Mansfield 夫妇以及一位杨先生等来接。（据《日记》）

1月24日　胡适在西雅图。会见李方桂夫妇、胡敦复夫妇等。在 China Club of Washington 午餐。到的有五六十人，胡适有演说。与 George Taylor, Frans Michael 诸人，谈救济香港的"流亡"知识分子事。下午到李方桂家中吃茶。晚上，华侨领袖在香港酒家晚餐，胡适有演说。晚10时，到飞机场，次日1时多才起飞。（据《日记》）

1月25日　下午3时，胡适飞抵纽约。江冬秀与刘锴、游建文夫妇、缪云台夫妇、刘驭万、严文郁、童世纲、汪振寰一家等来接。（据《日记》）

1月28日　蒋廷黻来谈一个半小时。胡适告：蒋经国属下的刊物在他一到，就有批判他的文字。他跟蒋介石的谈话不愉快。（转引自《舍我其谁：胡适》第四部，734页）

1月31日　神田喜一郎致函胡适，为未能谋面抱憾，谈及胡适文章与

他自己目前工作。寄赠其《东洋学说林》一册并请胡适评论。（台北胡适纪念馆藏档，档号：HS-US01-070-015；《胡适藏书目录》第 3 册，2106 页）

2月

2月2日　雷震致函胡适，报告："'自由中国'刊物自本期（第 8 卷第 3 期，2 月 1 日发行）起，遵嘱变更发行人，对外以'自由中国'编委会名义为发行人"，惟向市政府申请变更登记时，乃由雷震出面。又请胡多为该刊撰文。雷函又云：

> 先生为发行人时，共发行了七七期，其中关于言论与发行，如有谬误或失当之处，自应由震负责，因为这个刊物，震系负主要责任。不过，在过去三年多中间，在编辑方面，确系兢兢业业，守住先生手订之宗旨，以冀造成健全的舆论。……年来不顾毁誉而以全部精力从事于"自由中国"之编行者，实欲对"国家"贡其愚忱。此次虽变更发行人，震仍一本初衷，从事于健全舆论之建立，尽管遭受若干挫折，震决不灰心，此点请先生放心，并盼以后随时指示，务期本刊日有进步。（《万山不许一溪奔——胡适雷震来往书信选集》，36～38 页）

按，是年向胡适约稿的还有 Charles A. Moore、韩克温、Daniel H. Lew、吴重生、陈英豪等。（据台北胡适纪念馆所藏档案不完全统计）

2月5日　蒋介石电令俞国华送胡适 5000 美金。（台北"国史馆"藏"蒋中正'总统'文物"，档号：002010400020012；台北胡适纪念馆藏档，档号：HS-NK02-002-009）

2月7日　杨联陞复函胡适，告：已将《记赵一清的水经注的第一次写本》一文分送洪、裘、陈三位。自己曾与全汉昇通信，提到缩照在台善本书一事，不过连带想到整个的问题，好像有两个难题。哈佛有个 Father Sebes，现在跟杨作博士论文，题目是《明末清初耶稣会人之在华传教史》，希望综合中外史料及近人研究成果，自己十分外行，勉强帮他而已。如胡适有什么指教，非常感激。（台北胡适纪念馆藏档，档号：HS-LS01-003-030）

2月14日　夜，胡适重读《东莱吕紫微师友杂志及其他一种》（吕本中撰，商务印书馆，1939年），"很有感动"。同年5月1日又读一过。1955年3月31日再读一过。（《胡适藏书目录》第1册，637～638页）

2月20日　严灵峰致函胡适云，在东京蒙面示关于东京影印敦煌出土老、庄钞本资料，前在台湾大学图书馆曾略为过目，惟《老子》则似仅剩三数页，散置于架上，嗣以借读不易，不欲麻烦，未及参考。东渡后觅得《庄子》9篇，而《老子》河上公注则尚付阙如。拟今春往京都一游，或可购到。近知先生对于此项资料甚表珍视，特于日间遍访书肆，竟获仅存者9篇，计《天运》……兹托张伯谨寄奉，请查收。另询《胡适校老子》有否单行本相赠。又希望胡适将来能批评其《老子章句新编》（现在尚未杀青）。（台北胡适纪念馆藏档，档号：HS-US01-093-007）

3月

3月1日　陈雪屏函请胡适关照到美进修的杨至宏。（台北胡适纪念馆藏档，档号：HS-US01-012-003）

3月3日　Ralph G. Ross致函胡适，云：

> We at the University of Minnesota are deeply interested in establishing a program of courses in Oriental Humanities. What this means, essentially, is courses in oriental culture, in the old sense of "culture", not the new anthropological one; we would like to deal with the philosophy, literature, visual arts, and music of China, Japan, and India (not going any further at first), and treating these in a more or less historical fashion, with some reference to their roots in the society and the time.
>
> This letter is in the nature of a preliminary inquiry to discover wheth-

er you would be interested in helping us organize such a program or perhaps, even better from our standpoint, whether you would consider an appointment to the University of Minnesota to teach in these courses. We are just beginning to think about the whole matter and are most concerned, especially, about the appointment of a chairman.

If you are interested in either of these alternatives, we can continue our discussion by correspondence at once.

Permit me to add, Dr. Hu, that I personally should be most delighted if you are intersested in coming to Minnesota as either a visiting professor or as a regular member of the staff; I have followed your work for many years, have heard you speak on several occasions, and, although I do not expect you to remember it, had a brief conversation with you in New York. I am sure that my colleagues are as interested as I in your answer.（台北胡适纪念馆藏档，档号：HS-US01-070-016）

3月6日　雷震致函胡适，告："自由中国"杂志已经删去"发行人胡适"字样。希望胡适月底前寄下大作一篇，因为，"先生前说如将发行人取消，当可多做文章，在我们方面已照办，希望先生也要履行诺言"。又告第7卷第9期社论及雷作《监察之将来（一）》被台湾"保安司令部"政治部认为不妥，已向国民党中央党部第四组检举。又告陈纳德夫人陈香梅因胡适不乘坐民航队班机使他们感到太失面子，故不在"自由中国"等杂志刊登广告。（《万山不许一溪奔——胡适雷震来往书信选集》，39～40页）

3月8日　胡适有札记，记鲍廷博给吴骞札中的戴东原自刊本《水经注》。（《胡适手稿》第1集卷3，371～372页）

同日　胡适致函杨联陞，谈与美国国会图书馆接洽台湾孤本、善本书之缩微拍摄等事：

三月四日，我到［美国］国会图书馆与 A. W. Hummel, Dr. L. K. Born 及国会馆馆长 Evans 会谈。Hummel 曾到台中，看见了"故宫"

与"中央馆"的书库，故他很同情，很盼望我去谈此事。第一天估计（依据我的报告）约需美金三十万元。他们又去找馆中专家约略计画，后来三月六日，我第二次去时，他们已作了一个估计，计画共用六架机器，派专家一人去，共需时三年，共约需美金十五万元。此次计画远出我们的初步估计之下，所以我很高兴。（专家去三个月，训练中国人员继续办理。）

不过他们要我去筹款，去写详细报告。我现在先把这次的两个文件送给你看看，请你与洪煨莲、裘开明两人先谈谈。

此事需费不多，能否由哈佛燕京学社独力担负起来？若能则 H. Y. 与 L. of Cong. 双方合作，此大事不难办了。

有一些材料须补叙一点：

① "中央图书馆"在抗战初期所买书，甚多宝贝！汉奸陈群自杀后，把他的书全归国家，其中更多宝贝！

② 我所以力持把《四库全书》算作一个单位，是因为这全部的 microfilm 最可以引起西洋图书馆的注意。

③ 史语所与"故宫"的史料特别重要。

④ 其他各地所藏亦有特别可宝贵的材料，如《琉球宝典》255 册，原本已在冲绳岛战役全毁了，幸有台北帝大日本教员清钞本存在台大。此是世间孤本，不可任其损失了。

我要请你们把 Harv.-Yench 的董事名单即抄寄给我，我要看看应该先找谁。

1942［年］我作主，请国会馆缩照北平馆善本书甲库全部，计善本书二千八百部，共二百五十万［叶］，照成 1070 reels。后来各大学借印全套 microfilm，只需六七千元。当时所费只有四万多元，现在听说，这笔款子已完全收回了。

故哈佛燕京若肯担任费用，是不会大损失的。而其功德不可计量！

你提起杨淇园（廷筠）的材料，我现在已记不清了。无论如何，我当日的材料，全都"沦陷"在北京了。恐怕不能帮你的朋友的忙。

关于禅宗问题，我有一篇长文，在 Philosophy: East & West 的四月号发表，其中颇斥铃木大拙，他有长文答辩。

我大概要写第二文，是"禅宗的后期"，专讨论所谓"禅机""公案"，都是后来禅宗已衰歇时期的玩意儿，已不是八世纪九世纪的中国禅了。（台北胡适纪念馆藏档，档号：HS-LS01-004-001）

按，杨联陞复函胡适云：

关于摄印史籍的事，已经把您的信同附件给洪业、裘开明两先生看过，他们都极赞同。不过洪先生同我都觉得同哈燕社接洽，似以先从叶理绥社长处着手为宜。否则，如果先从个别董事入手，讨论时可能发生误会，也许反不易办。洪先生尤其注重此点。他说，叶先生目下虽尚在日本，据说两三星期内就可以回来，也许可以由洪先生或我同他谈谈，再请您正式提出比较妥当。洪先生对学社情形，非常熟悉，所以我想他这个意见，很值得考虑。您说的《琉球宝典》255册，是否即《琉球历代宝案》？（台北胡适纪念馆藏档，档号：HS-LS01-004-002）

3月12日 胡适复函杨联陞，谈善本书缩照事：

恒慕义颇虑叶理绥对此事不热心，我也知道他现在日本，故我有先问问董事先生们的话。……可否先由洪先生或你们三位给他去封航空信，略说我对于哈燕社的希望？

日本的学者对于缩照善本书事，颇不很热心。……

《琉球宝典》即是《琉球历代宝案》，是我说错了，台大人都叫他做"琉球宝案"。（台北胡适纪念馆藏档，档号：HS-LS01-004-003）

按，杨联陞复函胡适云：洪业说，似以杨联陞一个人出面写信较为相宜。但万一信写得不好，也许反而误事，因此迟疑。后来同裘开明讲，他觉得兹事体大，还是由胡适或台湾方面正式提出较为郑重；又说他想此事或可找 American Council of Learned Societies 的 Graves 帮忙。他说他就给胡适写信，想已到了。叶大约4月中旬回到康桥。如要正式提出，似仍以把文件寄到康桥为宜。（台北胡适纪念馆藏档，档号：HS-LS01-004-005）

同日　梅贻琦致函胡适，云：

First, allow me to express my personal gratitude for your kind consent to serve on a committee for the administration of "the Tsing Hua Fellowships" for Teaching or Research.

Now, that the work of organization of the program is somewhat under way, may I ask you to come to a (the first) meeting of the Fellowships Committee on Saturday, March 21, at 10: 30 a.m., at "the China Institute", 125 East 65th Street, New York.

I am enclosing a draft copy of the main principles to govern the administration of the Fellowships. This and various other matters connected with the program will have to be discussed and decided at the meeting. I am confident that with your invaluable thought and suggestions all will be thrashed out satisfactorily and put ready for later execution.

P.S. — Please plan to have lunch with me after adjournment of the meeting.（台北胡适纪念馆藏档，档号：HS-US01-094-010）

3月16日　胡适有札记：《考订孔子生年》，认为世愈后而古史之年月日愈详。（台北胡适纪念馆藏档，档号：HS-US01-043-001）

同日　雷震致函胡适，请胡适就"自由中国"杂志的"内容有何应该改正之处"随时赐示。又附寄国民党中央党部第四组3月13日致雷震函（指责"自由中国"第7卷第9期所载《再期望于国民党者》《"监察院"之将来》两文），并云国民党党部欲就此事正式给雷震以警告，劝雷接受，雷已拒绝。现在由第四组用此方式送来。"减少以后麻烦，固可置之不理，欲去函指明他们误解原意，不悉先生以为如何？希先生抽暇取原文看看，给予指示。"

又向胡适约稿。(《万山不许一溪奔——胡适雷震来往书信选集》,41～42页)

3月20日　胡适将日本京都特产之"西阵锦织"一条,奉赠高宗武、沈惟瑜。(台北胡适纪念馆藏档,档号:HS-NK05-057-031)

3月23日　瑞士学者 Ph. de Vargas 来谈。(据《日记》)

同日　胡适复函杨联陞,云:杨之信到之前,已收到裘开明长信,他主张要"故宫博物院""中央博物院"的共同理事会出具正式请款书,分向 American Council of Learned Societies 及哈佛燕京学社请求补助经费。自己赞同杨拟信稿,似可给裘、洪看看,即发出,如何?柯、雷、海诸君,当然可以请杨把文件给他们看看。恒慕义来讯,说:前作"估计",只计算了 Negative Films,因为 Positive Films 的 development 设备太费,最好还是不另设 laboratory,全在此邦洗印。(台北胡适纪念馆藏档,档号:HS-LS01-004-004)

同日　雷震致函胡适,告蒋介石对"自由中国"杂志第7卷第9期之社论及雷震二文极为震怒,下令将雷之"国策顾问"免职,雷决定答辩,并要求公布。又云:

> 先生在台一再要辞发行人,同人之迟迟不肯者,冀先生为挡箭牌。今先生辞去发行人未久,"政府"对弟采取如此行动。过去大家之所顾虑者,自非杞人之忧天也。同人受此打击,决不气馁,仍继续奋斗,对刊载文章则当格外审慎。……惟望惠赐文章一篇,一则表示先生关心本刊,二则增加同人之勇气……(《万山不许一溪奔——胡适雷震来往书信选集》,43页)

同日　胡敦复为其子胡应辰赴美进修事函托胡适(附胡应辰简历)。(台北胡适纪念馆藏档,档号:HS-US01-063-010)

按,是年为留学提供保证金、证明书,请求胡适帮助的还有陈之藩、文龙等。(据台北胡适纪念馆所藏档案不完全统计)

3月24日　胡适在其所著《戴东原的哲学》初版（商务印书馆，1927年）注记：1953年1月，在东京山本书店买得这一本初版，我很高兴。初版（十六年十月）附有正误表，其中所举十四处，后来都已修正了。商务印书馆对这书的排印校勘，都很用心。高梦旦先生特别鼓励这部小书的付印。今天重翻此书，不胜感念！（《胡适藏书目录》第1册，628页）

同日　胡适在其所著《戴东原的哲学》另外一个版本（商务印书馆，1932年，封面有胡适朱笔题注"胡适自校本"）注记：此本末叶被撕毁了，所以不能考知版本次数及印行年月。但此是修正后的重印本，毫无可疑。初版（十六年十月）有我的正误表，指出的十四处，全都改正了。（《胡适藏书目录》第1册，628页）

同日　胡适在 Always the Young Strangers（by Carl Sandburg，纽约，1953）一书扉页题记：山保格的自传，孟治送我的，胡适　一九五三，三，廿四。（《胡适藏书目录》第4册，2690页）

3月25日　胡适函告陈雪屏："中基会"提供台湾农学院、台湾工学院各一名奖学金，请尽早安排。（台北胡适纪念馆藏档，档号：HS-US01-012-027）

同日　雷震致函胡适，告"自由中国"杂志第7卷第9期之社论及雷作二文，台湾"保安司令部"政治部向国民党中央党部第四组及总政治部检举，总政治部亦附加意见送第四组。第四组乃摘要见告转来，希以后刊载文章要审慎。雷接函后，本拟忍受了事，不予置辩，但蒋介石阅第四组签呈后赫然震怒，即下令将雷震之"国策顾问"免职。雷认为不能缄默，乃提出本刊20日之编委会，经决定由雷震答辩并要求公布，以供社会批评。又云：

> 先生在台时一再要辞去发行人，同人之迟迟未应者，冀先生为挡箭牌，今先生辞去发行人不久，"政府"对震采取如此行动，可见过去大家之所顾虑者，自非杞人忧天之举也。弟受此打击，决不气馁，仍继续奋斗，对刊载文字，一本过去态度，审慎小心。此事只报告先生

知道就算了，不希先生有任何表示，惟本刊发刊已有八十一期，先生迄未给本刊专写一篇文章……我特向先生提出控诉的。希望先生最近务为本刊撰一文章，一则表示先生关心本刊，二则增加同人勇气，我们即令受罪，也是值得的。此言非为索文而故意危言耸听，实际情形是如此的，不论长短务请赐予文章一篇。(《万山不许一溪奔——胡适雷震来往书信选集》，44～45页)

3月26日　胡适致函来美的刘真，询有无帮忙之处。又告自己将于3月31日离开纽约，大约4月2日可回来。又告自己住宅电话等，以便约晤。(刘真：《胡适之先生遗札》，《传记文学》第22卷第3期，1973年3月)

4月

4月1日　胡适在远东学会第5届年会上发表论文："The Three Stages of the Campaign for Thought Reform in Communist China"。(《胡适未刊英文遗稿》，401～412页)

4月5日　胡适有《冯舒（已苍）校柳佥本〈水经注〉》(记陆心源的"冯已苍校宋本〈水经注〉跋")》一文。(《胡适手稿》第4集卷1, 115～122页)

4月7日　胡适在他与黎锦熙、邓广铭合编的《齐白石年谱》(商务印书馆，1949年)上题记："胡适自校本。"又用黑笔注记："今天把另一本送给张大千，只剩这一本了。"(《胡适藏书目录》第2册，835页)

4月15日　胡适日记有记：

……为缩照（microfilming）在台湾各地的善本书的事，写了一个较详细的说帖。

这说帖是预备先送给［美国］国会图书馆的 A. W. Hummel 先生看过，再寄给 Ford Foundation 的 Mr. Raymond T. Moyer。

4月16日　胡适致函杨联陞，再谈善本书照相事：

我上回说，要在四月十五以前拟就说帖。现已拟了一个，但因为其中提到［美国］国会图书馆与恒慕义，所以我先寄给他去看看，要他 check 这些关于国会图书馆的部分。

　　上月底李干先生写信来说，他见了 Ford Foundation 的 Raymond T. Moyer，他把缩照善本书的事告诉他了，R. T. M. 要李君转告我，此事 Ford Found. 应该可以考虑，并且说 Ford Found. 愿意与国会图书馆同作 Co-sponsorship。……我一定把这说帖草案修正后送一份给 Moyer。

　　我明天上午出门……大概廿一日回来时可以在华府小住几点钟，把这件说帖，同恒君商量定。……

　　微闻叶君颇不喜欢同国会图书馆合作。我是从裘先生信里得的消息，裘公要我莫向人说。但我想这一点颇关重要。当年（1942—46）缩照北平图书馆的善本书 2800 种，是我授权给国会图书馆办的。他们有了这一度重要经验，似不宜忽视。所以我想请你为我考虑这一点，给我一点指示。（我的说帖里，明白指出，国会图书馆可以同出钱的机关合作，可以派一位 Donald Holmes 去台北三个月，训练本地技术人才，把 laboratory 设立起来，把工作展开，他才回来。）你看我是否应把原来拟同国会图书馆合作的意思向叶公说明？（台北胡适纪念馆藏档，档号：HS-LS01-004-006）

4月17日　胡适乘火车到 Charlottesville, Va.，晚 6 时 30 分到。Mr. John A. Mowinckel 来接，住其家。（据《日记》）

4月18日　韦莲司小姐致函胡适，诚邀胡适夫妇到绮色佳小住。另有致江冬秀夫人一函。（台北胡适纪念馆藏档，档号：HS-CW01-009-010）

4月21日　早 9 时 30 分，胡适从 Charlottesville 起程，午后到华盛顿，高宗武夫妇、萧信如夫妇来接，同饭。饭后访恒慕义，他对胡适的说帖没有改动。胡适即寄出给 Mr. Raymond T. Moyer。与吴光清谈。下午 7 时，搭火车回纽约。（据《日记》）

4月23日　胡适致电董作宾：Charles B. Fahs 5 月 1 日抵台，请将杨梅

建筑计划呈示，并送我一份副本。25日，董有复电。（台北胡适纪念馆藏档，档号：HS-US01-032-003；HS-US01-032-004）

4月25日　李抱忱来接胡适夫妇到纽黑文去玩。（据《日记》）

4月27日　胡适复函杨联陞，告今日把说帖寄与叶理绥了。杨、胡之间为此事的通信讨论很使胡适得益。裘开明的长信也使胡适得益。又云：

前函中说到剑桥大学的事，我很赞成老兄的却聘。近来看见Joseph Needham"certifying"美国Germ-warfare的举动，颇深觉英国学人实在有点不像从前的gentleman的风格了！（台北胡适纪念馆藏档，档号：HS-LS01-004-007）

4月29日　胡适复函毛玲之，告毛之计划不错，康奈尔大学研究院不易进，不如专力进缅因大学，将写好的给缅因大学的信和成绩单一并寄毛。（黄淳辑校：《胡适夫妇致毛玲之夫妇信件》，《中国现代文学研究丛刊》2019年第5期）

4月　胡适在 Philosoph East and West 第3卷第1期发表"Ch'an（Zen）Buddhism in China: Its History and Method"。

5月

5月3日　胡适在日记中粘贴R. H. Montgomery逝世的报道，并记道：我同此君在Dickinson College同受博士学位（1941？），他的夫人开车，我们同回到纽约。以后我们偶通信，他们常送新种的荔枝给我。此君由会计师转成为税法专家，又曾为当局效力，晚年成为植物学者，可谓兴趣广博！

5月4日　胡适致函王世杰，讨论法统不可轻易废止的问题。"国民大会"明年2月应该召集，本年秋季应由台湾地区立法机构修正"国大"组织相关规定，改过半数开会为三分之一。（据次日《日记》）

同日　胡适复函朱家骅，问候朱之病情，又云：关于Dr. Hermann Weyl事，因自己去普林斯顿大学时他不在高等研究院，故不得接洽。已经将朱函交赵元任看过，赵表示他回到西岸后将此案英文函件检出，使胡适可以明白全案的步骤，然后决定进行方法。俟收到赵元任寄件后，当再奉告。5月20日，朱家骅有复函。（台北胡适纪念馆藏档，档号：HS-NK05-014-014，HS-NK05-014-016）

同日　胡适将赠葛思德东方图书馆图书的信函寄童世纲，又希望此事不要过多宣传等。展览时，乞注意每一套的套里注明原来的底本的尺寸，影印时已将尺寸大缩了。因为福特基金会的人来谈缩照台北书事，故这两天不能来了。（台北胡适纪念馆藏档，档号：HS-NK05-095-001）

同日　胡适致函 William S. Dix 和 Lawrence Heyl 等，赠《大清历朝实录》，并对该套书略作简介。（台北胡适纪念馆藏档，档号：HS-US01-063-034）

按，5月7日，普林斯顿大学图书馆函谢胡适赠送《大清历朝实录》。5月8日，William S. Dix 也为此事向胡适致函道谢。5月13日，Harold W. Dodds 为此事向胡适致函道谢（台北胡适纪念馆藏档，档号：HS-US01-063-035、HS-US01-063-036、HS-US01-064-042）

同日　胡适致函"故宫博物院"与"中央博物院"共同理事会，报告 microfilming 在台的善本书与史料的计划进行的情况，又致函"故宫博物院"与"中央博物院"共同理事会，报告 microfilming 工作的准备工作，又有致董作宾、钱思亮函。

云五、思亮、彦堂及诸位理事：
此信专谈缩照书及史料的预备工作。
（一）缩照的技术人员
我看台湾照相的风气大开，很多照相的青年人，似可早日物色一两个能手，预备做领袖，使他们去物色助手。大概[美国]国会馆可送一位青年技师来，其人大概是 Mr. Donald Holmes。他只能住三个月，故必须准备我们自己的人才给他训练。……

（二）目录版本学者的准备

恒慕义先生给我信上说：

"辛苦的经验使我们得着教训，办理缩照善本书的主任目录学者必须遵守这些规则，才可以使缩照本有用而且容易检查。"

这些规则如下：（原文附上，这里是我的译本，有时我附加注语。）

（甲）每一件缩照品必须有一个目录片。（附样片一件）

这片的左上角须有四种记号：a. TB.M（即台湾书缩照片。史料则可换中间字母为"H"，《四库全书》则可改作"SK"……）b. 此件的号码，例如第 36；c. 胶片□第几卷的号码；d. 在此卷上，此书缩片从第几"照"到第几"照"止。例如胶片每卷长一百尺，可照一千二百次，其第一至 24 次为某书，其第 25 至 387 次为此目片上之事类赋，则记"25—387"。

此四种记号皆在左上角。

目录片本身须有七种记录：　　　（例）

a. 作者（或编者），下注朝代。　　吴淑（宋）撰（或编）

b. 书名（注明卷数）　　　　　　　事类赋（三十卷）

c. 版本时代（注明西历）　　　　　明嘉靖十一年（1532）刻本

d. 每半叶的行数及每行字数　　　　十二行，二十字

e. 册数（注明每半叶版心尺寸）　　四册（高 19.3×广 14.5）（皆用 CM）

f. 有无缺叶

g. 作者及书名的英文拼音（用 Wade-Giles 统系）Wu, Shu, Shih Lei. Fu

（乙）每书缩照之前，须用大字写书名，作一单叶，为缩照之用。例如"吴淑　事类赋"作大字，另一叶，则缩照时可先照此叶，然后照本书。若能在此叶上略加本书版本的叙述，则更佳。例如"明嘉靖刻本　吴淑　事类赋"。

（丙）缩照的胶卷，每卷装一纸匣（四英寸见方，1 又 3/4 寸高），

匣上用中文英文标明此卷所照的书名，及此卷的号数（印左上角的记号）。

（丁）即在台湾编印一部全部缩照本的简目，略依《四库书目》分类。简目只列①书名②作者③版本时代④左上角的四种记号。

（适按，此简目似亦可分作几个目，例如《"故宫"目》《"中央馆"目》之类。或不必作《四库》式的分类，而完全以书名第一字的笔画分类，似亦无不可。

北平图书馆的善本书9883种，至今只有卡片简目，而无印行的简目。故此次缩照事若能实行，似宜一面缩照，一面编简目，以便在台印行。多寄一些，以便在国外存放。

"史料"更宜赶编简目，体例似须请彦堂与史语所同人妥商编"史料缩照本简目"办法。若无简目，几百箱史料如何能用？如何能检查？）以上规则，是恒先生依据多年的经验，编出来的。其中有些地方，当然须要经过我国学人的审查修正，方可应此次大举缩印之用。（原稿附上，原函亦附上。）

最要紧的是要请理事会诸公早日想想这个目录版本主任人（二人或三人）的问题。

在台中负责管理"故宫"与"中央馆"的书籍与史料的诸位先生，当然应该负此责任。可先与立武兄一商。

在杨梅负责管理史语所的史料与书籍的诸位先生，当然应该参加此事。彦堂兄可与骝公及济之、逸夫论见商之。最要是有准备，有组织，有分功合作的精神。

Born先生拟的本地人员的待遇似比台湾公教人员的待遇高的多多，我当时故意不提议核减，为的是要有余款，可以使多人参加，或可众擎易举，又可以不至于引起人事上的纠纷也。

诸兄以为何如？（据肖伊绯先生提供的手稿）

5月5日　下午，胡适与福特基金会的Mr. Raymond T. Moyer同吃饭，谈台湾情形。并谈microfilming project。胡适已将说帖于4月21日寄给Mr.

Moyer 转交给福特基金会。（据《日记》）

同日　下午，蒋廷黻来谈，胡适向蒋廷黻出示蒋介石斥责知识分子、强调纪律的小册子。（据《日记》；又参《舍我其谁：胡适》第四部，732页）

5月6日　胡适日记有记：费了六七个钟头，把美国国会图书馆寄来的一大卷复印件"北平图书馆善本书胶片目（书名）"剪开来，每三目为一页，依笔画分装15册。居然可用了！

5月7日　胡适复函袁同礼，告收到《农民革命史料》，又云：大概明末的"流寇"不是完全没有意识的暴动。"其实任何一个时代的大动乱，多少总带一点革命性质。"又谈及他提出的台湾善本书制作缩微胶卷的计划。目下，美国国会图书馆允与合作，但不肯负担费用，他们建议胡适与基金会接洽。胡适接洽的是两家：哈佛燕京学社与福特基金会。哈佛燕京学社方面已无希望。福特基金会方面，尚未到正式讨论时期。（《胡适全集》第25卷，512～514页）

5月10日　胡适在日记中记道：看见的敦煌古卷子，纸接缝处，两纸相粘不过一二分，而千余年不脱落。其所用浆糊必有特效药力。大概即是白浆糊。胡适又在日记中抄录《通雅》《辞源》《字典》之有关记载。

5月12日　童世纲函谢胡适将 Dix 复信让童阅。认为胡适的"建议书"深谋远虑，是永垂不朽的功德等。又谈道：上星期日承胡适教诲，又蒙胡夫人留餐，心感之至。（台北胡适纪念馆藏档，档号：HS-US01-063-019）

5月15日　胡适复函杨联陞，告至今未收到叶里绥的复信。又寄示劳榦来函，请杨帮忙想一想，劳之研究计划，他应在何处研究。相信杨一定能指导他。又谈及汉简问题："汉简仍存国会馆。我想嘱劳君将'中研院'现存的汉简照片带到华府来 check 一次，比全部重照省力多，又省钱多。你看如何？"又讨论了"度牒"问题。（台北胡适纪念馆藏档，档号：HS-LS01-004-008）

按，5月18日，杨联陞复函胡适，回应"度牒"问题，又谈及劳榦来美研究事。（台北胡适纪念馆藏档，档号：HS-LS01-004-009；胡

1953年　癸巳　62岁

适次日《日记》；5月28日胡适复杨联陞函）

同日　胡适致函朱家骅，谈道：赵元任已将Weyl案的英文全档摘要寄到；另及约陈省身来谈，并已托其到瑞士见Weyl时，务必请他写一正式信让The Institute of Advanced Study提出该款。（台北胡适纪念馆藏档，档号：HS-NK05-014-015）

同日　Donald C. Holmes致函胡适，云：

This is in reply to your recent inquiry regarding photoduplication.

The item（s）covered by the attached estimate is available in the Library of Congress and can be photocopied, as described, for the fee quoted. For a report on any items requested that are not included on this estimate see the attached form.

If duplication is desired, please return the order blank with your check or money order for the exact amount, made payable to the Chief. Photoduplication Service Library of Congress. Receipt will be sent only when requested.（台北胡适纪念馆藏档，档号：HS-US01-064-044）

5月18日　童世纲函谢胡适寄来校长的回信，并已经打印一份副本，又询能否借阅Dix回信，以便制成副本一并存档。（台北胡适纪念馆藏档，档号：HS-US01-063-020）

5月25日　雷震致函胡适，报告"自由中国"杂志经济拮据情形，并恳请胡适多为该刊撰写文章。（《万山不许一溪奔——胡适雷震来往书信选集》，52页）

同日　浦家麟致函胡适，告已收到《胡适文存》原书13本，请寄序文、封面题字；已商请毛子水负责校对，便中恳请转函毛。1953年最新版《六法全书》已托毛子水转寄。（台北胡适纪念馆藏档，档号：HS-US01-085-004）

5月28日　胡适请Dr. Robert L. Levy检查身体。Dr. Levy说胡适的健

康状况很好。(据《日记》)

同日　胡适复函杨联陞，谈道：自己赞成劳榦来哈佛，已嘱他托杨接洽。又云：

《朱集》所记雕造会子情形，你认为"极重要"，我很高兴。但作伪者用梨木雕假会子，不一定否证官家用铜板雕印纸币。南宋末期，开禧以后，纸币膨胀，有时每年发行二三亿缗，可能有用铜板雕印之法，尊作所引铜板一节，似不必因《朱集》而被否认。你看是不？

尊札谓："可能始于金"，则可能性似更小？金亡于1234〔年〕，虽在南方纸币已大膨胀的期间，但北方似无如此大量纸币膨胀的情形？（十二三世纪的北方纸币，我知道太少，这是臆测，乞指示。）

又前函我说度牒是否一种"大头官会"？此意是否有史实可据？乞指示。（台北胡适纪念馆藏档，档号：HS-LS01-004-010）

5月30日　Mr. Demartino 邀铃木大拙与胡适同午饭。Demartino 新得今关天彭译胡适的《"支那"禅学之变迁》，其中收胡适的《禅学史纲领》《禅学古史考》《从译本里研究佛教的禅法》《菩提达摩考》《楞伽宗考》《神会和尚传》诸篇。（据《日记》）

5月　"自由中国"社编《胡适言论集》（甲、乙二编，甲编为学术，乙编为时事问题）由"华国出版社"出版。

6月

6月1日　卢逮曾致函胡适，报告《胡适文选》筹印经过，并请胡适为《四十自述》写序、《胡适文选》写介绍短文以及《红楼梦考证集》暂缓付印等。（台北胡适纪念馆藏档，档号：HS-US01-066-004）

6月2日　李田意将 Readings in Contemporary Chinese Literature（现代中国文学读本），*Vol. I*: Plays and Poems（edited by Wu-chi Liu and Tien-yi Li., 纽黑文，1953）题赠胡适。（《胡适藏书目录》第4册，2877～2878页）

6月6日 胡适开始写《宗密的神会略传》，次日写定。文前有题记：我在1926年10月，曾用宗密的《圆觉大疏抄》为底本，参用他的《圆觉经略疏抄》同宋僧清远的《圆觉经疏钞》、《随文要解》（嘉定六年癸酉）来参校，写定了宗密的《神会略传》。今天翻看当年的日记，我把这篇略传抄出，留作一件史料。我当年没有把这篇略传收在我的《神会和尚遗集》里作附录，是因为我不很信任宗密用的材料。我的论证载在我的《荷泽大师神会传》第一章。（《胡适手稿》第7集卷2，221～222页）

6月8日 胡适日记有记：今日 *World-Telegram* 有长文一篇，"Columbia Started the Atomic Age"，其中记1938年底到1939年1月底，柏林的两个德国物理学家 Otto Hahn & Fritz Strassman，丹麦哥本哈根的两个犹太物理学家 Lisa Meitner 同她的侄儿 Otto Frisch，纽约哥伦比亚大学意大利物理学家 Enrico Fermi 与美国物理学家 John R. Dunning，先后都做成了核裂变的大试验（中子铀爆炸）。这也是 independent convergence 的一个新近的实例。

6月13日 胡适复函杨联陞，谢抄示王栐度牒一条。又戏称度牒为"大头官会"，所谓"大头"，有类于1946—1949年通货膨胀时国民政府发行的巨额钞票。认为度牒的作用实等于一种巨额的"通货"。希望杨能为《傅孟真遗集》作一书评。又谈到：劳榦来美，单有欢迎信不够。他申请旅行证件，故必须由哈佛研究院院长的一纸英文信，许他在哈佛做研究。拜托杨为劳办理此事。（台北胡适纪念馆藏档，档号：HS-LS01-004-011）

同日 胡适致杨联陞一明信片，对杨著《质子考》感兴趣，又谈及杨论"葆宫""保官"各节，是创获。（台北胡适纪念馆藏档，档号：HS-LS01-004-013）

> 按，6月16日，杨联陞复函胡适云：劳榦的事，当尽力帮忙，但请胡适指示办理的具体办法。又认为胡适所说的度牒作用实等于一种巨额的"通货"，可以成立。（台北胡适纪念馆藏档，档号：HS-LS01-004-013）

6月15日 李田意致函胡适，对两周前胡适夫妇的招待表示感谢。同

来的 Turner 教授对胡适的谦恭、和蔼和博学钦佩不已。6 月 9 日那天去参加了傅仁轨的毕业典礼，他的成绩非常好，不愧是傅斯年之后。胡适赠送给他的 10 美元已经转交，他用这笔款子赠书后将函谢胡适。上周刘真来访，说是胡适介绍来，自己陪了他一天多，该看的差不多都看了。（台北胡适纪念馆藏档，档号：HS-US01-070-009）

6 月 16 日　胡适复函朱文长，劝其不要发表《窄门》。大意说：

孔子的存疑主义——"知之为知之，不知为不知，是知也"——是中国思想传统上一点最有价值的怀疑精神。

我是一个存疑论者，也确是一个无神论者。但我总觉得这个社会能容忍我的无神论，我应以容忍态度报答社会。

我从来不"讥嘲"能有"直觉"可同上帝发生直接交涉的人，也不"讥嘲"对于宇宙大谜"有答案的人"。

但你的长文使我颇担忧。

你似乎不曾研究过《新约》成书的历史，也不曾研究过基督教学人近百年来已很有成绩的 Synoptic Gospels 的问题。你受过史学训练，如何可说"耶稣将这些话载入了记录"！这是全无根据的话。

你相信耶稣用唾沫和泥能使瞎者复明，这是你自己不能不信，但我忧虑的是你的史学训练太不严格，对于材料毫无鉴别的能力。

我更虑的是你心地太窄，不能明白世界上自有一种人确不能相信一切没有充分证据的东西，更不能明白达尔文、赫胥黎一流人确是好人，确是圣贤。（胡适原函抄件存台北胡适纪念馆，档号为 HS-US01-063-015，此据胡适当日《日记》）

按，6 月 10 日，朱文长致函胡适，并附寄研究宗教信仰之《窄门》一文请教。（台北胡适纪念馆藏档，档号：HS-US01-063-014）

又按，是年向胡适请教学问的还有赵自强、陈荣捷等。（据台北胡适纪念馆所藏档案不完全统计）

1953年　癸巳　62岁

6月17日　胡适复函杨联陞，谈及帮劳榦办理来美的文件，似只用"Visiting Scholar"就够了。但认为其研究计划过于广大。因此：

> 我想此时或可照尊意写信"欢迎他来作 Visiting Scholar"，"利用哈佛的图书馆等"，请叶公出信就够了。劳君若不用，亦算我们尽了人事。

又函寄胡传《台湾纪录》正误表两份。（台北胡适纪念馆藏档，档号：HS-LS01-004-014）

> 按，6月19日，杨联陞复函胡适，告：刚致函全汉昇，商洽劳榦来美的手续事宜。又将胡适所说《朱子文集》中关于伪造会子的史料，也告诉全了，这样重要的史料，全汉昇这样的货币史专家必是乐闻的。又云：陈荣捷已对傅斯年《性命古训辨证》有介绍，自己就很难再做介绍文章了。又询有无董作宾来美消息等。（台北胡适纪念馆藏档，档号：HS-LS01-004-015）

> 又按，6月20日，杨联陞又致函胡适，告今早收到劳榦航空信，告办理旅行证件，只要给予一个公证的证明书即可。又云：哈佛可以出的信内容既在自己给全汉昇的信里写明，如果有用，想必全、劳二人会来信的，所以还是想等几天再讲。（台北胡适纪念馆藏档，档号：HS-LS01-004-016）

6月22日　胡适复函杨联陞，抄示董作宾希望来美的信函。又云：

> ……我去冬在台北时，有一天，蒋孟邻兄约了台大、"中研院"七八个朋友谈话，说有一位朋友曾对他说，哈燕学社颇想在台湾做点有益于学术（文史方面）的事，所以他（蒋）约我们谈谈。谈的结果，由沈刚伯、刘崇铉两先生起草，把意思归纳成几条，大致是希望哈燕学社与台大、"中研"史语所发生"人的交换"，每年有二三人从哈佛到台北，利用史语所的资料，做点研究，同时也可以给台大带点"新血""新力"去；同时每年由哈燕[学]社资助一两位"自由中国"的

文史学者出来到哈佛作一二年的研究，使他们可以得点"脱胎换骨"的新空气、新生命。

此外似还有几点（如 microfilming books in Taiwan 之类），我记不全了。当日约谈的情形甚郑重，则绝无可疑。（我也在场。）

孟邻先生没有说代表哈燕社说话的人是谁。我也没问他。

此事你们在康桥有所闻否？

我以为此类的事是值得做的。若每年能有一人交换，也就很好了。（台北胡适纪念馆藏档，档号：HS-LS01-004-017）

同日　胡适又复杨联陞一信，云：

> 贞一的信最可表示他的迂。Princeton 没有中国部，也没有远东部，未必能欢迎他来，至今日为止，尚未见有人来问我。芝大、加大大概可以给他一个证明书。若系元任先生代他办加大的事，大概无问题。他信上所谓"公证的证明书"乃是"notarized"的证书，须在 Dotary Public 面前签字，由他加签字并盖印。（一切公共机关都有 n. p. 哈大也有。）此是美国方面的麻烦，所以"中基会"一切证书，都得如此办。我以为你拟的哈大信，不妨先写了寄去。讲演有报酬，只有帮助，并不妨碍。若能 notarized 一下，更好。再等几天，也不碍事。（若能将 Visiting Scholar 二字写作大字头，最好。）
>
> 《朱子文集》中伪造会子的史料，承你钞给汉昇兄，我很高兴。这是我近来细读朱子各书的意外收获，能得你们两位中国经济史家赏识，我当然引为荣幸。（台北胡适纪念馆藏档，档号：HS-LS01-004-018）

按，6月24日，杨联陞复函胡适，告：劳榦来美的邀请信，"已与叶公大略草定，日内可以'公证'后寄台。"又云："去年有名记者 Alsop 君说曾与福特基金会讲通，肯资助中国学者若干人到哈佛来作较长期（三年？）的研究。系里开过几次会，由我同洪先生拟具名单，彦老与劳贞一都在内。也通知了 Provost Buck。哈佛方面似乎已无问题，

但福特方面的钱，全无踪影，看起来没有多少希望了。"（台北胡适纪念馆藏档，档号：HS-LS01-004-019）

6月25日　胡适复函杨联陞，云：劳榦之事"如此办最好"。又云：

大概去冬我在台北参观讨论的哈佛燕京社事，动机是起于你此次信上说的Alsop提议。时间也大致相符。

大概是因为福特基金方面没有回音，所以此事也没人谈了。谢谢你帮助我解答了一个谜。我一定不告他人。

缩照台湾善本书事，福特方面至今无一字回信。（台北胡适纪念馆藏档，档号：HS-LS01-004-020）

6月27日　崔书琴函寄其著作20册与胡适，请代为分送。（台北胡适纪念馆藏档，档号：HS-US01-070-005）

6月28日　胡适日记有记：

晚十时，得吴国桢先生电话，知道他今天到了，住在Ambassador Hotel，他们夫妇要来看我。我说，我的地方太小，太热，还是我来看你们。

我去同他们谈了三个钟头。

他们谈的话，使我十分诧怪。吴太太说，"我们都是基督徒，深信上帝保佑我们，胡先生是无神论者，他也许不相信"。我所谓"使我十分诧怪"，当然是指他们的话的一部分。

6月30日　胡适复函杨联陞，云：

当年"西北科学考察团"在新疆发现的汉简，是原存北大研究所的，一九三七年，我特别救出来，交沈仲章带到南方，后由"中［央］研究院"收藏，在香港商务印书馆照相。其后在1941年原件运到华府，由我寄存［美国］国会图书馆。劳榦依据照片做了《释文》与《考证》。原件本准备1946—47年之间由王重民带回国。但因国内交通已不方便，

故此项汉简仍在华府。收条在我处。此外并无他种"汉蒙及中亚文字的文件"藏在"驻美大使馆"。汉简中并无一点外国文字。（台北胡适纪念馆藏档，档号：HS-LS01-004-022）

按，6月26日，杨联陞致函胡适，云：

昨天柯立夫 Cleaves 来，拿着 Frye 从英国来的一封信。说英国的 Bailey 教授听说"驻美大使馆"藏有几箱汉蒙及中亚文字的文件，是斯文赫定同中国人合组的中亚探检［险］队得到的。柯问我是否知道此事，并托我向您打听。我说，听说汉简在华盛顿国会图书馆，其他文件不清楚。但因所有权及发表协议等关系，恐怕没有法子看。……柯说：现在斯文赫定死了，希望事情好办点。总之他们懂中亚文字的人都表示很大的兴趣。将来万一要编印发表，不愁无人帮忙。我猜想这一类事情，恐怕要等中美文化界有更密切的合作办法……才好办理。是否有此等文件及是否应如此回答他，都请指示！

Frye 说，英国剑桥已决定聘 E. G. Pulleyblank（加拿大籍，现在可能仍在日本）继夏伦之任，此人专攻唐史，论文是"安禄山"。（台北胡适纪念馆藏档，档号：HS-LS01-004-021）

同日　沈昆三致函胡适，谈为胡适带物等杂事。（台北胡适纪念馆藏档，档号：HS-US01-085-005）

6月　Ruth Nanda Anshen 将其所编 *Moral Principles of Action*（纽约，1952）题赠胡适："To Dr. Hu Shih with every wish of friendship, Ruth Nanda Anshen June, 1953."（《胡适藏书目录》第4册，2838页）

7月

7月2日　刘真致函胡适：此次参观哈佛、耶鲁、普林斯顿等大学，得胡适介绍，使自己得到很多便利。像胡适这样提携后辈，一面使自己感动，一面也给自己今后做人很好的示范。又寄通讯文请胡适赐教。又谈及台湾

"省立"院校请求"中美文化基金"补助教授研究费与师院请求台湾"清华基金"补助购书事等。(台北胡适纪念馆藏档,档号:HS-US01-085-006)

7月3日　纽约大通银行George J. Suter致函"美国驻台北领事馆":按照胡适博士的授权,本行特殊账户现有一笔2400美元的专户存款,用于支持现住台北市长沙北路135弄32号的杨日旭先生。该项资金只有在杨先生本人持其私人旅行证件亲来本行时才能提供给他,但不晚于1954年6月30日。该项资金只允许杨先生本人使用,不允许授权或转让。如果杨先生本人届时不能提取该项存款,该项特殊账户将冻结并转付给存款人胡适博士或其法定代理人、继承人或委托人。(杨日旭教授提供)

> 按,胡适返美后不久,杨日旭考取1949年后台湾第一次自费留美考试(当时尚无公费)。照章,入学前须预缴保证金2400美元。杨家贫,无力支付,胡适得悉后,即在纽约大通银行代垫此款。

7月4日　胡适为台湾远东图书公司重印《胡适文存》四部合集作一《自序》。此合集于本年10—12月于台北出版。(胡适:《胡适文存》四部合印本,台北远东图书公司,1953年)

7月6日　胡适夫妇前往绮色佳。(黄淳辑校:《胡适夫妇致毛玲之夫妇信件》,《中国现代文学研究丛刊》2019年第5期,244页)

同日　顾维钧致函胡适,为新加坡侨领连瀛洲托请,代询胡适可否就任南洋大学校长。(台北胡适纪念馆藏档,档号:HS-US01-066-005)

同日　吴健雄致胡适一明信片,感谢告知关于祖冲之的事迹,又谈及出游事。(台北胡适纪念馆藏档,档号:HS-US01-083-011)

7月7日　杨联陞致函胡适,告:关于并无"汉蒙及中亚文字文件"藏在"驻美大使馆"一事,已经转告柯立夫,Frye所闻,可能是因汉简在美而误传,此后谣言当可息灭了。又告得劳榦致谢信等。(台北胡适纪念馆藏档,档号:HS-LS01-004-023)

7月8日　梅贻琦致函胡适,询胡适夫人游览绮色佳之印象如何。又告他们与梅贻宝将在20日前后去Maine一游,将看望毛玲之,询毛地址。又

告自己与刘驭万一同前往吊唁施炳之长子施济元之丧。(台北胡适纪念馆藏档，档号：HS-US01-085-016)

7月15日　胡适到康奈尔大学图书馆，阅赵一清《水经注释》。(台北胡适纪念馆藏档，档号：HS-DY01-1953-0715)

同日　Philip Dorf 将其所著 The Coming of Ulysses: A Play in Four Acts (New York: Oxford Book Company, 1949) 题赠胡适: "To Dr. Hu Shih A memento of very pleasant visit. Philip Dorf Ithaca N. Y. July 15, 1953."(《胡适藏书目录》第4册，2731页)

同日　蒋廷黻将雷震寄来的《东京新闻》剪报寄与胡适，询胡适对此是否有意。又告自己在台北时并未向当局谈及组党问题。(台北胡适纪念馆藏档，档号：HS-US01-085-008)

7月16日　胡适到康奈尔大学图书馆，阅法国学者印出的《汉学》第二期，北大的《国学季刊》。(据"联经版"《胡适日记全集》第9册，45页)

同日　杨联陞致函胡适，告得劳榦告知办理赴美手续等情，又云：

近来看《元典章》，官吏索贿说"要肚皮""吃肚皮"，行贿说"与肚皮"，又程文海《雪楼集》九"给江南官吏俸钱"云"江南州县官吏自至元十七年以来并不曾支给俸钱，真是明白放令吃人肚皮椎剥百姓"，我想这话可能是蒙古译语，但柯立夫已给查过各种字汇之类，"肚皮"不见此解，《通俗编》以为是"廋语"(当是广义，谓 figure of speech) 也很难确定。您看书时，请代为留心……(台北胡适纪念馆藏档，档号：HS-LS01-004-024)

7月17日　蒋介石电令俞国华送胡适5000美金。(台北"国史馆"藏"蒋中正'总统'文物"，档号：002010400020061)

同日　即将返台的叶炳远致函胡适，对此次来美进修受胡适特别照顾，并赐东部旅行旅费，表示诚挚感谢。(台北胡适纪念馆藏档，档号：HS-US01-085-010)

7月18日　胡适复函杨联陞，告："我们在此很舒服，大概八月二三日可归去。"又请代为问候蒋彝。又云:"老兄为劳贞一'打气',十分可感!"(台北胡适纪念馆藏档,档号:HS-LS01-004-025)

7月20日　沈昆三致函胡适,谈为他父亲编年谱事,以及受胡适夫人嘱,为其带衣物诸事。(台北胡适纪念馆藏档,档号:HS-US01-066-006)

7月21日　胡适日记("联经版")有记:

> 看史家 Carl L. Becker's *Cornell University: Founders and the Founding*。
>
> 他在首页引 Abelard 的话:By doubting we are led to questioning, and by questioning we arrive at truth。使我想起,我最后见他时,他说,他在他的学校办公室门上贴了一个孔子的话:"回也非助我者也,于吾言无所不说。"

7月23日　胡适收到朱文长邮寄来的北京印行的《作主精兵》一册,胡适评论道:"这小册子写的很好,我读了很佩服这时候在大陆上基督徒能印行这书。"(据"联经版"《胡适日记全集》第9册,46～47页)

7月24日　Biggerstaff 夫妇与 Shadick 来吃晚饭,Shadick 带来谭元春批点本《水经注》(即竟陵本朱谋㙔《水经注笺》)。胡适认为,此本虽不高明,但在《水经注》300年沿递史上却很有链接缺失的关系。(台北胡适纪念馆藏档,档号:HS-DY01-1953-0724)

7月26日　胡适致函沈宗瀚、钱思亮:关于同 Dean W. I. Myers 谈台大合作问题事,初次谈的结果是他基本上不赞成此事。7月24日又谈此事(22日曾为此事专门写一信给他),他还是主张台大最好另寻一个大学如加利福尼亚大学商量合作计划,并且根本上还是承认台湾为不安全,一切计划合作,都会被一个大变动扫荡去。此次进行此事,毫无成果,甚感惭愧。很可注意的是 Myers 说的 Hayes 事件。(台北胡适纪念馆藏档,档号:HS-NK05-021-001)

7月27日　吴健雄致函胡适,告孙多慈申请奖学金未获准事。(台北胡适纪念馆藏档,档号:HS-US01-070-007)

8月

  8月1日 胡正中复函胡适，报告他父亲及胡洪开的遭遇。又提及石原皋、胡思猷、江泽涵等人。（台北胡适纪念馆藏档，档号：HS-US01-074-004）

  8月2日 胡适夫妇回到纽约。（黄淳辑校：《胡适夫妇致毛玲之夫妇信件》，《中国现代文学研究丛刊》2019年第5期，244页）

  8月8日 胡适复函陈之迈，谈道：自己在20年前读英译本Valery-Radot的Pasteur传记，曾几次掉泪。正因为现代"科学的医学"的有效控制传染病，实起于Pasteur的奋斗成功。70年中，传染病除了极少数尚难求得病菌与传播媒介之外，绝对大多数已可以控制了。心脏病、血压高、癌的诸种，似都不是传染病，都还无法控制。近二三十年中，美国的各种学术机关与有力的基金集团，都致力于这几种病的研究与控制。"我的乐观主义使我深信"，在20年中，这几种病的治疗都可以有有效的方法。"有钱使得鬼推磨"，有钱终可以驱除病"鬼"。毁灭病"魔"吧！（《胡适之先生年谱长编初稿》第六册，2345页）

  8月9日 胡适手抄赵一清的《渭水下篇后记》，又有后记。（《胡适手稿》第3集卷5，420～424页）

  8月17日 胡适致函杨联陞，云：

  你翻译蒋辉供状，我觉得很好。有些小地方，我已大胆改过。请你斟酌采用。

  供状是deposition，你误作desposition。……

  …………

  此外，我想你应该指出蒋辉与王定等十八人（共十九人）雕刻的《荀子》，现收在《古逸丛书》里，又收在《四部丛刊》里。《荀子》每叶有刻工姓名，其中果有蒋辉、王定的姓名。这是雕刻最工的南宋本，可取蒋辉刻的一印影印，使人知道这案中主要人犯确有其人，确是"开字"好手，有实物作证！

唐仲友的文集，收在《永乐大典》里，全祖望曾钞出一部……

说斋的《帝王经世图谱》似已收入《四库》，可一查。

…………

近日决心把《水经注》一案写一总结束，了此九年（其实已快十年了）心事！

想请你将日本《东方学报》第三册的森鹿三的《戴震之水经注校定》一文，作 photostat 一份，寄给我。其费用务乞示知，当照缴。若有精通日文之人，肯将此文的结论译成汉文或英文见寄，我也愿出翻译之费。（台北胡适纪念馆藏档，档号：HS-LS01-004-026）

按，杨联陞复函，作于 8 月 19 日，存于台北胡适纪念馆（档号：HS-LS01-004-027）。

同日　胡适抄毕《平定张穆赵戴水经注校案》，次日夜改写中间"蕴霾"一大段后记。1947 年 7 月 6 日补抄"王梓材后记"的本段。（《胡适手稿》第 5 集卷 1，141～224 页）

8 月 19 日　朱家骅复函胡适，谈建仓库事。（台北胡适纪念馆藏档，档号：HS-NK05-014-017）

8 月 21 日　胡适函谢杨联陞帮忙摘译森鹿三的文章，又云：

此文作于《大典》全部出现之前，但他的分三段立论，方法上很不错。他虽说，"张、杨、王诸氏之议出，而戴氏袭全、赵两家之论定。"但他能指出三家书"有相类之处，或由于同出一源正未可知"，又能"对此歪曲看法，企图略加订正"，可见方法稍正确，则结论也可以比较正确。……

他的第一大段，有很精到处，但论全、戴两家改定一百廿三《水》的次第，甚不详细。我在北大买得东原《自定水经》一卷的乾隆

三十七年夏重抄本，其中夹有一些烂纸，上有《水经》各水次第。我细细整理，始知这些代表东原两次三次改定各水次第的思想路线。周一良家藏的东原《自定水经》一卷系乾隆三十年的初稿抄本，其前也有新目次，代表东原第一次改定的各水次第。从三十年到自刊本《水经注》的刻成（四十年），十年之中，东原改定各水次第凡三次，其草稿俱得保存，可以一一推知每一次的思路。我曾作"全、戴两家改定水经各水次第对照表"，比看起来，就可知这两人的思想路子不同，不但如森鹿三指出卷六汾、晋各水的次第，戴则"有用意"而全则"随〔卷六〕旧次"而已也。（森氏此意是一个创见，前人都未梦见。）全改各水次第，亦有用意，与戴正同。《汾水》诸篇偶不注意各水自然次第，故稍可议耳。

试从我的表中举几例子，可知张穆、杨守敬诸人的粗心。

…………

此第一大节为森鹿三此文最有贡献之处，故特为老兄详细说明，要老兄知道此人是值得表章的，前天的心血不是白费了的。（郑德坤对他曾表示不敬，故我今天为他稍稍表章。）

第二、第三，两大节，虽无甚精采，但比张穆、杨惺吾、王静庵、孟心史诸公高明多了。

但此君疑"注作径而经必作过""赵本反有袭戴之疑"……"校刊时据戴书再加改定，亦非不可能也。"此则大冤枉了赵东潜了。谢山病中发现经注有别，确是大创见，但他已在大病中，精力不够了，只能见其大区别——如"五校题词"所说——而没有发见"经文作过，注文作径"的一个机械的简易标准，故《河水》篇中如"东过榆中县北""东过天水县北"等经文，全氏至死还留在注文中。但赵氏确曾发见这个标准，故书中曾有两处提及，但他不是一个能作综合性大文字的人，故不曾提出作通论，但这两处刻本与《四库》本相同，并非校刻者据戴改赵。……

此等处皆是我所谓"independent convergence"，不得疑赵袭戴，亦不可疑戴袭赵。

第三大节，你译的 p.213 一段，说"《水经注》之有现在之整备形态，乃几多先人业绩堆积之结果"，是有历史眼光的见解。王静庵何尝见不到此一点？但他的成见，他的卫程朱道学的成见，反用这个历史见解来打击东原。森鹿三则无此种爱憎成见，故能作此平恕的结论。

……………

蒋辉刻的《荀子》现存，我以为你一定知道，故提醒你引此证明此案的人证确实。不意老兄竟要"在注中特谢"，甚出望外。但此一点，日本原藏此书之狩谷望之已在文政五年跋中指出，并非我的发现，合并声明！

大营前当是街名，我因台州不是大都会，故说是巷名。……（台北胡适纪念馆藏档，档号：HS-LS01-004-028）

按，杨联陞复函作于 8 月 23 日。杨函云：

唐说斋的《帝王经世图谱》见"金华丛书"及"广版武英殿聚珍版丛书"，其他文字辑佚等，统名"金华唐氏遗书"，收入"续金华丛书"。再加上《四朝闻见录》与《齐东野语》等书对朱按唐一案的记载议论……

仲友遗书中给我印象最深的是"鲁军制九问"一篇。大意，鲁本三军，《公羊》言二军，《穀梁》言一军皆非是，作邱甲是邱出一甲（原来四邱共出三甲）增出一军，遂为四军，此是季孙擅鲁之计，因齐虽胁制上下以作邱甲，卒至季孙取二而后止。鞌之战，四卿帅师，公孙婴齐所将即鲁作邱甲之一军，至鲁作三军之后，邱甲一军虽不用，其军行不废亦不分入三军，此季氏包藏祸心欲四分公室之意。至鲁舍中军四分公室，季氏择二，即兼取叔弓所将之邱甲，故非取之仲叔。鲁仍有四军，但分谓之左右师。凡《春秋》书内大夫帅师皆有大旨，非谓卿之将而例书也。其说虽不必尽当，而明快可喜，与陈寅恪先生论八柱国兵、孟心史先生论八旗兵制，似有异曲同工之妙。（还没有细查

《左传》，所以以上说的，不过是"印象"）（台北胡适纪念馆藏档，档号：HS-LS01-004-030）

8月22日 胡适复函杨联陞，感谢抄示《癸辛杂识》"撩纸"一条，纠正自己的错误。有云：

朱子劾唐仲友一案，在当时陈龙川（亮，唐的同乡）已有"台州之事，是非毁誉往往相半"之说，见《龙川集》卷二十。此书甚长，似值得老兄一翻看。晦翁答书见《朱集》卅六《答陈同甫》第三书。同甫书中有"物论以为凡其平时乡曲之冤，一皆报尽。秘书岂为此辈所使哉？为其阴相附托而不知耳"。朱子答书也有"附托之戒，敢不敬承"之语。但同甫书中又说，"亮平生不曾会说人是非，唐与正（即仲友）乃见疑相谮！"可见此案受疑"相谮"者，不止高文虎一人。而主要的告讦者似多是婺州人！

…………

此案中有"桃色"部分，其中行首严蕊所唱小词，按状中载其半首，"去又如何去，住又如何住！但得山花插满头，休问奴归路"。其全词似曾见周密的一种杂记里，我曾记出作《白话文学史》资料，现在也记不得了。

森鹿三文的题目应如何译法？乞教。

方桂先生一家来游时，乞代问好。他们能来纽约玩玩吗？乞将我的电话（Bu-8-5199）告他。（台北胡适纪念馆藏档，档号：HS-LS01-004-029）

同日 何潜函谢胡适为留学事相助，并告来美安顿等情形。（台北胡适纪念馆藏档，档号：HS-US01-083-019）

8月23日 黄法征函谢胡适赠送食品。（台北胡适纪念馆藏档，档号：HS-US01-083-023）

8月25日 胡适复函杨联陞，拜托杨代查王国维《跋聚珍本戴校水经注》一文发表在《清华学报》的何年何月;《观堂集林》所收的此文,与《清华学报》发表者有无异文。1924年戴震200年纪念,梁启超有《东原著述纂校书目考》,"似亦在《清华学报》发表,乞代一查其发表年月,是否亦在《清华学报》发表?任公此文我不记得了,其中似有论《水经注》一案的文字,可否请代 photostat 此一部分见寄?费用当奉缴"。(台北胡适纪念馆藏档,档号: HS-LS01-004-031)

按,9月1日,杨联陞复函胡适云,谈道:"森鹿三的文章,《关于戴震之水经注校定》,他自己似把题目译为 On the revised edition of the 'Shu ching chu' by Tai Chen 实在不大对。您似可斟酌改译。"王国维《跋聚珍本戴校水经注》一文发表在《清华学报》二卷一期(民国十四年六月),文字内容与《观堂集林》略有出入,但无大关系。梁启超《戴东原著述纂校书目考》,日期是"十三年一月十九日午前三时",又为胡适摘抄此文中关于《水经注》的全文。(台北胡适纪念馆藏档,档号: HS-LS01-005-001)

又按,1957年7月2日胡适在此函上又作有"后记":今天重读联陞此札,我才恍然大悟!我们在1924年 Jan. 19 举行东原的二百年纪念,任公此文即在《晨报副刊》一月份发表。此文中显示任公①没有见《大典》本,②没有见薛、董刻的"全氏七校"。此文又说,东原治《水经》始于乾隆乙酉,"必非入四库馆后睹赵书而剽窃,固无待言"。所以静安要作此文,专重此三方面。(《胡适手稿》第1集卷2所收杨函之首)

8月29日　胡适作有《跋段玉裁的"东原先生札册跋"(《〈经韵楼集〉七,叶48—49》),证明:乾隆三十九年(1774)二月十六日皇帝题诗的《水经注》,决不是东原(戴震)的校本。因为那年七月初旬四库馆臣还在争论这部书的人事问题,还得"善为调停,使彼此无嫌无疑"。可见东原奉派"校正",是远在皇帝题诗之后,约当春夏之间。(《胡适手稿》第1集卷2,349~362页)。

8月31日　胡适作有《全祖望曾有意埋没赵一清水经注校本的最大贡

献》。（台北胡适纪念馆藏档，档号：HS-US01-051-004）

同日 朱家骅致函胡适：关于建筑仓库及研究室等经费80万元，昨已由院领到，至其他各费亦已列入明年年度预算之内，可谓大体解决矣。（台北胡适纪念馆藏档，档号：HS-NK05-014-018）

9月

9月3日 胡适复函杨联陞，感谢杨帮助摘抄梁启超文中关于《水经注》的全文，又云：

> 任公判断此案，大致甚平允，但此文（书目考）作于王静庵、孟心史两公发表文字之前——作于《永乐大典》本半部出现之前，更在《大典》本全部影印本出现之前——故尚不足使后来读者（三十年来的读者）心服。
>
> 静庵六跋，果然发表在任公诸文之后。其时正当我们为东原"二百年祭"热闹一番之后，静庵大概不免有"卫道"（卫程朱之道）的隐衷，又自以为得见残宋本与《大典》本半部与明抄宋本（朱遬先藏）及孙潜校本残卷，必已"于明以前旧本沿袭，得窥崖略"，所以他同时发表此六跋，用大力攻击东原。此六跋之中，止有《宋刊本跋》《明抄本跋》，尚稍有可取。……余四跋皆甚错误，甚潦草，甚武断。故我不能不写一跋，指出静庵实在没有懂得这四百年《水经注》诸本"沿袭"的历史，又实在没有平心研究赵、全、戴三家校本如何各自用功，各自慢慢的发展的历史，也没有比勘三家的异同，而止凭个人的"正谊的火气"下判断，故有大错误，而厚诬古人。
>
> …………
>
> "正谊的火气"一生，则说诳、作伪，都在所不顾。如张穆说他曾"用明以来通行《水经》本校出一部〔《大典》本〕，即明知其讹，亦必照改"。此张穆说大诳也。何以知之？因为他自己供认"至《提要》所

云'脱简有自数十字至四百余字者',此又八巨册中绝无之事",此一语即足以证明张穆绝对没有校出一部《大典》本。

如魏源说:"考赵氏书未刊以前先收入《四库全书》。今《四库》书分贮在扬州文汇阁、金山文宗阁者,与刊本无二。"这就是说,魏源曾取赵书刊本与文宗、文汇两阁《库》本,细校一过,而知两《库》本"与刊本无二"。(孟心史即如此解释。)此魏源扯大谎也。赵书《库》本与刊本差异处甚多,孟心史曾校了五处,即判云:"刻板时并未动《库》本一字!"若魏源之说他曾校两阁《库》本,乃是睁开眼睛扯大谎也。

王静庵说:

夫书籍之据他书校改者,苟所据之原书同,即令十百人校之亦无不同,未足以为相袭之证据也。至据旧本校改,则非同见此本,不能同用此字。……(此下引《渭水》注中脱叶为例,谓"戴氏所补乃不同于《大典》本,而反同于全、赵本,谓非见全、赵之书不可矣"。)

此王静庵摆起校勘学者架子来扯大谎也。他岂不知"据他书校改"与"据旧本校改"是同一性质?他岂不知"夫书籍之据旧本校改者,苟所据本子相同,或同出一源,即令十百人校之亦无不同,未足以为相袭之证据也"?第六跋中仅有此一"证",而此一证乃是有意的"伪证"!

此渭水脱叶,赵本与刻本全校颇多不同,其中一部分确是谢山有意从后文移来十四字,〔《后汉书·郡国志》曰鄡县有郆亭谓此〕其中一部分则是王梓材原钞戴校本增"皇览亦言是矣",而董沛校刻时删下"亦言是矣"四字,故意剩下"皇览"二字,以示与赵、戴两本都不同。而静庵说"戴氏所补乃不同于《大典》本,而反同于全、赵本",真是扯大谎欺人也。此脱叶四百十八字,其前一节记山崩所得白玉上的文字,《大典》本与残宋本,与柳大中本相同,而戴、赵都改从《朱笺》所引《十六国春秋》,参校《晋书·刘曜载记》。《载记》载白玉上的文字,胜于此三古本,并且有刘均奉记,逐句解释其涵义,故最可靠。此文字三百年前已引见《朱笺》,静庵竟不知道,但见此段白玉上文字戴、

赵相同，而不同于《大典》本！岂其粗心失考耶？抑有意找罪证耶？

总之，"正谊的火气"是史学者作考证时所宜痛戒的。质之高明，以为如何？（台北胡适纪念馆藏档，档号：HS-LS01-005-002）

9月5日　胡适致函杨联陞，云：

前论傅孟真不能算作"今文"一派，因为他常用《左传》《国语》二书。

今夜看他的《性命古训辨证》，p.50，最可表示他的态度："《左传》《国语》者，实为东周第一宝书，其成书虽在战国，其取材则渊源甚早。"此页上半又说："据国语（各国史）改为编年必在秦火之前，其加书法并使前数公之经文亦多有传可伍，则刘歆事也。"

他对于刘逢禄颇有敬意，对于崔适，则甚不以为然。

又《性命古训辨证》一书，我今夜读一遍，颇不满意。其下篇尤"潦草"，则自序中已言之。实则上中两篇也只够一短文。当时在战祸中，他又太忙，故此书颇不能使人满意。你以为如何？

上次你引《龙川集》"柑子一庵"，与《朱集》"庵头"互勘，我深以为然。……（台北胡适纪念馆藏档，档号：HS-LS01-005-004）

9月11日　毛子水复函胡适，云：周大中事，已婉辞。胡祖望他们在此亦很好。感谢胡适夫妇关切毛玲之婚事。钱思亮本定于本月15日飞美，现因故不去了。这两三年来，得钱思亮继傅斯年之后，真算台大的幸运。就我所知道的要想做台大校长的人而言，非特品格远不及思亮，即学识亦远不及。先生便中函思亮时，可劝其不要因小故而求去。（台北胡适纪念馆藏档，档号：HS-NK05-009-001）

9月15日　蒋梦麟致函胡适、蒋廷黻，本拟15日赴美开会，因身体不适不能成行。至于20日能否成行，现尚不知。倘不能成行，请胡、蒋代为主持。关于动用台湾"清华基金"利息补助台大事，深望董事会能赞助"政府"意见。又重申：台湾当局今日需要充实台大；台湾"清华"如不获当局支持，将来无法靠基金复校；美国朝野现正从各方面协助台湾建设，台湾"清华基金"亦无理由拒绝此一事实需要。各方舆论对台湾"清华基金"所持态度甚表诧异，尤其对梅贻琦不谅。钱思亮为此事力辞台大校长，蒋等正竭力劝阻中。（台北胡适纪念馆藏档，档号：HS-US01-066-007）

9月26日　胡适出席"中基会"第二十四次年会。胡适报告该会与洛克菲勒基金会合作协助"中研院"史语所的文物保存与建筑设备补助费之经过。（《"中基会"对科学的赞助》，249页）

9月30日　胡适著《关于宋明刊本水经注》在《大陆杂志》第7卷第6期发表。

10月

10月1日　胡适作有《吴琯刻〈水经注〉四十卷（与《山海经》合刻，原题"合刻山海经水经"），认为：吴琯、陆弼诸君并没有得见任何古本，他们没有本子的依据，他们的唯一底本是黄省曾刻本。他们改正黄本之处，有是有非，他们用《水经注》引用的古书作依据，往往有改善黄本之处。但他们有时凭借意见，妄改黄本的字句，往往闹出笑柄来。（《胡适手稿》第4集卷1，165～189页）

10月7日　胡适日记有记：

> 陆贾《新语》有"贤者不虚生"一句话，我曾想集成一对，给我作为人写对联之用。但始终没有"对"成！
>
> 若用作挽联，则可用
>
> 自古皆有死；（论语）
>
> 贤者不虚生。
>
> 《晏子春秋》有：
>
> 为者常成，行者常至。
>
> 此语也很好。

我不能写字，但常常被人强迫写对子，故常想利用这机会介绍一些好的格言。我常用的有：

①慈故能勇，俭故能广；（老子）

钩之以爱，揣之以恭。（墨子）

②种瓜得瓜，种豆得豆；

跟好学好，跟衰学衰。

③近朱者赤，近墨者黑；

佐饔得尝，佐斗得伤。

④圆不中规，方不中矩；

柔而能刚，弱而能强。

按，是年向胡适求题字的还有陈英豪、培育中小学校（许木任、林少鹏、虞慧生代请）等。（据台北胡适纪念馆所藏档案不完全统计）

10月13日　胡适有《"二尺六寸"与"三尺六寸"》。（《胡适手稿》第6集卷2，261～273页）

10月29日　胡适日记有记：

仔细想来，古代政治思想并不算发达。所谓百家之言，其实止有两个大趋势：

1. "无为"的喊声，代表自由思想：

a. "太上，下知有之，或下不知有之。"此是无为的最初义。

b. "为政以德，譬如北辰，居其所而众星拱之。""无为而治者，其舜也欤？夫何为哉？恭己正南面而已矣。""居敬而行简，以临其民。""敬事而信，节用而爱人，使民以时。"此是无为之第二义，可以"居敬而行简"一句为总纲。"修己以安人"，也可作此义说。

c. 孟子一面要"省刑罚，薄税敛"，一面又要"制民之产，必使仰足以事父母，俯足以畜妻子，乐岁终身饱，凶年免于死亡"。已不完全是"无为"之治了。

d. 四世纪以后，"无为"变成了"君道""主术"，目的在限制那世袭君主的"有为"。"君道无知无为。""无智，无能，无为，此君之所执也。"（《吕氏春秋》）

"君人之道……俨然玄默，而吉祥受福。……重为惠，若重为暴。"（《淮南·主术训》）此是一种"虚君"的理想，但此种人皆不说丞相以下也须无为。

其实孔子已有此意，如他说卫灵公无道而不失国，因为他有"仲叔圉治实〔宾〕客，祝鲍治宗庙，王孙贾治军旅"。

e. "名正治备，则圣人无事"，也是"主术"。

2. 集权的有为政治。政府本来总是专制的，干涉的，故自由思想家总不屑谈这种"教猱升木"的政论。但五世纪以后，有两派人作集权说：

a. 墨家的尚同说，"上之所是，必皆是之，所非，必皆非之""上同而不下比""壹同天下之义"，都是集权论，但墨家还要"上同于天"，"以钜子为圣人"，是一种 theocracy。

b. 商君至韩非，一百年中，始有集权独裁的理论。

"故求有上也，将以为治也。……治莫广于立君，立君之道莫广于胜法，胜法之务莫急于去奸，去奸之本莫深于严刑。"（《商君书》）

"国之所以重，主之所以尊者，力也。"（同）

此种政制之下，有：（一）尚战。（二）提倡生产（耕织）。（三）告奸之令。（四）严刑。皆似今日之 Totalitarian State。

同日 蒋介石在日记中感叹：世界进步，而"我国"精神与人心反在加速退步；教育恶劣，其为害于"民族国家"者，自蔡元培、蒋梦麟、陈立夫、王世杰、朱家骅等国民党人，不能不负其最大之责任。"其他非党员，如适之（胡适）者则不足怪矣。"

11月

  11月1日 卢逮曾致函胡适，谈《胡适文选》盗版、请胡适为《四十自述》作序、《红楼梦考证集》改为《红楼梦汇考》等事。关于最后一点，是这样的：本来，《红楼梦考证集》的稿子已收集并预备整理后付排，但毛子水及吴相湘诸位均认为不如把原文都收集到一起出一本《红楼梦汇考》，就是将孟森《董小宛考》以及方豪、俞平伯诸人的作品都放进去。询胡适是否认同这个意见。并附上目录：

《红楼梦新考》	方豪
《关于红楼梦中之钟及其他》	陈定闳
《红楼梦考证之新史料》	方豪
《红楼梦新考别编》	严敦杰
《跋红楼梦新考内的洋时刻与中国时刻之比较》	严敦杰
《红楼梦讨论集序》	俞平伯
《董小宛考》	孟森

  …………（台北胡适纪念馆藏档，档号：HS-US01-066-009）

  11月10日 胡适在 The Chinese Classics, Vol. V-Part I: Dukes Yin, Hwan, Chwang, Min, He, Wan, Seuen and Ching; And the Prolegomena（with a translation, critical and exegetical notes, prolegomena, and copious indexes（by James Legge—London: Henry Frowde, Oxford University Press Warehouse, Amen Corner, E. C.）题记："今天又买得《春秋左传》两册，是为全书的第五篇。（Vol. V）原译成的五篇八册，我已收得四篇六册了。此篇两册皆很新，未割叶，很可爱。胡适 Nov.10，1953，in New York。"（《胡适藏书目录》第4册，2722页）

  11月11日 杨联陞致函胡适，谈劳榦在此间近况及劳氏在滕县石刻中发现六牙象2只等，又云："陈观胜让我问您是否您自己想把郗超的《奉法要》全部译出。如果您无此计划,他想有功夫的时候试一试。您想如何?"(台北胡适纪念馆藏档,档号:HS-LS01-005-005)

11月16日　胡适作有《记一位无名先生的渐江水校记》。(台北胡适纪念馆藏档,档号:HS-US01-051-003)

11月17日　杨联陞复函胡适,告已将胡适致陈观胜的信转交了,陈很感谢胡适对于译注郗超《奉法要》的鼓励。又谈及六牙象等问题。(台北胡适纪念馆藏档,档号:HS-LS01-005-006)

11月21日　雷震致函胡适,详谈王世杰被免职一事。(《万山不许一溪奔——胡适雷震来往书信选集》,53～56页)

11月24日　胡适作成《追念吴稚晖先生》。("自由中国"第10卷第1期,1954年1月1日)

同日　胡适致函雷震,并将纪念吴稚晖的文章寄雷。又云:

> 本拟写一篇《Harry Dexter White 案与中国抗战》,但一时还写不成。此人当日在美国财政部很帮中国的忙,如收买中国白银,如早几笔借款,都有他的力量。但依近年发现的秘密文件看来……恐其中有国际问题,须斟酌也。(《万山不许一溪奔——胡适雷震来往书信选集》,57页)

同日　胡适日记有记:

> "自由中国"[杂志](Ⅸ,5 & 6)有殷海光君译的 F. A. Hayek's *The Road to Serfdom* 的两章。其第二章之首有引语:
>
> 那常使国家变成人间地狱者,正是人想把国家变成天国之一念。(F. Hoeldorlin)
>
> ……近十年来,我渐见此意之不是,故蒋廷黻兄提议我们发起一个"社会党",我不赞成。我是一个自由主义者,其主要信条乃是一种健全的个人主义(individualism),不能接受各种社会主义的信条。

11月28日　胡适复函即将结婚的毛玲之,告婚帖有两种形式。一是请

帖，发给那些预计可以到场观礼的亲友，并准备收受他们送的贺礼。二是公告，在结婚后才发给朋友，报告某人与某人已于某月某日在某地结婚了。这二种是因为结婚人准备用简单仪式，但约极少数亲友到场，不愿意惊动远地朋友，更不愿意要他们送礼，故在婚礼之后才发出。胡适建议毛最好用公告。（黄淳辑校：《胡适夫妇致毛玲之夫妇信件》，《中国现代文学研究丛刊》2019 年第 5 期）

12月

12月7日　胡适复函劳榦，云：

我对于文化互相影响的问题，三十年来，曾发表不少文字（大部分是英文的）。但我对于艺术的互相影响问题，绝少讨论，因为我总觉得这问题往往很难得确切的比较资料，所以往往很难得确切的判断。

此中最有趣味的一点是外国题材的输入未必等于外国艺术的影响。你提出的六牙象石刻，即是一例。……

比如近年日本人与西洋人爱谈中国禅宗如何影响中国绘画。但我们试看他们举什么例证。几幅"达摩面壁"或"达摩一苇渡江"的画，都只是禅宗史的题材，于画术何干？于画的理论又何干？

又如近年流行的中国画家画的耶稣降生故事贺圣诞节片，其题材取自《新约》，其艺术则仍是中国旧派人物画，无一点西洋画影响可见。……

佛教东来甚早，但二千年来中国佛寺里的雕像与塑像都没有印度雕塑的技术的影响，试比较中印两地的佛教雕塑，即可以明白。但前人都不注意此最重要的区别，其原因只是误于以"题材"与"技术"混作一事看了。（台北胡适纪念馆藏档，档号：HS-NK05-097-001）

12月8日　胡适在 *The Road to Serfdom*（by Friederich A. Hayek. 芝加哥，1950）一书的扉页题记：Hu Shih New York Dec.8, 1953. —A birthday present to myself。(《胡适藏书目录》第 4 册，2887 页）

12 月 9 日　雷震复函胡适，云已收到其纪念吴稚晖的文章，并已请毛子水看过。毛只改公元为西历，其余未改。罗家伦将发纵之"纵"改为"踪"字，而毛又要改过来，根据《汉书》仍改为"踪"字。又谈王世杰被免职之种种内幕。(《万山不许一溪奔——胡适雷震来往书信选集》，59～62 页）

12 月 14 日　胡适致函 Mrs. Frank Migdalski：

As Honorable Curator of the Gest Oriental Library which your father founded, I am writing this letter in the hope that you might be able to do us a favor.

About two years ago, I received a letter from Dr. Nanoy Lee Swann in which, among some other information, she mentioned that "I begged Mr. Gest's daughter to save Mr. Gest's files but I fear that his Library letters may have been destroyed...." I have long desired to write you about this matter, but due to my ignorance of your whereabouts, I have since failed to do so. Last month, a close relative of yours, Mr. Philip Hindle Jr. accompanied by his wife came to visit this Library and during the course of our conversation, the above mentioned subject was again brought forward. A week ago, your cousin, Mrs. Seyanne G. Hinkle, wrote me a very kind letter and it was she who has informed me of your present address.

I am wondering if your father's correspondence about this Library is still in existence. If it is, would you be so generous as to present them to this Library so that we can keep a special file for permanent reference. Of course, any other biographical information which you can give us will also be highly appreciated. I would like to add that for all the shipping expenses, this Library would be responsible.

With every good wish for a Merry Christmas and a Happy New Year.(台北胡适纪念馆藏档，档号：HS-US01-041-033）

同日　胡适致函 Seyanne G. Hinkle：

Thank you very much for your kind letter of November 29. In compliance with your advice, I have already sent your cousin, Mrs. Migdalski, a letter. A copy is enclosed herewith for your reference.

With greetings of the season, I remain.（台北胡适纪念馆藏档，档号：HS-US01-041-034）

12月18日　胡适日记有记：

与立武兄长谈。他明天回台北去了。

My own problem is: Will my return to Taipei in February be more embarrassing to the "government" or will my absence at "the National Assembly" be more embarrassing to them?

12月22日　胡适日记有记：Demartino 借得 Columbia 藏的黎锦熙印的《佛教十宗概要》，其中附录有胡适的《中国禅学的发展》。

12月30日　胡适日记有记：

纪五给我看一封信，是一个朋友写的，其中说：

It was a good idea for him（纪五）to consult the Curator at Princeton, who must however be reminded not to make any comments. That is important, as you know....

12月31日　胡适日记有记：

AP. 报告"立法院"昨通过修改"国民大会组织法"，出席代表之法定人数，由过半数改为三分之一。

此议我今年四月曾向蒋先生提出。所以到今日才实行修正者，因为"政府"不愿法定人数减低后即须召开"国民大会"。"副总统"之"弹劾案"已在"监察院"通过，"国大"若开成了会，即可提出"罢免案"了。"政府"不愿"国大"开会，此是一个原因。"国大"开会时间，每人须领开会费，其数目也大的可怕。

1954年　甲午　63岁

2月，胡适为出席"国民大会"第二次会议，特意返台。
4月13—15日，胡适出席哥伦比亚大学200周年纪念活动。
6月13日，胡适出席耶鲁大学举行的纪念容闳毕业100周年活动，并担任主讲人。
10月，大陆再度大规模批判胡适。
是年，胡适多次在公私场合驳斥吴国桢。
是年，胡适常与杨联陞、洪业辩难《水经注》问题。

1月

1月8日　胡适复函雷震，主要谈毛子水为其校改《追念吴稚晖先生》的一个字：

……"发纵指示"，《史记》作"踪"，《汉书》作"纵"。师古《汉书注·萧何传》有一长考，他说此字不当作"踪"，当作"纵"。此是子水改回"纵"字之根据。……（《万山不许一溪奔——胡适雷震来往书信选集》，63页）

1月12日　杨恺龄为编纂《吴稚晖全集》搜集资料事函商于胡适。（台北胡适纪念馆藏档，档号：HS-US01-066-016）

1月16日　蒋介石在其上星期反省录中记道："对蔡斯来函及左舜生等政客要提胡适为'副总统'无理取闹，皆有深切研究与合理之腹案，但暂置不答，以静观其变化如何也。"

1月28日 胡适、江冬秀致函毛玲之、翟振纲，告胡适因决定2月返台，而江冬秀又不能一个人旅行，所以无法来参加2月1日的大礼。又云：

> 我们对于你们新生活的前途，抱着百分的愉快与祝福。古人说，最美满的夫妇是能"相敬如宾"，这里的"敬"字，即是孔子论晏平仲"善与人交，久而敬之"的敬字，我们把这个字送给你们，作为一点点贺礼。（黄淳辑校：《胡适夫妇致毛玲之夫妇信件》，《中国现代文学研究丛刊》2019年第5期）

2月

2月3日 袁同礼致函胡适，云：王世杰被免职，至为不幸，想必胡适回台后定能乘机进言，并请代达拳拳之意。又谈及齐如山所藏之戏剧小说本颇多罕见之本，前由自己介绍于哈佛，得价2300元。台北保存古籍不易，甚盼虽未影照事能早日实现。（台北胡适纪念馆藏档，档号：HS-US01-066-028）

2月6日 胡适复函杨联陞，告其不知"家食之问"的出处，并云到台北后将询之于毛子水诸人。盼望杨能促成哈佛燕京学社给劳榦研究补助事。又略谈回台行程等。（台北胡适纪念馆藏档，档号：HS-LS01-005-008）

> 按，2月3日，杨联陞致函胡适拜年，并祝回台旅途安乐。请教《天工开物》自序中"家食之问"的意思。劳榦继续研究事，又不妙了。（台北胡适纪念馆藏档，档号：HS-LS01-005-007）

2月7日 为纪念哥伦比亚大学创立200周年，胡适应邀作广播演讲，讲题是"Authority and Freedom in the Ancient Asiatic World"。（台北胡适纪念馆藏档，档号：HS-NK05-202-001）

> 按，哥伦比亚大学创立200周年附纪念典礼节目中有13个广播演

讲，全部总题目叫做"Man's Right to Knowledge"，胡适所讲是其中第六个。（台北胡适纪念馆藏档，档号：HS-US01-109-011）

2月9日　胡适在纽约会见记者说，他回台出席"国民大会"，意在维护"宪法"和"法统"。（"中央日报"，1954年2月16日）

同日　雷震日记有记：丁文渊下午来访，"谓香港左舜生、伍宪子、许孝炎、雷啸岑、张国焘、刘百闵、陈克文、丁文渊等十一人函适之，请其任'副总统'候选人"。胡有信复丁，说报载台湾当局派人征求他任候选人一事，完全不确，又谈自己有心脏病已15年，身体不能担任，继谓保留自由之身，可随时讲话。（《雷震全集》第35册，221页）

2月11日　胡适开始返台行程，当日飞抵西岸。次日住赵元任家。13日飞往洛杉矶。15日下午东飞。（《胡适中文书信集》第4册，158页）

2月15日　蒋介石主持国民党第七届中央委员会临时全体会议，提出选举台湾当局领导人候选人问题。说明他自己不可再任台湾当局领导人之理由，并称党内可提于右任，若在党外可提胡适。（蒋介石是日日记）

同日　雷震日记有记：丁文渊云，毛子水对胡适候选台湾当局副领导人一事甚赞成。（《雷震全集》第35册，222页）

2月16日　雷震日记有记：丁文渊云，陈诚对胡适出任台湾当局副领导人候选人一事甚赞成，并云可以帮助，即将签署提名之任交丁文渊，渠拟请钱新之领衔。次日雷氏日记又记：丁文渊告，钱新之已签名，王云五不肯签名。蒋匀田对此事亦甚赞成。（《雷震全集》第35册，224～225页）

2月18日　上午8时多，胡适飞抵台北松山机场，有许多朋友来接。住钱思亮寓。钱思亮指定秘书陈维贤作胡适的临时秘书。中午接待记者。在"联合国同志会"午饭。洪兰友秘书长来告：要胡适作明天的"国民大会"开幕式主席。下午去"国民大会"报到。晚上写开幕式演说辞。（据《日记》）

按，本谱引用胡适1954年日记，除非特别注明，均据《胡适的日记》手稿本第17册，以下不再特别注明。

同日 "中央日报"报道：召开"国民大会"二次会议，完全合法合理，胡适博士昨对记者宣称。

2月19日 "国民大会"二次会议开幕，胡适主席，并致开幕辞。胡适主要讲此次开会的历史意义，以及一届"国民大会"两度选举台湾当局正（副）领导人的合法性。胡适致辞毕，由蒋介石致辞，次由所谓"反共义士"代表向大会致颂辞，胡适向他们致答辞。（次日台北各报）

同日 下午，胡适拜谒蒋介石，晤叙近一小时。（《胡适之先生年谱长编初稿》第七册，2368页）

2月20日 胡适出席"国民大会"二次会议预备会。（次日台北各大报）

同日 晚，史学界人士罗家伦、李济、董作宾、萧一山、沈刚伯等30余人在台北宾馆欢宴胡适，并即席发起组织"中国历史学会"，胡适应邀致辞。（《胡适之先生年谱长编初稿》第七册，2368～2369页）

2月21日 上午，胡适拜访亲友。下午，蒋梦麟、蒋经国、严家淦、谷正纲、毛子水、张兹闿、顾德昌夫妇等来访。（《胡适之先生年谱长编初稿》第七册，2369页）

2月22日 上午10时到下午1时，蒋介石在松山机场"阅兵"，胡适应邀出席。（据《日记》）

同日 胡适复函雷震，询及殷海光所译《到奴役之路》（海耶克著）在"自由中国"杂志发表后的反响。又说："此是自由主义的现代名著，以其最不合时宜，故是对症最良之药。但恐陈义过高，今之从政者未必肯细心去研读耳。"（《万山不许一溪奔——胡适雷震来往书信选集》，64页）

2月23日 胡适出席"国民大会"，被推定为主席团候选人。晚7时，沈怡夫妇在台北宾馆宴请胡适。（据《日记》；次日台北各报）

同日 下午，雷震来访。雷氏日记有记：

……下午访胡先生，渠对"自由中国"[杂志]载海耶克文章深感兴趣，并来函说好，有一纽约《泰晤士》记者访问，记者说台湾没有言论自由，他说"自由中国"[杂志]能登这一篇文章，台湾是有自由的，

他并与李宗侗诸人说此文甚好,现已第十版矣。(《雷震全集》第35册,229页)

2月24日　胡适出席"国民大会",当选为主席团成员之一。(据《日记》;次日台北各报)

2月25日　上午9时,胡适出席"国民大会"主席团会议。(据《日记》;次日台北各报)

同日　晚,胡适应吴南如夫妇之邀宴。(据《日记》)

同日　晚,胡适出席黄纯青八十寿辰(中山北路三段25号)庆祝会,昨日有《游仙小诗,祝黄晴园(纯青)八十大寿》。(据《日记》;台北胡适纪念馆藏档,档号:HS-MS01-030-073、HS-NK05-181-009)

2月26日　上午9时30分,胡适出席"国民大会"主席团会议。(据《日记》)

同日　胡适日记有记:"下午三点,('教育部'会议室)共同理事会。下午六点,全体阁员晚餐。"

同日　胡适作成《四十自述》的"自由中国版自记"。(《胡适全集》第18卷)

2月27日　胡适日记有记:

　　晚间,孙继绪、江俊华、周敏、江学珠、钱用和、苏雪林等饭(厦门街82巷2号孙宅)。

　　张晓峰约?

　　吴礼卿先生来。Speneer Moosa 代表 Time 来谈。

　　郑介民来。芮逸夫、高去寻来。

2月28日　胡适日记有记:

　　萧一山先生约去乡间(张晓峰同去?),中午十二时,板桥第三酒厂宿舍。

　　中午十二时,谢冠生先生请("司法院")。中山北路三段?(已辞)

下午七时，蒋孟邻先生晚宴。（德惠街9—2）

3月

3月1日　上午9时，"国民大会"第一次大会，胡适出席。

同日　下午6时，杨亮功宴请胡适。（据《日记》）

3月2日　胡适日记有记：

中午十二时半，（陈启天，新生南路三段十九巷6号）。

下午七时，台大（法学院会议室）。

上午十时，端木恺先生来谈。

台大医院高院长约我去诊视。我带了这两天积聚的痰去。院中诊验我的肺部、喉部，又作X光胸部影片。

3月3日　胡适日记有记：

上午九时第二次大会。

中午十二时半蓝钦"大使"请。（中山北路二段十八号）

下午六时张晓峰先生请。（中山南路十三号袁公馆）

下午七时何敬之先生请。（牯岭街61号）

下午八时半主席团第四次会。（中山堂堡垒厅）

3月4日　午间，邓传楷宴请胡适。晚，中国公学同学会公宴胡适。（据《日记》）

3月5日　中午12时，陈诚宴请胡适（信义路一段20巷1号）。12时30分，史尚宽宴请胡适（杭州南路一段143巷36号）。（据《日记》）

同日　下午4时，"自由中国"社举行茶会欢迎胡适（青岛东路装甲兵军官俱乐部），晚间，"自由中国"编委会聚餐（和平东路二段18巷1号）。胡适在欢迎会上讲演"从《到奴役之路》说起"。胡适先更正2月23日《纽约时报》关于胡适在台湾被软禁的不确消息，又以海耶克的《到奴役之路》

在台湾公开发表为例说明台湾有很多的言论自由。胡适又说,他的转变从1941年就开始了。转变的原因是基于欧洲极左派、极右派的失败的教训。胡适又说:资本主义不过是"勤俭持家"而已。("自由中国"第10卷第6期,1954年3月16日)

> 按,雷震是日日记有记:此次欢迎会约有400人参加,许世英、左舜生、黄少谷、张厉生均到。雷震请毛子水致欢迎辞,次由胡适发表演说。胡适在晚间的餐会上说,"自由中国"杂志有进步。(《雷震全集》第35册,236~237页)

3月6日　胡适日记有记:

> 晚上在岳军先生家晚餐。(下午七时,重庆南路三段九巷一号)
> 中午十二时樊际昌先生请。(仁爱路二段65巷1弄10号)
> 上午10:30 F. O. C. C. Whellock。
> 下午五—六时杭立武、费吴生先生来。

同日　下午4时,雷震来访不遇。(《雷震全集》第35册,238页)

3月7日　上午,江一平来访。中午,董作宾宴请胡适。(据《日记》)

同日　下午2时,"中国历史学会"成立大会在台大法学院举行,胡适应邀致辞,强调"拿证据来",必须有一分证据,说一分话。(据《日记》;次日之"中央日报")

同日　胡适复函程靖宇,感谢其寄赠《红楼梦新证》,又请其代买三四册"以便分送国内外的'红学'朋友"。(程靖宇:《胡适之校长来信一束》,台湾《大成》第28期,1976年3月1日)

3月8日　上午9时,胡适出席"国民大会"第五次大会。中午,张乃维宴请胡适。晚,程天放宴请胡适。(据《日记》)

3月9日　胡适日记有记:

> 下午三时"教育部"会议室(共同理事会)。

....

下午六时刘文腾先生请……

中午十二时半"总统"宴。（台北宾馆）

上午十时郭廷以先生来访。

上午九时主席团七次会。

下午八时半主席团八次会。

明日 Snow 生日，送花去？

3月10日　胡适日记有记：

上午去看雪艇。

上午九时第六次大会。

下午四时无党派"国代"约茶会。（中山堂堡垒厅）

下午六时于右任先生请。（青岛东路装甲兵军官俱乐部）

下午八时主席团第九次会。

3月11日　胡适日记有记：

上午九时第七次大会。

中午十二时萧铮先生请。（北投新民路19号）

下午六时"北大同学会"理监事会公宴。（成都路新蓬莱）

下午七时浦薛凤先生请。（南京西路12号）

萧宴同席之人：谷正纲、谷正鼎、程天放、余井塘、齐世英、张清源（张希文之夫）、邵华、雷震。

同日　上午，雷震来访。雷震日记有记：

上午访胡先生，是去拿校对稿子。因他的演稿请他自己看一遍，胡先生上午未去开会，谈得甚久。他说"总统"请他吃饭（请主席团），"总统"请他们讲演。他谓他在六年前，"总统"当选之后，他请"总统"今后改变作风。不料这六年因共党"席卷"大陆，局势转变，也许不

127

容他改变。现在台湾已"安全"了，今后可以改变作风，他仍以此话贡献"总统"。……（《雷震全集》第35册，241页）

3月12日　中午12时，郭寄峤在台北宾馆宴请胡适。（据《日记》）

同日　下午3时，胡适出席"国民大会"主席团第十次会议。（据《日记》）

同日　下午4时，胡适在台湾大学演讲"中国古代政治思想史的一个看法"。胡适"把中国古代政治思想的几种观念——威权与自由冲突的观念——特别提出四点"：无政府的抗议，以老子为代表；孔子、孟子一班人提倡的一种自由主义的教育哲学；中国古代极权政治的起来（战国时期）；集权国家的打倒，无为政治的试行（汉初）。（《胡适作品集》第24册，135～155页；次日之"中央日报"）

同日　晚，沈刚伯、马寿华分别宴请胡适。（据《日记》）

3月13日　胡适日记有记：

上午九时第八次大会。

中午十二皖籍"国代"公宴。（中山堂西餐部）

下午七时台大、北大同仁请……

中午十二时半研究院请。（宴梅月涵先生，泉州街15号）

3月14日　胡适日记有记：

中午十二时程本海、唐子宗、余昌之等请。（长安西路47号之三，针织业工会三楼）

…………

晚七时刘瑞恒先生请。（和平东路二段18巷11号）

下午四时主席团十一次会。

下午三时在堡垒厅商谈向大陆广播事。

3月15日　上午9时，胡适出席"国民大会"第九次大会。（据《日记》）

同日　上午10时，胡适在台湾一女中讲演"白话文的意义"，详述白话文运动兴起的过程，是一件偶然的事情。又说，凡是一种方言能够变成国家的统一语言，必须有三个条件做基础：必须是广大民众所说的话；最好是这种语言能够产生文学，可以写定教本，印成书；我们讲的话是世界上最简单、最规则、最容易学的一种语言。讲到合理和容易学，"第一要算中国的语言，其次才是英文"。（次日之"中央日报"以及《公论报》、台湾《中华日报》）

　　同日　中午，蒋匀田宴请胡适（新生南路一段60巷18号）。胡适在餐会上说，去年来台时曾向蒋介石进言，"'总统'有权减刑、特赦，无权加刑"，蒋介石诺诺。（据《日记》；《雷震全集》第35册，245页）

　　同日　晚，孙多慈、"教育部教育厅"、侨选"国代"分别宴请胡适。（据《日记》）

　　3月16日　下午2时30分至4时30分参观军事演习。下午6时张庆桢宴请胡适。下午6—8时赴蓝钦酒会。（据《日记》）

　　3月17日　胡适日记有记：

上午九时第十次大会。

上午九时半"立法院"教育委员会。（中山堂堡垒厅）

…………

下午三时郭廷以先生来。

　　同日　晚7时，胡适在"联合国中国同志会"第九十次座谈会上发表讲演，题为"美国的民主制度"。（《大陆杂志》第8卷第6期，1954年3月31日）

　　3月18日　胡适日记有记：

上午九时第十一次大会。

中午十二时扶轮社等三团体请。

下午七时Cornell大学同学会请。（西宁北路六号铁路招待所）

……

下午三时无党派代表联谊会。(中山堂西餐厅)

3月19日　胡适日记有记:

十时半(堡垒)"制宪国大"。

上午十时至十一时对大陆广播录音……

中午十二时正中书局请。……

三点(西餐部)海外代表。

下午三点半(在"教育部")谈"清华"、台大合作计画。

下午四时主席团第十四次会。

六时半莫德惠、王云五二先生饭?

七点,家中吃饭。

3月20日　胡适日记有记:

上午九时第一次选举会。(选举"总统")

中午十二时张其昀、唐纵请。(台北宾馆)

中午十二时十五分叶公超先生请。("外交部"二楼)早日约定。

下午七时周德伟先生请。……

……

3月21日　胡适日记有记:

下午三时"清华同学会"茶会。(博爱路129号淡江英专)

下午七时北大史学系同学吴相湘,高去枬[寻]等请。(中山北路一段53巷100号中园)

中午十二时半,"总统"约见,并便餐。

上午八时半(九时?)去南港看史语所房子工程。

下午四时主席团十五次会。

晚九时半,黄伯度先生来谈?

1954年 甲午 63岁

3月22日 胡适日记有记：

上午九时第二次选举大会。

中午十二时张厉生先生请。（台北宾馆）

…………

晚六时半 Snow Boat 请。（长安东路一段 28 号）早日约定。

晚六时半王云五先生暨《自由人》社请。（长安东路一段 33 巷 5 号天主教主徒会）

晚六时沈昌焕先生请。（装甲［兵］军官俱乐部）

晚八时"立法院"晚会。

晚六时清华 1929、1930、1931 级公宴。（广州街八巷中心诊所）

下午四时主席团第十六次会。（堡垒厅）

同日 Charles B. Fahs 致函胡适，云：

I am writing to ask your confidential comment on the work of Dr. Philippe de Vargas, formerly Yenching University and now living at Lausanne. Dr. de Vargas has written asking for help for the writing of a book on "Studies in the History of Christianity in China", which he says would be organized around the following problems:

"The so-called failure of the Nestorian Church under the T'ang, of the second Nestorian Church under the Mongols, and of the Franciscan Mission also under the Mongols.

"The causes of the success of the Jesuit Mission in the 17th century, and the real nature of the Rites Controversy which brought about the ruin of the Jesuits' work.

"The connection of modern Missions with 'imperialism', political and cultural.

"The extent and the causes of the successes and failures of modern Missions.

"The relations of the Christian Churches, Catholic and Protestant, to the Communist Revolution and to the Communist State."

Dr. de Vargas feels that this would be a useful supplement to work already done, including that of Latourette. Any advice that you can give me, both as to the need for such work as you see it and Dr. de Vargas' ability to carry it out, would be much appreciated.（台北胡适纪念馆藏档，档号：HS-US01-081-011）

3月23日 下午3—5时，胡适在贵阳街装甲之家出席文协为欢迎胡适、梅贻琦、顾毓琇、于斌、左舜生的欢迎茶会。胡适在致辞中说，过去曾花许多精力，对于白话小说如《红楼梦》《水浒传》《醒世姻缘传》考证的用意：一是研究白话的白话文学史，以提高白话文学的地位，一是感激白话文的创始者，所以研究他们的生平，表扬他们的事迹。（据《日记》；次日之"中央日报"）

同日 胡适日记又记：

上午九时第三次选举大会。选举"副总统"。

…………

中午十二时傅太太请。

…………

下午六七时 1909—1910 两期留美同学聚餐。（连云街十九号周象贤先生寓）

下午七时陈诚先生请。（信义路一段20巷1号）

下午七时钱天鹤、沈宗瀚、刘廷芳等请。（和平东路一段199巷14号之2）

上午十一时半"制宪国代"联谊会第一次筹备会。（堡垒厅）

中午十二时石志泉、石凤翔先生请。（桃园大秦纱厂）

下午四至六时于右任先生酒会。（台北宾馆）

下午四时主席团第十七次会。

3月24日　下午3时，胡适应邀在淡江英专讲演英语教学问题。他认为目前英语教学费时太多，收获太小，希望注意如何节省教学时间，扩大教学效果。（据《日记》；次日之"中央日报"）

同日　下午6时，胡适于台北"爱国西路自由之家"出席哥伦比亚大学同学会举办的欢迎宴会，并有演说。（据《日记》；次日之"中央日报"）

同日　胡适日记又记：

上午八时半宣言起草委员会四次会。

上午九时第四次选举会。

中午十二时"立委"赵连芳先生等请。（泉州街15号"联合国同志会"）

…………

下午七时崔书琴夫妇请。（舒兰街297巷4号）

…………

下午三时半"制宪国代"联谊会。（光复厅）

下午七时杨继曾先生请。（汉口街一段109号台糖公司）

…………

下午八时半宣言起草委会五次会。（堡垒厅）

下午九时主席团十八次会（堡垒厅）——请带私章。

雷震是日日记：

……今日闻胡先生昨夜在陈诚约餐中（共有二桌）说了话，（一）请国民党分为二党，（二）以后不要随意捕人，闻台湾狱中有十万人，（三）言论自由尺度放宽，这次吴国桢事件等于一面倒，（四）不要学生再读不合时宜之训词，（五）取消草山训练。……（《雷震全集》第35册，250页）

3月25日　上午9时，胡适、莫德惠、洪兰友代表"国民大会"向蒋介石致送台湾当局领导人当选证书。(据《日记》；次日台北各报)

同日　上午10时，胡适出席"国民大会"闭幕式。(次日台北各报)

同日　胡适日记又记：

下午四——六时北大同学茶会。("爱国西路自由之家")

下午三——五时"省立"师范学院欢迎茶会。(师院会议室)

下午六时何联奎、郭骥、吴锡泽等请。(铜山街十一巷四号)

中午十二时吴静先生请。(广州街八巷十八号)

下午三时在"圆山忠烈祠"遥祭"国父"及"忠烈"军民。

下午五时"总统"酒会。(光复厅)

下午六时联大同学会。(汉口街台糖公司)

3月26日　上午10时，胡适应邀在傅斯年冥诞纪念会讲演"美国大学教育的革新者——吉尔曼"，特别推崇吉尔曼的如下高等教育理念：无论何地，一个大学的效率，不靠校舍，不靠仪器，只靠教员的多寡好坏。研究院是大学，大学生是研究生，大学必须有思想自由、教学自由、研究自由。研究是一个大学的灵魂，大学不仅是仅仅教书的地方，学生不要多，必须要有创造的研究的人才。(次日之《新生报》、"中央日报")

同日　胡适日记又记：

上午九时周鸿经先生约晤。

…………

中午十二时钱校长请。——日期另定。

下午四五——六时半杭立武先生茶会。("爱国西路自由之家")

中午十二时"中国流亡知识份子援助会"Fitch先生约。("中国之友"社)

下午七时邵逸周先生请。——日期另定。(贵阳街二段26号)

中午十二时李济、陈雪屏先生请。(新生南路三段22巷13号)

>下午七时蒋经国先生请。（长安东路18号）
>
>中午十二时半侨选"国代"请。（状元楼——"中央日报"附近）
>
>下午六时江一平先生请。（济南路三段十一号）
>
>下午二时半梅月涵先生约定来谈台大、"清华"合作事。
>
>下午五时"总统"茶会。（光复厅）

同日　余英时将其所著《民主革命论》题赠胡适（此书现藏普林斯顿大学葛思德东方图书馆）。（此条承周质平先生告知）

3月27日　上午9时，胡适出席台湾地区教育事务主管部门动员月会并讲演。（据《日记》；次日之"中央日报"）

同日　上午9时30分，胡适在光复厅出席台湾地区立法机构为其举办的欢迎茶会并讲演。（据《日记》；次日之"中央日报"）

同日　下午3时，胡适出席台湾"中国语文学会"为其举办的茶会，胡适谈了文字改革问题。（据《日记》；次日之"中央日报"）

同日　胡适日记又记：

>中午十二时《民主潮》社夏涛声先生请。（西宁北路铁路招待所）
>
>下午六时半郑通和先生请。（新生南路三段廿一巷三号）
>
>…………
>
>下午五—七时"西班牙代办"酒会。（台北宾馆）
>
>下午三时"制宪国代"联谊会成立大会。（光复厅）
>
>下午五时半至七时俞鸿钧先生茶会。（光复厅）

3月28日　上午10时，胡适应邀出席各报外勤记者联谊会，并发表演说。胡适说，记者的责任非常重大，要以天下国家大事为己任。他以美国名报人普立兹办报的十大信条介绍给记者们，这十条包括"要为进步奋斗，要为革新奋斗""决不容忍贪污、决不容忍不公平"等。（据《日记》；次日之"中央日报"）

同日　中午，张道藩于温州街96巷10号宴请胡适、于斌、徐谟等。（《陶

希圣日记》下册，835 页；胡适是日《日记》）

　　同日　下午 3 时，胡适出席"北大同学会"为其举办的欢迎茶会。胡适在演讲中从《西游记》第 99 回的"八十一难"的故事，说到大陆的批胡运动：假如大陆上学人因骂我、"清算"我而能得到暂时的平安，能继续暂时的生活，我很高兴让他们骂，让他们"清算"。（据是日《日记》；次日之"中央日报"）

　　同日　胡适日记又记：

> 下午六时"国语推行委员会"公宴。（泉州街二巷一号）
> 中午十二时吴礼卿先生请。（临沂街 29 巷 5 号）——早日约定。
> 下午七时孙立人先生请。（南昌街一段 136 号）
> 中午十二时萧一山、张元夫先生请。（成都路 54 号赵士林餐厅）

3 月 29 日　下午 4—5 时，胡适于"爱国西路"30 号出席工程师学会理监事会的欢迎茶会，并题词：为者常成，行者常至。（据《日记》；次日之"中央日报"）

　　同日　胡适日记又记：

> 上午十时"革命先烈暨阵亡将士"纪念会。（"圆山忠烈祠"）
> …………
> 下午七时王宠惠先生请。（新生南路一段 126 号之 1）
> 下午五时半周大中先生请。……
> 下午三至四时（随到随录音）录音。……

3 月 30 日　胡适日记有记：

> 上午九时"美使馆"一等秘书 Richard Ewing 来见。

　　同日　胡适应邀到雷震寓午餐。（据《日记》）

　　雷氏日记有记：

>上午未出，适之先生……杭立武诸先生来舍午饭。胡先生讲稿，今日自己带来校对，饭后胡先生又校对一小时，四时我带校对稿自己到厂校正。（《雷震全集》第 35 册，254 页）

  同日 下午 4 时至晚 11 时，陈诚在寓所邀集胡适、于斌、梅贻琦等聚谈。（《陶希圣日记》下册，835～836 页；胡适是日《日记》）

  同日 杨日旭致函胡适，谈到其已抵达 Eugene 及功课情形，又谈及向胡适还款的办法等。（台北胡适纪念馆藏档，档号：HS-US01-079-012）

  3 月 31 日 胡适日记有记：

>上午十时院士会议。（和平东路三段 67 巷 5 号朱宅）
>中午十二时半薛岳先生请。（北投铁路第二招待所）
>下午四时起在辞修先生寓所聚谈。
>下午六时张目寒先生请。（龙泉街 78 巷 19 号）张先生系"监察院"秘书，本日之约已请杨亮功先生说明情形代为辞谢。
>下午七时"总统"请便餐。（士林官邸）

4月

  4 月 1 日 上午胡适应邀在台湾地区监察机构讲演。（据《日记》）雷震日记有记：

>胡先生今日在"监察院"讲话，谓照"宪法"上是"内阁制"，因"监察院"只弹劾"总统""副总统"，而无纠举等事，但时至今日，何以"内阁"无权，而变成"总统制"？接着说："昔者天子有争臣七人，虽无道不失其家。"闻说"中央社"下午派员，至胡先生对"总统制"与"内阁制"这一段不敢发表，早上萧同兹所言，马上就不兑现了。（《雷震全集》第 35 册，255 页）

  同日 上午 10 时，胡适于贵阳街一段 52 号实践堂出席"中央社"30

周年纪念会。(据《日记》)雷震日记有记:

> 上午十时参加"中央社"三十周年纪念会,来宾中外国记者甚多,蓝钦亦到。萧同兹主席讲话,说"中央社"虽是国民党创立的,但未受党的支配,一再强调,全是假话,这点事情是不应做的。今天蓝钦、胡适、芳泽均到……我中途退出。(《雷震全集》第35册,255页)

同日 胡适日记又记:

> 中午十二时"大陆救灾会"谷正纲先生请。(铁路招待所)
> 下午七时俞鸿钧先生请。(中山北路二段20巷5号)
> 下午三时董文琦先生约谈。

4月2日 中午,胡健中宴请胡适。(据《日记》)雷震日记有记:……12时胡健中与阮毅成约餐,大家对"自由中国"杂志这一期社论甚钦佩,适之先生亦有同感,认为这一次不出乱子,舆论可以开展,惟恐将这笔账记在我的身上。……(《雷震全集》第35册,256页)

同日 胡适日记有记:

> 下午六时北大苏芗雨先生等请。(温州街20巷1号)
> 下午六时陈诚、张厉生先生请。(光复厅)

同日 雷震日记又记:31日蒋介石请胡适吃饭时,胡适曾劝其将国民党分开。晚上《自由人》欢送雷啸岑、左舜生,胡适第一次说"草山研究院要取消"。(《雷震全集》第35册,257页)

4月3日 胡适日记有记:

> 上午十时"中国史学会"理监事会,中午便餐。
> 中午十二时李士珍先生请……
> 中午十二时张承栻先生等请便餐。(中正东路三段100巷5衖12号)
> 下午四至六时陈香梅等为黄君璧国画预展茶会。(泉州街15号)

下午六时周至柔先生请。（延平南路119号）

下午七时江一平先生请。

4月4日 上午9时30分美文化专员约来晤。下午3时陈诚约谈。晚访王世杰。（据《日记》）

同日　胡适撰《〈明清名贤百家书札真迹〉序》，大意是：

信札是传记的原料，传记是历史的来源。故保存古人信札的墨迹，其功用即是为史家保存最可靠的史料。

可惜中国文人学者写信往往不标明年、月、日，或但记日而不记年月，或但记月日而不记年。这种信札往往需要慎重考证，才可以决定作札的年、月、日。……

陶君的远祖陶隐居（弘景）在一千四百年前，就曾在他的《周氏冥通记》里，特别指出，凡记月日，必须标明何年的月日。可惜一千四百年来很少人肯实行这种最明智的教训。……

　　…………

难道不记年、月、日的信札就全没有史料价值了吗？这也不尽如此。有些信札的年月是容易考定的。……

有些信札虽不记年分，也可以表现作者的性情风格。……

……一切手札墨迹都有帮助考证史料的功用。我在二十多年前曾买得刘子重（铨福）收藏的《脂砚斋评红楼梦》十六回，有他的印章，又有他的三个短跋，现在我看了陶君收藏的两大册刘子重的短简真迹，看了他的许多印章，证实了他的字迹，我更相信我的《红楼梦》残钞本确是他手藏手跋的本子了。

旧日石刻木刻的古人尺牍真迹，也有帮助考证稿本钞本真伪的功用，何况今日有照相影印的新法，古人的墨迹可以永远保留真面目，后来的史家更可以利用真迹、影本做考定史料的工具了。（台北胡适纪念馆藏档，档号：HS-NK05-181-010）

同日　陶希圣日记有记：胡适之对"中国新闻（China News）"说：当局不必追查吴国桢在省府任内的事。（《陶希圣日记》下册，838页）

同日　胡适复函周冠华，云：

冠华先生：

谢谢你的信。

我的中国古代哲学史第一版是在民国八年二月出版，在当时颇有开山的作用。现在看起来当然有某些缺点。你对此书的三点意见，第一二两点我大致是同意的。第三点关于老子的年代问题，直到今天仍然没有改变我的意见。

我近来忽然明白，他们坚持孔子在老子以前，是对孔子过分崇拜的心理作祟，在这种心理状态下，自然不会有客观公正的判断。近日甚忙，希望将来有机会再详谈这个问题。匆匆。祝你好！

胡适敬上

（周冠华：《胡适与钱穆二先生论辩老子年代的经过》，载毛子水等：《胡适传记资料》第六册，台北天一出版社，1989年）

4月5日　胡适复函程靖宇，感谢寄赠两包书。又对不能向香港大学推荐程表示歉意，"我自己既辞牛津的事，似不便向英国统治下的大学当局说话"；但需要的话，可以作一个Reference。（程靖宇：《胡适之校长来信一束》，台湾《大成》第28期，1976年3月1日）

同日　胡适函谢周维亮的《胡铁花之台盐治绩》一文表彰他的父亲胡传。（台北胡适纪念馆藏档，档号：HS-NK05-043-018）

同日　午后，胡适飞离台湾赴美国，"在台北共住了四十六天半"。（据《日记》）在台北松山机场，胡适对记者说："我希望更进一步实施'宪政'。我们这部'宪法'很不错，尤其是第二章第八至第十八条规定（关于人民权利之规定）可以说是无条件的。如果规规矩矩照着做去，结果一定非常的好，我认为无条件的自由，是没有什么危险的。"（《胡适之先生年谱长编初稿》第七册，2421页）胡适先在东京停留时，曾购得《全相平话四种》，胡适在此书上有题记："一九五四年四月，在日本东京买得，不知是否盐谷温原影本？适之。"（《胡适藏书目录》第2册，850页）

4月6日　晚，董显光设宴招待胡适。（《胡适之先生年谱长编初稿》第七册，2421页）

4月7日　胡适在崔万秋陪同下逛山本书店。下午，搭乘西北航空公司班机经檀香山飞往旧金山。当日下午5时，飞抵檀香山，台湾驻檀有关人员到机场迎接，并于美国驻太平洋海陆空军司令部之军官俱乐部宴请胡适。当晚9时，胡适乘原机赴美。胡适在檀香山曾对记者发表谈话，大意谓：前到台湾时，谣传有被软禁之说，实属谰言。以在台湾时，期中异常愉快，对于各种进步情形，尤为兴奋。民众拥护蒋介石及蒋经国所负职责。最后指斥吴国桢妄称其子在台被扣，殊非事实。此谈话经檀香山两大英文报纸分别登载。（《胡适之先生年谱长编初稿》第七册，2422～2423页；台北"国史馆"藏档，档号：020000014689A）

4月13—15日　哥伦比亚大学所属东方学会（American Oriental Society）及远东学会（Far Eastern Association）举行联合年会，庆祝哥伦比亚大学200周年。胡适应邀出席并作讲演"The Right to Doubt in Ancient Chinese Thought"。（台北胡适纪念馆藏档，档号：HS-NK05-202-002）

4月18日　吉川幸次郎赠其所著《元杂剧研究》（岩波书店，1954年）与胡适。（《胡适藏书目录》第3册，2099页）

4月19日　Richard Louis Walker将其所著 The Multi-State System of Ancient China（Hamden, Conn: The Shoe String press, 1953）题赠胡适："For Hu Shih, a respected scholar and statesman and a good friend and teacher. Dick Walker 19 April 1954."（《胡适藏书目录》第4册，2839页）

4月24日　劳榦致函胡适，为堂弟劳思光批评《中国哲学史大纲》一书事致歉意。（台北胡适纪念馆藏档，档号：HS-US01-079-013）

5月

5月1日　蒋介石电令俞国华送胡适5000美金。(台北"国史馆"藏"蒋中正'总统'文物",档号：002010400022041)

5月13日　朱家骅复函胡适,告来函及附转洛克菲勒基金会1万美金支票等件已收到并致谢。又谈及南港仓库工程之进度与第二期、第三期之工程计划。(台北胡适纪念馆藏档,档号：HS-NK05-014-019)

5月17日　胡适作成《跋清代学人书札诗笺十二册》,后于22日改定。(台北胡适纪念馆藏档,档号：HS-NK05-181-011、HS-NK05-181-012)

5月19日　胡适致函杨联陞,主要谈如何能促成劳榦再留美一年：

劳贞一的再留一年,我很盼望能成功。当初我颇盼望哈燕学社能资助他一年,我好像记得你说过"不是完全无望"的话。

今天我要问你这几点：

①是否哈佛方面,或你曾为他想法的方面,都已绝望了？

②如已绝望,我们只能请"清华基金"资助他再留一年或十个月,其条件约与"中基会"相同,每月$175元,由"中基会"保留他"回国"旅费($700)。如你赞同此意,可否请你为贞一写一封切实的信给梅校长,推荐此事？

③可否由你与贞一兄相商,拟定他再留一年的研究题,并由你与哈佛的 Far Eastern or 中日 Division or Harvard-Yenching Institute 接洽,请他们也出一函件,声明愿意给贞一兄一切便利,使他可以继续研究？若有这两件,梅校长大概可以考虑。……

我是"清华"奖学金的委员之一,故颇盼望你能帮助劳君,不必由我出名。我今天已同月涵先生谈过此事,故敢写此信。

…………

我在东京买得十二本册页,是清初到道光二百年中学人文人艺人的墨迹,有147人,共有信106件,诗笺100件,杂件18件,共224件。

其中有朱竹垞父子、查士标、姜宸英、华嵒、金农以至嘉道时代的阮元、张廷济、宋翔凤诸人。大部分是写给拜经楼吴骞、吴寿旸父子的信札与诗笺；一部分是他家与张叔未家收藏的十七世纪与十八世纪前半的名人手迹。……（台北胡适纪念馆藏档，档号：HS-LS01-005-009）

同日　胡适、梅贻琦、李书华联名致电蒋介石，言明天是台湾当局领导人第二任开始，很诚恳地为当局祝贺，并祝健康。（"中央日报"，1954年5月21日）

同日　胡适复函 W. Bay Irvine：

　　I am writing with shamefacedness and humility to apologize for my long failure in replying to your very gracious letter of March 27, 1954, in which you informed me that the trustees and faculty of Marietta College had voted unanimously to award me the degree of Doctor of Literature. You also kindly suggested two dates for conferring the degrees June 7, 1954 or February 14, 1955.

　　Your letter arrived during my two-month absence from this country and was unfortunately buried under the accumulated correspondence of nine weeks. As soon as I got back, I was busily engaged in the preparation of a few academic papers which I had promised to present in the month of April. And, without secretarial aid, I did not attend to my big pile of accumulated correspondence until very recently! So I did not see your letter of March 27 until this week. Please forgive this unpardonable delay and discourtesy!

　　Because of a full schedule of travel in early June including the 40th Reunion of my Class at Cornell and a speaking engagement at Yale, I find myself in the awkward position of being unable to arrange to visit you at Marietta on June7, and must ask your indulgence to permit me to come at the later date. I humbly offer my hearty thanks to the Trustees and Faculty of Marietta College for their generous recognition of the little work I have done; and I wish also to ask for their kind forgiveness for the above mentioned discoutesy.

  Kindly accept my high regards and esteem and convey my good wishes to my friend Dr. Wen-yu Cheng.（台北胡适纪念馆藏档，档号：HS-US01-081-016）

  5月20日 Howard C. Rice Jr. Princeton 将其所著 *The Rittenhouse Orrery*（普林斯顿，1954）题赠胡适："For Hu Shih this little story of stars, wheels and human beings, with respect and best wishes, Howard C. Rice Jr. Princeton. May 20, 1954."（《胡适藏书目录》第4册，2886页）

  5月21日 房兆楹致函胡适，谈及为文指出周作人作品中的一些错误，又谈及周汝昌《红楼梦新证》见到的材料实在不少，见解也有些可取的地方，"不过对您很不客气"。另提及想出售藏书中的西文和甲骨金文部分，请胡适便中代为介绍。（台北胡适纪念馆藏档，档号：HS-US01-032-007）

  5月23日 胡适致函雷震，将 James L. Stewart 3月18日致 S. T. Tung 函转雷。又说：Committee for a Free Asia 现已决定请耶鲁大学的 Prof. David Rowe 来台北住一年或两年。Smith 大概今年年底回台湾，Rowe 约9月可到，年底以后大概即由 Rowe 接办其职务。Prof. Rowe 是最有眼光的学人，曾有许多先见的论著。他来台北，是最可喜的事（若 Smith 不曾向你说此事，请暂勿公开）。（《万山不许一溪奔——胡适雷震来往书信选集》，65～66页）

  5月24日 胡适复函赵元任，谈道：承你关切我教书的事。我本已允诺钱思亮今年秋季去教4个月的书，用意是给一些青年人做个榜样，叫他们知道回台大去服务是不困难的。现在我想等几个星期再作决定（我要看教部与台大有无大变动）加州大学的事，若在1954—55的第二学期，或在其后，我可以考虑。但千万不必出力推动 Condlyfe 或他人，因自己不久就到了退休年龄了，学校请"老头子"是不会很热心的。（《近代学人手迹》三集，47页）

  5月31日 胡适有《记葛思德东方书库藏的〈大明实录〉》一文，为胡适整理普林斯顿大学葛思德东方图书馆藏书的研究报告之一。（台北胡适纪

念馆藏档，档号：HS-NK05-181-013）

5月　Ssu-yu Teng and John K. Fairbank 将他们所著 *China's Response to the West*: *A Documentary Survey*，*1839—1923*（哈佛大学出版社，1954）题赠胡适："For Dr. Hu Shih with the thanks and cordial regards of the authors SYT JKF May' 54"。（《胡适藏书目录》第 4 册，2718 页）

6月

6月1日　胡适复函杨联陞，赞其为劳榦写的推荐信"特别恳切，我想应该有效力"。又谈及中国文史界的发展等问题：

> 劳公之来，与李济之先生今年的出来，都是史学界最可喜的事。
>
> 中国文史界的老一辈人，都太老了，正需要一点新生力量。老辈行将退伍，他们需要两事：①要多训练好学生为继起之人，②要有中年少年的健者起来批评整理他们已有的成绩，使这些成绩达到 generally accepted 的境界。……
>
> 新亚书院推荐的一位，我听说是陈伯庄先生（P. C. Chun）……他在国内做过许多大事业，是一位很可敬的官吏。近年来他专心研究 Dewey 一派的思想，读了无数的哲学书，所以想出来找些人直接讨论讨论。他的年纪约与元任同岁，我怕他不能合格……
>
> 我总觉得哈燕学社对于日本研究的热心远超过对中国研究的热心。这里面固然有"人"的问题，但外边人看了，总不免要想到中国话的"势利"二字。即如此次的 Fellowship 十几个，"多数是由日本推荐的"，台湾、香港各止一个，尚未可必得！试问，新亚书院若够得上"一个"，台大当然可以推荐五六个。叫台大推荐"一个"，当然就很难了。
>
> 关于对"清华基金"的劳贞一请求书与推荐信，最好是用英文，虽然委员会全是中国人。（台北胡适纪念馆藏档，档号：HS-LS01-005-010）

同日　杜联喆致函胡适云，自己现在服务的胡佛图书馆中文部收藏民国史料丰富，希望加以整理后出版"民国史料丛刊"，不知可否得一笔补助金从事此事？又谈及希望出版《民国名人传》等。（台北胡适纪念馆藏档，档号：HS-US01-032-008）

6月2日　杨联陞复函胡适，谈及把胡适称赞吉川幸次郎和诗的话给他看了，吉川很高兴，他并索要胡适的文章。抄示写给吉川的一首白话打油诗。收到陈世骧的喜帖。自己将代表哈佛燕京学社出席6月13日耶鲁大学的容闳毕业纪念。又告：

> 支加哥史学系近代史教授 Gouis Gottschalk 主编 UNESCO 的世界文化科学发展史第四册1300-1775，昨天有信问我肯不肯作他的 associate 写亚洲各国。我实在受宠若惊，想了一下，范围实在太大（限两年写完约十五万字），不敢胡乱答应，已经写信辞谢了。（台北胡适纪念馆藏档，档号：HS-LS01-005-011）

6月11日　胡适出席康奈尔大学的返校节。期间，再次见到老朋友赵元任夫妇等。（《赵元任年谱》，332页）

6月13日　胡适出席耶鲁大学举办的"容闳毕业一百年纪念会"，是大会的主讲人。胡适演讲的题目是"Yung Wing: One Hundred Years after His Graduation"，胡适列述了容闳的生平与贡献。（《胡适未刊英文遗稿》，422～432页）

同日　胡适致函韦莲司小姐，感谢寄赠鲜花，并寄还钥匙。（《不思量自难忘：胡适给韦莲司的信》，260页）

6月16日　赵元任一家来胡适家晚餐。（《赵元任年谱》，332页）

6月22日　胡适致函劳榦，告："清华"奖学会委员会已决定赠送劳每月$150，共12个月，并及此事杨联陞最出力，当特别谢他。（台北胡适纪念馆藏档，档号：HS-NK05-097-002）

6月　湘眉将 China's First Hundred（by Thomas E. La Fargue，Pullman：State College of Washington，1942）一书题赠胡适："'借花献佛'送给适之

湘眉 一九五四年六月，纽约。"(《胡适藏书目录》第 4 册，2718 页）

7月

7月6日　胡适在 The Web of Subversion: Underground Networks in the U. S. Government（by James Bumham. 纽约，1954）题记："Hu Shih July 4, 1954。此书是 July 6 买的，我要纪念这个节日，故写 July 4。"(《胡适藏书目录》第 4 册，2930 页）

7月15日　胡适在 An Album of Crayon and Water—Color Sketches by an Unknown Artist（bought by Eugene Delafield）一书上题记："An album of crayon and water-color sketches by an unknown artist, of Chinese boats & peasant life in a coastal area. Bought of Mr. Eugene Delafield, July 15, 1954. Hu Shih。"(《胡适藏书目录》第 4 册，2688 页）

7月19日　台湾当局设置"光复大陆设计研究委员会"，以陈诚为主任委员，胡适、徐永昌、曾宝荪、徐傅霖等 5 人为副主任委员。

7月20日　胡适复函童世纲，谈对童文的意见：

> ……你的做人最小心谨慎，而写文章（似受"海派"文章之毒）则颇不小心谨慎。学写文章，最要有朋友指摘毛病，否则手笔滑了，将来更难挽救。……
>
> （一）写白话文，最宜干净朴素，切不可多杂入古文滥调。……
>
> （二）写白话文，文字要力求通俗，但气味切不可流入俗气。……
>
> （三）还有一个根本问题，就是说话要有分寸，不可超过事实，不可超过证据。……
>
> （四）最后一点，你是图书馆学专家，对于本行的问题，万不可有一点大意。一大意，就说出外行话来了。……(《胡适中文书信集》第 4 册，168～169 页）

同日　朱家骅致函胡适，告南港第一期工程业已验收，第二期工程亦

已于日前动工，请为第三期工程在台湾以外筹募款项。(台北胡适纪念馆藏档，档号：HS-US01-056-006)

7月23日　胡适致电叶公超，云：

> Writing critic comment on Wu Kuo-chen's articles stop kindly wire [were] immediately colon one he said quote as "Formosa" had been declared under a state of siege all cases of any nature were sent to military courts for trial unquote. Has he any ground at all in so stating? Am I right in understanding that only cases involving public safety "communist subversion" and after April 1950 cases involving alleged violations of emergency violations on currency stabilisation were under jurisdiction of military courts of "Peace Preservation Force"? Two did he share in effort separating military courts and regular courts jurisdiction? Three is report true that he personally led men to arrest Shen-chengnan of Taiwan Sugar Company? (台北胡适纪念馆藏档，档号：HS-US01-021-014)

7月24日　胡适复函童世纲，谈葛思德东方图书馆购书事。(《胡适中文书信集》第4册，170页)

7月26日　胡适复函童世纲，谈治学：

> 大概文人习惯，都不愿为人评改文字，根本是因为改文章本不容易，况且古话说的，"老婆是别人的好，文章总是自己的好"，所以别人都不肯触犯忌讳。……
>
> ……………
>
> 我常说，古人说做官要四个字：勤、谨、和、缓。做学问也得行此四个字。王重民曾将我讲此四字的"治学方法"一函登在重庆版的一个图书馆学刊物上。此四字可以做人、做学问、做文章，其中"和、缓"二字最难做到。和是心平气和、虚心服善、舍己从人、不惮自己改正"昨日之我"的错误。缓是证据不足时，宁可悬而不断，宁可费三五天工

夫（或三四年工夫）去寻求更充分的证据。凡不能"缓"者，亦必不能真正做到"勤、谨"二字也。（《胡适中文书信集》第 4 册，171 页）

7 月 28 日　胡适致函劳榦，告今年"中基会"的台大奖学金 4 名，其中有陈荆和与傅乐成，都是史学家。又谈及已准陈荆和去巴黎大学进修；另及傅乐成申请学校事，请托杨联陞代他向哈佛"教务长"或"历史系主任"一问，能帮他一点忙最好。（台北胡适纪念馆藏档，档号：HS-NK05-097-003）

8月

8 月 3 日　胡适致函吴国桢，斥责吴没有政治感（political sense），缺乏道德感（moral sense）。逐一驳斥吴在 6 月 13 日出版的 Look 杂志上的《在台湾你们的钱被用来建立一个"警察国家"》：

> 我很惊异于你所作的许多项存心说谎，用来欺骗美国的民众！并且用来污蔑你自己的"国家"和你自己的"政府"；而它的每件错误与劣行（misdeed）你都不能逃避一份道义责任，正因为在你当权时从不曾有道义勇气讲出来！
>
> 第一项存心说谎：你说："既然台湾被宣布处于紧急状态（under a state of siege），任何性质的一切案件（注：原信的旁线）都送到军事法庭审判。"你和我都很明白，这些年来从来没有一段时间是"任何性质的一切案件"都送到军事法庭审判。在"国家非常时期法令"（"National Emergency Law"）第八条规定之下，最大数目是那列举的十类罪名，到一九五一年四月又加上"非常时期货币法规"（Emergency Currency Regulations）之下规定的三类罪名。而你也很明白，到一九五一年十月时，这数目已大为减少，到一九五二年六月一日以后更已经急剧减少。你为甚么要讲出这种毫无根据的谎言，作为你全篇文章的基础？

第二项存心说谎：你说"但是我对（军事法庭）那些审判不能讲话（had no say）"，而你却不告诉你的美国朋友们和读者们，你曾经有三年半的时间兼任台湾"保安司令部司令"，而所有在"国家非常时期法令"及"货币法规"之下送审的案件都是只送到"保安司令部"的军事法庭。ABMAC 的加赛德先生在他对你文章的"分析"中指出："在吴国桢作台湾省主席的那几年，他也是'保安部队'的'总司令'（那支力量就是他所描绘为所谓"警察国家"的核心力量），完全有权有责。"而你在对此作答覆的时候就发表了一个更加有意的谎言："我被任命为'保安司令'，当时的条件是要我把我的图章交给'副司令'，而我不得做任何事干涉他的行政。"假如实情如此，你应该被责判（condemn）为一个道义的懦夫，而仍应对你的副手的错误与劣行负起道义责任——理由很简单，因为你把你的图章交给他并且答应（或者说接受"条件"）你"不得做任何事干涉他的行政"。

可是实情并非如此。在至少二百六十九件判决书上，我曾经不仅看见你的官印，也看见你亲笔签名（你的名字"桢"字）。这都是你的军事法庭所拟订的判决草案，呈请你与你的副司令最后批准。

这二百六十九件判决书表示，军事法庭所拟订的判决，必须经你和你副手的批准；你怎么能对全世界说你"对那些审判不能讲话"？

就连你自己的 Look 的文章中所说的话，也对你的"否认有权有责"提出反证。你在文章中说你"时常使这些犯人被释放"（第四十二页），又说在台湾火柴公司总经理案件中，你先"下令加以释放，因为所控证据不足"，而到后来你"抗议该项拘捕不合法且不公道"，因而得以将他的死刑减为"七年徒刑"。由此看来，你那时的确拥有那种力量与权威，只要你能鼓起勇气去使用它。

你给加赛德先生的信中说："我常常连档案都看不到。胡适博士自己就知道有这样一宗案件。"你所指的是我在一九五一年八月十一日那一天之内连着给你写了两封强烈抗议信的那个案件。一直到两年半之后——到今年三月——我才第一次从你的秘书长那里听说你曾告诉他没有看到那一案件的档案;而在我们四月间会晤时你自己证实了他这一陈述。你知不知道当你在一九五四年四月十七日深夜告诉我这件事时我心里怎样想?我那时对自己说:"我有这位W先生案件的全部档案,并且仔细研究过它。W先生是一九五一年六月十八日被捕,扣在'保安司令部'的拘留所六十七天不准保释。我在八月十一日给你写了两封信。你在八月二十三日给了我一封很短的信。许多天后,我读到那判决书,它的日期是八月七日——比我写信的日子早四天,比你下令释放他的日子早十五天!对于伟大的吴国桢,'法治民主'的倡导者,这是多么漂亮的档案!""连档案也看不到"是一种侮辱,足以指证你是一个无道德可言的人,对于以你自己的名,使用你的图章,并且往往(虽或不是经常)由你亲笔签名所做出的许多错事和冤枉事毫不在意。

第三项存心说谎:你说台湾是一个"警察国家",证据之一就是"青年团";你说它是"依照希特勒青年团和共青团的模型建立的"。然而你自己对这个青年团就描写说:"于是经国组织了他的青年团。他命令所有教职员成为其干部(officers),所有学生登记为团员。现在我们有了一个赤色的希特勒青年团。"……

好了,我亲爱的国桢,你有没有听说过一个希特勒或者一个斯大林如此愚蠢,以致搞出一个希特勒青年团或者共青团吸收了"所有学生"作团员,并吸收了"所有教职员"作干部?……你是真的无知,所以诚恳地认为台湾那种"无所不包"的游行呼口号的青年团就是"一个赤色的希特勒青年团"吗?还是存心说谎,以欺骗你的美国读者呢?(台北《春秋杂志》第21卷第2期,1974年8月1日)

按,8月7日,吴国桢回信给胡适。吴氏一一辩护,又云:"你说的'吴国桢的毛病是他没有政治感',我完全同意。我甚至进一步说我同意你所说'国桢的毛病是他没有常识,而在若干情况下他缺乏道德感。'"吴又表示:"我后悔的是我在过去许多次向道德考虑以外的其他

影响力屈服。正因为如此，所以我现在决定只根据道德考虑从事，不顾其他。如果我过去犯了错误，那因为我以前太软弱。而我的确现在正努力不再软弱。"（陈宏正先生提供：《胡适与吴国桢、殷海光的几封信》，《传记文学》第54卷第3期，1989年3月）

8月13日 胡适作成《〈清代学人书札诗笺〉十二册》第二跋，指出其中的作伪之处。（台北胡适纪念馆藏档，档号：HS-NK05-181-012）

8月16日 胡适在美国 The New Leader 第37卷第23期发文驳斥吴国桢指台湾为一个"警察国家"的言论。

> 按，9月2日蒋介石日记有记："甚以胡不值与吴逆辩论，其捏造事实，是与禽兽辩难矣。但其在《新领袖》杂志驳斥吴逆在《展望》杂志之荒谬言行即足矣。蒲立德之文，更为有力也。"

8月17日 吴相湘致函胡适，谈读到胡适留赠台大的周汝昌著《红楼梦新证》的感想，又询美国国会图书馆影印故宫档案书籍事已有决定否。（台北胡适纪念馆藏档，档号：HS-NK05-035-001）

8月28日 胡适为《句余土音》作一跋，认为此嘉庆甲戌年开雕的本子为最完全的本子。（台北胡适纪念馆藏档，档号：HS-NK01-212-001）

9月

9月2日 胡适致函王方宇，为查"无众寡，无小大，无敢慢"的出处，向王借"五经索引"。函中，胡适曾慨叹"老了，记性太坏了"。（王方宇：《电脑与索引》，"中央日报"，1971年2月2日）

9月3日 胡适作有《"宁鸣而死，不默而生"——九百年前范仲淹争自由的宣言》一篇读书笔记，胡适说：

> 从中国向来智识分子的最开明的传统看，言论的自由、谏诤的自由，是一种"自天"的责任，所以说，"宁鸣而死，不默而生"。

从国家与政府的立场看，言论的自由可以鼓励人人肯说"忧于未形，恐于未炽"的正论危言，来替代小人们天天歌功颂德、鼓吹升平的滥调。(《胡适之先生年谱长编初稿》第七册，2441页）

同日　蒋介石电令俞国华送胡适5000美金。（台北"国史馆"藏"蒋中正'总统'文物"，档号：002010400023026）

9月7日　朱家骅致函胡适，谈迁院及筹措经费等事，李济下月将赴美召开在美院士评议员谈话会。（台北胡适纪念馆藏档，档号：HS-US01-056-007）

9月11日　胡适在 The Story of America in Pictures（by Alan C. Collins. —Garden City，New York，1953）一书扉页题记："前天花了一块三角多，买了三部书，这是其中的一部。今晚翻看一遍，很感觉兴趣。胡适一九五四、九、十一（旧历中秋）。"（《胡适藏书目录》第4册，2907页）

9月20日　沈宗瀚将其所著《克难苦学记》（正中书局，1954年）题赠胡适："适之学长 不揣冒昧 试写自传 深感记载忠实而文艺拙陋 先生提倡传记文 谨此教正。"（《胡适藏书目录》第2册，766页）

9月21日　陈诚致函胡适、左舜生，据"国民大会"第一届第二次会议，拟即设立"光复大陆设计研究委员会"。蒋介石已任命其为主任委员，设副主任委员5人，蒋介石恳切希望胡适等任副主任委员。（《陈诚先生书信集——与友人书（下）》，377页）

9月25日　胡适复函沈宗瀚，谢赠《克难苦学记》，又云：

> 你这本"自述"，写的很好，很动人，是近几十年中最有价值的一本自传，我读了非常感动。
>
> 这本书的中心题材，当然是你的克服一切困难，不顾老父的劝止，毅然决然，远游求学，终于达到你求得农学最高成就的目的。这个中心题材，你写的很亲切，很详细，很感动人。
>
> 但在这个中心题目之外，你的自传给了我许多很有趣味的事实。例如你写你母亲的结婚，说到"吾乡俗尚，女子生月日均守秘密"一

段，这是中国很特殊的俗尚，别处似乎很少见。我们家乡（安徽，徽州）的风俗，在订婚之前，必须先"开八字"，必须开明女子的生年月日时，才可以请算命先生"对八字"——即是将女的"八字"与男的"八字"推算是否可以配合。贵乡的俗尚，女子已到夫家，已行礼了，而她的生年月日，夫家还不知道。这是很罕见的风俗，若非你有这详细记载，我竟不知道中国有此风俗。

我举此一例，以表示大作有许多特殊贡献。

你说你入学读的第一部书就是《诗品》，这也是很特别的。这大概是因为浙江的"文学"风气特别发达，所以村塾也会用这样很抽象，很难懂的"文艺批评"来作"破蒙"的第一本书！这种教育史料，是很难得的。不知蒋孟邻兄在私塾时第一本书是什么？钱天鹤兄读的第一本书是什么？

你引的《诗品》两句，似有小误。"飞"字似是"腓"字？此二句似不是"首二句"？客中无《诗品》可查，乞恕。

我常说，一切自传，最特殊的（unique）部分必定是幼年与少年时代。写到入世做事成名的时期，就不能不有所顾忌，不能不"含蓄""委婉"了。你的自传专写这早期的三十三年，所以特别有精采，特别使我感动。（肖伊绯：《胡适与沈宗瀚》，《胡适研究通讯》2018 年第 4 期，2018 年 12 月 25 日）

按，10 月 7 日，沈宗瀚复函胡适，回复胡适所提问题，又拜托胡适为该书的第二版写序：

（1）"吾乡俗尚女子生日均守秘密"。经先生称赞，反使弟自愧文字误了。弟的真意为"……女子不自言生月日"。吾乡风俗亦在订婚前"开八字"。祖父问生辰的原因，似恐时辰误报也。待此书再版时，弟拟改正如下：（原书五页十三行至六页一行）"……即遣大姑母确询吾母生辰，母初不答，盖思时辰早于订婚前告知，此刻再问，怀疑前言耶？抑时辰不吉利耶？若生辰不吉，万一夫不起……继思以为夫君果死……大吉，确大吉……"

据孟邻先生言：余姚多数于订婚前开八字，亦有少数以卜卦定婚配者。雪屏兄（杭州）言："女子时辰不可全信，我与现在的夫人是民十九年结婚，她因属虎，时辰不好，她的父母代她少报一岁，婚后一年我始确知她的生辰。"我近数日询悉其他朋友的女眷（南京及福州）亦有谎报生辰者。

（2）"大雄外飞"（第十七页三四行）是印错了，应如尊教，改为"大用外腓，真体内充"。昨日台大借得《诗品》，查明此二句确为首二句。我父、伯父及兄长辈多以《诗品》开蒙，取其音韵好读而已。孟邻、天鹤、雪屏诸兄以《三字经》开蒙，惟雪屏读第二本亦为《诗品》。（肖伊绯：《胡适与沈宗瀚》，《胡适研究通讯》2018年第4期，2018年12月25日）

又按，11月8日，沈宗瀚再函胡适，请胡适赐序。（肖伊绯：《胡适与沈宗瀚》，《胡适研究通讯》2018年第4期，2018年12月25日）

9月29日　雷震日记有记：今日接胡先生来信，劝我速决定接受要求而去美访问，藉以观察新闻事业之发展。胡先生对《时代》杂志编排之进步颇为赞成，又说美国国务院之招待办法，限制甚严，何时看某物，完全不能自由，等于军法部勒。最后谓眼科以哥伦比亚大学眼科研究所最好，嘱我早日去医。今日持此函约谷正纲，将胡函交阅，他嘱"交陈'副总统'一阅，请他说话"。（《雷震全集》第35册，338～339页）

9月30日，雷震日记又记：上午8时30分至郭骥处，将胡函交阅，嘱他报告陈诚请约见。（《雷震全集》第35册，339页）

同日　雷震复函胡适，感谢胡为其赴美就医所做的努力，但蒋介石不批准雷赴美：

本月（九月）十八日"自由亚洲协会"为介绍Dr. Rowe来台举行酒会，有"美大使馆"二等秘书Mr. Erving者，他问我："听说你的'护照'有问题？这样做法太不好。你们发行人胡适博士不是在美发表文章说台湾各种自由一天比一天增多么？他是以此为理由驳斥吴国桢的，

你如果不能去美国，不仅使美国发生不良的印象，而吴国桢又有口实可借了。对 Dr. Hu 亦不好。你要将此意告诉'政府'。必要时我可以帮忙的。"我当时听到这些话，非常狼狈，满身大汗，一方面觉得美国人太天真，要我告诉"政府"；一方面很佩服他们消息的灵通。尤其使我受窘的，是他以蹩脚的中国话，毫无顾忌的与我谈，我生怕被特务听见，说我勾结洋人。我当时绝对否认其事，只说"中国"机关办事慢点吧！"自由中国"刊物在社会上一天比一天被人重视，而"政府"目我为危险人物也一天比一天增高了。先生说"自由中国"［杂志］之有言论自由是它这五年争得来的，不料我个人的自由则因是而一天比一天缩减，竟至变成囚犯。这是更多的民主与更多的自由么！……尊函已送陈"副总统"与岳军阅，"副总统"允与岳军商量后再向"总统"进言。惟谷正纲云，"总统"不准之事，他不肯马上变更态度，因此有损他的尊严，最好侯公超"部长"返后转湾［寰］，如公超返后能力向"总统"陈说，当可邀准。时昭瀛谓公超须明年一月底返台，果如此，则嫌迟一点。此信到时，先生必与公超有晤面之机会，请先生与公超商之或候他回来面陈，或用其他方法向"总统"陈辞，但两者均须借重先生力量。（《万山不许一溪奔——胡适雷震来往书信选集》，67～69 页）

10月

10月1日　杨联陞复函胡适，告已收到《赵一清与全祖望辨别经注的通则》，并分送洪业、裘开明。认为"此篇文字极明快"，也提出修改意见。又询：对筹备台湾"清华学报"New Series 的建议，有何意见？凌叔华希望12月间开画展。薮内清等合著《天工开物の研究》书评，单印本刚到，日内就寄呈请教。（《胡适手稿》第6集卷1，3～4 页）

同日　《美国新闻和世界报道》第37卷第14期刊登胡适为司徒雷登的

回忆录所写的评论。

10月7日　洪业致函胡适,告已拜读由杨联陞转交之近著,并对《赵一清与全祖望辨别经注的通则》文中论全祖望捏做校改根据一条,陈述己见。(《胡适手稿》第6集卷1,5～7页)

10月9日　蒋介石签署聘书,聘胡适为"光复大陆设计研究委员会"副主任委员。(台北胡适纪念馆藏档,档号:HS-NK05-213-003)

10月11日　胡适复长函给洪业、杨联陞,感谢他们对《赵一清与全祖望辨别经注的通则》的批评。"大概此案的主要争点——所谓'戴偷赵','赵、戴皆偷全'两点——并不难判断。"又云:

> 十年以来,我最感困难的是所谓"全校水经注"的问题。这问题的一个方面是我在1944年说的现行刻本"全校水经注""can be easily shown to be a stupid forgery"。这一点是我大错的。我在几年来已有书面改正了。……
>
> …………
>
> 还有一个更困难的方面,就是全谢山的为人与治学的忠厚与不忠厚的问题。
>
> 煨莲兄说的,"谢山的为人为学,想当不至糟到存心护短,有意撒谎"。我岂不曾作此想?我费了十年工夫,为戴东原、赵东潜辨冤白谤,岂可回过头来诬谤谢山先生的为人治学不忠厚?但我在十年中积下了几百条无可疑的证据,使我对谢山不能不怀疑他的为人与为学。近日我须往中部去旅行十一日,故不能作长书,仅能简单的报告两兄:我深知控诉谢山的为人与为学,是应该十分慎重考虑的事。所以我极欢迎两兄的"反响"!但我的控诉是有根据的。

然后,举例论证全祖望的为人、为学的不老实。(《胡适手稿》第6集卷1,8～25页)

10月12日　胡适致函杨联陞,谈道:顷寄上长信,但没有提及你信上提及的董沛校语。今补写几句。……董沛作伪的证件,真是"擢发难数"!

此不过举其千分之二三而已。我对他丝毫无怨词，正是为此。……此二信都不免"小题大做"。但你们所见短文乃是我的大部书之中的一个小节目的一个小点。若我不说明其外围的大题目——前函说的谢山为人与为学，此函说的薛刻"全氏《水经注》"既不忠于谢山，又不忠于其所据唯一本子（王梓材本）——你们怪我责备全公太过，或责备董进士太过，是很自然的反响。（《胡适手稿》第 6 集卷 1，26～36 页）

10 月 20 日　洪业致函胡适，告已接读 12 日寄杨联陞及洪业函，围绕五个方面谈己见：全祖望是否曾用《寰宇记》校元城故城一案。柳佥、赵清常、孙潜夫三本之问题。全祖望是否有嫉忌赵一清之心，而取覆没氏校证郦书之功。全氏三世四世校水经之问题。陈垣之"全谢山先侍郎府君生辰记跋"。（《胡适手稿》第 6 集卷 1，39～52 页）

10 月 30 日　胡适致函杨联陞，告：据金武祥《粟香四笔》，清宫中"庭前垂柳珍重待春风"九字牌，确系宫人召幸的牌子。（台北胡适纪念馆藏档，档号：HS-LS01-005-019）

10 月　大陆开始大规模批判胡适。胡适曾作了不少剪报，有的有批注、划线。

11月

11 月 1 日　杨联陞复函胡适，谈及"庭前垂柳珍重待春风"九字牌、李济来美事，重点谈全祖望：

全谢山论人，有时伤于刻薄。夸大先世，英雄欺人，也经您举出了不少证据。不过关于吞没赵氏手抄校本一点，其中似有曲折。……

我现在止有无关重要的三小点，请您指示！

（1）您在《赵一清与全祖望辨别经注的通则》第一页，因为《〈水经注笺〉刊误》刻本序中有讥骂朱谋㙔之语"不像东潜崇敬朱《笺》的态度"推断此序是校刻者代作的。又说抄本无序。但不知此外尚有其他证据否？若单以口气而论，则《刊误》本文中亦偶有对朱不敬之语。

（2）您在十月十四［日］给洪先生跟我的信里说"谢山实未用《寰宇记》校"，想是说"谢山最初实未用《寰宇记》校"，因为谢山甚推重《寰宇记》"旧本"郦注，见《文集》外编《水经注帖子柬东潜》——这几篇的结论有若干已收入赵氏《水经注释》——他处还有证据。

（3）《〈水经注笺〉刊误》卷二 2a"全氏曰，《水经注》之例，地曰径曰历，若水则曰注，曰合，曰得"卷一 19b"全氏曰，先赠公云得当作径，野亭是地名，于例不得曰得"（好像又是假托先人），但不知此例价值若何？（《胡适手稿》第6集卷1，53～54页）

11月3日　F. T. Cheng 将其所著 Musings of a Chinese Gourmet: Food has Its Place in Culture = 食论（伦敦，1954）题赠胡适："To my old friend Dr. Hu Shih with kindest remembrances & best wishes F. T. Cheng the author 3rd Nov. 1954."（《胡适藏书目录》第4册，2840页）

11月5日　胡适在纽约发现陆西星的《南华真经副墨》，用重价买下，送与哥伦比亚大学东亚图书馆。（《胡适之先生年谱长编初稿》第七册，2446页）

11月8日　胡适写成《记孙潜过录的柳佥水经注钞本与赵琦美三校水经注本并记此本上的袁廷梼校记》一文。（《胡适手稿》第4集卷2，255～327页）

11月12日　顾颉刚日记有记：自李希凡、蓝翎评俞平伯《红楼梦研究》后，引起轩然大波，群指俞氏为胡适派资产阶级的唯心论思想，抹煞《红楼梦》之人民性及现实主义。此事与予有大关系，故今日学习时备言之。实在说来，胡适固为资产阶级思想，平伯则犹然封建主义思想也。（《顾颉刚日记》第七卷，613页）

11月13日　胡适复长函与洪业，谈道：校勘之学，以寻求古本善本为最好。考证之学，以寻求材料证据为最好。10年来自己重审《水经注》一案，

虽然有几分"为人辩冤白谤"的动机，其实是为了给自己一点严格的方法上的训练。又道：关于柳、赵、孙三本问题，全祖望实不曾见此三本，故他说了许多可笑的外行话。其跋赵清常本，有同样的荒谬。全祖望吞没赵一清多年心血的成绩，并寄上照片5张以证之。全祖望的《水经注》研究原来没有做过用各种古书古本校勘全书的功夫，所以他不能不依赖赵一清多年勤苦校勘的总成绩。关于来书为全祖望作辩护人诸点，问题太大，非面谈不能答。大意说来，赵一清家有小山堂的余荫，后来他家虽已很穷困了，但当他壮年时，在别人看来，他还是小山堂的小主人，不必与穷书生的老前辈争一日之长。所以他早年校勘著作的成绩，往往被几位"长辈"给留下了，往往被他们据为己有了，《水经注》是一例。（《胡适手稿》第6集卷1，77～123页）

同日　胡适致函严耕望，告：据铁琴铜剑楼书影及藏书目，知宋刻《旧唐书》每页的行数、字数，昨估宋刻《旧唐书》每页四百八十字，是错的。（台北胡适纪念馆藏档，档号：HS-NK01-168-001）

11月14日　Robert H. W. Welch, Jr. 赠其所著 *The Life of John Birch: In the Story of One American Boy, the Ordeal of His Age*（芝加哥，1954）与胡适，并题道："For The Honorable Hu Shih with all good wishes Robert. H. W. Welch, jr. November 14, 1954."胡适在其下注记："810 Main St. Cambridge, Mass."（《胡适藏书目录》第4册，2816页）

11月15日　胡适复杨联陞一日来函，云：

（1）《刊误》无小序，《库》本如此，振绮堂抄本如此，小山堂（？）抄本如此。……此皆东潜身后的本子。有小序者，仅赵载元刻本耳。故疑小序是校刻者所增。……校刻者梁处素，我疑心他家兄弟都治《史》《汉》，故处素敢深斥朱谋㙔"于《禹贡》《史》《汉》尚未究心，何况他籍！"试以此种谩骂态度，比较东潜自序说的"朱中尉……疑人之所难疑，发人之所未发，论者以为三百年来有数之作，余爱之重之，忘其固陋，而为之释……"态度自大不同。

二证之中，一切写本皆无小序似是更大证据。汪氏振绮堂所藏两部写本均比《库》本的底本为更后，更近于东潜最晚写本。例如卷首《北史·道元本传》的注文，汪本比《库》本多出二千二百三十二字。（吴骞钞本同）《库》本与家刻本同出于一种写本，绝无可疑，而《库》本《刊误》亦无小序。

赵载元弟兄刻《东潜文稿》，卷首题"乾隆甲寅（五十九）年镌"，其中收"水经注释序"，而不收《刊误》的小序。这似乎也是一个证据。

《刊误》被校刻者改动甚多，必须比勘《库》本，始可知其详。……
…………

（2）谢山实未用《寰宇记》校"元城县"一条——此是前函论点之一——但我也可以说他实未用《寰宇记》校《水经注》。谢山所谓"五校"，实是他第一次校。他充分坐享东潜早年详记他用《寰宇记》、《元和志》、《九域志》、孙潜校本、《通鉴胡注》、《禹贡锥指》、何焯校本、《长安志》、《齐乘》、周婴《卮林》、朱之臣《水经注删》等等来校勘《水经注》的校记本（即今存国学图书馆的项纲刻本七册——缺首册四卷——其上有"双韭山房""小韭山房"图章及董秉纯图章者也），又坐享东潜写定本，故不用自己去做从头校勘《水经注》的基本工作。谢山吃亏在此，一旦两部"法宝"不见了，寻不着了，他就会闹大笑话了。（例如我答洪先生书所举"重校本"的荒谬。）

你所举《文集》外编《水经注帖子柬东潜》，其中所引《寰宇记》所引郦《注》，无一条不见于东潜早年写定本——今刻本卷十，叶16下、17上下、21下至22上，皆是东潜早年两本所详记——后来谢山自补《浉水》《涡水》《浢水》，皆是收拾东潜所已校辑之遗文，皆见于此三叶中。

此一点，谢山并不自讳。……
…………

谢山所据既是东潜校记本，他必不知道《寰宇记》引此条但作"元城县"而无"故城"二字。东潜精校《水经注》多年，他知道《寰宇记》此条"元城县"下无"故城"，不是异文，不值得记采，而下文引《风

俗通》"河播也"之下多"昔禹治洪水"五字，乃是异文，不但值得校记，还应该补入引文。所以者何？凡人著书引古书，删字是甚可能，而增字的可能甚少，增至五字尤为不可能。故删"故城"不是异文，而增此五字是异文。《风俗通》卷十的文字最多脱误，而"河播"一条尤残缺不可读，《水经注》引此文是补《风俗通》一切本子的脱误，故东潜采补此五字实甚合校勘学方法。谢山"五校本"初抹去此五字，后又添此五字，其想法当亦是如此。（不增此五字，已使《风俗通》此条可读，远胜于今本了。）

因为东潜校本未采《寰宇记》无"故城"二字，故谢山不知有《寰宇记》可据，所以他止说"或妄加'故'字，考宋本果无之"。他若真见了《寰宇记》无"故城"，他当然要并删"故城"二字了。

附上"重校本"影印一叶。请看此上有谢山手批一条。其中"至此复归大河故渎"一句，此"復"字显然是"復"字之讹。但王梓材"重录本"此句，仍照写作"複"字！我看了不禁使我对王梓材先生增加了十倍信心！故谢山元城县一条校语，我们当信任王梓材的移录。

但洪先生所疑，谢山所托"宋本"是指《寰宇记》引文，此意虽不适用于"元城县"一条，实甚合谢山平常的作风。试为举例证如下……

我所谓谢山吞没东潜多年校勘的成绩，作为自己的校本，正是根据这一类的证据。我说谢山实不曾用《寰宇记》校郦书——也实不曾用此书校"元城县"一条——也是根据这些很有趣的证据。

我说谢山实是假托宋本，也正是根据这一类的证据。（《胡适手稿》第6集卷1，55～74页）

按，11月26日杨联陞复函胡适云：

朱谋㙔，误作玮，是我忘了他是明宗室。五行命名一事倒是记得的，多谢您的改正。

关于上河峡青山峡一条，检刻本《太平寰宇记》36.12a（灵州回乐县)"大石山,《水经注》云,河水至此,两山相对,水出其间,即上河峡也,俗号青山。黄河,郦道元注《水经》云,其间即上河峡也,世谓为青山峡是此",无"谷"字,《寰宇记》他卷尚未细检,不知有无类似文字。

劳公说:关于"桓"《汉书》30酷吏《尹赏传》,可以注意。尹赏在他的"虎穴"中压死长安轻薄少年恶子之后"便舆出瘗寺门桓东"注"如淳曰:瘗,埋也。旧亭传于四角面百步筑土四方,上有屋,屋上有柱出丈余,有大板贯柱四出,名曰桓表,县所治夹边各一桓,陈、宋之俗,言桓声如和,今犹谓之和表。师古曰即华表也"。官本引"宋祁曰,桓,徐锴改作垣,非是,萧该《音义》作寺门外垣东。又考《汉书》多作垣字,盖后人多知墙垣,不知桓表"。

又关于诔墓,劳公以为是全谢山用字随便,集中墓版、墓石志、圹志、版文、窆石、穿中柱与诔皆指墓志,埋墓中;神道碑墓表则在墓外。诔墓可以勉强成立。

这两天读李约瑟 Joseph Needham 的《中国科学技术史》第一册导论,略看一遍,好处不少,也有荒谬处,预备给 *HJAS* 写一书评。(《胡适手稿》第6集卷1,75~76页)

11月17日 胡适作有《〈水经注〉里的南朝年号》一文。此文系对《伪全校本水经注诬告沈炳巽并且侮辱全祖望》一文的删改。(台北胡适纪念馆藏档,档号:HS-MS01-017-010)

11月21日 胡适作成《所谓"全氏双韭山房三世校本"水经注》,次日写成"后记(一)",12月3日写成"后记(二)"。(《胡适手稿》第2集卷2,247~318页)后来,胡适改写此稿后发表于"清华学报"新1卷1期(1956年6月)。

11月28日 胡适作有《说"史"》,指出:"当孔子的时代,东起齐鲁,西至晋秦,南至荆楚,中间包括宋郑诸国,民间都流行许多新起的历史故事,都叫做'史',其实是讲史的平话小说。"又说:"古代流传的'史',都是讲故事的瞽史编演出来的故事。东方西方都是这样。"(《大陆杂志》第 17 卷第 11 期，1958 年 12 月 15 日）

12月

12月3日　胡适对美国与台湾签订的协议发表谈话。(《胡适年谱》，329 页）

12月4日　胡适致函童世纲，苦劝其编葛思德东方图书馆的新式书目，先从大部书的"子目"下手。并以《水经注》《隋书》为例详示方法。胡适说：所谓"善本"，即是那最接近原本的本子。葛思德东方图书馆既是一个"善本"书库，故不可不早日做出一个"善本"书目。做此种书目即是训练，即是学问，才可以有长进。（台北胡适纪念馆藏档，档号：HS-NK05-095-011）

12月6日　蒋介石电令俞国华送胡适 5000 美金。（台北"国史馆"藏"蒋中正'总统'文物"，档号：002080200350114）

12月12日　胡适复函杨联陞、劳榦，感谢二人抄信并查出有关证据。请杨赐寄评冯友兰书的文章。李济来纽约，颇得畅谈。自己想出资印《东潜诗稿》三册 200 本，可否将此意商之于裘开明、洪业？（台北胡适纪念馆藏档，档号：HS-LS01-005-023）

按，12月14日杨联陞复函胡适，云：

印《东潜诗稿》事，等跟洪、裘两位先生商量后再覆。我自己是很赞同的。……

今天下午凌叔华女士在洪府画展，我看见她时可以问她信要不要转。

卜德译冯芝生《中国哲学史》，上册我没有评过，下册最近评了……陈荣捷在 *Philosophy East & West* 合评过上下两册，您想必看见了。冯的《中国哲学小史》，前几年评过，再附上一份。

另有Balazs（白乐日）译《隋书·食货志》书评（*JAOS*）抽印本一份，并请指教。……

李约瑟接受唯物史观，似无可疑。但我不预备在第一册书评中多辩论，只指出他的立场就算了。……（台北胡适纪念馆藏档，档号：HS-LS01-005-024）

12月13日　胡适为沈宗瀚的《克难苦学记》作序，指出此自传的最大长处是肯说老实话。后来以"介绍一本最值得读的自传"为题发表于"自由中国"第12卷第1期。

同日　胡适复函高宗武，寄上前次所说款子，并致谢；另及此款与前款同，完全归高支配，有赢余乃高之厚赐，有损失是"兵家之常事"，有损失决不会丝毫责怪。对高报告上次之3000元，现已值5000至4700元，令自己吓一跳。为增加高之辛苦感到不安。（台北胡适纪念馆藏档，档号：HS-NK05-057-032）

同日　胡适又致函沈惟瑜，告瑞典花瓶尚未收到，先谢厚意。《胡适文存》当为沈留全套，若无《四十自述》，也可留一部。（台北胡适纪念馆藏档，档号：HS-NK05-057-033）

12月14日　蒋介石致电俞国华：除前数之外，须另备23万元，一并凭函于本月下旬候领可也。胡适之先生款仍照送为宜。（台北"国史馆"藏"蒋中正'总统'文物"，档号：002080200350116）

12月15日　胡适复函童世纲，谈道：今天试作《隋书》目片，格式可用否？书目之中，《铁琴铜琴楼瞿氏书目》的正史部最详。《百衲本廿四史》各史之末有张元济的跋文，也很有用。你若愿意试作"汲古阁十七史"的目片，可参考此二目。今夜又试作毛刻《隋书》跋，你可以比较王重民所作此书目稿本。承示《水经》与《水经注》在葛思德东方图书馆的版本，杨守敬的书大概是我误记了。葛思德东方图书馆所有《水经注》，真不算少了！但其中只有岑氏钞的《四库全书》本，与两部《聚珍版》原本，可算难得的"善本"。葛思德东方图书馆是一个善本书库，故Gillis的书目太不

够用。故必须有一个分别版本的书目。（台北胡适纪念馆藏档，档号：HS-NK05-095-002）

12月17日　胡适复函沈怡，感谢沈函寄"批判俞平伯运动"的5件剪报。又云：起初看了这5件剪报，不觉得这些讨论有什么可怕，以为这不过是借自己的一个学生做"清算胡适"的工具罢了。12月7日，《纽约时报》刊登关于"批判俞平伯运动"的香港电讯后，有了新看法：

> 这个消息使我重读你寄来的文件，才感觉特别的兴趣，才使我更明白这"清算俞平伯事件"的意义。我要特别谢谢你剪寄这些文件的厚意。此中的"周汝昌"一篇，特别使我注意。
>
> 周汝昌是我的"红学"方面的一个最后起、最有成就的徒弟。他的《红楼梦新证》已三版，香港可买到，你若没见此书，我盼望你寻一部来看看，这是一部很值得看的书。（周君此书有几处骂胡适，所以他可以幸免。俞平伯的书，把"胡适之先生"字样都删去了，有时改称"某君"。他不忍骂我，所以他该受"清算"了！其实我的朋友们骂我，我从不介意。……）（沈怡：《胡适之先生的几封信》，《传记文学》第28卷第5期，1976年5月）

同日　朱家骅致函胡适，谈及北美院士评议员谈话会事，又谈及南港工程之经费，非有外援不可。（台北胡适纪念馆藏档，档号：HS-NK05-014-020）

12月18日　胡适复函吴相湘，云：

> 你在那信里大称赞周汝昌的书，我完全同意。
>
> 此君乃是我的《红楼梦》考证方面的一个最后起而最努力、最有成绩的徒弟。他在书的前面虽然大骂我几句，但他在许多地方对我致谢意，是很明显的，但可以暂时逃避"文化特务"的侦缉而已。例如p.30八行："诸收藏家对我的慷慨和厚意，我永不能忘怀，而我的感幸也远非言语所能表达。"他提出的甲戌本脂砚斋评本，是我借给他兄弟二人

去全部影抄的,《四松堂集》是我临走时故意留赠给北大图书馆使他可以用的;裕瑞的稿本是孙子书送给我,我又送还他的。

…………

有二事奉询:

(1)文化服务社印的孟心史先生《清史讲义》,如尚可买,乞代买一本寄来。

(2)吉忱故后,那部《红楼梦考证》文字汇本仍在印否?已出版否?如已印出,乞嘱印所寄几部给我。(《胡适研究通讯》2018年第3期,2018年9月25日)

12月29日　顾颉刚日记有记:与树帜、尔纲到科学院,参加批判胡适思想会,听艾思奇演讲,马特、金岳霖、冯友兰、何思敬发表意见……(《顾颉刚日记》第七卷,631页)

12月30日　胡适致函韦莲司小姐祝贺新年:"愿有一个更好,更快乐的新年。"函中又说:"我想到你,也想到长久以前我们多次的长谈。即使在1915年到1917年那个战争的年代里,你我梦想一个更好的世界。40年过去了。我要你知道,在这1954年最后的一天,我依然梦想一个更好,更快乐的世界。"(《不思量自难忘:胡适给韦莲司的信》,261页)

12月31日　董作宾致函胡适,谈及南港建院工程事。又告自己收存《大陆杂志》付给胡适的稿费400台币。亚洲基金会资助1万美元,乃增设近代史研究所筹备处(以郭廷以为主任)。史语所有分为考古、民族、史语三所之说。(台北胡适纪念馆藏档,档号:HS-US01-066-013)

是年　李约瑟著 Science & Civilisation in China, Vol. I: Introductory Orientations 出版,冀朝鼎曾将此书题赠胡适。(《胡适藏书目录》第4册,2893页)

1955年　乙未　64岁

> 是年，胡适对大陆的"批判胡适运动""批判胡风运动"极为关注。
> 3月，在胡适积极推动下，"中央研究院"北美院士谈话会于纽约举行。
> 秋天，开始撰《丁文江的传记》，到次年3月7日写毕。

1月

1月1日　来客不少。（据《日记》）

按，本谱引用胡适1955年日记，除非特别注明，均据《胡适的日记》手稿本第17册，以下不再特别注明。

同日　胡适夜读《板桥全集》。日记有记："郑燮（1693—1765）是一个绝顶聪明人，又肯下工夫，故他的写字、作画、作诗，都能有独立的成就……他的诗文往往有新意思，有独立的见解。"

同日　沈宗瀚函谢胡适为其自传作序。（台北胡适纪念馆藏档，档号：HS-US01-032-009）

1月5日　胡适因偶翻《翻译名义集》，乃记起20年前所做论"摩合罗"的笔记。乃在日记中记道，"我想'摩合罗'即是'八部'之一的'摩睺罗伽'"；"中国接收佛教之后，摩合罗也中国化了，成为民间崇拜的一种土偶"。

同日　胡适函谢童世纲寄来的目片，感谢帮忙影印《隋书·跋》。自己在总片上加了"用宋本刻版"字样，现在想改为"用宋本校刻"。又云：库中如有《汲古阁校刻书目》《汲古阁刻版存亡考》《汲古阁珍藏秘本书目》三部书,你也许可以试考其他《十五史》的底本。你既开始作汲古阁本《十七史》目片,何妨专做汲古阁刻本的目片?《十三经》之后,可做这些丛书的子目。如此做去,不久你就可以成汲古阁刻本的专家了。这不是笑话,这是做学问的路子。库中有汲古阁刻的《十三经注疏》(A-137 846),你何不也做一总目与子目,看看《十三经》刻成的先后,看看他们的底本是什么?看看《十三经》是初刻本,还是补版重印本?王重民没有做汲古阁《十七史》的目片,最可证明向来的目录学者都轻视毛刻。同毛刻《十七史》同性质的,有百衲本的《二十四史》,有殿本《廿四史》,有其他库存的"正史"。(毛刻《南史》《北史》都有残缺。库中有他种《南史》《北史》,是何版本?)——何不从《十七史》毛刻目,进一步作葛库的正史版本目?(《胡适中文书信集》第4册,223～225页)

1月7日　顾颉刚日记有记:到科学院总部,参加胡适思想批判第二次会,听贺麟、胡绳、王子野等发言。(《顾颉刚日记》第七卷,640页)

1月11日　胡适受叶公超电邀,与蒋廷黻到华盛顿商谈"大陈岛军事危机"。(据《日记》)

同日　童世纲复函胡适,已将胡适希望查阅的《南齐书》《铁琴铜剑楼藏书目录》《东方文化》等书刊于昨、今先后付邮。又逐一答复胡适函询的《小石山房丛书》《十三经注疏》等书在葛思德东方图书馆的收藏情形。(台北胡适纪念馆藏档,档号:HS-US01-032-012)

1月12日　沈怡致函胡适,补祝生日快乐,并祝健康。又告奉寄第四批"批判胡适运动"的资料,谈对这次批判运动的看法。认为"清算"的实际对象是胡适。又询胡适是否要进行还击等。(台北胡适纪念馆藏档,档号:HS-US01-066-015)

1月14日　顾颉刚日记有记:到科学院,参加批判胡适哲学思想会,与王子野、周辅成、丁梧梓、陈梦家等谈……尹达逼予作批判胡适文字。(《顾颉刚日记》第七卷,644页)

1月20日　顾颉刚日记有记:到科学院,参加批判胡适哲学史组。(《顾

颉刚日记》第七卷，646 页）

1月21日　顾颉刚日记有记：到科学院，参加批判胡适政治思想组。（《顾颉刚日记》第七卷，646 页）

1月24日　胡适写完冯友兰《中国哲学史》书评。当日日记有记：

为此事重看冯书两遍，想说几句好话，实在看不出有什么好处。故此评颇指出此书的根本弱点，即是他（冯）自己很得意的"正统派"观点（见自序二）。

"正统派"观点是什么？他自己并未明说，但此书分两篇，上篇必须以孔子开始，力主孔子以前无私人著述，力主孔子"以能继文王周公之业为职志"，"上继往圣，下开来学"。下篇必须叫做"经学时代"，也是此意。（但更不通！）

陈寅恪（审查报告二）说的比他清楚："中国自秦以后，迄于今日，其思想之演变历程，至繁至久，要之，只为一大事因缘，即新儒学之产生及其传衍而已！"此即所谓"正统派"观点也。

按，Book Review of Derk Bodde's, Trans. of Fung Yu-lan, "A History of Chinese Philosophy"发表于 American Historical Review，Vol. 60，No. 4（July，1955），pp. 898–900。

1月25日　胡适复函张爱玲，高度称赞其小说《秧歌》，认为作者确已能做到"平淡而近自然"的境界。又说："如果我提倡这两部小说（按，指《醒世姻缘传》与《海上花列传》）的效果单止产生了你这一本《秧歌》，我也应该十分满意了。"（《皇冠》第29卷第2期，1968年4月）

按，张爱玲1954年10月25日原函云：

请原谅我这样冒昧的写信来。很久以前我读到您写的《醒世姻缘》与《海上花》的考证，印象非常深，后来找了这两部小说来看，这些年来，前后不知看了多少遍，自己以为得到不少益处。我希望您肯看一遍《秧歌》。假使您认为稍稍有一点接近"平淡而近自然"的境界，那我就太高兴了。这本书我还写了一个英文本,由 Scribuer's[斯克里布出版公司]出版,大概还有几个月,等印出了我再寄来请您指正。(此函粘贴于胡适 1955 年 1 月 11 日日记中)

1月26日 夜,胡适与叶公超通电话,谈对艾森豪威尔的国情咨文的态度。(据次日《日记》)

同日 胡适致函雷震,谈为雷之眼病向美国朋友咨询情形,又谈为促成雷赴美诊治曾函托张群向蒋介石说项:

我今天写信给岳军先生,说:"儆寰为人,我知道颇深。我可以切实保证他'出国'后决不会发表毁坏自己'国家'与'政府'的名誉的言论。这是我们在'国内'提倡言论自由的一班朋友的一条戒约,故可以严重的为他保证,请老兄便中将此意转达'总统',并乞老兄早日助他成行。"(《万山不许一溪奔——胡适雷震来往书信选集》,70 页)

按,4 月 1 日胡适收到张群 3 月 28 日复函云:"前奉一月二十六日手教,以促成儆寰访美事见示,比即转呈。公超归来,亦复面为陈请。'总统'表示,鉴于儆寰过去失去信用,不愿先生为之保证。其言率直,盖以与先生知交之深切,无话不可说也。"胡适得此信,即复之。(据《日记》)

1月28日 胡适致函 Eugene Barker,为疏于联系而表示歉意。言自己近几年一直住在纽约,期间分别于 1952 年 11 月至 1953 年 1 月及 1954 年 2—4 月访台两次。曾为 1914 级 40 周年团聚回康奈尔。又谈及去年 12 月过 63 岁生日及心脏病发作的 16 周年纪念,目前感觉很好,可能还可以工作 15 或 20 年。又谈道:恭喜 Edna 获诗奖,与 Henry Goddard Lead 夫妇吃饭谈到可能接受 4 月 28 日在 Poetry Society of America 的演讲、关于 Cosmopolitan Club 房子的遗憾。又告家人之近况。(台北胡适纪念馆藏档,档号:HS-NK05-145-009)

1月31日 胡适在 Cooper Union 的 Great Hall 演讲"Chinese Philosophy"。周质平先生将此文收入《胡适未刊英文遗稿》时，加了如下摘要：

> 概述中国哲学三千年的发展，将重点集中在老子、孔子和墨子三个先秦哲学家的思想上。
>
> 胡适将中国哲学思想的发展大致分为三个时期：
>
> （1）中国本土哲学思想时期（600B.C.—200A.D.）。
>
> （2）中国的思想和生活印度化的时期，在此一时期，儒教、佛教和道教被称为三教（A.D.200—1000）。
>
> （3）中国文艺复兴时期，中国哲学借着理学的名义复苏（A.D.1000—1900）。(《胡适未刊英文遗稿》，434页)

2月

2月11日　晚，胡适在 Teachers College 为此地各校中国学生会的联合会（Federation）作题为"Chinese Thought"的讲演。(据《日记》)

2月12日　胡适、赵元任联名致电朱家骅："'中央研究院'院士在纽约集会时间为三月十九、二十两日。请授权与使用不超过二五〇〇美金，回信由胡适转。"(《胡适之先生年谱长编初稿》第七册，2463页)

《赵元任年谱》之2月11日条：

> 乘火车到纽约，赴"华美协进社"开"清华大学"奖学金会议，并看望胡适、梅贻琦、梅贻宝等，商量有关开"中央研究院"院士谈话会事，12日返回剑桥。(《赵元任年谱》，339页)

> 按，当夜，胡适又有函致朱家骅详谈此事及谈话会的其他事情。2月24日，朱家骅复电胡、赵：所需费用即照来电所开之数支用，惟希会后开示账目俾由总处入账。3月17日，胡适再就北美院士谈话会事致函朱家骅（台北胡适纪念馆藏档，档号：HS-NK05-014-023、HS-NK05-014-025）。

同日　胡适有致 A. Whitney Griswold 的函。(台北胡适纪念馆藏档，档号：HS-US01-032-015)

2月13日　胡适日记有记：

我在1926年，曾写信给 Pelliot，请他修改 Carter 的《中国印刷术的发明》时，注意元稹的《白氏长庆集序》(元《集》51)。

序中说：

然而二十年间……至于缮写模勒，街卖于市井，或持之以交酒茗者，处处皆是。

自注说：

扬越间，多作书模勒乐天及予杂诗，卖于市肆之中也。

Pelliot 死后，Carter 书的修改由 Carrington Goodrich 主持。他前月有书来，说，Pelliot 不信元白诗有刻本之说！此真所谓西洋学者之固执自信了。

"勒，刻也"，见于《月令》的《郑玄注》。《月令》孟冬之月，有"命工师效功，陈祭器，按度程……物勒工名，以考其诚"一段。郑玄注：

勒，刻也。刻工姓名于其器，以察其信。

《孔疏》云：

每物之上刻勒所造工匠之名于后，以考其诚信与不。

"模勒"是刻板模印，毫无可疑。此序作于824（长庆四年十二月十日）。此两条可以使我们知道，在800年顷，非宗教的俗文学已有刻板印卖了。

2月14日　胡适复函殷海光，对殷所说的"直切"的话，十分感谢，决不会有任何生气或介意。又云："台岛情形，我岂不知？雷君的事，我曾屡次设法，昨已得他来信，说他收到我最后一信，次日就要去看张岳军了。有效与否，他尚无把握。"又函寄批评吴国桢的两篇文章和私信，"实在鄙薄其为人"。又云：

……"某氏"的公开批评,在台岛的人看了感觉痛快,那是很自然的;但在海外的人,如我们看了却感觉伤心,那也是很自然的。我又要你明白我个人的看法是侧重他那些"像事实而实非事实"的话。及他个人洗刷自己责任(私信中第三点)的话。(《传记文学》第54卷第3期,1989年3月)

2月15日 胡适日记有记:

> 储皖峰曾集我的话作一副对子:
>
> 　　有几分证据,说几分话。
>
> 　　要怎么收获,先怎么栽。
>
> 我曾对他说,上句也可以对
>
> 　　做一日和尚,撞一日钟!
>
> "做一日和尚,撞一日钟",原意是要尽责任。到了近世,始有人解作敷衍了事,似是错的。

同日 Carrington Goodrich 致函胡适,告在其建议下,K. C. 李基金会将 K. C. 李奖颁发给专业为人类学的学生 David. H. Fortier。函中抄示 Fortier 2月7日来函的一段话:

> Before closing I would ask you if very much is known about the present life and activities of Dr. Hu Shih. The local corps of teachers are highly nationalistic and know their Chinese literati well. Many have asked about Dr. Hu Shih, and though I know of his work in China, I am quite ignorant about his current interests and activities. If I recall correctly he has a prominent place on the Li Foundation. Do you think he would be interested to know that the very mention of his name even to the lowliest farmer brings an immediate response and an inevitable question as to how he is and what he is doing?

又说:

1955 年　乙未　64 岁

Perhaps you would be so good as to sketch out in a few sentences a paragraph which I can include in my next letter to him. I enclose a self-addressed envelope.（此函被胡适粘贴在次日日记上）

2 月 16 日　胡适致函吴大猷,云:

There are twelve members of "the Academia Sinica" in North America. They are:

1. Y.R. Chao, Cambridge, Mass.

2. K.K. Chen, Indianapolis, Ind.

3. S.S. Chern, Princeton, N.J.

4. Hsiao Kung-chuan, Seattle, Wash.

5. Hu Shih, New York, N.Y.

6. Li Chi, Seattle, Wash.

7. Li Fang-kuei, Seattle, Wash.

8. Li Shu-hua, New York, N.Y.

9. Robert K.S. Lim, Elkhart, Ind.

10. G.H. Wang, Baltimore, Md.

11. Hsien Wu, Bxookline, Mass.

12. Wu Ta-you, Ottawa, Canada.

During my last two visits to Taipei, President Chu Chia-hua of "the Academia Sinica" and the other members now in Taiwan agreed that an informal meeting of the members of "Academia Sinica" now scattered in many parts of the North American continent might be held for the purpose of renewing friendship, receiving reports of "the A.S.", and exchanging news regarding its future.

When Dr. Li Chi came to New York last November, he again urged me to try to call such a meeting. Dr. Li is now lecturing at the University of Washington, Seattle, Wash., where two other members of "the A.S.", Dr. Li

Fang-kuei and Dr. Hsiao Kung-chuan have been teaching and doing research work.

Last week, Dr. Y.R. Chao, who had just returned from a European trip and is now residing at Cambridge, Mass., came to New York and met with three other fellow-members, Drs. S.S. Chern, Li Shu-hua and myself. This question of holding an informal meeting of the Members of "the A.S." in North America was informally discussed. The discussion was resumed the next day by Dr. Chao and myself.

Because of the four-quarter system of the University of Washington, the three Seattle members can only have their vacation from March 18-28. It is suggested to call a meeting of "the A.S." members on Saturday and Sunday, March 19-20, in New York. I have volunteered to write to the members and to take charge of the arrangements as to the place of meeting and hotel accommodation.

There is a fund held by Dr. Chao for "the A.S." in the U.S.A. We are authorized to draw on this fund to pay traveling and living expenses of the members attending this meeting according to the following suggested scale:

$400 for each member coming from the Pacific Coast.

$150 for each member coming from Indiana and Ottawa.

$100 for each member coming from Baltimore and Boston.

$50 for each member coming from the New Jersey and New York area.

If all twelve members can come, the total expense will amount to $2100 plus rent for the meeting place.

There will be no "official business" to be transacted. Dr. Li Chi will report on the present situation, new buildings at Nankang and future plans of "the A.S.". It will be entirely a meeting of old friends and friendly chats.

Kindly airmail or wire me whether you can come on March 19-20.

When all replies are in, I shall immediately make the hotel arrangements and notify you of the meeting place and your hotel reservations. The meeting will probably begin in the afternoon of Saturday, March 19th.

Hoping the above information and suggestions may meet with your approval.（台北胡适纪念馆藏档，档号：HS-NK05-034-026）

2月18日　陈之藩致函胡适，报告在美入学后的求学和生活。（台北胡适纪念馆藏档，档号：HS-US01-032-016）

2月21日　赵元任致函胡适，云：见到了董作宾、劳榦、全汉昇三人，他们三位都愿意于院士谈话会期间来纽约与与会诸公聚谈。又谈及谈话会期间必须有一次比较正式的聚餐等。（台北胡适纪念馆藏档，档号：HS-US01-066-018）

2月22日　胡适致函朱家骅，告"中央研究院"院士谈话会的通知已发出。12人中，已有10人可来。旅费数字是与赵元任商定的，请赐电追认这2500美元的动用。（台北胡适纪念馆藏档，档号：HS-NK05-014-022）

2月23日　胡适搭晚车去匹兹堡。（据《日记》）

2月24日　胡适在匹兹堡为 Foreign Policy Association 的 Men's Discussion Group 作演讲，并答问。下午又为 Women's Discussion Group 作讲演，并答问。住在友人 Philip S. Broughton 家（46 Rocklynn Place）。（据《日记》）

2月25日　胡适回纽约。中午在 Ambassador Hotel 开"中基会"的执行委员会及财务委员会。（据《日记》）

2月27日　胡适复函杨日旭：

谢谢你寄来令郎的照片同你的照片。

我仔细想想，"仰胡"之名，我终觉不敢当。将来可否请锦屏同你考虑考虑，是否可以学外国习惯，就叫他做"杨适"？这样，我心里安一点。

写信时，请代问候锦屏。

介绍信，一两天内即写。（杨日旭教授提供）

同日　胡适还有一函与杨日旭，谈对其硕士论文的修改：

真对不住你，这许久没有回你的长信！

我近来颇忙，故不曾能够细细研究你的大纲。昨天从 Pittsburgh 回来，才把大纲重看一遍。我觉得这计画太大，太详细，怕不很适合于 M.A. 的工作。况且因为子目太多，不免要重复。因为你第一信说到 presidential leadership，我试作一个简单化的纲领如下……（据杨日旭教授提供给笔者的胡适手写稿副本）

同日　陈受颐复函胡适，云：关于马来亚大学请胡适帮忙决定汉学教授人选事，最好是不要干，并详述理由。又寄《胡适思想批判》第五、六辑。（台北胡适纪念馆藏档，档号：HS-US01-069-001）

3月

3月3日　费正清致函胡适，云：

Thanks for your note about Mr. Max Perleberg, to whom I am writing separately. I feel certain that the study of contemporary China will undergo a great development in this country in the coming years, and yet at the moment there is nothing very concrete to speak of.

It is a pleasure to hear from you, and I am happy to say that Wilma and I are both well and happily at work, part of the time, in looking after our two small daughters. I hope that we may have a chance to see you at the time of the Far Eastern Association meeting at the end of March in Washington.（台北胡适纪念馆藏档，档号：HS-US01-041-035）

3月5日　顾颉刚到中国科学院出席胡适思想批判历史组会。日记有记：

近来批判胡适历史学、考据学的文字中，常常牵到我和《古史辨》，因此，我在今天会上说个明白。盖予在未遇胡适之前已走到怀疑古史的道路上，及受到他的影响，只有演变一点，然此一点清代考据学者如崔述亦已看到。其后我跟着钱玄同，走向汉代今古文学的问题上，又整理古文籍，与胡适无干。《古史辨》第一册固有胡适气息，至第三册以下则且成彼攻击之目标矣。胡适在古史上的议论，如井田制不存在、屈原无其人、《盘庚》篇是假古董，我均未接受。他的观象制器说，老子在孔子前说，均为我所驳，他对古史实毫无贡献。至于《释儒》，直是造谣耳。予老老实实研究学问，虽不能把握马列主义，究与胡适不同，而一般人乃比而同之，是予所不愿受也。(《顾颉刚日记》第七卷，662～663页)

3月9日　胡适写"The Importance of a 'Free China'"至今日天明5时30分，通宵未睡，初稿成，就料理行装，6时出门，赶6时30分的火车去华盛顿。先去Cosmos Club，霍恩贝克夫妇在此邀胡适午餐。1时，Dr. H.开车南行，5时30分到Sweet Briar College，住在Dean M.I. Pearl家中。(据《日记》)

3月11日　胡适改写讲演稿初稿的后半。晚8时30分，胡适在Sweet Briar College讲"The Importance of a 'Free China'"，胡适认为："成绩甚好，可算我最好的一次演说。"14日，胡适又在弗吉尼亚州的查洛土城国际问题研究会演讲该题目一次。(据《日记》；台北胡适纪念馆藏档，档号：HS-NK05-203-001、HS-US01-039-017、HS-US01-038-025；"中央日报"，1955年4月14、15日)

3月15日　顾颉刚日记有记：自上次开会后，许多人不满意于予所发言，予亦自认错误有二。其一，评胡适的演变方法无毒素；其二，谓予与胡适分路后即不受其影响。今既自觉其非，故作检讨书，自认错误。(《顾颉刚日记》第七卷，666页)

3月19日　下午2时30分，"中央研究院"在北美洲的院士12人在纽约举行第一次谈话会(地点是Hotel Edison的1129-31房)。出席者有李书华、陈省身、吴宪、陈克恢、林可胜、袁贻瑾、汪敬熙、李济、李方桂、赵元

任、萧公权、胡适。被邀列席的有全汉昇、劳榦、董同龢。公推李书华主席，劳榦记录。首先由胡适报告邀集此次谈话会之经过及宣读朱家骅3月5日来电。次由李济代表朱家骅报告"中央研究院"近况。次由陈省身报告数学研究所迁台后情形。次由李济代李先闻报告筹备植物研究所情形。报告完毕后，自由讨论。包括：科学研究人才在外有适当设备与研究机会，仍是为台湾培养人才，不必看作台湾损失。同时鼓励有成绩的专门人才回台湾从事研究与教学。袁贻瑾、李书华、李济、陈克恢先后发言。关于朱家骅提出的有待研商之问题8项，归并为5项：院士会议的集会问题；评议会的集会问题；新院士的选举问题；延聘研究员与通信研究员问题；扩充台湾学术研究事业问题。谈话会推第一组李书华、第二组汪敬熙、第三组胡适以及李济组成小组委员会，对以上讨论形成初步草案，以提交明天上午的谈话会讨论。（据《日记》；台北胡适纪念馆藏档，档号：HS-NK04-009-002）

  3月20日 谈话会上午继续集会。胡适首先报告，小组会在昨晚讨论到深夜，提出草案五项，由主席逐项交付讨论并请各人逐项举手表决。第一，院士集会问题，赞成王宠惠建议的"以公告报到之院士人数为现有之院士全体人数"；凡开会时不能亲自出席者，可通过通信方式提出建议。第二，评议会集会问题，主要是关于开会人数的改革。第三，选举新院士问题，请评议会从速组织第二次选举。第四，延聘研究员与通信研究员问题，由院士会议分组推荐台湾内外学人之成绩卓著者为本院研究员或通信研究员。第五，扩充台湾学术研究事业问题，主要是围绕植物研究所、考古学研究所、近代史研究所的建设提出建议。讨论表决以上五案外，又临时动议：1. 请本院将最近五六年内出版刊物寄送海外院士，并随时向各院士征集学术论著；2. 以"中央研究院院士国外委员会"为常设机构，推举通讯秘书正副各一人，公推胡适、李书华为正副秘书；3. 在座同人对胡适负责筹备此次谈话会的勤劳一致表示感谢。谈话会于中午12时30分结束。（据《日记》；台北胡适纪念馆藏档，档号：HS-NK04-009-002）

  3月21日 雷震日记有记：

昨日托人带信一封给胡先生，谓我事"总统"不肯批，他如肯写信给"总统"，他可先来一电报，我请美方延期数日，他如不愿写信，亦请来一电报，我可答覆美方，因本月底要满期也。(《雷震全集》第38册，58页)

3月22日　胡适日记有记：

"中研院"出版的《明清史料》戊集第二本，p. 128有福建巡抚雅奏报：

据署福建布政使谭尚忠，盐法道戚蓼生将乾隆四十七年（1782）分通省户口……造册呈报前来，臣查福建省福州等九府二州属，并盐场灶户实在土著流寓民户男妇大小共一千一百十八万四千八百七十名口（11184870），土著民口男妇大小共一十八万六千三百七十名口（186370，此疑是盐场灶户？）。台湾府属实在土著流寓民户，男妇大小共九十一万二千九百二十名口。……（912920）。
此条不但使我们知道台湾在1782年已有九十多万的人口，又使我知道戚蓼生在他中进士（乾34，1769）后十三年已做到福建盐法道。

同日　雷震、梁实秋等联名致函胡适，谈大陆"清算胡适思想运动"，并拟组织文章反驳。(《万山不许一溪奔——胡适雷震来往书信选集》，71～72页)

3月25日　费正清函邀胡适于5月来哈佛大学讲演。（台北胡适纪念馆藏档，档号：HS-US01-041-036）

3月26日　胡适致函朱家骅、周鸿经、董作宾，主要谈北美院士谈话会事：

骝公的报告与八项待商榷的议题，十分详尽，又经济之兄补充说明，旅外同人都很了解，都很感叹诸兄苦撑的精神。方桂回台讲学，大致已定。林可胜、袁贻瑾诸位，也都有在最近期中回台视察讲学的计画。

对于骝公交议各题，我们参酌"报告"与议题，曾有详细的研讨，结论五项，详见纪录，或可供诸兄与在台同人的参考。其中院士集会、评议会开会、选举新院士三项，大致引伸在台第三次谈话会（去年十二月三十日）的结果，而稍加补充。如通信表决一次，以《评议会议事规程》第八条为依据；或可以减少"总统府"主管人的疑虑吧？

关于新设研究所三所，同人研究之余，分作三层建议，或可供诸兄参考？此三所之中，近代史研究所一个问题似曾引起台港两地最多的注意，我们也曾与济之兄及劳、全、董三位细谈，似史语所同人多数不满意于筹备员的人选，又虑到不经评议会决议，外间反对更易有所藉口。故同人的建议（五〔三〕），用意实系要为诸兄解除或减轻反对，要为诸兄建议一个缓冲的办法，使大家可得一个从容考虑的机会。（《自由人》上的批评及本院答复，我也看见了。）我与济之及史语所有关诸人所最顾虑的一点是筹备近代史研究所而不能取得史语所多数工作者的支持与合作，那是最不幸的事。故此次我们关于此一事的建议，用意止是要请骝公与彦兄借此机会，多征求史语所同人的质直意见，免得将来发生更大的困难。此意想能蒙诸兄的谅解。

此次召集谈话会，一切印发通告，复印本院法规七件，院士录及印纪录，代定旅馆房间，都由"中基会"财务秘书叶良才先生为我帮忙，一切打字及印费，都由"中基会"担任捐赠，故我在纪录末项特别致谢。……（台北胡适纪念馆藏档，档号：HS-NK04-009-001）

按，胡适当日日记有记：

［致朱函］关于新设近代史研究所一事，我写了几百字，指出此事所以引起谈话会的建议，实因"中研院"筹办近代史研究所而不能得史语所同人的支持与合作，是最不幸的事。

此信很不好写，写了恰好李济之来辞行，我请他看了发出。济之说："先生若不说，谁肯说？"

同日　顾颉刚到统战部开胡适思想批判会，日记有记：

今日王承袓及梁君（任公之孙）批判予说皆极尖锐。然戴逸亦谓康有为《新学伪经考》是反封建的，则是非固在人心。(《顾颉刚日记》第七卷，669页)

3月27日　胡适复函胡家健，感谢寄来扇子、笋子等物。江冬秀希望胡代买酒曲。前承代托友联社剪寄"清算胡适思想"的文件，很感谢。希望能寄来12月以后的剪报。针对去年10月以来的"清算胡适"，表示："我从来不知道我做了这许多好事，留下了这许多好影响！"认为这是对其思想的大规模的宣传，长时期的宣传。请再代买一两本《红楼梦新证》，代买一本俞平伯的《红楼梦研究》。(《胡适中文书信集》第4册，233～234页)

3月28日　胡适与赵元任夫妇谈。(据《日记》；《赵元任年谱》，340页)

3月29日　为雷震访美事，胡适写长信给蒋介石。(据《日记》)

3月30日　胡适日记有记：

L. Carrington Goodrich 邀吃午餐。我为中国印书史的问题，曾作书要他特别注意元微之的《白氏文集序》及司空图为东都僧慕重刊律疏启两件。他反复辩论，皆不中理，最后引傅沅叔《校宋蜀本元微之文集十卷（51—60）跋》（北平图书馆刊四：4）：

注文内"多作模勒"，勒乃写之误。

一句为说。今天饭后，他取此文给我看。这正如我给他信上说的：此校止指原序的注文"多作书模勒"，并未说正文"模勒"有误。注文本是"多作书模勒"，此本作"模写"，正是误本，何足为据？傅文又脱最重要之"书"字，若非偶脱，足见此本之不足信。其下文云：

"夫以讽谕之诗"，夫乃"是"之误。

《白氏集》日本写本正作"夫"。尤足见此本不佳。

沅叔定此本为"蜀本"，但他说：

桓构字皆不避，当为北宋刻本。其中"敦"字有缺笔者，则后印时所刊落也（！）

这种校勘，真好笑！

4月

4月1日　胡适有《跋全谢山"答陶稺中编修论江省志稿书"（鲒埼亭集外编四十五）》，认为全祖望在当时全不懂得"传本经注之混淆"的问题。到了4月29夜，又写"后记"两条。（《胡适手稿》第6集卷1，145～173页）

4月5日　胡适收听大陆广播，知中国共产党全国代表会议召开。（据《日记》）

4月7日　朱家骅函谢胡适在美主持院士谈话会，并请函告院士会议集会事、评议会集会事、选举新院士事、考古学成所事、近代史设所事。（台北胡适纪念馆藏档，档号：HS-NK05-014-027）

4月11日　雷震致函胡适，告知台湾地区教育行政管理部门已令各地中等程度之师范学校学生自下年起，一律要读《四书》。雷震认为，胡适应该就此问题发表意见，并认为这种趋势可怕，将来也不知道要演成怎样地步。（《万山不许一溪奔——胡适雷震来往书信选集》，73～74页）

4月12日　朱家骅致函胡适、李书华，回应院士谈话会有关选举院士及召开评议会，成立考古学所与近代史研究所等事，分别做出说明，又谈及邮寄"中央研究院"出版品等事。（台北胡适纪念馆藏档，档号：HS-US01-079-015）

4月13日　胡适致函费正清，云：

Kindly forgive me for my long delay in answering your two letters. I have had a rather hectic life these last few weeks.

First of all, I am coming to Cambridge on Friday, May 6, and shall be very glad to talk to your evening session of students. Your suggestion of "The intellectual Trends of 1917–1937" is very good.

I shall probably arrive fairly early in the afternoon of the 6th and shall be glad to join you at dinner at the Faculty Club. Hearty thanks for your kind offer to pay my travel and hotel expenses plus an honorarium of $100. I shall ask Dr. Y. R. Chao to reserve a room for me at the Continental where I used to stay when I spent a year at Harvard in 1944—45.

With regard to my note about Mr. Perleberg, I really do not know how good his training is. He certainly has plenty of error in his writeup of me. But he promises to work over the large amount of material he has brought out from Hong Kong.

Dr. Li Chi probably has told you a bit of my hectic life here especially during those days when he was in New York for "the Academia Sinica" meeting. So far I have been quite well, Am unsuccessful in persuading my wife to join me in the visit to Cambridge and Boston.

With best wishes to you and Wilma and your children.（台北胡适纪念馆藏档，档号：HS-US01-041-037）

4月19日　台湾商务印书馆赵叔诚致函胡适，告：拟在台影印出版《中国哲学史大纲》，并为争取《中国中古思想史》《中国近世思想史》出版权相商。（台北胡适纪念馆藏档，档号：HS-US01-079-016）

4月24日　胡适有陆长源的《辨疑志》，欣赏陆之怀疑精神与"辨疑"的方法。（《胡适手稿》第9集卷3，351～357页）

4月27日　袁同礼为继续得到"中基会"资助事致函胡适。后，胡适有复函。（《胡适全集》第25卷，632～633页）

5月

5月3日　胡适致函赵元任，谈目下所拟在哈佛大学5月6—8日的行程。（《近代学人手迹》三集，50页）

同日　裘开明致函胡适：闻将于周末来剑桥讲学，不胜喜慰，可否请将下星期一正午或晚间时刻留出，到裘宅便饭。如能于星期一搭夜车回纽

约，则下星期一全天可在馆看书，美国国会图书馆近三四年来由日本及中国大陆购得书籍为数不少，其中或有数种可供胡适研究之参考。（《胡适手稿》第6集卷4，491页）

5月4日 韦莲司小姐致函胡适，谈近况并希望胡适夫妇到绮色佳小住。（台北胡适纪念馆藏档，档号：HS-CW01-009-015）

5月6日 胡适在 Littaner Center 对有兴趣于近代中国的教授、研究生等讲"The Intellcetual Trends in China from 1917 to 1937"。胡适在剑桥期间，曾与赵元任等一起与费正清、王守竞等会面。（台北胡适纪念馆藏档，档号：HS-US01-030-011；《赵元任年谱》，341页）

5月11日 蒋介石电令俞国华于本月底发给胡适5000美金。16日，俞国华复电蒋介石，胡适特别费，"遵当于月底前照发"。（台北"国史馆"藏"蒋中正'总统'文物"，档号：002080200351061、002080200351063）

5月12日 胡适有致洪业函（此信未发），感谢两次招待，使自己有机会得见许多老朋友，还有机会同许多青年朋友谈谈。谢5月6日函示陶正靖点御史在乾隆二年，并告论点不在泛称的"研究水经"。自己写《答陶书跋》，只要指出此札只够证明全祖望在当时实在全不曾懂得"传本经注之混淆"的问题。至于"南北两砾溪"一条，已向洪指出全祖望在"五校"时还没有看出这个笑柄，故《济水》篇那两条"经文"的"北砾溪"与"南砾石溪"都没有涂抹改动，也没有校语。自己在这10年中，费了无数心血，寻求新材料，细心地、平心地研究全、赵、戴三公研究《水经注》的历程，决不会存心冤枉全祖望的治学与为人。胡函又云，此次长期讨论，使自己深受恩赐，使自己明白：对全祖望的治学与为人，应该存充分尊重的态度，应该处处寻求反证，总以不轻易立论为原则，否则违反自己承审这个百五十年大疑狱的原意了。自己的原意只是要为赵、全、戴三公寻出他们自己都建筑在朱谋㙔、胡渭的基础上，都能独立有大发明的治学历程。（《胡适手稿》第6集卷1，179～189页）

同日 胡适复函胡家健，感谢友联社代搜1954年12月以后"清算胡适思想"文章剪报。寄上40美元，用于搜集、邮寄、买酒曲之用。拜托胡

代为搜集胡念贻批判周汝昌、吴恩裕的文字。汪孟邹之死耗,自己还不知道。(《胡适中文书信集》第4册,239～240页)

5月15日　胡适得胡祖望电,知曾淑昭本日产一子。此子即胡适唯一的孙子胡复。(据《日记》)

5月22日　胡适有《记赵一清〈水经注释〉的刻本》一文。(台北胡适纪念馆藏档,档号:HS-US01-044-004)

5月31日　蒋介石在其本月反省录中记道:自余抗拒美国要求放弃金、马之拙策以后,其阴谋倒蒋之幼稚行动消息又纷至突来,并将以吴国桢、孙立人与胡适为其替代之意中人,此一情报殊令人不可想象,岂其政府果如此荒唐乎。

6月

6月4日　胡适致函杨联陞:你说此文可以载新复刊的"清华学报",所以重写了寄上,又加一"后记三",请你们(杨及洪业、裘开明)不客气地删削。又说,别后本想先为裘开明写一短跋记哈佛新得的"乾隆甲寅年小山堂"《水经注释》。一开笔,就改了方针,先写了一篇《〈水经注释〉的小山堂雕本的各次修改挖刻本及乾隆甲寅年的两次印本》,又加了一篇《〈水经注释〉的两种翻刻本》,共有一万多字。写成了,又开始写了一篇《赵一清治〈水经注〉的现存各种校本及各种写本》,改题为《赵一清〈水经注释〉的现存各种写本》,写了几千字,还只叙述了他的两个早年校本。全文也许有两万字。但这是为赵东潜的书的本子问题作一个结账,也是不可少的文字。乞告裘公,那篇短跋一定要写的,不久可以先写了寄上。(台北胡适纪念馆藏档,档号:HS-LS01-005-025)

6月5日　胡适修订《跋北平图书馆藏的朱墨校本〈水经注笺〉》。(台北胡适纪念馆藏档,档号:HS-US01-044-005)

6月9日　赵元任来访。(《赵元任年谱》,341页)

6月15日　胡适有《赵一清〈水经注释〉的现存各种写本》一文。(台

北胡适纪念馆藏档，档号：HS-US01-044-003）

6月22日 胡适有《略述赵一清〈水经注释〉的版本——跋哈佛大学藏的乾隆甲寅定本〈水经注释〉》一文。（台北胡适纪念馆藏档，档号：HS-US01-044-010）

6月25日 胡适致函童世纲，拜托童代查日本的"嘉永七年甲寅"及"文政七年甲申"（日本学者黑田敏行点读《北史》的《题记》年月）是中国何年。（台北胡适纪念馆藏档，档号：HS-US01-079-017）

6月27日 胡适有笔记《乍可》。认为："乍可"就是现在说"宁可"。南宋和尚慧洪引此诗，已改作"宁可"。"乍可"是唐时北方人常说的话。（《胡适手稿》第9集卷3，445～446页）

7月

7月2日 胡适致函赵元任，告：张伯谨来函云，朱家骅病已大好，半月后可出院。全汉昇取去200元，请归档；蒋廷黻回来了，昨天同吃饭。（《近代学人手迹》三集，51页）

7月4日 胡适日记有记：

忽然决心写一信给王重民兄，托他从我的"三橱《水经注》"中寄我三件：

①周一良家赠我的东原《自定水经》一卷。

②我过录的"全氏五校本"首尾二册。（似仍在思杜处）

③我过录的"残宋本"全部（在《永乐大典》本之上）。

我说，如（一）件已归北大，可抄一本，用北大本一校。（二）件如在思杜处，可由他直寄。（三）件如不能觅人抄录，可不必寄。

此信托丁关树庄转交丁梧梓，不知她敢寄去否。

（几天后，她回电话，说去年她已去信说起我要点材料的事，梧梓回信不提此事。故此事最好等她自己回去面谈。）

7月7日　胡适致函童世纲，请童帮忙代借吴琯刻的《水经注》。（台北胡适纪念馆藏档，档号：HS-NK05-095-003）

7月9日　胡适复函赵元任夫妇，谈朱家骅病情。告得朱来函后，又不免为其病情担忧。（《近代学人手迹》三集，52页）

7月10日　胡适复函朱家骅，对朱之病深表挂念，详谈朱之病情，并希望朱找最好的医生做彻底检查。（台北胡适纪念馆藏档，档号：HS-NK05-014-031）

7月14日　胡适改定《赵一清〈水经注释〉的校刻者曾用戴震校本来校改赵书吗？》。（《胡适手稿》第3集卷5，365～408页）

7月15日　胡适复函杨日旭：

> 许久不曾写信给你，但你的事时时在我心里。
>
> 曾约农校长曾来看我，我听他的"高谈"，他只要物色一位教务长，一位图书馆主任……所以我决定不提起你的事。……
>
> 你的事现在作何决定？上次信上，你说愿意考虑回台。你是新婚久别的人……当然思家，这是很自然的心理。不知现在已作何决定？
>
> 如果你现在决定多留学一二年，我有个提议：（1）如你在西岸入研究院，我可以助你一千元到一千五百元的数目。（2）你若决定来纽约，我可以请你帮我做点钞写及通信的工作，每月送你一百二十元。你知道我的生活不规律，所以我的助手不必每天来，只需每星期来一两次，带工作回去做，就行了——以上两个提议，请你不客气的考虑。我每年总留两千四百元为借垫中国青年学生来美时签证之需。今年无人借用，只用了五百元。所以我有余力，请你不要客气。况且我去年有点余款，今年也有余款，足够帮你的忙。你若肯接受我帮助，我心里只感觉十分高兴。
>
> 你若决定"回国"，我也可帮你的旅费。……（杨日旭教授提供）

7月18日　胡适复函诸桥辙次：此写本《水经注》，果是冯舒手校之本，海外闻之，深感庆幸！蒙先生赐寄冯氏题记各件，均与陆心源《仪顾堂续

跋》（卷八，叶三）所记大致相印证，而尊函所附钞冯氏手识四行更为详细。甚盼静嘉堂诸公能影印或校印冯舒此本，以供海内外学人之校勘。尊函所示《大汉和辞典》一事，读后当依尊嘱，敬为绍介。（台北胡适纪念馆藏档，档号：HS-NK05-003-022）

7月19日　康奈尔老辈Mr. Brinckerhoff请胡适去看40年前Willard Straight送给他的一幅道教神像画。（据《日记》）

同日　胡适在An Outline of the Religious Literature of India（by J. N. Farquhar，伦敦，1920）一书题记："Hu Shih July 19, 1955, in New York 此书出版在1920，久已绝版，今日我从Paragon Book Gallery买得，甚高兴！胡适。"（《胡适藏书目录》第4册，2859页）

7月21日　劳榦致函胡适，略述在美、日行程及演讲诸事，又谈及台大与"中央研究院"经费困难等情况。（台北胡适纪念馆藏档，档号：HS-US01-079-018）

7月27日　雷震致函胡适，云：台湾各中等学校，早将本刊不放图书馆，不要学生阅读，这是青年团搞的。蒋经国对第12卷第10期李金《权威与权威统治》一文大生气，认为该文是影射蒋介石，因该文无诽谤，不能停刊，乃命《中国一周》为文驳斥。若干商店不敢在"自由中国"杂志登广告，因今年台湾物价增高，故杂志社经济情形恶劣。今年留学生考试，因发榜匆忙与事前人情太多，故办得很滥。胡光麃案牵涉尹仲容。尹已停职。请胡适常为本刊写文章。现在政治糟得很，严家淦不负责，俞鸿钧亦然。（《万山不许一溪奔——胡适雷震来往书信选集》，75～77页）

8月

8月3日　胡适致函赵元任，告朱家骅似未听其彻底检查的建议，现已飞回台北。董作宾接受香港大学的聘约去做研究员，"已无可挽回"。朱家骅希望李济主持史语所，但不知道李是否答应，胡适本人亦盼望李济肯任此事。目下自己饱受炎热之苦。（《近代学人手迹》三集，53页）

8月6日　蒋介石在其上星期反省录中记道：孙立人自写悔罪与求赦书，则对其第一步处置之办法当可告一段落，今后惟对明令免职之方式与时机应加研究……但对于胡适等自由分子之反感，亦不可忽视耳。

8月9日　陈受颐复函胡适，谈到自己对王景春去世有不少的伤感。谈及王最后疗治情况。又谈到王氏对后世已有安排，一切从简，务求省却朋友的钱财与力量，王太太处变非常镇定。后来开一个100多人出席的会，陈氏代胡适送花圈一个。王景春所编字典，也由陈经手在香港找人承印。因王最后又有修改，所以至今未出版，希望10月寄到香港去。胡适的题字，是陈多次向王保证一定会写的。对胡适的右腕受伤，很是挂念，盼不久可以全部复原，题字事不必急。又谈及《历史研究》上登载的批判胡适文章事。（台北胡适纪念馆藏档，档号：HS-US01-008-001）

8月16日　胡适在陈国符著《道藏源流考》（中华书局，1949）之书名页注记："陈国符先生曾与我通信。此书印行在1949年七月，我已出国了。今天香港苏记书庄寄到此册。一九五五，八，十六，胡适。"（《胡适藏书目录》第1册，631页）

8月21日　胡适复函朱家骅，问候朱之病情。又谈及，董作宾当已去香港，"史语所事，诚如尊示，应请济之兄勉为其难"。又谈及《自由人》上的批评"史语所何以不准学术人士来所看书"事，云：

……所中似应有公布"外间人士阅书章程"的必要，同时有解释"未经本所研究发表的材料"的处理办法的必要。藏书可以供学人阅览研究，在今日台北，实有必要，所中似不可拘守旧规，宜酌定从宽新办法，并宜在所内添设阅书人的便利。……（台北胡适纪念馆藏档，档号：HS-NK05-014-033）

按，9月23日，朱家骅有复函。（台北胡适纪念馆藏档，档号：HS-NK05-014-034）

同日　胡适复函赵元任夫妇（赵氏夫妇原函现藏台北胡适纪念馆，档

号：HS-US01-013-005），谈道："人老了，颇感这种奇热有点受不了！"知道杨步伟血压降低很高兴，"我们都老了，都得要节省精力了！"（《近代学人手迹》三集，54页）

8月26日　吴祖楠为移民美国函请胡适代为担保或介绍担保人。（台北胡适纪念馆藏档，档号：HS-US01-079-021）

8月29日　全汉昇致函胡适，报告游欧陆情况与获益事，并感谢胡适的资助、指导。（台北胡适纪念馆藏档，档号：HS-US01-079-022）

8月31日　胡适致函杨联陞，祝贺杨购置新居。谈道："我在国内混了二十多年，总是租房子住，故几次政治大变故，都没有房产可没收——最后一次，竟把一生收集的一百多箱书全丢了。"又谈到侯外庐的批胡文章曾经引用胡适留在东厂胡同旧居的日记等文件，因而推测："大概这几年之内，有人把我的一百多箱书打开了……"又云：

> 五月初，Brandeis University 曾想我去讲学半年，我因其地接近 Harvard Square，可以用 Boylston Hall 的藏书，故曾允考虑，但须在台大允我取消回去讲学半年之口前宿约之后。后来因台湾朋友始终不肯发表我今年不回去的消息，故我今年去 Brandeis 讲学半年的话已取消了。本意决心在夏天三个月之内，结束我的《水经注》研究。六月中颇能发愤摆脱一切，专整理《水经注》文件，但七月中以后，纽约奇热又加潮湿，虽不出门，也不能多作伏案写字的工作——又加上借书的小不便，材料的丢在北平——故《〈水经注〉的一千年》一篇总结账的文章还没有写成，而长夏已过去了。惭愧之至！
>
> 今年计画仍决定结束《水经注》问题，即用全力写成《中国思想史》的英文本。台北讲学是不去的了，外间讲演也拟谢绝。（台北胡适纪念馆藏档，档号：HS-LS01-005-027）

9月

9月3日　胡适致函杨联陞，云：（1）忽起一念，请切实批评，但请勿告他人。我想写一信给王重民，请他把我的"三橱《水经注》"之中，提出几种（周一良的父亲送我的戴震《自定水经》一卷钞本，我在《大典》本上过录了残宋本的十几卷，我在刻本《全校水经注》之上过录了《谢山五校本》的第1与第12两册），寄到香港交我的朋友转寄来。并请他将北大藏的戴震《自定水经》一卷的乾隆三十七年秋改定本，也影抄一本寄出。此信上拟嘱他不妨将此意直告向达与马寅初，如必要时，竟不妨直告毛泽东。我想此信由香港友人看了，转寄北京。我盼你想想，此意是否可行？是否值得一试？（2）当时北大50年纪念，有"《水经注》版本展览"一项，故我的"宝贝"全都抽出一部分展览了。我走时，不愿意把各书的剩余各册带出来。其实我走后还可以让他们交邮寄出，但那时心绪不佳，故没有想到。（台北胡适纪念馆藏档，档号：HS-LS01-005-028）

9月5日　蒋复璁致函胡适，告"中央图书馆"复馆情形，并为购书及印善本目录向"中基会"请款，请胡适鼎力支持。（台北胡适纪念馆藏档，档号：HS-US01-079-025）

9月7日　胡适有《赵氏水经注释》一文。（《胡适手稿》第6集卷2，255～256页）

同日　赵元任致函胡适，云：

> Back in Berkeley again.
>
> Fell talking with Kerner, who never ceases complaining about that time when you declined the offer he had helped put through against many difficulties and red tapes, nor have I or Yunching ceased to complain about that time. Then a big idea came up as we talked: How about trying one of those regent professorships, of which there is usually one for one year or even half

year from people from outside. It is usually from the industrial organizations, but there is no rule that it must be. Any-way there is no harm trying. So for the present if you have time to send us some amunition, such as publications, plans（e.g. *History of Chinese Thought*）, things to lecture on, etc., etc. Of course we have the biliography for data for earlier years, but more recent data will be more useful for the present purposes and we are perhaps less familiar with more recent data and of course we wouldn't know what's being planned in your own mind as to what lines of problems you will be most interested in attacking for the near future.（If anything comes through, it will probably be for 1956.）

Has Lao Mei left? Do you think it would be any use or advisable if I wrote to the "Minister" advising against starting a "Tsing Hua Research Institute of Graduate School" on the ground that the personnel problem will be insurmountable?

Love to you both from both of us.

P.S.: I had the honor of being on the reverse side of the tape for your speech to the Chinese Student Rally.（台北胡适纪念馆藏档，档号：HS-US01-082-003）

9月9日　雷震致函胡适，恳切向胡约稿。又说："我们今日的立场甚苦。'政府'及国民党认为我们反'政府'……"而康奈尔大学的 Dr. David Warfel 则说"自由中国"刊物，"批评'政府'言论少到可怜"。（《万山不许一溪奔——胡适雷震来往书信选集》，78页）

按，是年向胡适约稿的，还有李中直、邱然、闵泳珪（Minn Young-gyu）、Hamilton Fish Armstrong、Charles A. Moore 等。（据台北胡适纪念馆所藏档案不完全统计）

9月10日　胡适在 *The Portable Gibbon: The Decline and Fall of the Ro-*

man Empire（edited by Dero A. Saunders，纽约，1955）一书签记："Hu Shih Sept. 10，1955。"（《胡适藏书目录》第4册，2872页）

9月19日 雷震致函胡适，告："自由中国"第13卷第6期刊了孙元锦之死二文后，台湾"保安司令部"、安全主管机构及台北市警察局均要求不发行。雷震答应渠等要求后，也提出三点：

（一）请将本刊这一期呈"总统""副总统"及"政府首长"；（二）李基光敲诈逼人致死一案要早日决定公布，以平民愤。（三）下不为例。下次如再有同样之事，本社宁可停刊，不接受此要求。对方对第一点认为应由本社送呈，他们不便。第二点"安全局"允照办。第三点他们表示不会再有，而且这一次也是情商（因我在初时接谈，曾要他们下一道停止发行的命令是最简单）。

雷函又谈及刘文腾案。并慨叹"今后办刊物真是困难万分"，盼胡适多写文章予以精神上之支持。又云：

……雪艇先生叫我小心，他说还有（对我不利）严重事情在后面。此次我已下决心，这样局面是撑不下去的。我年已快六十……我对于生死已置之度外了。这几天我被他们纠缠得痛苦万分，夜间服催眠药也睡不着。（《万山不许一溪奔——胡适雷震来往书信选集》，79～83页）

9月21日 劳榦致函胡适，云：告知回台后在台大阅卷以及下学期所授课程。李济担任史语所所长之后，曾开过一次所务会议，并与自己商量所中一切问题。第一组因陈寅恪在大陆，主任不可久悬。劳认为第一组应有一代理主任，并认为陈槃最合适，经李济同意并在所务会议通过。又聘姚从吾、李玄伯、沈刚伯、刘崇鋐为通信研究员。还拟聘海外研究人员担任通信研究员，想到洪业与杨联陞，所务会议议决拟请胡适核定可否再由胡适征求同意。集刊编辑由李济指定劳榦负责。再谈到"中央研究院"又成立民族研究所，由凌纯声担任筹备主任。又谈及史语所拟在明年为胡适

出祝寿集刊等事。（台北胡适纪念馆藏档，档号：HS-US01-079-026）

9月28日　杨联陞复函胡适，云：自己和洪业被聘为通信研究员之事，都深感荣幸。又云：

> 您决定不到Brandeis来讲学，我们在波士顿的人不免有几分失望，因为少了一个随时请益的机会。您说《水经注》问题结束之后就用全力写成《中国思想史》的英文本。我极端赞成。思想史上古时代虽然译文已多，可读的书也有几种，秦汉已后就差多了。学生常苦无可参考。冯友兰的书下册虽已译出，缺略之处太多，佛教史更不行。这些缺陷，真希望您的书早日出来补足。

又谈及今夏在莱顿举行的少壮汉学家年会上，叶理绥、费正清曾见到周一良等。（台北胡适纪念馆藏档，档号：HS-LS01-005-029）

9月29日　胡适重写《所谓"全氏双韭山房三世校本"水经注》。内容包括：（一）全祖望自述他家三世先人的校本；（二）论全氏三世先人所见"宋本"是假托的；（三）《水经注》"注中有注"之说也是全氏自己的见解而追赠给三世先人的；（四）最后一条证据："湛水，椹水，黮水，须水"。此文后发表于"清华学报"新1卷第1期（1956年6月）。

秋　胡适开始撰《丁文江的传记》。（胡适：《丁文江的传记》，胡适纪念馆，1973年，"校勘后记"）胡适作此传时，常请杨日旭帮忙查阅资料。杨氏在胡适所赠杨之《丁文江的传记》扉页上有题记：

> [一九五五年]冬月胡先生为丁在君先生写传记。先生嘱代检集资料。时余来往于先生寓邸与哥伦比亚大学平均每周三次。先生每写毕一章，余即读一章。及文毕，先生托蒋廷黻先生带返交"中央研究院"李济之先生付梓。时先生拟赠余贰十元（每月），婉谢了。并代整理胡适文集第五册。
>
> 日旭补记

1955 年　乙未　64 岁

10月

10月1日　胡适出席"中基会"第二十六次年会。议决在台湾大学设置客座教授。胡适报告该会在美国恢复业务之经过及其五年来工作之回顾与检讨。(《"中基会"对科学的赞助》,249 页)

10月3日　胡适汇款 37.23 美元与美国国会图书馆"影像复制服务组"订制《吴琯刻本水经注》微卷。共复制底片 948 张,实际材料含邮寄挂号费共 39.07 美元。(台北胡适纪念馆藏档,档号:HS-NK05-211-002)

10月4日　胡适在日记中评论了 Look 杂志发表的 Donald Robinson 所写的"VIP: The World's 100 Most Important People":

> 此人似是一位左倾有作用的作家,故此一百人中,没有蒋介石,而有刘少奇、毛泽东、胡志明及缅甸的 Thakin U Nu！又有彭德怀。
> 　　中国人又有我与晏阳初,大概是陪客的。最妙的他说我:
> 　　Hu Shih,63,Chinese scholar. He has invented a simplified Chinese language, is a great teacher.
> 真可以说没有常识了！
> …………
> 结论里又故意指出
> 　　The most tragic? A man whose name is not on the list——Chiang Kai-shek, now in "exile" in "Formosa". What bitter tea he must drink!

同日　劳榦复函胡适,告上次所务会议已经决定聘请陈受颐为通信研究员。建议胡适致函李济,表示胡适本人同意聘请洪业、杨联陞为通信研究员。(台北胡适纪念馆藏档,档号:HS-US01-079-028)

10月10日　胡适复函赵元任,谈道:"Metaphor 义有广狭,不知道你要我的 mixed metaphors 是什么样子的。请给我一个两个例子。我可以试找找看。是不是一定要白话文的例子?"又谈到蒋梦麟已到纽约,梅贻琦将

回台湾等。(《近代学人手迹》三集，55 页)

同日　胡适有《赵一清小山堂〈水经注〉雕本的问题》。(台北胡适纪念馆藏档，档号：HS-US01-054-008)

同日　查良鉴致函胡适，告成功追偿存放瑞士巨额存款事，感谢胡适惠赐鼓励。(台北胡适纪念馆藏档，档号：HS-US01-079-031)

10 月 16 日　胡适致函袁同礼，请袁代查［美国］国会图书馆中有无《振绮堂书录》，若有，请代检、抄示其中对于赵一清的《水经注释》三部写本的记录。(《胡适全集》第 25 卷，651～652 页)

10 月 18 日　胡适致函 Earl W. Count，云：

> I must humbly ask your forgiveness for my long delay in answering your kind invitation which Professor Philip C. Jessup forwarded to me toward the end of September.
>
> My delay was largely due to the arrival in New York of a few educators from Taiwan ("Formosa") who were asking me to reconsider an invitation to lecture four months in "Formosa" during this winter. It is now decided that I may postpone my "Formosa" trip till the fall of 1956.
>
> If you have not secured a Chinese speaker in the meantime, I shall be glad to come to Hamilton College and give a lecture in the series you have been planning. Either early December or early January, or mid-February will suit me quite well.
>
> I have studied your letter to Jessup, and like to suggest some such subject like: "Chinese Thought (or Culture) before and after the Introduction of Buddhism from India". If you have other suggestions, kindly let me know.
>
> If you have already secured a Chinese lecturer, I shall fully understand, and shall offer you my humblest apologies.
>
> In the Summer of 1949 when I was asked to substitute for Jessup as Commencement Speaker at Colgate, I had the great pleasure of driving

through the beautiful campus of Hamilton College. I was greatly impressed by the campus and its many big trees.

As a Cornell man, I have always regarded Hamilton and Colgate as good neighbors.（台北胡适纪念馆藏档，档号：HS-US01-039-001）

同日　胡适复函 Carter Davidson，云：

I wish to thank you most heartily for your kind letter of October 1, 1955, and for the very beautiful Wedgewood plates with four campus scenes of Union College, which have safely arrived. I shall always treasure these plates as reminders of Union College which did me the great honor by electing me Honorary Chancellor for the year 1940.

Kindly convey my sincere thanks to the Board of Trustees of the College for these valuable gifts.

Please be assured, Mr. President, that I shall be glad to perform any service which the College may wish me to do.

Wish warm greetings and high esteem.（台北胡适纪念馆藏档，档号：HS-US01-067-010）

同日　胡适致函高宗武，告将来证券市场无论如何变动，切不可为那几千元款子忧虑。（台北胡适纪念馆藏档，档号：HS-NK05-057-034）

同日　沈惟瑜致函胡适，谈自从去年这个时候胡适说笑话由沈写《胡适传记》之后，自己当时感到很荣幸。因为个人原因，虽然没有动笔，但仍然有野心和勇气要试一试。详谈自己的计划。（台北胡适纪念馆藏档，档号：HS-US01-079-033）

10月19日　马逢华致函胡适，云：

You may remember that I was a Peita student who left "Peiping" in the Summer of 1951. Prof. S.C. Tsiang（蒋硕杰）wrote to you about me after I arrived at Hong Kong, and late in 1952, I had the opportunity to visit you to make a brief report on Peita while you were staying with President S.L. Chien （钱思亮）at Taipei.

I came to this country for a brief visit in 1953 on an MSA grant and I came again last February to continue my graduate studies in the Department of Economics, University of Michigan. I am now also working with Prof. C.F. Remer on a research program concerning the international economic relations of Communist China.

In this letter I shall try to present to you one of the problems which we have encountered and to which we have not been able to find a satisfactory answer. We think that your opinion on this problem would be authoritative.

Our problem is: What were the fundamental reasons of the growth of Marxist and Communist thought in China in the early 1930's? Why did a great number of Chinese intellectuals choose Marxism at a time when they had the opportunity of free thinking and free choice?

Some students in this field have offered the explanation that in the early 1930's the "nationalists" failed to give ideological satisfaction to the educated Chinese, while during the same period, the Marxists gave the impression that they could offer the only satisfactory and "scientific" explanation of Chinese society and its prospects. This opinion is represented, for example, in the early chapters of E.S. Kirby's *Introduction to the Economic History of China*.

The main points of this explanation are:

First, the non-Marxian scholars were not successful in trying to identify Chinese civilization as "separate" from world civilization in general, or as a "type" of its own. This was shown in the "Chinese History Controversy" of the 1930's. This Controversy led to the denial of any "separateness" or abnormality in the case of China, and the identification of China's recent situation with the earlier stages of Near Eastern and European development. In this field the left wing secured the active or passive support of a large portion of educated persons.

Secondly, this tendency in academic circles led to the allegiance (or at least lack of intellectual opposition) to the party which claimed that it alone had a "scientific" understanding of these predetermined historical stages, and that it alone had a "Practical" way of reaching them.

...

It seems to us, that while there may be some sense in this explanation, it is certainly not the whole picture. Your comments on the above opinion are cordially invited, and any comments you may care to make in the problem of the basic reasons of the growth of the Marxism in China in the early 1930's will be greatly appreciated.

We believe that the explanation to which I have referred above, neglects the international factors in the rise of Marxist thinking in China. We feel that Lenin's ideas in imperialism, for example, had some importance in its effect in the Chinese intellectuals of the time. But our purpose is to ask for your valued opinion and not to present our own comment in the controversy over Chinese history as a factor in the rise of Marxism.

We shall await your answer with much interest and we hope to hear from you at your early convenience. I wish to add my warm personal regards to those of Professor Remer.(台北胡适纪念馆藏档，档号：HS-US01-082-006)

10月20日　陈之藩函寄《人民教育》一册与胡适，并代梁实秋询《胡适文存》版税处置事。(台北胡适纪念馆藏档，档号：HS-US01-079-034)

同日　René A. Wormser 将其所著 The Myth of the Good and Bad Nations（芝加哥，1954年）题赠胡适："To Dr. Hu Shih with respects and best wishes René A. Wormser."(《胡适藏书目录》第4册，2843页；台北胡适纪念馆藏档，档号：HS-US01-008-003)

10月24日　胡适致函袁同礼，谈振绮堂所藏三部赵一清书。(《胡适全集》第25卷，654～655页)

10月25日　董显光致函胡适，云：

Sometime ago you asked me to write a brief sketch about V.K. as I know him. I am herewith sending you 2 copies of a brief sketch which I have written about our mutual friend.

Please make all corrections necessary.

I hope this is what you want. However you are at liberty to use the whole of the sketch or part of it or not to use it. I leave all this to your discretion.

I do hope that you will be kind enough to write an introduction for my booklet of jokes. Your favourable consideration of my request will be appreciated.(台北胡适纪念馆藏档，档号：HS-US01-082-009)

10月26日　胡适致函童世纲，请童帮忙借阅《浙江采集遗书总录》《榃书余录》以及鲁迅的《华盖集》、《且介亭杂文》一集和二集、《三闲集》、《伪自由书》、《且介亭杂文末编》、《二心集》。(《胡适中文书信集》第4册，256页)

10月27日　赵元任复函胡适，感谢寄来短评，讲稿将另寄上。又谈及拟联络几人联合向加州大学当局要求邀请胡适来讲学一年事等。(台北胡适纪念馆藏档，档号：HS-US01-080-001)

10月31日　劳榦致函胡适，谈及李济、李方桂回台事，又谈到11月13日台大校庆文学院所办讨论会上历史学系和考古学系讨论的主题，又谈到李济已决定聘陈受颐为史语所通信研究员，杨联陞为通信研究员也是不成问题的。(台北胡适纪念馆藏档，档号：HS-US01-080-002)

11月

11月5日　雷震致函胡适，聂华苓接陈之藩来信，告胡适曾对陈说要给"自由中国"杂志写两篇关于"思想清算"的文章。至盼胡适写好早早寄来。"先生究竟是这个刊物的领导者，一年应有几篇文章发表。"又云：

> 十三卷九期社论《自清运动要不得》，竟大受欢迎，发行之次日即告罄，乃再版一次。其实读的人……大多数是国民党员，党内大部分人都不愿填的。他们一致佩服我大胆。但这篇是很心平气和说道理……
>（《万山不许一溪奔——胡适雷震来往书信选集》，84页）

同日　远东图书公司浦家麟复函胡适，云：版税已交胡祖望收取；大作第五集原稿请即寄下以便排版；《胡适文选》自卢逮曾去世后即已绝版，现在翻印本充斥市上，本公司拟将原有纸型付印，以制止翻印，请示知可否；《中国哲学史大纲》及诗集改编完成后敬请寄下付印。（台北胡适纪念馆藏档，档号：HS-US01-080-003）

11月8日　Eugene P. Boardman 致函胡适，云：

> The committee for East Asian Studies of the University of Wisconsin is planning a series of five lectures for the first five weeks of the second semester following the general topic: Asian Perspectives. These will be given on successive Thursday evening beginning with the evening of February 9 and concluding with the evening of March 8.
>
> Several of the members of the Committee have urged me to inquire into the possibility of having you deliver one of these lectures. You could choose your own topic; a subject such as "The Condition of Intellectuals in Communist China" would be of interest to our university community and would certainly draw a crowd, but this is only a suggestion.

We are customarily able to offer $150 to cover travel and the honorarium for such a single lecture.（台北胡适纪念馆藏档，档号：HS-US01-082-014）

11月9日　邹秉文致函胡适，告福特基金会资助哥伦比亚大学研究中国问题事，请代觅机会。（台北胡适纪念馆藏档，档号：HS-US01-080-004）

11月10日　胡适打电话与张爱玲。日记有记：

Called on Miss Eileen Chang 张爱玲，author of《秧歌》。

始知她是丰润张幼樵的孙女。

张幼樵（佩纶）在光绪七年（1881）作书介绍先父（胡传，字铁花）去见吴愙斋（大澂）。此是先父后来事功的开始。

幼樵贬谪时，日记中曾记先父远道寄函并寄银二百两。幼樵似甚感动，故日记特书此事。……

11月12日　吴相湘致函胡适，云，年初胡适函询《红楼梦考证》集子出版事，以卢逮曾太太新遭夫丧，颇有仍由六艺出版社刊行以实现卢先生遗志之意，故迄未有决定。上月初卢太太将该稿交生收存（其中包含胡适的《红楼梦考证》、李玄伯先生文及他自己撰《故宫档案中所见曹雪芹先世事迹并附故宫档案》），并与毛子水、姚从吾商定决由他家书店印行。盖自力印刷费用太多，欲求贯彻素愿已力不从心矣。当时决定请毛子水先生函陈先生请求授权签订出版合同，并请胡适作一长序将此一公案作一断结。大陆上红学之辨已告结束。世人正注意胡适之意见，故此时印出销行必多，惟其时正值子水先生准备赴日考察，事极繁杂，虽再三确言一定抽暇寄函胡适，但究不知已陈先生否？又毛子水先生嘱吴代洽接印行处所，经自己洽商务印书馆赵叔诚经理，彼一口应允，愿为精印，故如胡适同意，拟恳授权子水代表与商务签合同，并将序文速寄来台，以便早日付印为祷。吴函又谈及《中国现代出版史料》有文利用胡适所留置大陆之信札等。（台北胡适纪念馆藏档，档号：HS-US01-080-005）

1955年　乙未　64岁

11月14日　胡适作有 Preface to Hollington K. Tong，Japanese Sense of Humor。(《胡适英文文存》第3册，远流版，1477～1483页）

同日　胡适作诗贺刘驭万结婚25年：

二十五年甜蜜蜜，人生最乐有贤妻。

当然胶卷三千尺，不见刘郎不笑时！(据《日记》）

11月15日　雷震致函胡适，告国民党的自清运动在党内反响不好，并函寄香港《工商日报》之通讯说明。又云：

本刊已入第七年，为纪念起见，多出六页，因经费关系不能多出。先生拟写之文章，请早日寄下。又本刊十三卷十期我有一文章，题为《我替领导"反共"斗争的美国着想》，请阅后指教。(《万山不许一溪奔——胡适雷震来往书信选集》，85页）

11月17日　胡适有校勘冯舒家藏写本《水经注》的笔记。(《胡适手稿》第4集卷1，123～151页）

11月20日　朱文长致函胡适，谈及福特基金会拟拨款资助哥伦比亚大学研究近代中国人物与政治，请代推荐自己给 Schuyler C. Wallace 以谋此职。附寄渠致 Schuyler C. Wallace 函一件。(台北胡适纪念馆藏档，档号：HS-US01-082-021）

11月26日　胡适致函 Earl W. Count，云：

Please forgive me for the delay in replying to your last two letters. I confess that I am a little confused by your frequent references to Bandung and in particular by your tentatively announced statement that my topic was to be "China: Why Bandung?".

Probably it was a mistake for you to invite me. Certainly it was my mistake to have accepted your invitation, vaguely believing it to be my part to discuss some aspect of the cultural polarities of differences in the Asian countries, and unconsciously paying no attention to your first reference to the Bandung Conference. That was why I suggested the topic: "Chinese Thought (or Culture) before and after the Introduction of Buddhism from India", which is a strictly historical and purely academic subject. Probably all that was due to my failure to fully understand what you termed "the anthropological idiom" and "cultural ethos".

...

There is still time for you and me to undo this stupid confusion on my part. I would like very much to beg you most sincerely to allow me to withdraw from participation in your series of lectures. My request is sincerely motivated by a desire not to embarrass the sponsors of the series. For I can see that it will be embarrassing to the sponsors if I were to use the topic "China: Why Bandung?" and to turn it to mean something like "A 'Free' Chinese Criticism of the So-called Spirit of Bandung".

I would deeply appreciate your kindness if you could accede to my request by either sending me a wire or a telephone call (Butterfiled-8-5199) releasing me from my promise to take part in your series. Kindly wire or phone at my expense.

I most humbly offer you my apologies for all the trouble I have caused you. I shall be happy to redeem myself some day by paying Hamilton College a visit and talking on some purely academic topic free from Bandung or Geneva.

With a thousand apologies, I remain.（台北胡适纪念馆藏档，档号：HS-US01-039-005）

11月28日　胡适复函胡光麃，提到胡乃绝顶聪明之人，未免锋芒太露，未免得罪人。这是聪明人很难免的灾祸。自己在十八九岁时取李白"至人贵藏晖"的意思，取"藏晖"为室名，欲以自警，但40多年来，终不能实

行此意。(胡光麃:《波逐六十年》,新闻天地社,1964年,174页)

同日　胡适致函雷震,介绍胡光麃访问雷。又云:

在英、美一系的国家里,凡刑事案件在审判时期,报纸不得发表足以影响陪审团(Jury)及法庭的议论。最近香港各大报受法庭处罚,是其一例。

胡君与尹君两案,其影响"自由中国"在"国外"的地位,不下于孙立人一案。所以我很高兴的介绍胡君来同你谈谈。(《万山不许一溪奔——胡适雷震来往书信选集》,86页)

12月

12月2日　徐学禹来访,胡适劝他写自传。胡适日记又记:

他办招商局十年,最有成绩,最后的三件事是①用招商局轮船送蒋先生从上海到舟山,从舟山到台湾。②撤退舟山。③撤退海南岛。

他是陈公侠一手提拔的人,故他深知公侠。我劝他写公侠的事迹。

12月3日　蒋介石在其日记中认为,蒋经国所撰《我的父亲》一书,对其本人似有损失,"以其工作能力,不必以家人父子关系为凭藉。而且胡适之先有其所著《我的母亲》一书,则经儿此次书名,人以其仿效适之所为,更为不利也……"

12月10日　杨联陞复函胡适,谈及收到朱家骅、李济为胡适明年65岁祝寿论文集征稿函,自认为是义不容辞,并拟写有关《道藏》的论文等。(台北胡适纪念馆藏档,档号:HS-LS01-005-030)

同日　胡正中复函胡适,为迟复信致歉,述其父近况及同乡汪善以之遭遇。(台北胡适纪念馆藏档,档号:HS-US01-080-008)

12月17日　胡适到大西洋城避寿。(《胡适之先生年谱长编初稿》第七册,2506页)

12月19日　胡适复函赵元任，感谢赵等邀胡适来加州大学讲学（赵函存台北胡适纪念馆，档号：HS-US01-069-002），又云：

> 我这几年所以故意不教书，也不热心向人要教书讲演的机会，实在是因为一种避嫌的心理，一面是许多所谓"汉学""支那学"家总有点怕我们打入他们的圈子里去，一面是这种人在政治上又往往是"前进"分子，气味也不合，所以我总有点神经过敏的感觉，觉得还是"敬而远之"为上策，切不可同他们抢饭吃。
>
> 你们几位此次的conspiracy，当然是给我一个大大的Honor。但我盼望你们也不要勉强。（《近代学人手迹》三集，58～59页）

12月29日　胡适复函杨联陞，告自己尚未看到朱家骅、李济为自己65岁征文的信，此事使他"踌躇不安"，但又表示："此事也可以引起一班朋友写文章的兴趣，我不反对。"对杨撰文"感觉荣幸"，对杨之题目，"特别赞成"。又云：

> 顺便提到《释老志》的两个小问题。你引的一段中有"号曰并进言"，应作何解？
>
> 又此志中有真君七年的毁法诏文，其中提及"刘元真、吕伯疆之徒"，刘元真是可考的，而吕无可考。我曾为汤锡予先生说，吕伯疆可能是《高僧传·康法朗传》中的吕韶（令韶）。但此说颇少证据。（当时我作此假设，是因为①真君七年诏中此段说的是"事胡神，及造形像泥人铜人"之禁，而曰"虽言胡神，问今胡人，共云无有，皆是前世汉人无赖子弟刘元真、吕伯疆之徒，乞胡之诞言，用老庄之虚假，附而益之，皆非事实"。是刘、吕二人皆与造佛像有关。而《法朗传》说令韶"刻木为像，朝夕礼事"。此仅指刻法朗之像？而下引"孙绰《正像论》云，'吕韶凝神于中山'，即其人也。"然则吕韶礼拜的像并非其师之木像，乃是凝神于佛像，故是提倡拜佛像的一人，故列于"正像"之论。②因为吕韶与刘元真的时代相近，皆西晋人，元真为中州人，

吕是雁门人，法朗为中山人。真君七年毁法之诏特别提及此二人，而此二人皆有孙绰论赞，当是三世纪北方提倡佛教有大力的人。）你对于此人，有无旁证材料？

　　近日买得一部《碛砂藏》影印本，共591册，目录两册，十二月廿二日大雪时寄到，已上架了。连日翻读，颇废寝食！家中有几部大藏，都没有在身边，深以为憾。……此次偶然得此全藏，此是宋朝最后刻的一部大藏，刻未完而宋亡，中辍几十年，至大德初始续刻，中间风气已大变，密教已大行，故续刻超出端平原目之数，其中多是新译的秘密经典。但《宋藏》规模还在。朱庆澜、叶誉虎诸人当日提倡影印《碛砂藏》，实甚有功。可惜借补的部分不能尽得宋刻诸藏，往往用明《北藏》补照——故玄奘的《西域记》里忽然提到永乐，提到郑和！

　　我曾仔细检看 Gest Library 的《碛砂藏》残本，今得此影片，始知朱庆澜诸公当日所得陕中两寺的《碛砂藏》尚有不少问题。……（台北胡适纪念馆藏档，档号：HS-LS01-006-001）

同日　胡适将其新拍照片寄赠韦莲司小姐，谈道："……我已经感到岁月不饶人了。……去年，我很容易感觉疲倦……唯一让人宽心的是：在我做自己喜爱的研究工作时，坐着工作三四小时，还不觉得疲倦"，又谈到喜欢卜朗吟的诗：

　　我常想到卜朗吟的诗，《一个文法学者的埋葬》，这是我最喜欢的一首诗。我回顾自己的一生，我基本上是个人道主义者。卜朗吟的"文法学者"似乎捕捉到了这种精神——一种早期文艺复兴的时代精神。

　　因为这种精神上的联系，我想要卜朗吟和卡尔森（Corson）的照片。虽然我的公寓已经非常拥挤……（《不思量自难忘：胡适给韦莲司的信》，262～263页）

12月31日　胡适作有《〈碛砂藏〉序》。
同日　晚，胡适应邀在江季平家做客，遇到顾孟馀等。（胡适1956年

1月4日《日记》)

下半年　胡适始作《四十年来中国文艺复兴运动留下的抗暴消毒力量》一文,此文是应海内外朋友邀请回应大陆"批判胡适运动"而作的,但最终未写完,只有残稿。胡适说:从"清算"俞平伯的《红楼梦研究》到"清算"全部胡适思想,那个转变是预定的。胡适又说:我虽然从没有写过一篇批判马克思主义的文字,我在这30多年中继续为中国文艺复兴运动所做的工作,渐渐的把那个运动的范围扩大了。胡适还说:科学不是坚甲利兵,飞机大炮,也不是声光电话,那些东西都是科学的生产品,并不是科学本身,科学本身只是一个方法,一个态度,一种精神。这个方法并不是西洋人单独发明的,乃是人类的常识加上了严格的制裁和训练。其实科学发达史上,真正创造科学的许多开山大师都是为真理而寻求真理,为知识而寻求知识的工作者。(《胡适手稿》第9集卷3,489～557页)

是年　胡适有"Prefatory Note to Harold Riegelman's Caves of Biak, An American Officer's in the Southwest Pacific"(纽约 Dial Press,1955年)。(收入《胡适英文文存》第3册,远流版)

是年　周绍良《敦煌变文汇录》由上海出版公司印行。此书之绍良叙末有胡适的红记:"此君似是周汝昌的哥哥缉[辑]堂。他作《红楼梦新证》的跋,尾题'一九五三,五,二十,于津沽'。与此尾题相似。适之。"(《胡适藏书目录》第1册,645页)

是年　Eileen Chang 所著 The Rice-Sprout Song 于纽约出版。渠曾将此书题赠胡适:"To dear Dr. Hu Shih, with sincerest regards and gratitude, Eileen Chang."(《胡适藏书目录》第4册,2885页)

1956年　丙申　65岁

> 是年9月至次年1月，胡适受聘于加州大学，以"Regents Professor"名义在该校讲学。
> 10月21日，胡适发表《述艾森豪总统的两个故事给蒋"总统"祝寿》一文。
> 11月，胡适向友人谈及，计划在台中或南港租地建屋，作久居之计。
> 12月，胡适提出"毁党救国"的主张。

1月

1月4日　顾孟馀来访，畅谈。阅《碛砂藏经》。（据《日记》）

按，本谱引用胡适1956年日记，除非特别注明，均据《胡适的日记》手稿本第17册，以下不再特别注明。

1月6日　刘驭万来长谈。胡适日记记道："他说，每逢大的Crisis，他总来问我的意见，屡次经验过来，我的意见总是不错的。所以他今天又来问我的意见。"

同日　晚，胡适到Round Table Club聚餐。出席的其他4人为Prof. Carlton Hayes、Kelly、Wolfe和Sheppardson。（据《日记》）

1月7日　胡适偕江冬秀访Dr. Horace I-Sen Yu。（据《日记》）

1月8日　杨联陞复函胡适，主要谈《老君音诵诫经》。杨函列述陈国符及日本人福井康顺有关论述后，指出：两人似都没有作过更详细的研究，

所以"校释"及"表彰"工作，还是值得一做。（台北胡适纪念馆藏档，档号：HS-LS01-006-002）

1月15日　胡适致函陈受颐：在罗省三天，得畅谈三次，"幸何如之"。8日夜别后，直到3时30分才到旧金山机场，张紫常尚在机场相候，回到旅馆已经4时30分。11、12日游Carmel和Monterey，讲演三次。13日上午起身，下午2时回寓。这八天中，在南加州三天，在蒙特雷两天半，两处都玩得很痛快，今天开始工作了。（《胡适中文书信集》第4册，269页）

1月20日　胡适在《与高丽使臣函札》第2册册末有跋文：右十五件，计叶志诜三札，汪喜孙八札，附答汪孟慈书……又李钧、李伯衡、陈用光各一札。诸札上款皆称翠微先生，汪札两称"使者"，陈硕士札说"辱荷贵邦好学之士访问"，则此人是外国文士驻节北京，似是韩国使臣……（《胡适藏书目录》第2册，1010页）

1月28日　Sidney Caine 致函胡适，云：

Thank you for your letter of 6th January. Naturally we are disappointed that it is not possible for you to pay us a visit but I quite understand your difficulties.

I wonder however if you could help us with advice. We are now making another effort to fill our Chair in Chinese Language and Literature. As you know the Department has hither too been in the charge of a senior lecturer but we recently advertised applications for the professorship. It is required by our rules in these matters that we should appoint external experts to assist us in the selection for any professorship, and the Senate of the University have unanimously agreed that you should be invited to serve as one of these external advisers. I enclose a copy of the particulars of the appointment. The other person whom we propose to ask to serve in the same way is Dr. Chen Lu now in Hong Kong.

I should be very glad to know as early as possible whether you could help us by serving in this capacity. If so we shall of course send you in due course full particulars of the candidates and ask for your assessment of them. We should also in accordance with our normal practice obtain comments from the Inter-University Council for overseas education who are our normal London advisers.

If you are agreeable to serving, could you also let me know whether you would see any objection to it being known publicly that we have sought your advice. This would not be done immediately, but it might be helpful to make it known at a later stage. This is not, however, essential and we should be quite content to fall in with your wishes, and those of Dr. Chen Lu, on the question of publicity.（台北胡适纪念馆藏档，档号：HS-US01-069-011）

2月

2月1日　胡适致函《自由人》，更正该刊所载徐道邻《记丁在君》关于丁文江的不实记述。（《胡适全集》第26卷，1～2页）

2月3日　Kalyan Kumar Sarkar 函告胡适 P. C. Bagchi（师觉月）病逝之消息。（台北胡适纪念馆藏档，档号：HS-US01-067-011）

2月5日　杨联陞致函胡适，谈又搜集到《老君音诵诫经校释》材料："至道不烦"出于《黄庭经》。道家用"七世父母"作七世祖父母解，不像佛家与现世本生父母相对，这也是中国家族主义对业报说发生影响之一例。又谈到自己想研究一下"五服"问题，希望得到胡适的指示。（台北胡适纪念馆藏档，档号：HS-LS01-006-003）

2月6日　L. S. Rowell 函邀胡适前往 University of Vermont 演讲：

An earlier letter to you, addressed to the "Chinese Embassy", I think may not have reached you at all and in any case it may have been too indefinite for you to have been able to give us any information. I am, therefore, taking the liberty of sending you this second letter explaining about the Warren R. Austin Institute In World Understanding. I have enclosed two programs of the first two series. I think that you will find a program which has stature and which has served a very good purpose in bringing to the campus of the University of Vermont, the people of the state of Vermont and our summer guests a better knowledge of the difficulties and possibilities in understanding the people of the world.

This year we have chosen as the theme of the Institute the Religious Beliefs of the People of the World. I have enclosed a tentative program for 1956. It has been our custom to have the public, Monday evening lecture by the guest speaker of the week followed the next morning by a seminar discussion with members of certain classes. This year we shall have two classes on campus, one in Comparative Religion and one in Philosophy of Religion. At the time that we have suggested the lecture on Confucianism the course in Philosophy of Religion would be in progress and we anticipate having Dr. Peter Bertocci of Boston University, here to conduct this course and moderate the seminar discussion. As well as the members of this class we would also have those in the class in World Politics and International Relations present for the seminars. In this way many points of view may be brought out and discussed.

We would hope that you might be sufficiently interested in this program and also find time in your busy schedule to be with us for July 30th and 31st. The University would, of course, wish to defray your travel expense in attending the Institute and, though modest, we would hope that an honorarium of $200 might express our appreciation though not our estimate of the contribution.（台北胡适纪念馆藏档，档号：HS-US01-057-005）

2月7日　胡适致函赵元任，谈张景文事。亚洲基金会会长 Blum 来纽约开会，约胡适吃中饭。谈的是"自由中国日报"的事。胡适故意插一句："你们对 my friend F. Chang 很 'kind'。他的朋友都得感谢。"Blum 说，他们知道他的困难，但现在的办法实在不能长久下去。Blum 问胡适有什么办法。胡适对他说，两岸朋友都在想法子，但没有成功。昨天忽然 Lyman Horver 打电话来，说 Blum 托他问胡适，F. C. 有想法没有。胡说，还没有。他说，总会之意，若有机关可以请 F. C. 作研究，亚洲基金会可以帮助一部分的薪俸，其数额略如他现支俸之一半，约以一两年为度。胡适问 F. C. 现支俸多少，他说好像有 8000？胡适说，此意是 very helpful，似可先从西岸试探。话到此为止。胡适认为他们决计要 F. C. 早走。请赵元任想想，若接受此半额津贴，是否能在西岸觅一地方。(《近代学人手迹》三集，60 页)

2月8日　下午 5 时 30 分，胡适搭火车前往芝加哥。(据《日记》)

2月9日　上午，胡适抵达芝加哥，Mr. Monroe of Henry George School of Social Science 来接。(据《日记》)

同日　中午，胡适在 Marshall Field 午餐会演说 "China's Lesson for Freedom"。(据《日记》；《胡适未刊英文遗稿》，599～609 页；台北胡适纪念馆藏档，档号：HS-US01-024-002)

同日　下午 3 时 30 分，胡适搭 Milwaukee R. R. 北上，7 时 50 分到 Madison，Wisconsin。Prof. Eugene P. Boardman 与周国屏女士来接。8 时 15 分演讲。(据《日记》)

2月10日　上午，胡适会见威斯康辛大学副校长 Dr. Baldwin。(据《日记》)

同日　中午，周国屏约午饭，饭后略看威斯康辛大学的新图书馆。下午，有讨论会。晚上，胡适参加 Committee of East Asian Studies 聚餐，有讨论。(据《日记》)

2月11日　上午，胡适乘火车返芝加哥，余先荣、王恭行来接，住 Sherman Hotel。晚上，赴 Chinese American Civic Council 的新年聚餐，到者 600 余人。胡适演说 "There Will Always Be a 'Free China'"。与华侨领袖任春华谈。(据《日记》)

2月12日　余先荣前来与胡适共进早餐。中午，Dr. & Mrs. Creel 在

Quadrangle Club 宴请胡适，客人有钱存训夫妇。饭后，到 Oriental Institute，遇陈省身、Dr. Kincke、Dr. Hacker。借阅赵一清的《水经注释》，"看我的旧跋，尚无大误"。下午 5 时，搭 20th Century Ltd. 快车东归。（据《日记》）

同日　胡适致电 Walter S. Robertson，为阅 *Arthur Krock* 专栏提及文章之意见深表同感，并请允阅完整原本。（台北胡适纪念馆藏档，档号：HS-US01-067-012）

胡适 2 月 13 日日记：

前天（10th）我在 Madison 的 Univ. Club 看见此文中引的老友 Robertson 此信，我大感动，次日在 Chicago 我发一电给他。

2 月 13 日　早 9 时 30 分，胡适返抵纽约。因连日太辛苦伤风。（据《日记》）

同日　Walter S. Robertson 致函胡适，为收电报事致谢，并寄上与 Dr. Jessup 信复本。（台北胡适纪念馆藏档，档号：HS-US01-067-013）

胡适 2 月 15 日日记：

今天收到 Robertson 的回信及他的 Oct. 8, 1949 的信稿全文，确是一篇十分公正平允的议论。

2 月 15 日　胡适被举作 "China Institute" 的 President。是日日记有记："此是不得已的事，为了要解除'China Institute'的许多困难。"

同日　胡适致函石璋，谈道：前天寄上 300 元支票。看了你的旅程表，赞成你加入 Michigan University Microfilm。我最近去中部走了一趟，在威斯康辛大学就听见学者谈起这个机构，他们叫他作 "Michigan Univ. microfilm Incorporated"，好像有许多学者确实利用这个机构。正如你前函所说，他是一个独立的企业，既有利可图，又于学人有益，又于学术有益，故值得研究。你不妨多费一点时间，研究他的组织，同 Bower 仔细谈谈。我颇赞同同这个机构合作，至少是值得谈谈。（台北胡适纪念馆藏档，档号：HS-

NK05-011-001）

2月17日 雷震致函胡适，谈到《自由人》刊载胡适更正徐道邻有关丁文江的不实记载等情。又希望在"自由中国"发表《丁文江的传记》。（《万山不许一溪奔——胡适雷震来往书信选集》，87～88页）

2月19日 胡适在日记中较高评价了1955年大陆出版的《水浒研究》：

……著者署名"何心"。此书是一部很好的考证，可以说是结《水浒》研究的总账的书。

此书有批评我的一些地方，大致都很对。

我很想知道这一位新起的《水浒》研究专家，曾写信去托程靖宇访问此人的真姓名。

我猜是孙楷第（子书）。

但今天童世纲兄告我，"何心"是陆澹盦先生，是项定荣夫人的父亲。当访项君夫妇细问其生平。

2月24日 胡适复函赵元任，询张景文的事有无一点希望。又云，所问："自晋以后常常名后加'之'字，当作字用。问题是这个'之'字是甚么词品？是代名词，作为〔？〕的止词，还是甚么？"仔细看全部《晋书》，始知晋人犹继承王莽以来三百多年"单名"的传统习惯，西晋人皆单名，只有胡毋辅之是例外。东晋人百分之九十几以上皆单名。胡适自己的说法是这都是几个大家人家的"小名"，如 John 变成 Johnny 之例。又云：哈佛神学院敢接受这个 Ingersoll Lectureship，敢请我这样的人去讲，敢把讲词发表在 Divinity School 的 Bulletin 里，那是值得钦佩的风度。（台北胡适纪念馆藏档，档号：HS-NK05-117-002）

按，3月3日，赵元任复函胡适函云，张景文事，他找李卓敏两次，均不行，"颇有有嫁妆嫁不出闺女之感"。又云：适之的"之"可认为属"词尾说"甚近理，惟文言助词多属句尾，词尾性的助词似罕见，又问是否还有别的甚么例。（台北胡适纪念馆藏档，档号：HS-

NK05-117-003）

2月26日　雷震致函胡适，盼早将《在君先生小传》寄来以便在"自由中国"杂志刊登。又报告：台湾当局为服兵役停止高中毕业生"出国"考试，雷认为"这个办法是要不得"，请胡适致函台湾地区教育事务主管纠正；又谈近日台湾地区立法机构质询风波。（《万山不许一溪奔——胡适雷震来往书信选集》，89～90页）

3月

3月7日　胡适将《丁文江的传记》写毕，托是日回台之蒋廷黻转交"中央研究院"付印。（据《日记》）

同日　胡适复函赵元任，谈道："羲之""献之"的"之"字是词尾的说法，老兄认为"甚近理"，我很高兴，你问我"还有别的什么例吗？"试翻《论语》，就可以见"丘也""由也""回也"……都是同类的例。并列举17例，以证都不在句尾。（台北胡适纪念馆藏档，档号：HS-NK05-117-004）

同日　胡适复函杨联陞，谈到自己对五服问题毫无研究，又说陈国符的《道藏源流考》，"大体不错"。重点是谈他与赵元任讨论人名与"之""也"的问题：

前些时，元任问我，晋以后人，单名加"之"字，作表字用，此"之"字属于甚么词性？

我答他一信，说，他的问题有错。"胡适，适之"是晚近的例子。晚近人的表字皆二字，往往加"之"尾，足成二字。晋人如王羲之、献之，则是名，而非字。寅恪曾说，凡名有"之"字尾的，往往是信奉天师道的人家。我颇不以为然，晋、宋、齐、梁间人许多道教徒皆不用"之"字尾，而有"之"尾的人往往不是奉天师道的人家。（寇谦之则是反天师道的！）

我提出一个最 simple 的说法如下。王莽以下，三百多年中，人皆单名，至晋犹然。从单名变双名是渐变的。渐变的历程中，单名加"之"尾是一个很早的步骤，其起原似是大家人家子弟的"小名"，"羲之""献之"等于"阿羲""阿献"，其音在当时略如"羲的""献的"。此类"之"字只是词尾，无词性可说——决非"止词"。如西汉三名人，张释之、贾捐之、萧望之之"之"字可作止词看。魏晋人最早的二名，胡母辅之，似同此例。但《晋书》中二名最少，不过百分之二三……而此百分之二三如"无忌"，如"之"尾之名，皆起于家常"叫名"，是惯常或亲昵的小名。晋人二名，以"之"尾之名为最大多数，其"之"尾上之字往往不是动词，故不可看作止词，只可看作无意义的尾声——如"羲之""彪之""刘牢之""刘骥之"，皆只是"阿彪""阿骥"而已。（二名之风渐开，在四世纪。即王羲之时代。其时之二名，"之"尾外，尚有"子"尾，如司马道子、刘涓子。）

后人表字皆二字，故又有加"之"尾者，"胡适之"只是"胡适"加个尾巴而已！此与晋人单名加"之"尾遂开二名之风气，实同一理。我家三兄弟表字皆有"之"字，于是一个商人本家兄弟也援例称"仲之"，我当年颇笑他不通，及今思之，"适之"同一不通也！

我对元任说，此说因为最 simple，似最近情实。正如我解说，古人文字作四字句，作四六句，其历史的作用即是点句符号的作用，此说最 simple，实能解释最多史实。

…………

杜诗，"白也诗无敌"，而不称"太白"，似是感觉称字则不亲昵了。《论语》中子张，孔子屡称"师也"。十九篇中"张也"两见，一是子游语，一是曾子语，他们不好叫他"师也"，只叫"张也"——叫他"子张"则不亲切了。……（台北胡适纪念馆藏档，档号：HS-LS01-006-004）

按，3月10日，杨联陞复函胡适，认为人名与"之""也"的讨论，极富启发性。认同胡适不相信陈寅恪"之"是道名之说。又云：

您说"从单名变双名是渐变的。渐变的历程中单名加'之'尾是

一个很早的步骤"。羲、献等名之"之"尾"无词性可说——决非止词"极是通论！……

但您说"之"的起源"似是大家人家子弟的小名"，我觉得不很像。因为"之"字以外那个字即是"名"，其意思多很郑重，不像小名，而且字多因名起义。……

至于"由也""求也"，这个"也"，我觉得作用如今之"啊"，有特提之义（似日本文格助词は）以下大抵是一小顿？（"××也者"是例外）这个"也"可用于短语□句（clause or phrase）之下……（台北胡适纪念馆藏档，档号：HS-LS01-006-005）

同日 胡适复函余家菊，待收回帮助一个青年学子的1000美元后，当尊来示寄款应用。又告自己每年垫款"签证"的保证金，没有一个人不归还的，因此帮助来留美的青年已有四五人。17日，胡适为余寄去400美元。（《胡适中文书信集》第4册，278、282页；台北胡适纪念馆藏档，档号：HS-US01-080-010）

3月11日 胡适复函袁同礼，感谢其寄赠《远山堂曲品剧品校录》及《大典本水经注》；又托袁代买《胡适思想批判》《红楼梦问题讨论集》所缺的个别册数。又指出《大典本水经注》80多字的"出版说明"没有一句不是瞎说。（《胡适全集》第26卷，6～7页）

3月12日 胡适补写了《丁文江的传记》的末章，记丁氏之死。是日日记有记：

我颇讥弹在君对"中医""中药"的武断态度。……所谓"西医"，所谓"新医学"，也有高下之别，也有人的区别，有设备的区别，人的性情，道德等等区别。如北平的法国医院、德国医院，始终没有有训练的nurses！他们的设备也远不如协和医院。

又如在君中煤气毒时，衡阳铁路局的医生岂不是"西医"，衡阳教会的医生岂不是"西医"，而他们都从来没有见过中煤气毒的病人！

1956年　丙申　65岁

3月13日　胡适复函杨联陞，再谈"之""也"：

人名带"之"字，是词尾，无词性可说，承你许为"极是通论"，我很高兴。

六朝人名"之某"，可能是类似的用法。……

"大家人家子弟的小名"一说，我的原意只是像我们家乡的"叫名"。我名"糜"（音门），长辈当然叫我"糜"，而外人往往叫我"糜官"。此如广东最著名的Howqua，原亦是"官"尾。故我疑"王羲之"原名"羲"，而大家子弟众多，单名就叫成了"羲之"，其时音或近于"羲的"，以后就用"羲之"了。叫名之外，不妨另有"小名"。

"之"名与道教无关，似无可疑。王羲之与郗愔同奉天师道，而郗家不取"之"名，杨羲、许谧、许翙、顾欢、陶弘景等都不用"之"尾的名字。……

关于"由也""求也"的"也"字，我认为名的尾声，而老兄认为特提的助词，略似日本は，其下"大抵是一小顿"。

老兄似未细细比勘"赐也"诸例，故说"亲昵名词似应可作当面直接称呼，而《论》《孟》似无其例"。……

至于"也"下作一顿，似是我们后世人太受语尾"也"字影响之故，其实不必如此。……（台北胡适纪念馆藏档，档号：HS-LS01-006-006）

按，3月16日，杨联陞复函胡适云：

您说的"大家人家的小名"是指您家乡的"叫名"之类。我是误会了您的意思了，以为"小名"一定是"轻昵"之称（与敬而远之相对），这种"某官"一类的叫名可算昵而敬之或敬而近之的"中称"。……

关于人名下加"也"作直接称呼，我上次信说《论》《孟》似无其例"，是未检书而随口瞎说，该打之至！……

"也"在名词下是语尾（suffix）或助词（particle），似乎是一个讲法的问题，不易定论。……

您的"某也"表亲昵说，我还是不能无疑。并不是说"某也"不能表亲昵，但亲昵须另从口气表现，单说"×也"是不够的（如口语"老张啊"可以表亲昵，也可以不表）。人自称用"某也"，似可用为反证。……

您举《檀弓》"汲也妻""白也母"一条极妙，意思恐怕就是"汲之妻""白之母"。就我初步检查，"某也"似不用于"之某""之如何"之前（由之瑟恐不能作由也之瑟），可能是因为两个助词文法作用相通，而顿挫之有无相反，（如日文之は与の）故不连用也。（台北胡适纪念馆藏档，档号：HS-LS01-006-007）

3月18日 胡适复函赵元任（赵函存台北胡适纪念馆，档号：HS-NK05-117-005），云：关于"赐也"一类，杨联陞也说像白话的"啊"，即是所说的"读尾"。"如果找到个'由也'后头来个'之'，再来个名词，那就'也'字一定是词尾而非读尾了"，关于这一点，曾举《檀弓》之例，也举此例示联陞。自己并不坚持"词尾"说，也觉得"读尾"说有值得考虑的理由。但还觉得"词尾"说似胜于"读尾"说。（台北胡适纪念馆藏档，档号：HS-NK05-117-006）

按，3月20日，赵元任有复函与胡适。（台北胡适纪念馆藏档，档号：HS-NK05-117-007）

同日 胡适复函 L. S. Rowell，云：

I owe you many humble apologies for having failed so long to write to you in reply to your kind letter of February 6, 1956.（Your earlier letter has never reached me）In that letter, you kind enough to invite me to participate in the Warren R. Austin Institute in World Understanding and to be with you for July 30th and 31st.

While I felt highly honored to be given an opportunity to join you in honoring my esteemed friend Senator Austin, the dates of July 30 and 31 did involve some great difficulty, because I had accepted an invitation to take part in the Tenth "Institute of International Affairs" to be held on the campus of the University of Wyoming, Laramie, Wyoming, from July 14 to August 15, 1956, and I was to be there for the second week of the Institute and to vacation in that region after that. So it was not so easy to give you a quick reply.

I am writing to find out if you still need a lecturer for your series on July 30th and 31st. If, because of my long delay in replay, you have already secured another lecturer on Confucianism, I shall fully understand and offer you my humble apologies. But, in case you are still looking for someone to participate in you series, I am now ready to visit you on July 30th and 31st, arrangements having been made for me to leave Laramie in time to reach Burlingtong for the lecture.

Kindly send your reply to the above address. Whatever may be your decision, please accept my humble and sincere apologies for the unpardonable delay in answering your kind letter.（台北胡适纪念馆藏档，档号：HS-US01-057-006）

3月20日　胡适致函杨联陞，云：

……我最后信上说，我对于"也"字之为"词尾"或"读尾"，都没有成见——即有"成见"，也不过六七天以来的"成见"，不是牢不可破的！

我们家乡称"某官"，官字去声，确似你所谓"昵而敬"的中称。"新娘"称"新人"，人读作银（nien），"新郎"称"新郎官"，官也读去声。那就全是亲昵的口气。

亲昵，小名，都是我用字不妥，请勿拘泥。我的意思只是说，鲁语单名加"也"，似与晋人单名加"之"，同是便于叫唤，其作用等于名的一个部分，等于"二名"，不必看作助字，或代替一小顿。如"主词"之下作一小顿，犹可说也。"夫由赐也见我"，"不为仅也妻者，是

不为白也母"，径作"二名"看，为最简易。若作一小顿，似反费事了。（所谓"便于叫唤"，包括"便于自己呼名"，如"赤也惑""丘也幸"。）

"野哉由也""小人哉樊须也"，似合于"X 哉 Y 也"公式。但"吾与点也"，似又当别论。我则以为"参乎"，乎字是一小顿的尾声，与"赐也""由也""参也"不同。"由，诲汝知之乎"，"由也，汝闻六言六蔽乎"，"由"与"由也"完全相同，故我觉得"由也"＝"由"，都只是名。（台北胡适纪念馆藏档，档号：HS-LS01-006-009）

按，3月24日，杨联陞复函胡适，谈道："某也"问题，还不到下结论的时候。等有空儿再多查查书以及前人的研究，再细细讨论。又谈及 Reifler 文的荒谬之处。（台北胡适纪念馆藏档，档号：HS-LS01-006-010）

3月21日　L. S. Rowell 致函胡适，云：

May I hasten to tell you how pleased we are that you will be able to be with us for July 30 and 31, to speak on Confucianism for the Warren R. Austin Institute. I know that Ambassador Austin will be very pleased to learn that you are coming here.

We shall make the necessary reservations for you in Burlington and later I will communicate with you further, if there are other arrangements that need to be made. When your plans have materialized we would appreciate knowing when you would expect to arrive and we will in turn tell you all of the details of your stay with us.

I look forward to meeting you and to your participation in the program. （台北胡适纪念馆藏档，档号：HS-US01-067-014）

按，6月25日，L. S. Rowell 又为演讲细节事相商。（台北胡适纪念馆藏档，档号：HS-US01-067-018）

4月

4月2日 胡适复王方宇一明信片，云：

方宇兄：

昨天（四月一日）方从中部回来，故久未奉覆尊片，乞恕之。

老友丁在君常说，《野叟曝言》于西南地理大致不误，故我曾想重读一遍，本拟于《在君传记》中提及此点。今《在君传记》已寄出付印，此一点已成陈迹。尊覆新得的《野叟曝言》，如不需用，便中乞寄我一阅，阅后当寄还。但不必急寄。此书版本颇多，我想看看你得的是何版本。敬问双安。适之。（《文献》1994年第3期，封二）

4月6日 劳榦致函胡适，告：从李济处得知胡适撰《丁文江的传记》之事，预备放到丁文江的纪念号。又谈及从胡适致李济函得知胡适推荐洪业与杨联陞为通信研究员事。（台北胡适纪念馆藏档，档号：HS-NK05-097-004）

4月10日 胡适致函杨联陞，云：

王莽"定有天下之号曰新"，注家皆无说。直到一千二百多年后，胡三省始解为"因新都国以定号"。我在三十多年前就不信此说，我在 Royal Asiatic Society Journal — North China Branch 有英文"王莽"长文，直译为"New"。我以为旧注家不解释"新"字，是因为此字文义太明显，故无注解之必要。况王莽事事要改制，他是存心革新一切的，故他"定有天下之号曰新"，与他改元"元始""初始""始建国"，同一心理，故更无注解的必要了。

《元后传》记，莽使王舜向元后请传国玺，太后怒骂之曰：

……且若自以金匮符命为"新皇帝"，变更正朔服制，亦当自更作玺，传之万世，何用此亡国不祥玺为！而欲求之！……

这里很明白的说，新皇帝改了新正朔、新服制，也应该作新玺了。这个"新"字的意义，从这怒骂的口气里最可以看出。

更从文法用例上看《元后》《王莽》两传里用的摄皇帝，假皇帝（《莽传》），真皇帝（《元后传》），新皇帝（《元后传》），真天子（《莽传》）。这些文例是一律同比的。元后怒骂时说的"新皇帝"，这个"新"字当然是形容词，与当时大家喊的"假皇帝""真皇帝""真天子"是同一类的。

所以我当日看了戴闻达的说法，颇觉诧异。那天晚上，我听了你的说法，更觉诧异。

你说，元、明、清以前没有一个朝代不是用地名为新朝代之名的，没有用"有意义的名号"的。

这一说，我认为是不能成立的。至少是不能用来否认王莽号"新"是用有意义的美号。因为那个时代的正统思想正是主张"王者受命必立天下之美号"。《白虎通德论》"号"篇说这一点最详明……

昨晚刚把张大千短文写成寄出，今天刚把"所得税"算好交出，匆匆中写这几叶寄给老兄。我的意思是要请 老兄平心想想那位"新皇帝""御王冠，即真天子位，定有天下之号曰新，其改正朔，易服色，变牺牲，殊徽帜，异器制，以十二月朔癸酉为〔始〕建国元年正月之朔，以鸡鸣为时，服色配德上黄……使节之旄旛皆纯黄，其署曰新使五威节，以承皇天上帝威命也"，这一长段文字都不是渲染一个"新"字吗？试以此长段文字与《白虎通》的"号"篇、"文质"篇、"三正"篇对读——再与《春秋繁露》中一些主张受命改制文字对读，就可以知道前汉的受命改制的"革命"思想到王莽才有第一次实行的机会，王莽自称为"新"，是毫无愧色的！……（台北胡适纪念馆藏档，档号：HS-LS01-006-011）

按，4月12日杨联陞复函胡适云：

……我觉得您的话很有道理。您引的《白虎通德论》"号"篇一段，十分重要。(《古今图书集成》皇极典卷一七一国号部总论只引此一条)《元后传》所记太后怒骂的话也很有趣味。不过新出于新都之说,似乎尚可并存,因为那也是汉人旧说。王充《论衡》二十八"正说"篇有一段,与《白虎通德论》针锋相对……我猜想两汉今文家主张美号之说,而古文家则注重历史地名的解释,王莽居其间,正好有新都之封,而新又有维新之意。也许定号时正喜其两可,也未可知。然则后人如果坚执是一非二,也许反失其全了。这很像我在 Dynastic Configurations 那篇文章里提到的"同治"年号,依李越缦治指顺治,意在中兴,而小说家说西太后喜其寓两宫同治之意。……(台北胡适纪念馆藏档,档号:HS-LS01-006-012)

4月11日　胡适去看 Dr. F. G. McAllister,请其诊视足疾,因"近三四年来,每走到一里路,就觉得右腿肚(calf)酸痛,必须停住休息,然后前进"。Dr. F. G. McA. 认为情形并不很坏,只是血管局部有小障碍,暂且不必施行手术。(据《日记》)

同日　程靖宇函请胡适推荐其到香港大学教育系任教。(台北胡适纪念馆藏档,档号:HS-US01-013-006)

> 按,程靖宇于本年5月9日、14日、23日迭次致函胡适,请求胡适写荐信。(台北胡适纪念馆藏档,档号:HS-US01-066-023、HS-US01-066-025、HS-US01-008-005)

> 又按,是年请求胡适帮忙谋职的还有陈环昌等。(据台北胡适纪念馆所藏档案不完全统计)

4月12日　朱家骅致函胡适,告自己为丁文江逝世20周年纪念撰写《丁在君与"中研院"》一文事,并请询能否借阅到《独立评论》188册。关于"自由中国"杂志请求登载文章事,当遵嘱抽出《丁在君与徐霞客》一章交由雷震发表。又略述院务。(台北胡适纪念馆藏档,档号:HS-NK05-014-036)

4月15日　胡适复函王方宇,云:

方宇兄：

谢谢你的信。

《野叟曝言》已收到了。便中当寄还。

此书刻于常州，辛巳为光绪七年（1881），实是初刻初印本（此本似是活字本，但排的很好，不易证明为活字）。〔编者按：此上有眉批云："此本为活字本，已无可疑。适之。"〕此本保存原稿残缺的情形，即"凡例"末条所谓"缺处仍依原本，注明'下缺'，不敢妄增一字，贻笑大方"。

例如第二回之尾，注云：

下有发水，覆舟，救妹，挖龙，擒怪，宿庙，结妹，逢凶，截僧，烧寺，破墙，放女等事，世无全稿，只仍原缺。

又如第三回目下注云："回首有缺"。又如第三回第一叶下二行"这真是鬼使神着（差？）"，下有〇，注云"内有缺文"。

此等"缺文"，最可以表示此本的谨严。

后来的翻板，似以申报馆的铅字排本为最早，书中"缺文"都已由一位不知名的文人补足了。〔此上眉批："我又曾见上海石印本，也没有'缺文'了"。〕

你这一本是很值得保存的。最好能寻得一部"补足缺文"的本子，可以对勘。

我家中也有辛巳常州本，同你这一本完全相同。

《品花宝鉴》，尊处所藏，我上次曾翻看过。此本是初刻本，但印的稍晚。所记"戊申年开雕，己酉年竣工"，我记不清了。我曾得两部初刻本，一部送给了赵元任夫人，一部"沦陷"在北京了。我仿佛记得首叶是浅绛色纸，后半叶刻着刊刻年月，作一小框。

鲁迅所记"咸丰壬子"，似不误。请将你的一本的刊书题记情形抄给我看看。

嫂夫人何时分娩？乞示知。

匆匆敬问

1956年　丙申　65岁

双安

胡适敬上

一九五六,四,十五夜半

（《给王方宇的两封信》，《文献》1994年第3期）

4月16日　胡适电贺韦莲司小姐生日快乐。又告 Roger Williams 夫人病情大有进步。（《不思量自难忘：胡适给韦莲司的信》，264页）

4月19日　胡适复函朱家骅，谈受托查阅《独立评论》188期的文章事。又谈到自己前寄丁文江给胡适函，附丁致任鸿隽函，及胡适致任鸿隽函，共3件，本拟全赠院中，留作一档。自己留之无用也。今蒙朱寄还第三件，想系因其上有自己用铅笔注"此信务请赐还……"，其实"此信"指丁文江致胡适信，其中颇责任鸿隽，措词甚严厉，故自己有"本拟删去一页"的话。今仍寄回，并归一档。（台北胡适纪念馆藏档，档号：HS-NK05-014-037）

4月21日　胡适复函王方宇，云：

方宇兄：

《品花宝鉴》四套收到了。

这是初刻本，毫无可疑。"戊申年开雕，己酉年竣工"是印在有色的首页后半，与我的两部相同。我记不清年月了，但那有色的首页我还记得。此印记"戊申年十月幻中了幻斋开雕，己酉六月工竣"，与第二序"七越月而刻成"之语相合，第二序署名"幻中了幻居士"，是刻书的人，也就是著书的人，看两序的笔迹可知。第一序署名"石函氏"，而印章为"少逸""品花主人"，此是作者陈少逸。第二序极赞此书，故须假托第三者的口气，其实是一个人。

鲁迅所记，似是误记。下次我到赵家，当借看我十多年前送给他们的一部，看看是不是有同样的印记。

两部书都看完了，都包好了，下次有便时请来谈谈，顺便把这两部小说带去。如有急需此二书时，乞示知，当邮寄上。

匆匆问

双安

弟胡适

一九五六,四,廿一

(《给王方宇的两封信》,《文献》1994 年第 3 期)

4月22日　胡适复函杨联陞,云:

关于王莽"定有天下之号曰新"的问题,我很赞成你的"并存"说,即是"正好有新都之封,而新又有维新之意。""正好"者,在我看来,等于"偶然"而已。而当日的"新皇帝"的本意似即是西汉一百多年来学者悬想或"悬记"的"新王"——所谓"春秋应天作新王之事""孔子立新王之道""新王必改制"(皆见《繁露》[23]及[1]等篇)的"新王"。而"肇命于新都"(见《莽传》引《符命》四十二篇中语),则是偶然巧合的一件事实,可以引作一个"预兆",其实王莽即使不"从新都侯起",也还是要做他的"新皇帝"的。

故我的说法是:"新是维新之意,而莽恰巧从新都侯起,故当时符命有'肇命于新都'之说。"

王充《正说篇》所谓"正说",在当时实是"异说"——乃是一个大胆怀疑的思想家对当时的"正说"的驳论。其说多与古今文之争无关——特别是这一大段驳唐、虞、夏、殷、周非"有天下之美号",而是"本所兴昌之地",更与今古文无关。

其实王充的"土地之名"的"正说"只是大胆的怀疑,可喜的驳论。此说的历史根据,与"美号"之说的历史根据,是同样薄弱的。"尧以唐侯嗣位,舜从虞地得达",有何根据?"禹由夏而起,汤因殷而兴",又有何根据?

"秦起于秦,汉兴于汉中。"自是史实。但用此二代来上驳前此"五家"的美号,下比"亡新"之"从新都侯起",似乎只是一种大胆的类推而已,虽是"针对"《白虎通》"号"篇所代表的正统思想作战,其实没有能够根本推翻那个"应天受命作新王的美号"的思想——一千几百年后，这个思想至元八年竟跑到忽必烈的诏书里去做用美号为国号的主要理由了！后来又居然跑进《古今图书集成》的《皇极典》的《国号部总论》，成为唯一的"正论"了！所以者何？"土地之名"实是后起的异说，远没有"天下之美号"之说之深入人心，也不能比"美号"说有实际大用处！若以"本所兴昌之地"为国号，刘渊、石勒以至女真、蒙古、满洲都不能讳其"本"了。一不便也。一切符谶妖言也都无用了。二不便也。"圣人受命"的革命思想与口号也失其作用了。三不便也。

试看代汉的"魏"，此是地名耶？是符谶里的"美号"耶？我们试细看《后汉书》的《袁术传》与《三国志·魏文帝纪》的裴注，可以明白魏之为魏，并不起于"曹操初封魏公"，而起于"代汉者当涂高"的谶文。曹操初封魏公，在建安十八年，已在他掌握政府实权之后十多年，这当然是特别挑此国名以应"当涂高为巍"的美名。

后来拓跋称"魏"，明说是"宜仍先号，以为魏焉"。拓跋与魏有何关系？此不过是要沿用符谶里那代汉的魏罢了。

又可注意的是《封氏闻见记》四的"运次"条说，"汉、魏共遵刘〔向的五行相生〕说。国家（唐）承隋氏火运，故为土德，衣服尚黄，旗帜尚赤。……高宗时，王勃著《大唐千年历》，国家土运，当承汉氏火德。上自曹魏，下至隋室，南北两朝咸非一统，不得承五运之次。……天宝中……有崔昌以勃旧说上闻，玄宗纳焉，下诏以唐承汉，自隋以前历代帝王，皆屏黜之。……"

故即以"魏"论，已不可仅作"地名"解了。

晋之为晋，与魏同理。司马懿翦除曹爽之后，父子掌握军政实权，前后凡十五年，然后司马昭接受晋公之封。（景元四年〔263〕十月）次年进爵为王，又次年，司马炎就受魏禅了。"晋公"之封，远在甘露三年（258），而司马昭辞不肯受。司马昭先封高都侯，后封高都公，这还是继承"当涂高"的谶文。晋者，进也，由魏而晋，是由"高"进到"更高"了。司马氏出于河内之温，与晋何干，正如曹操与魏郡何干？

故魏、晋虽是地名，其实皆是求合于符谶之美号也。（袁术字公路，他自以为名与字皆应谶，那是指谶文的"涂"字。后来则专做"高"字，解作"巍"字。如《易运期谶》的"鬼在山，禾女连，王天下"，如《春秋汉含孳》说的"汉以魏，魏以征"，如《春秋玉版谶》说的"代赤者魏公子"，都是抢着要把这个字做的无人不知，无人不晓。四十年后，"高都"与"晋"似仍是做这"高"字，郑冲等劝进表所谓"元功盛勋，光光如彼；国土嘉祚，巍巍如此"。"明出地上，晋"，光之至也，高之至也。）

以上所说，并不是要抹煞"王莽从新都侯起"的事实，只是要指出"肇命于新都"是偶然的事，而"新王受命改制"的思想是一百多年来的一个有力量的思想。此说其实不止一百余年，其源起于秦先的驺衍，《吕览》《淮南》都已接受其五德终始说，贾生、司马迁都不是公羊学者，而皆倾向于此种"历史哲学"，不但董生而已。眭孟说，"先师董仲舒有言：虽有继体守文之君，不害圣人之受命。……"眭孟虽因此被杀，但这种思想一直流传到后世。（延康元年〔220〕许芝引"虽有继体守文之君，不害圣人受命而王"，竟说是"春秋大传"的话了。）王莽虽倒了，而"王者受命而王，必择天下之美号以自号"的思想还是正统的思想，（故在《白虎通》里此语也是引"春秋传"）故还劳王充的驳论。

我们看那"新皇帝"即位的那一天的"改正朔，易服色，变牺牲，殊徽号，异器制"的忙乱，不能不感觉那"定有天下之号曰新"，本意是维新之意，是"应天作新王"的新。"肇命于新都"只是一个偶然的预兆，非号"新"的本意。

……………

以上杂论，并不敢坚持己见，只是要指出：①元、明、清三代用"美号"作国号，并非创作，实是推行一个原来很有力量的古代思想；②元、明、清以前，如魏，如晋，似是"地名"，其实是特别挑选地名以应符谶里的"美名"；③王莽的时代，其时代思想，其生平抱负及设施，皆

足以使我倾向于承认元后怒骂的"新皇帝"的"新"是本意……（台北胡适纪念馆藏档，档号：HS-LS01-006-013）

4月26日　胡适致函吴大猷，寄上"中基会"上次年会纪录两页。有关访问教授事，并谓若由吴大猷开始，是最好的、最适宜的开始。另表示应筹划一个办法，使其在告假的半年之中，不致受到经济上的损失，并请询应如何筹划。（台北胡适纪念馆藏档，档号：HS-NK05-034-003）

4月29日　胡适复函赵元任：

Heartiest thanks to the conspirations!

你的April 9与23的短信都早收到了。Prof. Kerner也在纽约见过，他也说是校长室的女秘书对他说的。

昨天（28）早上，校长Spronl的信也到了，说是请我"serve as Regents" Professor in the Department of Philosophy on the Berkeley campus for the Fall semester of 1956—57, which opens on September 10, 1956, with a salary of $7500 for the period"。

…………

……我要请元任替我问问Dept. of Philos.，他们盼望我做些什么？

最后，请代谢谢all the fellow conspirators!!

胡适又特别感谢赵元任请胡适作他们的house guest。但因为自己是个"恶客"（电话多、会客多、书信多、书籍多而且乱），起居又不规律，故不想给赵家添麻烦，故拜托赵帮忙在Hotel Durant预定一个房间（with bath），为期4个半月或5个月（Sept. 4 or 5, 1956到Jan 25 or 31, 1957）。（《近代学人手迹》三集，62～63页）

按，《赵元任年谱》有记：元任等12人联名推荐以教席教授（Regents Professor）名义聘请胡适来加州大学讲学一学期，获得校方通过。（《赵元任年谱》，344页）

同日　胡适复函杨联陞，云：

关于"新"的美号问题，我的意思和根据，你都知道，不必我用英文讨论了。……

　　……………

关于句读，你的说法甚值得考虑。从前我曾泛说佛经刻本分句与读。近年始知宋刻诸藏皆无句读。佛藏有句读，似以建文元年的天龙山刻本为最早，其次则明之《北藏》。明《南藏》尚无句读也。要证实你的说法，可于吴刻《四书》之外，寻求宋元版的朱子《诗集传》(《四部丛刊》三编有)、《易本义》诸书作比勘。（台北胡适纪念馆藏档，档号：HS-LS01-006-016）

按，5月2日杨联陞复函胡适云：关于"新"的美号问题，我现在更觉得在当时王莽心中应是主要解释了。（台北胡适纪念馆藏档，档号：HS-LS01-006-018）

5月

5月1日　胡适致函杨联陞，询赵翼《札记》所说《尚书传注》是何书。又云："引书单靠记忆，是很危险的。我好像记得寅恪先生曾说有'之'尾的名字往往与天师道有关。近日细读寅恪《天师道》原文，实无此说！"（台北胡适纪念馆藏档，档号：HS-LS01-006-017）

5月8日　希腊驻美大使馆电询胡适：如果希腊王请胡明年到Athens参加一个学术讲演，胡适可否能去？胡适表示可以考虑。（据《日记》）

同日　杨联陞致函胡适，云：关于王莽"新"为美号的问题，枝叶既然甚多，还是想请胡适抽暇用中文写成一篇文章，交"清华学报"发表。（台北胡适纪念馆藏档，档号：HS-LS01-006-019）

5月11日　赵元任来访。（《赵元任年谱》，345页）

同日　胡适复函杨联陞，答应就"新"是美号的问题写一篇短文，但不必在"清华学报"发表。又告：4 月底收到加州大学校长的信，说加州大学请自己作"A Regents' Professor in The Dept. of Philosophy for the Fall Semester of 1956—57"，已经接受，大概须在 Berkeley 住 4 个月（9 月—1 月）。4 个月之后，我可以去台湾走一趟，小住两三个月。又云：

　　寅恪在《岭南学报》发表之文……我并未见过。可见我的误记不出于此文，似是由于一个很粗心的概括印象，或是多年前寅恪或孟真口谈留下的印象。其实寅恪之说不能成立，因为例外太多。……

　　我近来收集周作人一生的书，已近八九册。他的最近两部书是《俄罗斯的民间故事》及《乌克兰的民国[间]故事》，已够可怜悯的了。（但序例里尚无肉麻的话，也没有引证马、列诸大神）你信上说的周遐寿的两书，我还没有见到，当托香港朋友代为访求。（台北胡适纪念馆藏档，档号：HS-LS01-006-020）

　　按，5 月 14 日，杨联陞复函胡适云：陈寅恪《崔浩与寇谦之》在《岭南学报》十一卷一期 1950 pp.111—134，抄上关于"之"字两页备览。陈先生所谓天师道，是泛称，不限于五斗米道。这篇文章里胜义甚多，哈佛的一册缺 127～130 页（重 115～118 页）如果哥大等处有，将来当设法借照补足。又云："今天收得周一良由北大来长信一封，是给王伊同、邓嗣禹同我三个人的，起结都是发动回国。中间有很多关于师友同学的消息，（如陈寅恪先生仍在广东，新发表文章讲王导的功业）日内抄出再奉上一阅。"（台北胡适纪念馆藏档，档号：HS-LS01-006-021）

　　5 月 14 日　胡适致函杨联陞，谈两事。第一件事是读扬子云《剧秦美新》的感受，指出：在当时，王莽的"新德"必确有人诚心歌颂的；"新"不仅仅是"美号"，实有表示"委心积意"的革新的意义。第二件事是：

　　"当涂高"的谶文，有了两百多年的流传，才有"巍""魏"的新解，才有"魏公""魏王""魏帝"的应谶。

....

我曾说，魏晋都不是简单的地名，都是应谶的美号。谯周"魏者大也"之说，竟是一条好"证据"！可惜谯周题柱之后两年，那个"众而大"的曹魏帝室也就"具而授"与司马家儿了。那些晓知天意的"方士儒"又得造新符命，重说天意了！（台北胡适纪念馆藏档，档号：HS-LS01-006-022）

按，5月16日杨联陞复函胡适云，剧秦美新与当涂高两事都很有意思。又云：关于魏晋国号，自己认为除掉谶纬家的解释之外，还要看政府官方如何解释，不过材料恐怕不好找。或者魏晋时迷信气氛已经稍退（与古文经学及自然主义思想之兴起当有关系）因而地名为国号之说渐张，亦未可知。（台北胡适纪念馆藏档，档号：HS-LS01-006-023）

5月20日　胡适复函杨联陞，云：

因为你抄寄的寅恪先生一文，我又去覆检《天师道》一文……才又发现他在此文里确曾说过：

……简文帝字道万，其字又名道生、道子，俱足证其与天师道之关系。六朝人最重家讳，而"之""道"等字则在不避之列。所以然之故虽不能详知，要是与宗教信仰有关。王鸣盛因齐梁世系"道""之"等字之名，而疑《梁书》《南史》所载梁宝世系倒误（见《十七史商榷》五十五《萧氏世系》条），殊不知此类代表宗教信仰之字，父子兄弟皆可取以命名，而不能据以定世次也。……

此可见不但"记忆不可靠"，即"粗心覆检也不一定可靠"！此中王鸣盛一条亦引见《岭南学报》文中。

况且"天师道"一文中于《寇赞传》（《魏书》42）一段后说："〔修之、谦之〕父子俱又以'之'字命名，是其家世遗传，环境熏习，皆与天师道有关。……"

此可见《岭南学报》《崔浩与寇谦之》一文的大旨都已略见"天师道"一文了。我的粗心真该打手心！

大概我覆检之时，注意在寻一条比较普遍的"通则"，反而忽略了这两处"实例"！

匆匆报告此两点，以记我的过失。

《法言》第十三篇末赞颂"汉公"的新政，与《剧秦美新》似有几年的先后不同。①"汉公"之称，可见《法言》作成在平帝未死之时。②"汉兴二百一十载"也正是平帝元始四年。③他列举诸新政，其中"辟雍，校学，礼乐，舆服"皆是元始三年的设施。"井刑，免人役"两项虽是始建国元年实行的大改革，但那一年的诏文中明说"予前在大麓，始令天下公田口井，时则有嘉禾之祥，遭反虏逆贼且止。……"王莽在同年另一诏令中说"予前在大麓，至于摄假"，师古注说，"大麓者，谓为大司马宰衡时……摄假，谓初为摄皇帝，又为假皇帝"。这个区别，似是实有的分段。果然，则《法言》13所举六项都是元始五年以前已颁布的新政，所谓"上尊宗庙，增加礼乐，下惠士民鳏寡，恩泽之政无所不施"（《莽传》上）是也。刘崇、张绍起兵攻宛，在居摄元年四月，翟义起兵在二年九月。所谓"遭反虏逆贼且止"，是也。

《美新》之作是在王莽建国之后，绝无可疑。旧注家似未曾指出《法言》是"摄假"以前的著作。此意似值得一说吗？

汉代织锦八字似宜读"新，神灵广成，寿万年"？……（台北胡适纪念馆藏档，档号：HS-LS01-006-024）

按，5月25日杨联陞有复函。（台北胡适纪念馆藏档，档号：HS-LS01-006-025）

5月22日　Gordon C. Hamilton致函胡适，告知胡适继续被选为The Players荣誉会员。（台北胡适纪念馆藏档，档号：HS-US01-013-008）

5月23日　"华美协进社"董事会开会，胡适任主席。开会前，胡适

早到，与梅贻琦、孟治商量"华美协进社"保管中英文教会款和手续费事。正式开会时，对此问题又有讨论。（台北胡适纪念馆藏档，档号：HS-NK05-014-040）

5月28日　胡适复函杨联陞，云：

> 偶看《聊斋志异》，在《陈云栖》篇（卷3）见此两句：
>
> ……果尔，则为母也妇。不尔，则终为母也女。
>
> 留仙有意学《檀弓》，故有此文法。此虽是后来人仿古的语法，但可以为老兄前次（May 14）来信所说"最好能兼顾一切名词（不限于专名）后之'也'"的原则添一例子。
>
> 我原无"限于专名"之意。原来的问题，只是"赐也"一类的"也"是"读尾"？抑系"词尾"？所谓"词"，原指"专名"，但在词性上，"专名"与"一切名词"是同等的。如"不为伋也妻者，是不为白也母"，在《聊斋》里可以套作"为母也妇""为母也女"。老兄以为如何？
>
> 回到五月廿五日的信，我对于汪袞父的话，稍一检校，即认为一无足取。
>
> 司马温公认《法言》成于平帝之世，与我所见相同。李轨之注甚迂，我不料汪袞父竟引为同调！
>
> 汪氏所举诸证，无一可以成立的。
>
> ……………
>
> 总之，王莽、武曌在当年确有许多人诚心赞美拥护，我们（包括老兄）生在后世，虽经过不少"解放"，终不免有点"病篡"的心理在那儿作怪呵！（台北胡适纪念馆藏档，档号：HS-LS01-006-026）

按，5月31日，杨联陞有复函。（台北胡适纪念馆藏档，档号：HS-LS01-006-027）

6月

6月2日　下午7时，胡适在纽约白马文艺社第九次月会上讲"新文学、新诗、新文字"，认为40年来的新文学，新诗只不过尝试了一番，至今没有大成功。戏剧和长篇小说相当的成功，也没有大成功，够得上头等成果的很少，比新诗或许成功些，短篇小说恐怕最成功。(《胡适之先生年谱长编初稿》第七册，2534～2535页)

6月10日　胡适有读吕祖谦《东莱集》的读书摘要。(台北胡适纪念馆藏档，档号：HS-NK05-181-019)

6月13日　胡适复函吴大猷，告已晤梅贻琦，梅对吴不任台湾"清华研究所"所长虽很失望，但能完全谅解；另请吴郑重考虑在1956—1957年之间来台任客座教授等事。(吴大猷：《胡适之先生给我的十四封信》〔上〕，《传记文学》第51卷第6期，1987年12月)

6月14日　胡适应Prof. Martin Wilbur之约，同日本国际基督教大学教授鲇泽岩(Iwao Aynsawa)餐叙。(据《日记》)

同日　胡适致函高宗武、沈惟瑜，已见王益滔，谈得很好，并及长谷川未有电话来，曾在东京见过；另及见着国际基督教大学教授鲇泽岩，说英语很好，思想也还开通。(台北胡适纪念馆藏档，档号：HS-NK05-057-035)

6月20日　胡适接受Dr. F. G. McAllister的复查，右腿有改善。(据《日记》)

同日　为"华美协进社"代管中英文教会款和手续费事，朱家骅函商于胡适。(台北胡适纪念馆藏档，档号：HS-US01-069-005)

6月23日　王景春病逝。胡适在日记中评价王："兆熙先生是一位最可爱敬的朋友，曾担过几件大责任，能认识大体，爱国家，有操守，有责任心。"(据《日记》)

6月28日　胡适致函吴大猷夫妇云，从梅贻琦处得知吴氏夫妇决定11月去台湾，感到高兴，并已写信告知钱思亮。(台北胡适纪念馆藏档，档号：

HS-NK05-034-005）

同日　Warren R. Austin 致函胡适，云：

Thank you for your kind letter of the twenty-fifth.

Mrs. Austin and I hope that you will visit us at our home at 43 Williams Street, Burlington, Vermont, when you come for the Institute at the University of Vermont on July 30-31.（台北胡适纪念馆藏档，档号：HS-US01-067-019）

同日　胡适复函朱家骅，告：院士报到一项，已于昨日将报到片寄还。请更正院士人数为19人，而非18人。重点回复朱6月20日来函论中英文教会款保管及手续费之长函。胡适得朱函后，即与梅贻琦商量，孟治亦知此函之内容。梅、胡都认为，朱家骅、杭立武对此款的管理手续、利息所得，以及手续费问题，似都有不甚清晰之处，故决计不将此函的主旨提交"华美协进社"董事会，而由胡适私函朱说明并提议一个合理的办法。本来此问题胡适与梅贻琦曾长信沟通过，梅在台北亦向朱、杭说明。但朱、杭坚不采胡、梅婉提的各种办法，故"华美协进社"的美国董事都认为中英文教会不通人情，不讲道理，此是双方隔膜的基本心态。又详谈5月23日董事会讨论保管手续费之详情。晚间与梅贻琦又略谈此案，认为：朱函不必提出讨论。7月1日由"华美协进社"收取代管款，金额为款项的千分之五，似不必再争。（台北胡适纪念馆藏档，档号：HS-NK05-014-040）

按，7月7日，朱家骅复函胡适，表示接受胡适提议并办理中，又致谢忱。（台北胡适纪念馆藏档，档号：HS-US01-066-027）

7月

7月2日　Sidney Caine 致函胡适，云：

I wrote to you in January last acknowledging your letter to me of 6th

January and asking if you could help us with certain advice. As I have not had a reply I have wondered whether my letter went astray and I accordingly enclose a copy. We are still in the process of considering names for appointment to our Chair in Chinese Language and Literature, and I should be glad to know whether there is any possibility of your helping us as an assessor or adviser in the way indicated in my letter enclosed.（台北胡适纪念馆藏档，档号：HS-US01-069-018）

同日　胡适复 Sidney Caine，云：

I am writing you both a very humble apology and an almost unbelievable explanation. My very humble apology is for my unpardonable neglect and discourtesy in failing to answer your kind letter of January 28, 1956, in which you extended to me the invitation of the Senate of the University of Malaya to serve as one of the "external experts" whose duty it will be to assist the University in the selection of the first Professor of Chinese Language and Literature.

This invitation I considered as a great honor. But, in that letter, I read that "the other person whom we propose to ask to serve in the same way is Dr. Chen Lu now in Hong Kong". I was much ashamed of myself to find that, to the best of my knowledge, I was unable to identify this "Dr. Chen Lu now in Hong Kong". That should definitely disqualify me to serve on your committee of "external experts".

So I forwarded your letter to my friend Professor Ch'en Shou-yi who had only recently returned from a visit to you, and asked him to help me to identify who this "Dr. Chen Lu" could be. On February 27, Professor Ch'en wrote me that he had asked his Cantonese-speaking friends on the Pacific Coast, but none seemed to be able to identify the name. He said that "the way of transcription or spelling seems to suggest that this Dr. Chen Lu may not be a Cantonese scholar: certainly it is not the way Cantonese names are spelt". This further discouraged me: If I could not identify my possible colleague and "fellow expert", how could I be of any assistance to the University in this matter?

So I wrote to my academic friends in Hong Kong and tactfully asked them if there was an "exile" Chinese scholar whose name in English might be spelt "Chen Lu". As late as last May, no one seemed to know such a man.

Then, yesterday morning, a cable came from Singapore informing me that the other person the University had asked to serve was my old friend and colleague Professor Ch'ien Mu! It was possible that both parts of his name well wrongly typed in your letter of Jan. 28; and my foolish desire to "test" my "expertness" led me to all roundabout inquiries instead of writing to ask your good self who that "Dr Chen Lu" was!

I hasten to inform you that, to redeem myself, I would be glad to serve with Professor Ch'ien Mu provided that it is not too late. If the University has already secured another person to take my place, I shall fully understand, and shall again offer you my sincere apologies.（台北胡适纪念馆藏档，档号：HS-US01-069-019）

按，7月11日，Sidney Caine 函谢胡适：

Many thanks for your letter of 2nd July and your telegram of the 10th. We are very grateful to you for your willingness to act as one of our advisers in the selection of a Professor of Chinese Language and Literature. We have not completed our machinery for selection but I hope that we shall very shortly be able to put before you the names of possible candidates for your advice. I must apologize very humbly for the mistake in my letter of 28th January in the mis-typing of the name of Dr. Chi'en Mu. I can offer no excuse and am very sorry for the trouble you have been put to. The outcome perhaps demonstrates on the one hand our very great need for advice in these matters and on the other how well qualified you are to give us such advice.（台北胡适纪念馆藏档，档号：HS-US01-008-008）

同日　P. Y. Hu 致电胡适：

Dr. Chien Mu and yourself asked by University of Malaya to act as assessor for Chair of Chinese. Chi'en accepted and visited Singapore. Because no reply received from you University considering replacing you by another assessor at meeting.

July 11th, friends worried appointment undersirable assessor will affect great situation. Urge you accept for common right cause and hope your cable of acceptance reaches vice chancellor University of Malaya Singapore before eleventh. Letter from me and Chien follow confidential P. Y. Hu.（台北胡适纪念馆藏档，档号：HS-US01-069-020）

7月7日　陈之藩函谢胡适帮忙取得"华美协进社"给的奖学金。又谈及有关申请学校、念书诸想法。（台北胡适纪念馆藏档，档号：HS-US01-008-006）

按，是年希望胡适帮忙获取奖学金的还有黄载宝等。（据台北胡适纪念馆所藏档案不完全统计）

7月11日　胡适函谢袁同礼寄书。又嘱：余款请代买《红楼梦问题讨论集》第四集《梁漱溟思想批判》、"胡风反动集团"案的资料。又托袁代查：泉州府知府道光廿年至廿三年是何人？又道光卅年是何人？漳州府知府道光廿三年至廿六年是何人？福宁府知府道光廿七年至廿九年是何人？馆中有光绪三年的《漳州府志》。不知民国新修之《福建通志》可查其他二府知府人名否？（《胡适全集》第26卷，48页）

7月14日　胡适复函朱家骅，谈道：微闻有人说，《丁文江的传记》末

章有为中医辩护嫌疑，请朱家骅与李济细读此章，为避免字句被人误解、利用，请全权改削；又谈及吴大猷博士 11 月告假回台讲学半年等事。（台北胡适纪念馆藏档，档号：HS-NK05-014-041）

按，8 月 2 日，朱家骅复函胡适云，丁文江的传记末章已交李济细读，改削易生误解处；又谈及自己在谷关休养情形。明春可举行院士会议。（台北胡适纪念馆藏档，档号：HS-US01-008-011）

7 月 15 日　胡适复函陈受颐，为王景春的逝世不胜伤感。又询王之字典付印事，现拟如何办理？胡之题字是否即须赶成？（《胡适中文书信集》第 4 册，321 页）

同日　胡适复函 Warren R. Austin，云：

Kindly accept my hearty thanks for your kind letter of June 28.

I have just completed my arrangements for travel, which will take me to Laramie, Wyoming, to take part in an Institute of International Affairs at the University of Wyoming from July 21 to 28. I shall fly to Burlington on July 30 and stay until July 31. I shall be staying at the Oakledge Manor for the night of July 30.

I shall surely visit you and Mrs. Austin during my stay at Burlington. I shall arrange with Professor George Dykhuizen（who is in charge of the Austin Institute）as to the most convenient hour for me to have the pleasure of calling at your house.

Looking to the great pleasure of participating at the Institute.（台北胡适纪念馆藏档，档号：HS-US01-067-020）

同日　胡适复函 George Dykhuizen，云：

Kindly accept my hearty thanks for your kind letter of June 29.

I have just completed my summer travel arrangements which will take me to Laramie, Wyoming, from July 21 to 28; and which will bring me to Burlington by NEA plane (Flight #374), arriving 3∶27 PM on July 30th.

By an oversight on my part, I have forgotten what you had said in your letter about the University of Vermont sending me tax-exempt tickets. The whole arrangements have been made by an agency for travelers, and the tickets for my return trip to and from Burlington have already been included in the whole schedule.

I shall proceed from the airport to Oakledge Manor if I can find a taxi cab after arrival.

I would appreciate some guidance or transportation to take me to the Waterman Building for the 6 o'clock dinner.

The topic for the July 30 evening address will be "The Humanist Tradition in Confucianism". I hope to be able to furnish you with a copy of the text when I arrive on that day.

I shall be glad to participate in the Seminar on Tuesday morning at 9:30. Before I leave by the 3:50 PM plane, I hope I may have the pleasure to visit Senator and Mrs. Austin at 43 Williams St.

Kindly convey my thanks to Dean Lyman Rowell. I am looking forward to the pleasure of participating at the Institute.（台北胡适纪念馆藏档，档号：HS-US01-067-021）

7月16日　雷震将"中央日报"社论《当心迷眼的砂子》剪寄胡适，谈此文的来历以及"自由中国"杂志由此受到的压力，并希望胡适速寄文章来发表，又谈到"自由中国"编辑委员金承艺所受的打压等。雷函云：

前日寄上二本《台大思潮》。第一本《台大思潮》复刊辞，国民党中央党部第一组检举认为学生思想有问题，尤其认为该刊系"青年救国团"出钱办的，更不应该有这类见解。当提出中央常会讨论。蒋先生任主席，十分生气；他说他过去对革命不失望，而今日则非常失望，

因为干部不行，一切表现不够积极，并云："我做到死为止，死了就垮了。"大家见到他老先生气，十分惶恐，故当令"中央日报"写一社论发表，即是《迷眼的砂子》一文。在"中央日报"讨论此文如何写的时候，总主笔李士英并提出我与雷啸岑的名字，谓"自由中国"［杂志］的作［做］法，完全为共产党"铺路"，我们都是做了共产党的"外围工作"……今特将此事告诉您，您看我们今后应如何办？先生看了这篇社论，不晓得作何感想。所以我望你将大作从速写好寄来发表，压力太大了，我们恐怕担当不住吧！（《万山不许一溪奔——胡适雷震来往书信选集》，94～96页）

7月20日　胡适函谢袁同礼帮忙查阅福宁府知府和漳州府知府的人名。又云，虚云和尚的《年谱》称其生父萧玉堂有任泉州府知府、漳州府知府、福宁府知府之记载。袁所示查询结果，可证年谱的作伪。又对 Delafield 所编胡适"西文著作目录"，十分失望。(《胡适全集》第26卷，51～52页)

7月21日　胡适搭 TWA 飞往丹佛，转赴 Laramie, Wyoming。赴 University of Wyoming 参加 10th Institute of International Affairs。Prof. Gale M. McGee 夫妇来接。住 Hotel Connor。（据《日记》）

7月22日　已退休的耶鲁大学梵文教授 Franklin Edgerton 邀请胡适餐叙。（据《日记》）

7月23日　胡适演讲 "The Revolution, the Republic & the Cultural Renaissance"。（据《日记》）

7月24日　胡适演讲 "The Nationalist Revolution（1924—27）and the Nationalist Gov't."，晚间有论坛讨论"美国对中国的政策"。胡适在日记中评论道：

我觉得美国大学里的社会科学教员往往不高明；学政治的，学所谓"国际关系"的，更不高明。如此间 Institute 主持的人，都很不用心研究国际关系，都很粗心大胆，都不肯用"平心"考虑国际形势。今夜的讨论会，我早就要参加此会的四个人（McGee, Beall, Stanford U.

来的 Buss，和我）先聚集谈谈。他们始终不能腾出工夫来！

今夜的会，McGee 主席，问的题目就是很有成见的问题！所以我指摘他们的轻率和成见。

同日　Chewon Kim 函邀胡适前往演讲：

Our Chin-Tan Society is one of the leading scholarly organizations in Korea and doing also some works contributing to cultural exchange between Korea and "our friendly nations". We are especially very much interested in cultural exchanges between our country and "Free China". To this purpose we have invited last year three Chinese scholars: Dr. Chu Chia-Hua（朱家骅）, Dr. Tung Tso-ping（董作宾）and Dr. Fou Lu（溥儒）to Seoul for two weeks.

This autumn or early next year we are very much anxious to invite you, dear Dr. Hu, to our country for one or two lectures, if you are coming to "Formosa". We can pay for your travel from "Formosa" to Seoul and back, plus all the expenditures during your stay in Korea for about ten days. Needless to say how happy Korean intellectuals will be to hear a leading Chinese scholar who made the epoclis in all cultural movements in modern China.

If you like to know about our Society, "Chinese Embassy" in Seoul or Dr. Chu Chia-Hua can tell you all about the activities of our Society. We are hoping to hear from you soon, especially as to whether or not or when you are coming to "Formosa", or whether you can make to accept our invitation. If all these questions are cleared, the Chin-Tan Society may send you official invitation.（台北胡适纪念馆藏档，档号：HS-US01-008-009）

7月25日　胡适演讲"Twenty Five Years' Struggle between Chinese Nationalism & World Communism（1924—1945）"。下午 Prof. Gale M. McGee 邀胡适等游览 The Snowy Range。（据《日记》）

同日　梁豁然来访。（据次日《日记》）

7月26日　杨联陞致函胡适，谈其在伦敦参加亚洲史学史讨论会及会见郑德坤、张大千、陈源等老朋友的情形。（台北胡适纪念馆藏档，档号：HS-LS01-006-028）

7月27日　胡适有演讲。讲演毕，即由梁豁然开车送胡适到 Denver, Colo.。晚在 J. Yale Parce 夫人家吃晚饭，在这里见到金行健夫妇、殷一鸣夫妇。晚住 Brown Palace Hotel。（据《日记》）

7月28日　梁豁然接胡适到一位退休的 Colonel Keith 家早餐。（据《日记》）

同日　下午，董允明、易岳汉来访。（据《日记》）

同日　下午，Mrs. Parce 为胡适举办一个欢迎茶会，有中美人士共五六十人，胡适有短演说。有答问。晚餐在殷一鸣家，有中美朋友五六十人，胡适见到朱镕坚、靳德沛、黄厦千等。胡适搭乘 12 时 30 分的飞机前往 Idlewild。（据《日记》）

7月29日　归途改乘 UAL 的"DC7"，每点钟飞 365 里，故 5 个钟头就到 Idlewild 了。胡适在寓中写明天的演讲："The Humanist Tradition in Confucianism"。（据《日记》）

7月30日　胡适飞波士顿，转 Burlington，Vormont。有 Professor Dykhuizen 来接，同车到 Oakledge Manor 小憩。又送胡适去访问 Senator（Ambassador）Warren R. Austin 夫妇。在大学晚饭，见着校长及一些教授。其中有一位 Prof. Nuquist 曾在通州潞河中学教过书，又在山西汾州及太谷住过。晚 8 时，赴 Warren R. Austin Institute of International Understanding 讲演。（据《日记》）

7月31日　下午，胡适飞抵剑桥，杨联陞等来接，晚饭在杨家，与裘开明、王德昭、李霖灿、何炳棣等畅谈。（据《日记》）

8月

8月1日　上午10时到Boylston Hall看书。看钱载《箨石斋诗文集》，查他题"雪琴"或者"雪芹"的行乐图的诗，无所得。又看明代顾氏刻的《王右丞诗文集》。在馆中遇到瞿同祖、陈观胜夫妇、卞学鐄夫妇、周策纵、刘子健、Prof. Cleaves、Dr. Glen W. Baxter、坂野正高、洪业等。（据《日记》）

同日　下午5时，搭火车回纽约。（据《日记》）

8月3日　芝加哥大学历史系Stephen Northup Hay来访，谈1924年泰戈尔访华的情形。（据《日记》）

8月4日　胡祖望禀胡适夫妇，胡复住院已经12天，病情平稳。脚已活动自如，腿有时可以自行弯曲。医嘱还要住一个月左右。沈宗瀚先生数月前寄去一篇稿子，盼早点寄还。（台北胡适纪念馆藏档，档号：HS-US01-008-013）

8月5日　胡适致函赵元任，请其定下Hotel Durant，又谈及行程。（《近代学人手迹》三集，65～66页）

8月8日　胡祖望禀胡适夫妇，胡复住院已经16天，一切都很好。（台北胡适纪念馆藏档，档号：HS-US01-008-016）

8月10日　杨联陞复函胡适，感谢胡适寄来饶宗颐校注的《想尔道经》，又谈到陈寅恪的《论再生缘》、李约瑟的第二册大书等。（台北胡适纪念馆藏档，档号：HS-LS01-006-029）

同日　钱思亮致电胡适：胡复病情恢复很快，右大腿动作尚有困难，睡眠正常。（台北胡适纪念馆藏档，档号：HS-US01-008-017）

8月11日　钱思亮致函胡适，详细报告胡复的病情进步非常好。胡适答应明年1月来台大讲学，这边的朋友都非常兴奋。又详谈时间及胡适的住所安排。吴大猷表示11月动身来台讲学。"中基会"讲座第一次能请到吴，真是十分的理想。袁家骝今晨离开台北。（台北胡适纪念馆藏档，档号：HS-US01-008-018）

8月12日　宋以忠、以信两家邀胡适等去"唐人街"午餐。(据《日记》)

8月13日　胡适复函周法高,很高兴周来函中他自己也提及"也"字两处。认可高本汉对"也"字的观点。(《胡适全集》第26卷,54～55页)

同日　胡适致函杨联陞,云:今得周法高信,提及"也"字,他指出他在史语所集刊曾提及人名后的"也"字。自己已回他一信,指出他这两处还不如他的新书《中国语文研究》引高本汉的论点。高本汉此论大可以成立,大可以帮助人们解答我们前些时讨论的一个有趣的小问题。已把高本汉这话报告赵元任,也盼望听听杨的高见。李约瑟的第二本大书,还没有开始看。这两天想仔细一看。关于译《老子》,Waley 有不少笑话。(台北胡适纪念馆藏档,档号:HS-LS01-006-030)

8月15日　胡适致函陈受颐,请他转询王景春夫人:王景春去世时有没有一些传记资料,如信件、日记、文件或自传手稿遗留下来。如有,若家属未能整理,最好存放在一个学术机关里。认为其传记材料比他的字典还重要。始终没有见到大陆印行的《胡适文存》,想是误传?《胡适思想批判》的第四册始终没有买到。《胡适思想批判》出了7册,《〈红楼梦〉问题讨论集》出了4册,总计约有300万字。《历史研究》第3期已见。(据次日《日记》;《胡适中文书信集》第4册,328～329页)

8月16日　胡适日记有记:刘锴从渥太华打电话来说,听说钱端升近到加拿大的 Nova Scotia 的一个美国人 Cyprus Eaton 的庄子上,参加会议。加拿大政府特别准他入境。

同日　胡祖望禀胡适夫妇,胡复病情恢复得非常好。(台北胡适纪念馆藏档,档号:HS-US01-008-021)

同日　孔祥熙致函胡适:

T.Y. has told me you would like a copy of my biography which has been published in Hong Kong.

I would have sent you a copy before now, but I know you are a very busy man and I really do not know whether or not it is worthwhile reading. I have not read it yet myself.

At any rate, I appreciate your asking for the book and I am sending you a copy today under separate cover.

Madame K'ung joins me in sending best wishes to you and Mrs. Hu shih.（台北胡适纪念馆藏档，档号：HS-US01-077-001）

8月17日　杨联陞复函胡适，感谢胡适写信给饶宗颐帮他们借书。续谈"×也"。关于 Waley 译《老子》那些笑话，我想大半是他中文无师自通之故，若 Legge 等有中国先生，则不易出此类毛病了。（台北胡适纪念馆藏档，档号：HS-LS01-007-001）

8月18日　李耀荣致函胡适，拜托胡适为"自由中国日报"向台湾"中国银行"贷款事代为斡旋。（台北胡适纪念馆藏档，档号：HS-US01-008-022）

8月19日　余少孤函告胡适：托购《水经注》，已寻得一部。（台北胡适纪念馆藏档，档号：HS-US01-008-025）

8月24日　胡适复函杨联陞，云：昨天周法高、李定一两君来，我托他们带一小册《老子》给你，因为其中有关于"想尔注"的几页。上周末卫挺生来，我托他带一册复印件先父《钝夫年谱》给你，转交何炳棣兄，不知已收到否？关于"×也"问题，我此时没有时间讨论，法高或可略述我昨天谈的话。我觉得你不免过分的坚持"停顿"之说，故要我"不可过于夸张""伋也妻""白也母"一类"终究是罕见之特例"。我则以为，《檀弓》此条，一句话里而此例四见，故不得视为罕见之特例，更不得视为"例外"。自己还觉得"×也"在当时口语里只看作一个"名字"，用在私名为多，也用在公名如"母也天只"之类。但这不是今天写信的动机。百忙中偶检《四部丛刊续编》里的"程氏家塾读书分年日程"，此是元统三年看卷三 p.59 最后改定刻本。其中句读标点最谨严，特别是卷二，p.20 以下……若未检此影元刻本，千万乞一检阅，因为这是最详细、最讲究文法义例的句读例法！乞告周策纵，已收到其长信。然连日匆匆，不能作答书，俟将来答他。（台北胡适纪念馆藏档，档号：HS-LS01-007-002）

8月27日　胡适致函袁同礼，谈其著作的中英文目录问题。(《胡适全集》第26卷，57页)

同日　杨联陞致函胡适云，自己和何炳棣都认为《钝夫年谱》里可贵的史料极多，这个《年谱》很值得印布，学社会经济史的人更是特别欢迎。《四部丛刊续编》里的程氏家塾读书分年日程，自己已见了，从胡适那里借吴刻《四书》，就是为的要看看这种句读例法究竟有人遵守到何种程度。还有就是有"也"与无"也"之别。(台北胡适纪念馆藏档，档号：HS-LS01-007-003)

8月28日　S. Einarsson 致函胡适，云：

At a meeting of the Board of Directors of the Faculty Club, held this date, you were elected a Transient Member of the Club.

The dues are five dollars per month, plus tax, payable monthly in advance. A bill will be mailed to you at the end of the month.

You may obtain a copy of the Constitution and By-Laws, and a key to the Club Building by calling at the office.(台北胡适纪念馆藏档，档号：HS-US01-014-010)

8月29日　胡适为沈宗瀚的《中年自述》作一序言。(台北胡适纪念馆藏档，档号：HS-NK04-001-007)

同日　胡适复函 Anna B. Grabau:

I am very sorry that my long delay in replying to your two letters of April 20 and June 12, 1956, has caused you to worry about them, and especially about the enclosed documents. I am now returning these documents to you by registered mail. I want to thank you for allowing me to read them.

With regard to Dr. Grabau's last manuscript entitled "The World We Live In", I regret to say that I have been unable to find a way to help you to sell it in this country. No publisher cares to read a manuscript which even you "cannot decipher with absolute correctness".

I want to offer to you two suggestions. 1) I suggest that you deposit this manuscript (together with the letters from his scientific friends) at the library of any well-known university in Germany—for safe-keeping, and for posterity. You can never sell such a manuscript. But if it is kept in a university library, some day in the future there may be some student in geology or palaentology who may be inspired to decipher it. 2) After you have deposited the manuscript for safe-keeping, you may tell me how much money you hope to get by selling it. When I know the price, I shall keep the matter in mind, and look for the first opportunity for selling it for you. But such an opportunity is very, very rare. （台北胡适纪念馆藏档，档号：HS-US01-008-038）

按，1956年4月20日，Anna B. Grabau 致函胡适，请胡适协助卖掉葛利普教授的一部手稿。同年6月12日，她为此事又函催胡适。（台北胡适纪念馆藏档，档号：HS-US01-008-036、HS-US01-008-037）

同日　胡适又致函告 New York Postmaster:

I reply to the two enclosed inquiries, I beg to say that I have duly received the two registered letters from Mrs. Prof. Grabau in Remagen, Germany. I am today replying to her and returning to her all the "special papers" mentioned in the inquiry. I am returning them in registered mail.

I apologize that my delay in replying to her has given you the trouble of making these inquiries. （台北胡适纪念馆藏档，档号：HS-US01-008-039）

8月30日　雷震致函胡适，谈到近年来台湾少年犯罪增加，本期"自由中国"杂志刊登了《丁文江的传记》的第四、五两章（改题为《丁文江留英纪实》），因"这两章形容了先生之用功求学，实可为青年人之模范"。

又向胡适催评述中国共产党"清算胡适思想"的文章。(《万山不许一溪奔——胡适雷震来往书信选集》,97页)

8月31日　下午,胡适自纽约飞抵 Milwaukee,陈有才来接。8时到 Madison,Wis.。江冬秀、叶良才、刘驭万、童世纲夫妇、严文郁夫妇等送机。(据《日记》)

同日　胡适致函 Marboro Book Club：

I am very sorry that I have not paid my bills for the last few months. I am now sending you a check for $20.45 together with the bill.

As I am going to Berkeley, California, today and shall not return to New York for the next few months, kindly permit me to resign my membership in the Book Club as of today.

If there should be another book coming my way, kindly send the bill to the above address, and I shall pay it. But please don't send me any more books after this month. My Account number is 17004.

I take this opportunity to thank the Club for the enjoyment I have derived from your books. I hope to resume my membership when I come back to the East next year.（台北胡适纪念馆藏档,档号：HS-US01-008-029）

同日　胡适致函 E. C. Presmont：

Your Collection Notice makes me feel ashamed of myself, I am sending you all the past dues. I leave this noon for Berkeley, California, where I shall reside for the next four months.

For this reason, I beg you to cancel my membership in the Book Club as of this month and hereafter. My Account Number is 324610-NY.

I take this opportunity to thank the Club for the great enjoyment I have derived from its books throughout these years.（台北胡适纪念馆藏档,档号：HS-US01-008-040）

同日 汪敬熙致函胡适，感谢胡适赠送著作复本。7月在《神经生理杂志》发表论文二篇，同行对此二文反映较好。收到后，当寄上副本指教。下星期二将赴纽约出席美国生理学会议。（台北胡适纪念馆藏档，档号：HS-US01-071-003）

9月

9月1日 胡适在威斯康辛大学 Mid-West Chinese Students Rally 作讲演，主题为"博爱"。大要是，现代科学证明：宇宙在空间上是无穷大，在时间上是无穷长。广义的爱，是世界各大宗教的最终目的。墨子是中国历史上最了不起的人，是宗教的创立者。他提出的"兼爱"就是博爱，是爱无差等的爱。墨子理论和基督教有很多相合的地方，如"爱人如己""爱我们的仇敌"等。现代科学能放大我们的眼光，促进我们的同情心，增进我们主人的能力。我们需要一种以科学为基础的博爱———一种实际的博爱。孔子说："修己以敬，修己以安人，修己以安百姓。"修己就是把自己弄好。先把自己弄好，然后帮助别人；独善其身，然后能兼善天下。胡适勉励青年努力学习，充实自己，到有充分能力的时候谈博爱。晚，程塪夫妇邀胡适晚餐，同座有周国屏女士、Dr. Cooke。（据《日记》；台北胡适纪念馆藏档，档号：HS-US01-078-012；《胡适之先生年谱长编初稿》第七册，2544～2546页）

9月2日 上午，胡适听蔡乐生讲演。晚间周国屏女士邀胡适吃饭。（据《日记》）

9月3日 胡适自 Milwaukee 乘火车到芝加哥，朱振发来接。住 Windermere Hotel。胡适参加此间台湾同学会的餐会，并作短演说。到"好世界"，赴芝加哥一带的"智识分子聚餐"。餐会首由生物学家王熙代表130位主人致辞，次由胡适演说"四十年来的中国文艺复兴运动"。胡适说：白话文运动主要是提倡用活的文字表达思想，造成一种新文学、自由的文学。从文学革命开始，产生了新文化运动。所谓新文化运动，就是用今日的眼光用科学的方法把祖宗传下来的文化遗产重新估价。在今日世界中，人人应该

用独立思想的能力，以怀疑的精神，寻求一切事物的价值及其真正意义。所以新文化运动的两个口号便是民主与科学。胡适又说：我们强调证据，我们只能相信真实的证据。我反对任何人被人牵着鼻子走。（据《日记》；《胡适之先生年谱长编初稿》第七册，2546～2548页）

9月4日 钱存训带郑骞（因百）来访。晚，胡适飞抵旧金山。赵元任夫妇、张紫常、徐大春、王恭守、陈照、吴思琦、王纪五、马如荣等接机。在加州大学讲学期间，胡适成为赵元任家的常客。（据《日记》；《赵元任年谱》，346页）

9月5日 胡适复函严耕望，甚佩服严著《唐仆尚丞郎表》的详细勤慎。又抄示关于"宋鼎"的札记：

> 我为禅宗史事，曾特别留意宋鼎的材料。岑仲勉先生的《姓纂四校记》八（754）一条，我已见了。在十多年前，我曾疑兵部侍郎宋鼎作《能大师碑》未必真有其事。后来始信宋鼎曾作兵部侍郎，曾作《能大师碑》。《集古录目》所记，已使我取消旧见解了。岑君与你似均不曾注意《金石录》七，第一千二百九十八，《唐曹溪能大师碑》，注云："宋泉撰。史惟则八分书。天宝十一载二月。"此宋泉即"宋鼎"之讹，似无可疑。"天宝十一载二月"，似可供大作右丞卷及卷十八（945）的参证？最可惜的是欧、赵、洪均未有此碑的详记。但赵氏此条已比欧详多了。宋鼎的《能大师碑》，似不曾有传拓本。……（台北胡适纪念馆藏档，档号：HS-NK05-138-006）

9月8日 杨联陞复函胡适，谈请胡适为赵元任的祝寿论文集撰文等事。（台北胡适纪念馆藏档，档号：HS-LS01-007-005）

9月9日 胡适复函吴大猷夫妇，告知其近日行程，认为吴在台大的讲课计划都很好。又说：

> "中基会"的讲座，第一年能得你去，第二年大概可得李卓皓先生去半个学期。这样的"开张"，大可以使这个讲座成为 One of the most

honored academic posts！（吴大猷：《胡适之先生给我的十四封信》〔上〕，《传记文学》第 51 卷第 6 期，1987 年 12 月）

9 月 15 日　杨联陞复函胡适，杨函云："古代语文有'东人'与'西人'的区别"或"古代的'东土'之语"都是极好的题目。您的意思当是限于先秦。这与周代有无通行的"官话"式的雅言，似亦不无关系。……秦汉以后，方言分布，比较容易稽考些……（台北胡适纪念馆藏档，档号：HS-LS01-007-006）

9 月 17 日　胡适致函 Philip S. Broughton，云：

> Many hearty thanks for your two letters and enclosures.
>
> I am returning the enclosures.
>
> So far it is not easy for me to come near Senator Knowland, who must be very busy in these pre-election months.
>
> You are absolutely right about Chinese intellectuals who do not understand the importance of seeking competent legal counsel and who try to answer innocent-looking questionaires or questions without counsel.
>
> I think the new Appeal is quite good. Re: your suggestion to James Liu that he prepares a new section? Redirected solely to the impossibility of Kao's going back to the Chinese mainland, please consider the following and pass it on to Liu...
>
> Kindly ask Liu if I might try to obtain an invitation from the Taiwan University（whose President will arrive soon to attend a "China Foundation" Annual Meeting with me in Washington D.C.）or from the newly established "Tsing Hua Institute of Nuclear Physics in Taiwan" to Kao to teach physics in either one or both of these institutions. Such an invitation may be helpful to his case; and it may be useful if all present efforts should fail. Dr. Ta-you Wu, one of our best theoretical physicists, is now going to teach one semester as "the China Foundation" Visiting Professor at Taiwan University. Kindly tell

Kao to send me an academic record of himself together with his published papers.

Kao was at your home at the party you and Ann gave me last year. He is a lovable character.（台北胡适纪念馆藏档，档号：HS-US01-015-003）

9月21日　杨联陞复函胡适：

缪钺"周代之雅言"附上，您如果有用，请多留些时。赵寿论集"语文"的解释，意思要从严。您与我已经是边际人物了……所以以介绍史料为主的文字不甚合宜。如果特别讲某种文法语法现象，自然是欢迎的。……（台北胡适纪念馆藏档，档号：HS-LS01-007-007）

9月25日　胡适致函William F. Knowland，云：

As you have probably heard from your family, I am lecturing at Berkeley this term. While I know that you must be extremely occupied these days, may I ask for your indispensable help to intercede in an urgent and worthy "immigration case", in behalf of my good friend, Dr. Shu-Koo Kao, a Chinese nuclear physicist at Carnegie Institute of Technology, Pittsburgh, Pennsylvania.

It will be greatly appreciated as a personal favor if you would be so kind as to ask the "Attorney General" or his office to suspend the order for Dr. Kao's departure by October, to permit him to stay indefinitely or at least well into next year so that a private bill can be introduced for him to become a "citizen"... Inexpert handling of his case on his part resulted in some unfortunate misunderstanding after his initial hearing that has caused the denial of his application; this, I am sure, can readily be cleared up.

I am asking Dr. Kao's attorney in Washington, Mr. J. Anthony Moran, to deliver this letter in person to your office so that he can supply detailed information whenever desired, Dr. Kao's case bears "immigration file" No. A6 851 659. Dr. Kao, like all his family members whom I have known for decades, is completely trustworthy in his faith in democracy... I can vouch for him fully. I also know of his significant research, still in progress, at Carnegie Institute of Technology under an AEC contract.

...

Efforts will be made to obtain the cooperation of Congressman James Fulton of Pittsburgh, but I appeal directly to you because, since the first hearing misfired, Dr. Kao greatly needs the support of someone whose personal knowledge of Far Eastern problems can lend weight to his case. You can rest assured I would not impose upon you in this way if I were not both sure of Dr. Kao and convinced that the matter is urgent. Dr. Kao deserves, in my belief, every sympathetic consideration.（台北胡适纪念馆藏档，档号：HS-US01-015-012）

9月29日　杨联陞复函胡适：

昨日与周法高兄略谈您想写的文章，我们都觉得问题极重要。也许时间紧促一点，不过您如有什么假设，我们作学生的可以帮忙查查书，或者结果快些。柏克莱自然也有有兴趣的人，或者也可帮忙。总之，我觉得您写这个大题目得当之至！

周法高所说的语音、语法、语汇三方面，大体上即是我们初步讨论的结果。至于先秦有方言……应无问题，传下来的文字有近文近白之别，大体上似亦无问题，如叹词虚词多者，当较接近口语，又如《诗经》用韵，如句末有"也""矣""兮"字，则以上一字为韵，大约此等字已经看做虚词，或者读为轻声，亦未可知。又"雅言"恐不限于周，商王朝疆域不小，想来该有类似官话的东西，（乃至夏？所谓夏声或不限于音乐？）殷与西周语文，大体似相衔接。（台北胡适纪念馆藏档，档号：HS-LS01-007-008）

9月　胡适开始在加州大学讲授中国文化。四个多月里，共有十讲。

题 目 依 次 是：" Medieval China in A. D. 1000"; "The Movement of Classical Revival"; "Classical Revival and Book—printing"; "The Great Reformers of the 11th Century"; "Neo-Confucianism"; "The Rise of a New Literature in the Living Tongue（1000—1900）"; "Development of a New Methodology in Classical Studies（1600—1900）"; "A Conscious Movement for a Chinese Renaissance in the Modern World"; "Re-examination and Re—appraisal of China's Cultural Past"; "What Has Become of the Chinese Renaissance?"。（台北胡适纪念馆藏档，档号依次是 HS-NK05-203-004 至 HS-NK05-013）

10月

10月2日　胡适致函 Morris A. Stewart，云：

Mr. Pardee Lowe was kind enough to suggest that I might be permitted to join your fellow Directors of the "China House Association" at an interval between your sessions this evening. Unfortunately, a previous acceptance of a dinner invitation will prevent me from carrying out this very kind suggestion. May I be permitted to send your Board a word of greeting?

As President of "the China Institute in America", and as a Trustee and Acting Director of "the China Foundation", I wish to send you my warm greetings and my hearty congratulations on your recent decision to continue to keep "the China House" going. In the last few days, I have heard from several students on the U.C. campus the sentiment that they have found "the China House" a very useful and beneficial institution and that they would be happy to do their part in support of the Association. President Steve Huang of the C.S.A. is one of those who have thus expressed their hopes and willingness to support it. I also learn from the "Chinese consul General" that efforts will be made to enlist financial support from the Chinese community in San Francisco

1956年　丙申　65岁

if the "House" will be continued.

I am leaving this Friday for Washington D.C. to attend the Annual Meeting of "The China Foundation" on October 6th. Mayor Hutchison of Berkeley is a fellow Trustee and will also be there. If we make known to our Trustees your recent decision to keep "the China House" in full operation, I am sure that it will be easy for Mayor Hutchison and I jointly to ask "the China Foundation" to continue its financial support as it had done in the past year.

I shall also report your decision to "the China Institute". (台北胡适纪念馆藏档，档号：HS-US01-015-014)

按，台北胡适纪念馆收藏的这封信，还附有下面一份文件：

Before I fly to Washington, D.C. tomorrow to take up a new assignment (no small part of which will be helping develop better Sino-American understanding), I have a last-minute duty—indeed a pleasure—to perform. That is, I'd like to contact or communicate with as many of my friends as I have time to do so, to express to them my deep appreciation for the encouragement and support they have so generously given me during the last 16 months of my work here. Some of you I have already seen lately, but since it is now physically impossible for me to call on or telephone everyone before my departure, I hope you will graciously accept this hastily prepared letter—in Lieu of a personal call—as my "Thank you" message.

As you have shown an interest in "China House Association", you will undoubtedly want to know what's will happen from now on. Frankly, since I submitted my resignation on August 1, our Board of Directors have done considerable hard thinking and tried their best to find a successor. I, too, have given at least 4 weeks of voluntary service to "the Association" in helping find a successor, but without result. Efforts are being continued towards this end.

Our Executive Committee, despite many misgivings and financial obstacles, have decided to continue the functional operations of "the Association" subject to the early availability of a qualified Executive Director and adequate Board reorganization due early this month. Our Board has also carefully explored not a few alternatives of conducting "the Association's" work on a modest basis, but according to their latest thinking little success can be achieved until the Corporation can secure and depend upon a full-time manager. No matter who is to be selected or appointed the new Executive Director, I fervently hope that you... will give him or her all the support you can.

In this connection, you will naturally want to know something about the "Association's" financial status. My answer is that it is NOT unsound, though inadequate for another fiscal year's activities. Since the formation of this "Association" on June 1, 1955, we have raised a total of $13721.77 from foundations, firms, banks, individual donors and members, and our total expenditures up to date amounts to $10624.68. Thus we have a balance of $3097.09 (of which $250 is earmarked for lectures on Chinese culture) in the "Association's" treasury—not counting two additional sources of financial aid we have already lined up and are hopeful of getting the next few months. When we recall that the "Association" did not have a cent at the time of its incorporation 16 months ago, this financial record must be gratifying to all who have supported the "Association" during the past year.

Moreover, at the end of the first fiscal year, "China House Association" has obtained tax exemptions from the Federal, State, County and Berkeley city authorities. If it is to continue functioning, its financial burdens—in respect to taxes at least—will be much lighter than what I had to face during the last 16 months.

Finally, we have many members, contributors and officers on our Board who are genuinely interested in the welfare of Chinese students and eager to carry on. Some of them have most unselfishly given much of their time and energy to help the "Association" grow; some have contributed financial support in good-sized amounts. Because of their backing, the "Association" has successfully gone through its period of infancy. But the baby still needs your constructive guidance and help, and in sending this letter of appreciation to you I wish to ask for your continued support to those who will courageously try to carry on the future direction of "China House Association".

One last personal invitation: beginning from October 2 my address will be "Chinese Embassy", 2311 Massachusetts Ave., N.Y., Washington, D.C. If you come to visit Uncle Sam's beautiful capital, please be sure to give me the pleasure of seeing you again.（台北胡适纪念馆藏档，档号：HS-US01-015-014）

10月4日　胡适致电高宗武夫妇：Arriving Friday night stay one day looking forward see you.（台北胡适纪念馆藏档，档号：HS-NK05-057-036）

10月6日　胡适在华盛顿出席"中基会"第二十七次年会，并当选为干事长。此次年会接受"中央大学"的部分还款，终止设在台湾大学的研究生奖学金，核准几项教育文化的补助费用，例如"中央图书馆"之修缮与购书经费，加州"中国馆"的补助费。谈论了台湾"清华大学"向台湾"清华基金"贷款事宜。（台北胡适纪念馆藏档，档号：HS-NK05-263-006；《"中基会"对科学的赞助》，249页）

10月9日　杨联陞致函胡适，谈开学以来的教学工作等。（台北胡适纪念馆藏档，档号：HS-LS01-007-009）

10月11日　胡适致函杨日旭：

日旭：

谢谢你"双十节"的信及《自由人》报。

寄上"邮局通知"一纸，被我误带了来，千万早去接洽，邮局在211E. 87St.

第一次通告想被舍间遗失了。

祝你好，乞代问锦屏好。

适之

（杨日旭教授提供）

10月12日 Helen X. Chang 致函胡适，云：

The Board of Directors of "China House Association" desires to express to you its gratitude for the tremendous support you have given to us during our recent time of reorganization and of closing ranks for future service in the community. Without your sage advice and unstinted support we would not have been able to resume our functional operations. We hope that we may continue to enjoy your presence and advice as your other labors permit.（台北胡适纪念馆藏档，档号：HS-US01-077-012）

10月21日 胡适有《述艾森豪总统的两个故事给蒋"总统"祝寿》一文，讲述了艾森豪威尔总统的两个故事，劝谏蒋介石试试"无智，无能，无为"六字诀，努力做一个无智而能"御众智"，无能无为而能"乘众势"的领导人。（"自由中国"第15卷第9期，1956年10月31日）

10月23日 胡适在旧金山对记者发表谈话称：彻底的言论自由，是建设台湾省为模范省最重要的工作，也是三民主义中民权主义最基本的一点。如无言论自由，民主就不易实现，无法实现。言论自由对领袖而言，可以说有百利而无一弊，自由的言论，能增加当局领袖的力量，决不会损害他的力量。（《胡适之先生年谱长编初稿》第七册，2554～2556页）

10月24日 C. Easton Rothwell 致函胡适，云：

It was a pleasure to speak with you on the phone the other day. I am delighted that you will be able to come to Stanford on Sunday, 11 November, to present a talk on Chinese art and to be our guest of honor at a reception.

Your lecture is scheduled for 3:15 to 4:15 p.m. in Cubberley Auditorium, Education Building. The reception will begin at 4:30 p.m. and is to be held in the Stanford Museum, where the special exhibit of Chinese Paintings from the collection of C.T. Loo is being displayed. We of the Hoover Library are happy to be able to join with the Committee for Art at Stanford, and with President and Mrs. Sterling in bringing you to the Stanford Campus.

Mrs. Rothwell and I are so glad that you will be able to remain and dine with us at the small supper party we are planning for you after the reception. I hope that Mr. and Mrs. Chang will join us, also.

I have spoken with Mrs. Helen Cross, "Associate" Director of the Art Gallery and Museum, and have asked her to send you a catalog of the exhibit. The catalogs are still at the printer's, but as soon as Mrs. Cross receives them, she will forward a copy to you. You should receive it by the first of next week. Anything you care to say that would relate, directly or indirectly, to the paintings will be most welcome.

We are all looking forward to your visit here, and are particularly pleased that you could come at a time when we are able to present the beautiful Loo collection.（台北胡适纪念馆藏档，档号：HS-US01-077-014）

10月26日　胡适复函严耕望：

我那信是在极匆忙的时候写的，手头无书可查，故一定有不少的错误。例如我说《金石录》记《能大师碑》条比欧录为详。其时我行箧里只带了《金石录》，而不及查《集古录目》的两家辑本。我所谓"欧录"，仅指岑仲勉先生和你引的那一部分。这是我的错误。

我很高兴，《集古录目》及《宝刻丛编》《宝刻类编》所记邢州《能大师碑》，都证实了我的一个假设。我特别要谢谢你引此三条。

胡函又答复严所问的一个问题:此碑建立在邢州（滑台）开元寺，毫无可疑。立碑之年,当在天宝七年。胡函又云:《宋僧传》所说宋鼎碑建在洛阳荷泽寺,

似不足信。（台北胡适纪念馆藏档，档号：HS-NK05-138-007）

10月29日　雷震致函胡适，谈"自由中国"杂志祝寿专号的主要内容；又谈到"台湾今日党治，超过大陆国民党执政任何时代"；雷函认为，台湾政治已走到死路，除非能成立反对党来监督当局，简直想不到好办法；雷震极力鼓动胡适出来领导反对党：

这次专号文章，先生可看到大家对台湾之意见，可以说是不约而同。大家要"政府"：（一）建立反对党；（二）建立"法治制度"；（三）放宽言论尺度；（四）军事"国家化"，取消军队党部；（五）特务"国家化"；（六）教育通常化，即取消"青年救国党〔团〕"！

…………

大家认为台湾今日党治，超过大陆国民党执政任何时代。大陆上地区广大，党治仅徒有其名，不能贯澈，今日地区小，可以贯澈得多。……今日非国民党籍者很难找公职。高玉树之不能顺利工作……

……大家以为今日政治已走到死路，除非能成立反对党来监督"政府"，简直想不到好办法。大家希望能开"救国会议"，希望在这一大会上逼"政府"准许成立新党。所以请你不要反对"救国会议"。您如能表示赞成开，写一篇文章在"自由中国"〔杂志〕发表，尤可促成"政府"早日举行。

先生今年六十六，我已六十，对"国事"奋斗之日无多，我们应该在民主政治上奠定一基础。我这几年受了朋友多少警告，要少讲话，我未听下〔进〕，反而仍继续讲话者，是想为子孙留一点遗产。建立民主政治的政府，我们纵不能及身而成，但我们要下一点种子。先生常写"种豆得豆"，就是这个道理。

这个新党如先生愿出来领导，可把民社、青年两党分子合起来，加入国民党一小半及社会上无党无派者，成立国民党以外一个大党，今后实行两党政治。这里面理由甚多。民、青两党过去合作成一之议甚久，而不能实现者为其领导人物成问题，如张君劢出来，过去有曾琦之阻，今仍有左舜生之阻。而国民党的一部分亦不好参加。如先生出来领导，则一切均可无问题。在"立法院"可得150名议席……先生如能担任此事，我誓一身为此党努力，决不出来做"政府"事情，即此党可以执"政"，我亦只在背后而不出面。今日之事如无少数人牺牲，"国事"是无前途的。先生对局面看得很明白。除此之外，还有他途么？国民党分为二个是走不通的。张君劢先生亦在加州，先生应和他谈谈。他为"国事"奔走数十年，尽管党未办好，但他从未谋私利，这一点值得称赞。如新党成立，您做主席，他做顾问，大家合作，此间美人认为您俩能合作，"中国"政治前途有办法。否则蒋"总统"之后还有大混乱呢！这是最诚恳之言，希望先生想想。……（《万山不许一溪奔——胡适雷震来往书信选集》，98～101页）

10月31日 胡适致函赵元任，祝贺其生日，并请赵收下生日贺礼。（《近代学人手迹》三集，67页）

同日 Max Faerber致函胡适，云：

I haven't heard from you for a long time and I hope you are feeling fine and have settled down at your new place. Of course I can well imagine that you must be very busy. Did you receive my last catalogue? If you need anything please do not hesitate to call upon me. You know it is great pleasure for me to be of service to you and you may rest assured that you always will receive a special discount on any books you want. By the way did you receive the few small volumes (in Chinese) which I have sent you, with my compliments?

There are a few new publications which might interest you.

1. *Chinese Social History* by E-Tu Zen Sun & John de Francis... 7.50

2. *Political History of China, 1840-1928* by Li Chien-nung. Edited & translated by Ssu-yu Teng & Jeremy Ingalls... 7.50

3. *China and Soviet Russia* by Henry Wei... 7.75

4. *A Treasury of Asia Literature* Edited by John D. Yohannan 7.50

There are only a few of the new titles.

Today I am enclosing my check for $100.00 on account of the loan, which leaves now a balance of $ 350.00.

I need as usual again money as I am just negotiating for a 2000 volume library of a sinologist. Would appreciate if you could lend again thousand dollars, if possible. I would sincerely appreciate your kind help.（台北胡适纪念馆藏档，档号：HS-US01-077-015）

11月

11月2日　胡适致函童世纲，云：

In addition to the two enclosures, I am writing you this note in reply to some of the points you asked me on the telephone.

1. I believe there are no good accounts written by foreign writers on the forty-year-old movement of the Chinese Renaissance in literature. Very few foreigners could grasp the historical significance of such a big and many-sided movement. The best example of this failure is the *Look* magazine which last year named me as one of the 100 most important people in the world, but which, in the citation, said that I had invented a new language for the Chinese people! So I still think my lecture on "the Chinese Renaissance" in my book *The Chinese Renaissance*, pp.44-62, is the most authentic account in the English language. For a more vivid account, read Dr. Tsi C.Wang's *The Youth Movement in China*（New Republic Press, New York, 1927）, if you can find a copy of it in the Princeton Library or in the Theological Seminary.

2. I have no documents here to aid my memory about the Oxford offer. The offer came from Professor H.H.Dubs, Professor of Chinese at Oxford,

1956 年　丙申　65 岁

asking first to consider whether I would consider the possibility of successding Professor Rajacrishnan who was due to retire in 1953 as the Spaulding (or Spalding) Professor of Oriental Religions and Philosophies. Before I replied, Dubs wrote again to ask me to consider to succeeding Prof.R. in 1952, because he had been elected Vice-president of India and had to leave Oxford one year earlier. At first, I was inclined to consider this offer. But... I finally declined the offer in a polite letter to Professor Dubs.

3. I believe most of the ten essays in English listed in Ⅲ of the Bibliography are in the Princeton Library. Dr. Yang may like to see them.

My planned work:

For over forty years I have been working on a history of Chinese thought, covering the entire period of about 27 centuries of Chinese intellectual development. In 1919, I published the first volume of my History of Chinese Philosophy. In the last 30 years, I have tried to enlarge the scope of my investigations to include all aspects of Chinese thought and belief under the more general title of "A History of Chinese Thought".

From 1919 to 1937, I have published a large number of monographs on the history of Chinese thought in its three major periods: the ancient period ending about 200 A.D., the medieval period ending about 1000 A.D., and the period of Chinese Renaissance from the 11th century to the present time. Most of these monographs are included in the four series of my *Collected Essays* (*Hu Shih Wen Ts'un*) , and a few longer papers have appeared in book form.

The eight years of China's war with Japan (1937-45) , five years of war draft service as unofficial and later as official diplomat (1937-42) , and more than ten years of "unsettled life" (1946-56) have made it difficult for me to put together all these monographic studies and complete my projected three-

269

volume work on *the History of Chinese Thought*. Nor have I been able to work seriously on a long planned one volume of this history in English.

As I approach my 65th birthday, I feel it is high time for me to plan to settle down and devote my remaining years to the completion of my main life-work, *the History of Chinese Thought*. It was with this work in view that I have planned to return to Taipei, Taiwan ("Formosa"), early next year and to examine the library facilities of both the "Academia Sinica" and the "Central Library", whose collections of rare and valuable books have only recently been placed in suitable housing and made accessible to research workers. (I have left my own collection of books in Peiping.)

As a man of wide intellectual interests, I have several projects beside the major one mentioned above. One of these is a History of "Chinese literature in the living tongue", of which I published a first volume in 1928, and about 20 major papers on my researches in the Chinese novel in the years 1920–1937. But this project and other irons in the fire will have to wait until I have had time to wind up my life-long work on *the History of Chinese Thought*.

A Selected Bibliography of Hu Shih's Works

Ⅰ. Books in Chinese

A History of Chinese Philosophy. Vol. Ⅰ. 1919.

A History of Chinese Literature in the Living Tongue. Vol. Ⅰ. 1928.

A Study of "the Book of the Prince of Huai-nan". 1931.

A Biography of Chang Shih-tsai (Chang Hsueh-ch'eng). 1922.

The Philosophy of Tai Chen. 1925.

The Surviving Works of the Zen Monk Shen-hui. (based on the Tunhuang manuscripts in Paris and London which were first identified by Hu Shih in 1926 and edited and published by him with his lengthy biography of Shen-hui, the real founder of Zen Buddhism) 1930.

Hu Shih's Poems（Ch'ang-shih chi, a book of Experiments in Poetry） First edition, 1919.

Autobiographical Chapters at Forty. 1931. Taiwan ed. 1953.

Hu Shih Wen Ts'un（Collected Essays of Hu Shih）.

First Series. 4 vols. 1921. Taiwan Ed. 1953.

Second Series. 4 vols. 1924. Taiwan Ed. 1953.

Third Series. 4 vols. 1930. Taiwan Ed. 1953.

Hu Shih Lun-hsueh Chin-chu（Hu Shih's Recent Papers on Academic Subjects） 2 vols. 1935. Taiwan edition under the title of "Hu Shih Wen Ts'un: fourth series", 1953.

Ⅱ. Books in English

The Development of the Logical Method in Ancient China.（His doctorate dissertation at Columbia University）Shanghai. 1922.

The Chinese Renaissance.（Six Haskell Foundation Lectures delivered at the University of Chicago, 1933）Chicago. 1934.

Ⅲ. Selected Papers in English

"The Civilizations of the East and the West". In *Whither Mankind*, ed. by Charles A. Beard. 1928

"A Credo". In *Living Philosophies*, published by Simon and Schuster. 1929.

"Wang Mang, the Chinese Socialist Emperor of the First Century A.D."In *Journal of the North China Branch of the Royal Asiatic Society*, 1928.

"The Establishment of Confucianism as a State Religion during the Han Dynasty". In *Journal of the North China Branch of the Royal Asiatic Society*, 1929.

"Development of Zen Buddhism in China". In *Chinese Social and Political Sc. Review*, 1932.

"Ch'an (Zen) Buddhism in China: Its History and Method". In *Philosophy East and West*, April, 1953.

"The Indianization of China: A Case Study in Cultural Borrowing". In *Independence, Convergence and Borrowing in Institutions, Thought and Art*. Harvard University Tercentenary Publication. 1937.

"Instrumentalism as a Political Concept". In *The Philosophy of the Common Man*, a volume of essays in honor of the 80th Birthday of John Dewey. 1940.

"The Concept of Immortality in Chinese Thought". (Being the Ingersoll Lecture on Immortality delivered at the Harvard Divinity School in 1945) In *Harvard Divinity School Bulletin*, 1946.

"The Natural Law in the Chinese Tradition". In *Natural Law Institute Proceedings*, University of Notre Dame, 1953. （台北胡适纪念馆藏档，档号：HS-US01-077-016）

11月5日　雷震致函胡适，谈"自由中国"杂志祝寿专号发行后受到欢迎情形，再度重申建立反对党的重要性，并希望胡适出来领导，又向胡适催稿以及谈"自由中国"改为周刊事。

因此，我们要挽救危局，把"中国"造成一个现代的"中国"，必须有一个有力的反对党。并不是要这个党执政，就〔而〕是在旁边督促，使执政的国民党能够前进。请先生切实把这个问题想想。

先生是不愿谈政治，但是今日的局面，势非逼上先生走上这一条路不可。我说这些话，决不是我一个的意思。先生"回国"后一定明晓的，务盼先生仔细想想。（《万山不许一溪奔——胡适雷震来往书信选集》，102～105页）

11月6日　胡适作有《封演〈封氏闻见记〉》札记。（《胡适手稿》第9集卷3，453～460页）

11月13日 雷震致函胡适，谈"自由中国"杂志祝寿专号再度加印，又由台湾贪污盛行谈到成立反对党的迫切性并再度恳请胡适出来领导：

……如果政治上有反对党，再开放舆论，这类事情当可减少。仅仅开放舆论而无反对党则无用。震这几年虽然说了几句话，每次写文章的心情是紧张的。……因有先生在支持，我也不顾一切，才能造成今日之"自由中国"［杂志］，故仅仅开放舆论而无反对党，其监督作用真是微乎其微。我们要爱护"中华民国"，爱护国民党，必须要有反对党从旁监督，不然国民党必腐败而至于崩溃。因此，请先生再考虑一下，能不能担任反对党之领袖。且盼您同廷黻商量一下。您二人决定了，再与君劢先生交换意见，反对党可以组织起来，这不是第三势力，我们是在台湾组织，影响台湾"政府"的政治。我们不是打倒蒋先生，而是帮助他。先生如可担任，在"救国会议"时可提出此意见，请蒋先生允许。

关于"救国会议"，大家希望先生赞成，并盼先生能写一文章来发表。……先生这样"爱国"，还只谈学术而不真实负起"救国"责任么？"中国"之能否渡过难关，在此一举，希先生仔细考虑……今日"中国"之出路，只有一条路，成立反对党，逼国民党退为普通政党。……（《万山不许一溪奔——胡适雷震来往书信选集》，106～110页）

11月14日 C. Easton Rothwell致函胡适，云：

May I tell you again how much I and everyone else enjoyed your visit on Sunday. I have had many, many comments on your lecture in the past two days, all of them enthusiastic, and some nice comments about the reception.

I look forward to seeing you when you come down again in December.

Again my thanks. With all good wishes.（台北胡适纪念馆藏档，档号：HS-US01-077-018）

11月18日 胡适致函赵元任夫妇，告不拟重返加州大学教书，"……

现在的计划是要在台中或台北郊外的南港（'中央研究院'所在地）寻一所房子为久居之计。……我颇想向'中央研究院'借一块地，由我自己出钱盖一所小房子，十年或十五年之后，房子归'研究院'所有。这样可以为其他院士开一先例，将来在南港可以造起一个院士住宅的聚落。史言所的书籍……于我最适用，比'国外'任何地方的书籍都更适用"。又向赵重申为什么近几年不愿在美国大学教书的理由。（《近代学人手迹》三集，68～75页）

11月18—20日　胡适日记均为胡适阅读胡道静《梦溪笔谈校证》的笔记，称赞该书"功力甚勤，是近日新出的一部好书"。

11月19日　胡适致函李济，谈海外院士明年回台出席院士会议的可能性（主要是时间上的问题）。（《胡适中文书信集》第4册，339～340页）

11月22日　胡适写信给"友联"社的徐东滨，指出他们出的 Biographical Servic 实在太多错误，并以《史良小传》为例，指出其许多太不谨严之处。（据《日记》）

11月25日　访客有吴思琦夫妇、王纪五、余天休。（据《日记》）

同日　胡适等为杨步伟庆贺生日。（据《日记》）

同日　胡适复函严耕望（台北胡适纪念馆藏档，档号：HS-NK05-138-008），当日日记记此函大要：

……谢他指正我前函误认滑台与邢州为一地。邢州在今河北邢台，滑台在今河南省滑县。两地相去四百里。我发信后已觉此误，耕望指出甚分明，故去信谢他。

我信中又指出宋鼎的《能大师碑》，建在邢州，其年月为天宝七年，似提示神会曾有住邢州的一个时期。

①开元八年，他住南阳龙兴寺。他住南阳颇久，故称"南阳和上"。

②开元二十二年前后，他在滑台大云寺。已在大河之北了。

③天宝初年，他住邢州开元寺（钜鹿郡）。

④天宝四年，始召入东都（洛阳）。

11月26日　Hans Frankel 来谈。与他到 Faculty Club 与东方语言系诸人同饭。饭后到 Durant Hotel 读书,看了《历代法宝记》,赵贞信的《封氏闻见记》。是日日记又记:

> 房兆楹兄给我看他的《鲁迅的祖父》稿本,此文甚有趣味,可以使我们知道,鲁迅早年确因其祖父曾有犯重罪,"斩监候",而受亲友冷落的苦痛。致有愤世多疑忌的心理!
>
> 得"Mrs. A. W. Grabau"一信,仍不可读。但她说"I am offering the manuscript〔of Grabau last work〕for DM 1000"。
>
> 我写短信给她。"如果 DM 是德国 Mark,价值美金 25 Cents,则 DM 1000 不过 $250,我可以设法收买此稿"。
>
> Grabau 的最后一书,是应该由我为北大收下的。

同日　胡适复函 Anna B. Grabau,云:

> Your letter of November 11 has been forwarded to me at the above address.
>
> You said that you were offering the Grabau manuscript for DM 1000. Does that mean German Marks? Is a DM about 25 cents in U.S. money? DM 1000 will be about U.S. $250.00?
>
> If that is correct, please send the manuscript to me at the above address by registered mail. I think I can find some friend to buy it and give it to the "Geological Society" which is being "re-organized" in "Formosa".
>
> I am very sorry for all your suffering, and shall be eager to help you in placing this manuscript in safe hands.（台北胡适纪念馆藏档,档号:HS-US01-015-021）

11月27日　胡适与马如荣及 Ralph W. Chaney 教授吃饭。阅《观堂集林》。（据《日记》）

11月28—30日　胡适在日记里摘记了王国维《周代金石文韵读·自序》

等文后，写下了如下评论：

> 静安先生能了解王念孙、段玉裁、江有诰（以及戴东原、孔广森）诸人的韵部见解"皆得之于己，不相为谋，而其说之大同如此，所谓闭户造车出而合辙者欤？"然而他不能了解戴赵全三家《水经注》的"大同"！可见"成见"之害，可见"正谊的火气"之大害！

11月29日　Ruth A. Price 致函胡适，云：

> Our Board of Trustees of China Club of Seattle voted today to extend a cordial and urgent invitation to your distinguished self to be our guest speaker at our 41st annual meeting scheduled to be held in February, 1957.
>
> The tentative thinking is for the date Monday, February 4th, evening, Seattle Chamber of Commerce banquet hall, but we have not as yet ascertained if it would be available for that evening.
>
> Would it be possible for you to accept our invitation? Dr. Charles Martin pointed out that it has been a long time since you have spoken in Seattle.
>
> Although we are far from a wealthy organization, our Trustees will be responsible for your expenses in coming to Seattle to address this organization. They sincerely wish we might be able to offer more, but limited funds preclude this.
>
> We are sincerely hoping that you will find it possible to say "yes", and if so, if you will give us a topic for your address.（台北胡适纪念馆藏档，档号：HS-US01-015-023）

11月30日　胡适致函李济，谈希望回台居住的问题：

> 我近来有一个妄想，想请骝公与兄替我想想：
>
> 我想在南港院址上，租借一块小地，由我自己出钱，建造一所有 modern 方便的小房子，可供我夫妇住，由我与院方订立契约，声明在

十年或十五年后，连屋与地一并收归院方所有。此办法有无法律上的障碍？此意有几层好处：

1. 可以开一例子，使其他海内外院士可以仿行，将来在南港造成一排学人住宅。

2. 我觉得史语所的藏书最适于我的工作（1948年我曾长期用过）；又有许多朋友可以帮助我。（近来与严耕望先生通信，我很得益处。举此一例，可见朋友襄助之大益。）

3. 我若回台久住，似住在郊外比住在台北市内为宜。

此计划是一种妄想，不但要骝兄与兄替我想想，也要兄转告思亮、子水诸友替我想想（我尚未告知他们）。（《胡适中文书信集》第4册，342页）

12月

12月6日　雷震致函胡适，请胡适为"自由中国"写稿，并谈自己的眼疾。（《万山不许一溪奔——胡适雷震来往书信选集》，111～112页）

12月7日　胡适复函朱家骅，谈及自己明年2月可回台北等。（台北"中研院"近史所档案馆藏"朱家骅档案"，档号：301-01007-010）

12月13日　夜，胡适搭飞机回纽约。（据《日记》）

12月17日　焕绶将John A. Garraty所著 Woodrow Wilson: A Great Life in Brief（纽约，1956）题赠胡适："为适之先生的书架补空　治　焕绶敬送　一九五六　十二、十七　纽约。"（《胡适藏书目录》第4册，2935页）

12月19日　雷震致函胡适，云：

……关于先生更正信应否发表，当时震依照大家意见函复先生矣。继思先生可能已面允胡健中来函更正，今如不登出，或有损先生信用，特肃函奉询，如先生认为必须发表，请即函示，当即照办不误。……新年特大号已在编辑中……至盼从速寄下，万一赶不上，亦当于次期

发表也。(《万山不许一溪奔——胡适雷震来往书信选集》，113 页)

12 月 27 日　胡适自纽约飞回加州大学，以把本学期授课结束。(当日胡适复袁同礼函，《胡适全集》第 26 卷，70～71 页)

12 月　"中央研究院"史语所刊印《庆祝胡适先生六十五岁论文集》上下册(《史语所集刊》第二十八年本)，书前有撰文同人的"上胡适先生书"。信中说：

> 四十年来，先生非特自己不断的努力寻求真理，并且竭力诱掖或帮助别人寻求真理；
>
> 四十年来，先生以中和正大的态度，致力于民族文化的改进，为国家增加极大的光荣，而指示后进以一种最正当的爱国途径；
>
> 先生对朋友、对同事、对后辈的诚挚乐易，使一切接近先生的人都有在春风中的感觉。

12 月　胡适提出"毁党救国"的主张。(据日记)

是年　柳无忌将其著作 *Confucius: His Life and Time*(New York: Philosophical Library, 1955)题赠胡适。(《胡适藏书目录》第 4 册，2737 页)

1957年　丁酉　66岁

> 2月，胡适因胃溃疡住院，切除胃的五分之三。
> 6月4日，胡适立好遗嘱。
> 11月，胡适被任命为"中央研究院"院长。

1月

1月1日　马如荣来访，王恭守夫妇来访。在赵元任家午饭。晚饭后访陈健安的夫人及女儿。（据《日记》）

按，本谱引用胡适1957年日记，均据《胡适的日记》手稿本第18册，以下不再特别注明。

1月2日　张紫常夫妇来谈。（据《日记》）

同日　William A. Boekel 致函胡适，云：

I want to start the new year off right and correctly by saying that the past year was made all the more enjoyable and fruitful to me by reason of my having had the privilege of knowing you and being associated in a common enterprise—that of "China House Association". Without your sagacious advice we would not have been able to "reorganize the Association" and to launch it upon a newly invigorated activity.

I hope that your new year will be a bountiful one and with a full measure of good health and happiness.（台北胡适纪念馆藏档，档号：HS-US01-077-021）

1月3日　上课。讲中国史学的1000多年来的经过。大要是：

刘知几的《史通》(701—710)是史学自觉的批评的著作。其中如《疑古》《惑经》诸篇都是这种批评精神的表现。

柳宗元（d.819）的《论语辨》《晏子春秋辨》诸篇是考证的文字。

到了十一世纪，史学成熟了。

欧阳修的《集古录》是史料学的成立。……

…………

司马光、刘攽、刘恕、范祖禹诸人合撰的《通鉴》(1084)，尤其是他们的《考异》三十卷，都是史学成熟的表现。

吴缜的《新唐书纠缪》(1089)二十卷也是十一世纪的史学考证的成绩。

十一世纪有欧、曾、大苏、沈括、吴缜，考证的方法已上轨道了。……

此下便是赵明诚、洪迈、洪适、周必大、吴棫、朱熹、张淏（《云谷杂记》）的时代。

……这个考证的学风是一千多年逐渐发展出来的学风。（据《日记》）

同日　童世纲函谢胡适来馆指导，并请代书展览题目两份。（台北胡适纪念馆藏档，档号：HS-US01-071-006）

1月4日　与赵元任夫妇谈。在赵家晚饭后，与赵元任同去看 Prof. & Mrs. Boodberg.（据《日记》）

同日　沈惟瑜函谢胡适寄赠字画，并盼聚会。（台北胡适纪念馆藏档，档号：HS-US01-071-007）

1月5日　胡适出席 Peter A. Boodberg 教授夫妇为其举办的晚会，来客有75位。（据《日记》）

1月6日　胡适飞抵洛杉矶。李孟萍"总领事"、蔡"领事"、钱"领事"、陈受颐受康两家夫妇、张公权、莫泮芹夫妇及华侨领袖多人接机。陈受颐送胡适到Claremont，住Faculty House。晚与陈受颐长谈。（据《日记》）

同日　Lucy Ann函谢胡适寄照片，并向胡适致以问候。（台北胡适纪念馆藏档，档号：HS-US01-071-019）

1月7日　胡适到Los Angeles World Affairs Council午饭，讲"The World Importance of a 'Free China'"。（据《日记》）

1月8日　胡适在Dr. Bernard家早饭。在Claremont College演说，后又与陈受颐谈。晚上，到Cailfornia Club参加Los Angeles County Museum"唐朝展览"的开幕宴会。饭后参观博物馆。（据《日记》）

同日　邓文珍函谢胡适复函，又谈及读过周汝昌《红楼梦新证》，周著举出许多理由说"脂砚斋就是史湘云"，故增加了我们要读"脂砚斋评本"的好奇心。又寄赠《女师群芳悲剧》一书。附寄谢冰莹致胡适函。（台北胡适纪念馆藏档，档号：HS-US01-016-015）

1月10日　下午，胡适上"最后一课"，学生及旁听者鼓掌欢送。晚在李卓皓家吃饭，长谈。（据《日记》）

1月11日　早9时，Rear Admiral Singleton接胡适去Carmel & Monterey作两日半之游。中午，Dr. R. Bird、Col. Allen Griffin & Adam Spruance邀胡适在Old Capital Club午饭。午后参观"陆军语言学校"的官话广州话教室。（据《日记》）

1月12日　朱家骅致函胡适、李书华，关于4月2日之院士会议，除胡适、吴大猷在台北外，李书华、赵元任、汪敬熙虽有复函，但均未最后决定。其他院士未回复者，想系课务关系。拜托胡适、李书华代为劝促，因办理出入境、申请"外汇"等事都需要时间。（台北胡适纪念馆藏档，档号：HS-US01-071-008）

1月13日　早9时，胡适与李抱忱到Dr. Henry S. Houghton家吃早饭。有Mr. & Mrs. Griffin。饭后回伯克利。（据《日记》）

同日　蒋介石在其上星期反省录中记道：胡适竟提"毁党救国"之荒

唐口号，不能再事容忍，对此种文人政客，不可予以礼貌优遇，是又增多一经历矣。

按，徐永昌1957年2月1日日记记载，1957年初蒋介石曾派遣八名"立委"访问各省知名人士，告之不应附和胡适的"毁党救国"论。(《徐永昌日记》第12册，"中研院"近代史研究所刊行，1991年，135页)

1月14日　孟治致函胡适，云：

Dear Dr. Hu:

Enclosed herewith please find the minutes of the recent meeting of the Nominating Committee. If you think Harold Riegelman will make a good trustee, may I ask you to write a note to Walter Mallory and send it to me so that I can make a copy before sending him the original. So far, among the new nominees the following have accepted the nomination:

Russell Bourne

Alexander D. Calboun (Vice President First National Bank)

We are hoping that F. T. Cheng will accept the nomination.

As you may recall the board scheduled our annual meeting to take place Thursday, February 28. I think it will not be possible for you to attend this meeting. Since Mrs. Moore and Walter Mallory will also be away on that day, I am telephoning other trustees to see whether it will be desirable to adjourn the annual meeting to sometime in March. Since in either case you may not be able to attend the meeting, I would like to suggest that when you are here at the end of this month, will you permit me to arrange a luncheon, tea or dinner for you in honor of the new nominees and also to entertain some of the trustees? Though the Institute is very poor, it still has some funds for this purpose, and I strongly believe that I should arrange this for you. Mr. Yip told me that the Foundation meeting will be on February 2nd. Will you kindly let me know which day will be suitable for you for this suggested party while you are here?

On Monday, January 28, I am inviting a few educators to discuss our teacher training program. Among those who have accepted the invitation are Esson M. Gale, Professor L. Carrington Goodrich, Professor David Rowe, Dr. Ben A. Sueltz of the Cortland State Teachers College and President E. DeAlton Partridge of the Montclair State Teachers College. If it is convenient to you, our Committee will be honored if you will come and say a few words of greeting.

I am looking forward to making other reports to you in person. I shall be most grateful if you will tell me when you will arrive in New York and when you are planning to leave.（台北胡适纪念馆藏档，档号：HS-US01-077-022）

1月15日　胡适到Bank of America，电汇$250给北大地质学古生物学教授葛利普生前的书记Carlotta Volange。同日，胡适将葛利普的手稿通过阮维周转赠"中国地质学会"：

恰巧今天阮维周先生来看我，我请他看此稿，我说，请"中国地质学会"接受此稿，作为我的赠礼，为Grabau留作纪念。他很高兴。（据《日记》）

1月16日　亚洲基金会的President Blum与Stewart来与胡适同午饭。（据《日记》）

同日　林崇墉致函胡适，述自童年即崇仰胡适，前后在三天之内受教16小时，胜读十年书。今将遵嘱草拟财经意见呈上，请胡适指正。（台北胡适纪念馆藏档，档号：HS-US01-071-009）

同日　Robert Blum致函胡适，云：

Mr. Stewart and I enjoyed seeing you and appreciated your taking the time to talk with us. Please let us know if we can be of any help to you when you come through here next month on your way to "Formosa".

Dr. Rowe can be reached in the Department of Political Science at Yale University. His home address is 47 Thornton Street, Hamden, Connecticut, and the telephone number there is Chestnut 9-4128.（台北胡适纪念馆藏档，档号：HS-US01-071-020）

同日　Remsen du Bois Bird 致函胡适，云：

What a very happy time and such good talk with you at The Old Capital Club! I must not lose you again! For so many years you have been a very pleasant memory, and to have you now again — and I am sure more than ever before—tucked into my heart, is a most inspiring experience as we enter this year so potent for good.

You will recall our conversation concerning "Amida Buddhism", "The Pure Land Sects" and a possible influence on the part of Nestorian Christianity. Certainly there must have been some influence of this force coming into the Eastern World.

After leaving you I looked up the passages in George Foote Moore's *History of Religions*, and noted what he had to say on the subject. Apparently he discounted, when he wrote this book, the possibility that "vicarious sacrifice of the Amida Buddha" was an idea taken over from Nestorian Christianity.

You will find his comments on pages 136-137 in "The History of Religions", Charles Scribners Sons, (1914).

I am sure, thanks to you and others, and the shrinking of the world and the study of Comparative Religions, more must be known on this subject than was available to Dr. Moore back there before the year 1914!

I am so sorry that I got my dates mixed up on Saturday, and missed the dinner which P-C Lee gave for you at the Army Language School.

Please read the attached letter I have written to my friend Constantino Panunzio. We carry on a steady exchange of such outpourings!

With kindest regards and best of good wishes for you and for all the good power you represent.（台北胡适纪念馆藏档，档号：HS-US01-077-023）

1月17日　胡适致电童世纲：

Gest Oriental Library firestone library Princeton njer.

Kindly photostat again and mail me special delivery emperor Kaotsungs poem praising the collated Shuichingchu.

It is in his collected poems and dated second month of his thirty ninth year. Kindly include its preface and two poems before and after. I need the photostat Monday. You must let me pay expenses. Best wishes.（台北胡适纪念馆藏档，档号：HS-NK05-095-034）

1月18日　胡适将《丁文江的传记》的"自留校本"送给杨日旭，并题签：

一九五七、一、十八，到了八十册。

适之自留校本，送给日旭，借此谢谢他替我跑图书馆借书的勤劳。

（杨日旭教授提供）

同日　童世纲复函胡适：受托已将影印资料用最快方式寄出。感谢胡适题字，用的是"自西徂东"。展览将于下月15日开幕，请胡适再来指教一次。（台北胡适纪念馆藏档，档号：HS-US01-071-010）

1月19日　胡适复函房兆楹（房之原函作于1月15日，存台北胡适纪念馆，档号：HS-US01-053-001），云：

In a sense, your two notes have caused some uneasiness on my part.

Please rest assured that what I here done in the past decade in studying the question of the 《水经注》 has anything against you or against anything you had written in the *Eminent Chinese* volumes.

As I here repeatedly around you, the question was an old question that had interested me as early as 1924 when 王静安先生 just published his paper in the 《清华学报》, and again in 1936 when the 《永乐大典》 text was published and when 心史先生 was excited. I had great respect for 静安、心史两先生, and, for a time, was almost prepared to accept their judgments. But, in 1937, I told 心史先生 that, after a careful reading of the papers he had published, I could not help thinking that something was missing in the "evidences". I did not know what that missing something was, and I had not the time to find it out. But I promised him that, someday, when I would have the time, I would devote some 6 mouths to this research.

What led me to take of this question in 1943, was a lengthy paper by Mr. 王重民 in which he said that 戴之攘窃赵书，今日已成空谳。

I wrote him a letter to warn him that it was not so, or that I could not believe it was so. And I gave him my research.

What happened in the next 2 weeks in New York & Washington D. C. led me to undertake a research which took substantially nearly 10 years of my spare time.

In my whole life, I have been interested in methodology. My studies of the 《水经注》 question are all entered around this one problem——the method of evidential thinking. One of the important papers have published on this question was on 《考据学的责任与方法》（1946）. My main theme was:

中国考证学还缺乏自觉的任务与自觉的方法。任务不自觉，所以考证学者不感觉他考订史事是一件最严重的任务，是为千秋百世考定历史是非真伪的大责任。方法不自觉，所以考证学者不能发觉自己的错误，也不能评判自己的错误。

With regard to 方法, I proposed in that paper:

第一要问：我提出的证人证物本身可靠吗？

第一要问：我提出的证据是要证明本题的哪一点？这个证据足够证明那一点吗？

第一问是要审查证据的 anthenticity。第二问是要扣紧证据的 relevancy。(《胡适中文书信集》第 4 册，350～351 页)

同日　胡适收到房兆楹 18 日所写的第二函（存台北胡适纪念馆，档号：HS-US01-053-002）后，又复函房，云：你的成见太深，故我与你两次谈话，你都不听不信，请你看的证据，你也不听不信。又指出房之成见，都由于轻信了张穆、杨守敬、王国维、孟森的无根之谈。(《胡适中文书信集》第 4 册，348～349 页)

1 月 22 日　崔存璘致函胡适，云：

I have received your letter of January 5th, together with your "Diplomatic Passport" No. 421-0002.

Mr. E. H. Chow has done the following for you:

(1) The "passport" is extended to be valid till January 11, 1958 (Page 8).

(2) The "Japanese Embassy" issued to you a "diplomatic visa" (page 19) good for single journey through Japan any time before January 10, 1958.

(3) The Department of State gave you a return "visa" good till January 15, 1958.

Since you are coming to the East shortly, your "passport" is sent by registered mail to your New York address.

With best wishes for a pleasant trip. (台北胡适纪念馆藏档，档号：HS-US01-071-022)

1 月 23 日　董显光函谢胡适赠送《丁文江的传记》一书。(台北胡适纪念馆藏档，档号：HS-US01-008-031)

同日　Paul E. Geier 致函胡适，云：

I am sorry not to have had an opportunity of seeing you when you were in New York last month, to consult with you about one or two matters concerning "China Institute" as well as to explain to you in person the decision I had reached with difficulty to leave the Institute by April 1. However, Paul Meng promised to give you my message and I was hesitant to take up your time during your brief sojourn, I am looking forward to your visit at the end of this month.

I am wondering whether you had any reply to your letter to John Rockefeller? Although I was not too sanguine as to the results of the appeal, I know that John has been conscientious in the past about explaining his reasons for not giving and thought perhaps that his response went to you directly rather than to the Institute. I should very much appreciate hearing about this.

The contributions received during the closing days of 1956 enabled us by a very small margin to reach our minimum fund-raising goal, I am glad to say. You will be receiving a preliminary report from Mr. Yau and Brom Ault shortly.（台北胡适纪念馆藏档，档号：HS-US01-071-023）

1月24日　斯坦福大学的 Hobert J. Schenck、Frank G. Janmes、John W. La Plante 来午饭。他们希望台中的 Art treasures 能来此邦展览。（据《日记》）

1月25日　胡适在日记中记道：毛泽东的《为争取财经好转而奋斗》值得找来一读。

1月27日　胡适因伤风谢客。（胡适1957年3月21日复朱家骅函，台北胡适纪念馆藏档，档号：HS-NK01-002-001）

1月28日　胡适与 Vice-President（Agricultural Sc.）Harry R. Willman，Dean（of Arts Sc.）Acting Chancellor Lincoln Constance, and Dean（Graduate School）Morris A. Stewart 及阮维周先生同午饭。伤风，喉咙不适。（据《日记》）

1月29日　胡适访 Mrs. Robert Kerner。晚赵元任夫妇邀请20多位中

国朋友为胡适饯行。夜 10 时，胡适搭机飞纽约。(据《日记》;《赵元任年谱》,349 页)

同日　蒋介石日记有记:对日本社会党亲共态度与胡适之反对华侨学子读国文,其意以只要能懂英文为已足。此种自由思想之学者,其哲学根源虽不同,而其不爱民族与反对祖国文化之宗旨则完全相同也,可痛之至。

1 月 30 日　早 10 时,胡适抵纽约。当日,叶公超来访。回来后,胡适常感觉不舒服,烦躁;因饭后 3 小时即感觉饥饿,乃怀疑病在胃部。(据胡适《日记》;胡适 2 月 14 日复赵元任函,《近代学人手迹》三集,76 页;胡适 3 月 21 日复朱家骅函,台北胡适纪念馆藏档,档号:HS-NK01-002-001)

2月

2 月 4 日　胡适在纽约出席欢迎李政道、杨振宁、吴健雄的欢迎会,欢迎会由程其保主席,胡适介绍了 3 位科学家。(《胡适之先生年谱长编初稿》第七册,2569～2572 页)

2 月 10 日　杨联陞致函胡适,感谢胡寄赠《丁文江的传记》,说:"这样生龙活虎一般的学人,实在难得。您出力写这篇传,不但表彰故人,也可以让后学闻风兴起。"又谈哥伦比亚大学 Boorman 主编的《民国名人传》里《胡适传》的写作等事。(台北胡适纪念馆藏档,档号:HS-LS01-007-010)

同日　杨联陞还将其为《钝夫年谱》所作跋文寄胡适,请胡"改正"。(台北胡适纪念馆藏档,档号:HS-LS01-007-011)

2 月 12 日　夜,胡适病中试作《戴震试补渭水中篇的脱文》。(《胡适手稿》第 1 集卷 1,33～48 页)

2 月 13—15 日　胡适请 Dr. Claude Forkner 检查身体,间有大泻。经照 X 光片,胆囊无石,亦无胃溃疡。(据胡适《日记》;胡适 1957 年 3 月 21 日复朱家骅函)

2月14日　胡适复函赵元任,谈回纽约后身体不适情形,但经本日照 X 光片片后,认为没有大危险,返台湾的行期不会变更。此函重点谈"中基会"给芮逸夫 Fellowship 事:假如芮逸夫不愿接受此名额,可由史语所电告"中基会"另荐一人补这个 Fellowship。李济此次推荐的高去寻,他若正式推荐给"中基会",我们照样欢迎。又云,高去寻是十分好的人才,可能比芮逸夫的方面更多更广阔一些,不要埋没了此人。(《近代学人手迹》三集,76～79页)

2月15日　下午5时,胡适到"China Institute"参加 Cocktail Party。当日日记又详记身体疲惫情形。(据《日记》)

2月16日　杨联陞来谈,同赴蒋彝的晚饭之约。(据《日记》)

2月17日　胡适病情甚危险,幸亏青年医生赵宽当机立断,才不致酿成大危险。是日,确诊病系胃溃疡。但因胡适曾有心脏病,血压又很低,故暂不用手术,而先作大量的输血。

> 胡适是日日记:
>
> 这一天最危险,几乎遇着大危险。幸得青年医生赵宽先生……临时有决断。他看我身体很弱,听我述三四日来的情形,即知是失血很多。他说:"我就打电话给 Dr. Forkner,请他在 New York Hospital 定一房间,我自己开车送你去。"他不让我回家,就送我直到医院。
>
> 到医院门口,Dr. F. 已在等候……
>
> 我进了房间,脱了衣服,医生就给我输血了。

按,关于此次患病、手术的详情,又可参考:胡适3月21日复朱家骅函云,其胃溃疡在胃的后部,故 X 光照片不易显出,故几乎误事。(台北胡适纪念馆藏档,档号:HS-NK01-002-001);又可参考胡适3月24日致韦莲司小姐函。(《不思量自难忘:胡适给韦莲司的信》,265～266页)

2月18日　半夜后,胡适又大吐血,Dr. Forkner & Dr. S. W. Moore 乃

决定手术，由 Moore 主持。（据《日记》）

2月19日　3时开始手术，6时30分毕，切除胃的五分之三。术后，日有进步。（据胡适《日记》）

2月24日　蒋介石致电叶公超，指示其与民主党两院议员多联系，并代问候胡适病情。（台北"国史馆"藏"蒋中正'总统'文物"，档号：002080200427057）

2月28日　李书华函寄刊登其《唐代以前有无雕板印刷》一文的《大陆杂志》一册，请胡适指正此文。（台北胡适纪念馆藏档，档号：HS-US01-029-011）

3月

3月5日　Philip S. Broughton 致函胡适，云：

It was a privilege to talk with you by telephone this morning. I did not want to seem importunate, but we did want you to know of our hope that you might come to Pittsburgh. Had you gone to Taiwan, a letter about the matter would have gone to you there, but now you will have new plans to make and we thought you should know promptly.

You know of Pittsburgh's magnificent civic renaissance. This is not only expressed in new buildings, new parks, clean air, clean rivers, a great new medical center, a civic auditorium, but also, as you know, in the vigorous development of its University. Dr. Edward Litchfield, the new Chancellor of the University of Pittsburgh, came to us from Cornell where he was Dean of the School of Public Administration, and in less than one short year he has had a great influence on the University, its faculty, and its program.

…

It would be more fitting for Dr. Litchfield to discuss with you the details of your proposed relationship to the University and I am sure you will find that there is a broad area for mutual negotiation so that all the arrangements will be satisfactory to you. As at the University of California or at Harvard you would have a professorial status, but the intention would be that the teaching load would be very light. Whether this should deal with graduate students or with faculty seminars is a matter to be mutually determined.

On the one hand you would be able to make great contributions to the development of the educational program at the University of Pittsburgh, especially in the humanities and social science. On the other, ample time should be available and secretarial assistance provided for your writing and studies.

This proposal is for a continuing relation with the University of Pittsburgh over a period of years. It would be intended to give you the time to write and to organize your thoughts and materials on the issues of our time. However, it would be the intention to provide such freedom for travel and such other writing and lectures as you wish to do as would seem most appropriate.

I attach a speculative proposal which was drafted with reference to your coming to Pittsburgh. You will realize that neither my letter nor this prospectus constitute any fixing of detail. That is a matter to be mutually determined between you and Dr. Litchfield. I can only assure you of this: that you are very much wanted. I believe, also, you and Mrs. Hu would find the Pittsburgh community a rewarding place to live.

If you should decide to come, arrangements can be made for the earliest date which would be convenient to you. I hope that I may have a chance to talk with you about it in New York when you are settled and that you will talk with Dr. Litchfield about these prospects.

Ann wishes me, also, to extend to you and Mrs. Hu an invitation to visit us in Pittsburgh. Perhaps the best way to examine the prospect would be through such a visit. The Spring blooms will soon be out and the city and countryside will join in the welcome.

P. S.　In rereading my letter and the preliminary proposal, I realize that I have arrogated a great deal both in visualizing the University pattern and in imagining the areas of study and interest. My defense is only this: Obviously, you cannot in the hospital be asked to formulate a suggested program, and my letter and its attached document will give you a starting point for thinking about the matter and a basis for your conversation with my friend, Chancellor Litchfield. These ideas have been discussed with him and with Dr. Alan Rankin, Executive Assistant to the Chancellor, and I am sure this letter and memorandum will provide a base for your mutual negotiations. I cannot tell you how much I hope that we may have you as a colleague in the very near future.（台北胡适纪念馆藏档，档号：HS-US01-025-002）

同日　刘子健致函胡适，谈匹兹堡敦聘胡适之条件，聘期为3～5年，不需教课，只做讲演或讨论即可。他处有公私事件或学术讲演，亦无妨碍。主要希望胡适写英文自传讨论大时代之变迁与意见。刘又帮胡适分析此事之利弊得失。（台北胡适纪念馆藏档，档号：HS-US01-025-001）

3月6日　罗家伦致函胡适，为胡适走到康复的路上感到欢欣。希望胡适以健康为第一，康复之后，实行原定著作的计划，完成《中国思想史》。现在学术界贫乏困顿极了，大家需要他的领导。（台北胡适纪念馆藏档，档号：HS-US01-086-002）

3月11日　胡适出院。共住医院22天。哈特曼夫人陪送胡适回家。（据《日记》）

3月16日　赵元任来胡适家午餐。（《赵元任年谱》，350页）

同日　胡适日记记收到曹聚仁来信事：

收到妄人曹聚仁的信一封，这个人往往说胡适之是他的朋友，又往往自称章太炎是他的老师。其实我没有见过此人。

此信大意是说他去年秋间曾到北京上海去了"两次","看到了朝气蓬勃的新中国"!"先生……最好能回北京去看看……可以巡行全国,等先生看了以后,再下断语何如?"

他说他"愿意陪着先生同行"!

按,曹聚仁函作于3月10日,他说,他是以记者身份去大陆的,和中共绝无关系,算是自由主义者,并不一定赞同中共的政策,但看到了朝气蓬勃的新中国,不能不兴奋。在北京见到不少胡适的友生,他们都很记挂胡适,相信胡适是有头脑的,决不会倒行逆施的。在北京东安市场的书摊上,《胡适文存》是到处可以买到的,新月版的《白话文学史》和商务版的,也随时可以买到。请胡适不要相信那些谣言,中共并没有焚书的事。上海也是如此,还买到一部胡适的《四十自述》。在北京见到了张东荪、周作人、梁漱溟、胡风、齐白石。梁漱溟让曹向胡适致意。梁住在古铜井胡同的旧宅,环境很好,访问他时无所不谈。胡适先生一生对政治认识甚清,最好能回北京去看看。可以巡行全国,"等先生看了以后,再下断语何如?"曹聚仁自己认为"两个中国"的打算,断然是错误的,为了中国的百年大计,不应该再有内战了。他相信胡适不至于出而做傀儡的。(台北胡适纪念馆藏档,档号:HS-NK05-077-005)

3月18日　Edward H. Litchfield 致函胡适,云:

Mr. Philip Broughton has been good enough to bring to my attention the possibility of persuading you to come to the University of Pittsburgh as a scholar in residence or as a visiting professor. I had hoped to discuss the matter with you personally before I get away for two weeks in April but I quite understand your reluctance to have visitors during your convalescence. In the meantime, I have asked two of my associates, Dr. Alan C. Rankin and Dr.

James Liu, to work closely with you in an effort to devise an arrangement which would be satisfactory to both you and the University.

I should like, however, to assure you of my personal interest in having you here. Your distinguished background in education and public service offers much of interest and value to the University community.

I do hope that a mutually satisfactory arrangement can be reached. You have my assurance of my keen interest and every good wish to you.（台北胡适纪念馆藏档，档号：HS-US01-025-005）

3月21日　胡适复函朱家骅，感谢其慰问病情，又详述发病、治疗之经过。（台北胡适纪念馆藏档，档号：HS-NK01-002-001）

按，4月6日，朱家骅复函胡适，为患病稍愈事致慰问，并嘱多休养。又谈及"中研院"召开第三届第一次评议会、第二次院士会、第三次会议情形及结果。（台北胡适纪念馆藏档，档号：HS-US01-086-003）

同日　宋以忠致函胡适，云：

This coming Sunday morning I'm taking Wuyun to pay you our respects and formally invite you to be our Director.

The following are officers of this corporation:

President: C. Tsang（章植）

（formerly of Shanghai Bank）who is an old, old friend of mine. He is actually the founder of this little company.

Vice Pres. & Treasurer: I. C. S.

Vice Pres. & Secy: I-Hsin

All three of us are directors. In addition, we have Mr. Benjamin Busch who is a distinguished lawyer and a partner of the big law firm Messrs. Katz & Sommerich.

We are all your followers. We admire your genuine patriotism and we profoundly respect your scholarship, your intellectual integrity. We look forward to the pleasure of deriving benefit of your wise counsel for many, many years to come.

With affectionate regards to Po-mu and yourself.（台北胡适纪念馆藏档，档号：HS-NK05-023-001）

3月24日　胡适日记记收到胡思杜来信：

收到小三从唐山寄来一信，是平寄的信，故经过五十日才到。

这是七年来第一封信。信是写给"妈妈"的，信凡四页，末后说，爸爸那边，已另有信去了。但那封信至今没有收到。大概是他先曾"奉命"写信给我，信是呈上去了，他以为已寄出了，所以偷写这封给妈妈。……

3月27日　蒋廷黻日记有记：他和胡适长谈，虽然胡适不愿意组织一个反对党，但他对台湾的政局非常悲观。（转引自《舍我其谁：胡适》第四部，775页）

3月31日　蒋介石致电董显光："胡适之先生出院后体力已复元否？甚念。请再代访详覆。其医院经费想已代付，其数几何？盼示。"（台北"国史馆"藏"蒋中正'总统'文物"，档号：002010400027028）

4月

4月9日　胡适复函陈之藩，赞陈是《丁文江的传记》的热心读者。谈写此传时种种局限：材料方面，丁之日记、书信都不存，尤其是丁任淞沪总办时的材料。检视自己收存的材料后，决定用严格的方法，完全用原料，除万不得已，不用 second hand sources。胡适自认为此传最好是充分保存丁说的话。又谈及，自己在40年前，还妄想自己可以兼作历史考据与文学的

创作，但久已不做此梦想。（陈之藩：《在春风里》，文星书店印行，1962年，62～65页）

4月14日　伍树荣（自称是胡适的崇拜者）致函胡适，详述对胡适的崇仰之意。认为中共执政7年以来一心为人民谋幸福。呼吁胡适联合在美国之名流学者，向美国当局呼吁从速建立中美友好关系，先行承认中华人民共和国。10日后，伍氏再致函胡适，呼吁美国和中华人民共和国建立友好关系，并希望胡适在这方面努力。（台北胡适纪念馆藏档，档号：HS-NK05-016-003、HS-NK05-016-004）

4月20日　胡适致函杨联陞云，收到杨等给自己做寿的论文集上册，向撰文的许多朋友道谢。杨著《老君音诵诫经校释》的引论与校释里有许多绝好的道教史料，"使我很得益处"。但有两个小小的意见，一是论"之者"作"者"用；二是pp.29—30引的"正一法文天师教戒科经"，以及pp.30—32的讨论，有点怀疑的意见。对此二点，胡适有详说理由。（台北胡适纪念馆藏档，档号：HS-LS01-007-012）

> 按，4月23日，杨联陞有答书，并于24日再致胡一函。（台北胡适纪念馆藏档，档号：HS-LS01-007-013、HS-LS01-007-014）

4月24日　刘子健致函胡适，请胡适函谢匹兹堡大学校长，以维系友谊，来日从长计议。寄呈使匹大成为汉学中心计划一份，请胡适斧正。（台北胡适纪念馆藏档，档号：HS-US01-025-010）

4月29日　胡适复函杨联陞，告27日到普林斯顿，坐火车来回，是病后第一次单独出门。又云：

> 你的四月廿四信说，张鲁后人"封侯之后是否仍作宗教领袖，就不详了"。这是待证的一个重要问题。我颇想把我昨天的几个感想写出来请你和世骧一同想想。
>
> （一）《音诵诫经》"四"是下文"五"的准备。……
> …………

（二）在张鲁投降曹操之后，不出四五年，刘备取得汉中。张鲁的道教统治了二十五六年的汉中根据地，于是到了刘备手里。

……………

（三）在去 Princeton 之前，我偶翻检《云笈七签》在卷二十八"二十八治"一卷里，居然寻得这些关于三张的材料……（《胡适全集》第 26 卷，87～93 页）

按，5月6日，杨联陞复函胡适云：您关于"系天师""父死子系"这几大段讨论，都很有意思，推断也近乎情理。另感谢校正"力上"误作"立上"。关于张鲁死年，道书中有两说。另外天师家好像也提及张鲁之子，继为天师，但似记其名曰盛，不作张富。此次旅行计划，要在台湾约住一个月。回台湾照新章虽不用出入境证但要在旅行证件上加"回台加签"，我已提出申请，但至今五十余日，毫无消息。昨日给"总领事馆"写信催问，说十分希望能把手续早日办妥。关于此事不知可否请您便中给张"总领事"或别位打个电话给探听消息。（台北胡适纪念馆藏档，档号：HS-LS01-007-017）

4月30日　钱思亮电询胡适可否代表台大参加匹兹堡大学校长就职典礼。又告李卓皓愿接受"中基会"赞助担任访问学人。次日，钱思亮电谢胡适愿意代表台大参加匹兹堡大学校长就职礼，并致送 200 元旅费。（台北胡适纪念馆藏档，档号：HS-US01-025-011、HS-US01-025-013）

5月

5月2日　胡适复函陈之藩，云：

我平生留意方法的问题，方法是可以训练的。这种训练正是我所谓"随时随地不可放松的"。你所说"胡先生的看法常常是无大误"，很可能的是这种训练的一点点成绩，也就是你所谓"由于您的谨严的精神"。

你曾看见我写给王重民的一封信吗？（曾登在抗战时期的《图书季刊》新五卷一期。）我在那篇短文里，曾用古人论从政（做官）的四字诀来说明"治学方法"。那四字是"勤、谨、和、缓"。

勤即是眼勤，手勤——即是"上穷碧落下黄泉"的勤求材料，勤求事实，勤求证据。

谨即是一丝一毫不苟且，不潦草，举一例，立一证，下一结论，都不苟且，即是谨，即是"敬慎"。

其余两字，同样重要，你好像不大注意到。"和"，我解作"心平气和"，解作"平心静气"，解作"虚心体察"。（西方宗教所谓 humility，其实并不十分 humble）平心考查一切不合吾意的事实和证据，抛开成见，跟着证据走，服从人，"和"之至也！

"缓"字在治学方法上也十分重要。其意义只是从容研究，莫急于下结论。证据不充分时，姑且凉凉去，姑且悬而不断（suspending one's judgment）。

所以我中年以来，常用这四字诀教人，常说，"科学方法不是科学家独得或独占的治学方法，只是人类的常识加上良好的训练，养成的良好的工作习惯，养成了勤、谨、和、缓等等良好习惯，治学自然有好成绩"。

现在可以谈谈你所谓"情感""真实情感""一团火"，等等名件了。

因为我注重良好的工作习惯，因为我特别重视"和""缓"两种美德（良好习惯），所以我很感觉"情感""火焰"，等等在做学问的过程上是当受"和"与"缓"的制裁的。

我所谓"随时随地不可放松"的训练自己，其中一个重要"场合"就是我常说的"正谊的火气"。我最佩服的两位近代学者，王国维先生与孟森先生，他们研究史学，曾有很大的成就，但他们晚年写了许多关于"水经注疑案"的文字却不免动了"正谊的火气"，所以都陷入了很幼稚的错误——其结果竟至于诬告古人作贼，而自以为是主持"正

谊"。毫无真实证据，而自以为是做"考据"！

....

……考据的学风是两宋（北宋、南宋）就开始了的，并不是近三百年的事。欧阳修的《集古录》，司马光（《通鉴考异》）、赵明诚（《金石录》）、朱熹、洪适、洪迈，并不必"把情感压下去"，他们是考证学的开山人，因为他们生在学术发达时代，感觉有辨别是非真伪的必要了，才运用他们的稍加训练纪律的常识，用证据来建立某些新发现的事实。这才是考证学的来源。（《在春风里》，71～76页）

5月5日　胡适致函杨联陞云："这两天又小病了，泻了一天半，瘦了四五磅！"又抄下周婴讨论胡应麟《九流绪论》里说的"道家有《五等朝仪》一卷，题张万福撰"一段话，供杨参考。（《胡适全集》第26卷，96～97页）

按，次日，胡适又致杨云，上函所抄录的周婴的话，已被杨文在文章开首引用，故，"故赶此信更正，并道歉"。（《胡适全集》第26卷，97～98页）

5月19日　胡适作长书答《祖国周刊》的胡永祥等。（据《日记》）
5月20日　胡适请 Dr. Robert L. Levy 检查心脏，恢复颇好。（据《日记》）
5月27日　杨联陞致函胡适，感谢胡夫人酒、饭招待。认为雕塑人像不应该与图画人像完全分开。认为俑一般是代表殉葬的从属人物，而受祭的神鬼之类，则用主用尸，而不用"像"代表——好像是一件可以注意之事而已。认为雕刻人像及塑像为崇拜的对象，是后汉以来受了佛教的影响才兴盛起来的。又云：

您修改"遗嘱"，授权毛子水先生同我处您将来的"遗稿"。这是一件大事，我不敢不从命。您在前些年早就同我说过：学生整理先生的文稿，不可贪多而收录未定之稿，或先生自己以为不应存之稿。但这里实在需要很大的判断能力。我觉得编辑人决定不收入《全集》

的文稿，也该有个目录，附在集后，并说明不收之故……如未刊行，并应说手稿保存在何处。我觉得"刊布"与"保存"是两回事。即便刊行《全集》，也应该有些选择，至于"保存"，又有学术性纪念性两端，从学术看，也许还可以选择……若为纪念，则片纸只字，都可能有人要保存，那就只好各行其是了。您如果再详细的指示，有时间倒可以写下来，将来负责的人好遵照办理。（台北胡适纪念馆藏档，档号：HS-LS01-007-018）

6月

6月4日　胡适立好遗嘱，大致如下：

> 纽约州纽约市第十七区雷辛顿大道四二〇号
> 诺德林遮，李格曼，本尼塔，与查尼律师事务所
>
> 本人胡适居住在纽约州，区，市，曼哈顿镇，兹宣布与声明本文为本人最后遗嘱并取消前此本人所签订的一切遗嘱。
>
> 第一条：本人所负一切合法债务与葬仪所需一切费用均须支付，尸体请予以火葬而骨灰的处理则听由本遗嘱所指定的执行人认为适当的方法办理。
>
> 第二条：……本人将于一九四八年十二月不得已离开北平时所留下请该大学图书馆保管一百零二箱的本人一切著作与书籍遗赠给予该大学。
>
> 第三条：由史密斯（Albert D. Smith）先生所画的本人画像捐赠现在台湾台北南港的"中央研究院"。
>
> 第四条：留在纽约市住宅内本人所有文稿与著作以及已刊印的书籍全部遗赠给台湾台北台湾大学并请哈佛大学的杨联陞教授与台湾大学的毛子水或两者之一的生存者代为保管，编辑与刊印，其处理方式

亦听由他们所认为最善者办理。

第五条：除上述捐赠部分外，本人所有个人财务与不动产不管在任何地方，全部遗留给本人的妻子江冬秀，如果在本人死后，她尚未去世；但如她去世在本人之前，则遗留给本人儿子胡祖望与胡思杜平分享有。但如两儿之中任何一人先本人而死而无子息，则其份额由另外一儿享有，但如另一儿也先本人而死，则由其子息享有。

第六条：本人指定现任"中华民国驻加拿大大使"刘锴，现住纽约市公园大道八百二十九号之游建文与现在纽约市百老汇一千七百九十号办事处之叶良才及现住纽约市之李格曼（Harold Riegelman）四友为本遗嘱的执行人。本人指明上述遗嘱执行人中任何一位或数位均得执行该项职务以代表全体遗嘱执行人。本人希望并授权刘锴、游建文、叶良才（和李格曼，如果他愿意）为处理本人在美国国境以外的不动产与财务的遗嘱执行人。本人指明任何遗嘱执行人（不论在美国国内或国外）在其忠实执行职务时不受其权限内之约束。

第七条：本人指明一切本人产业或其中任何部份或者是本遗嘱所述的动产继承税应由本人留存的不动产中拨充支付，但仅限支付美国与美国所属地区所征的税。

第八条：本人授权遗嘱执行人在其不受约束的自由裁决下，以他们所认为最佳处理方式出售、抵押、出租或以其他方式处理，本人除捐赠外之一切产业与财物，可在任何时候全部变为现款或全部变为债券或部份现款或部份债券或任何便于执行本遗嘱之方法处理。

本人于一九五七年六月四日在证人之前签字盖章。

（签字盖章）

上述文件，由立遗嘱人胡适当着证明人我们三人面前（我们全体同时到场）签字盖章成立，我们承认并宣布立遗嘱人确在我们全体及各个人之前签署该项文件，我们并承认该项文件为其最后遗嘱，任立遗嘱人之请求我们签字于该项文件之后，证明该项文件为立遗嘱人所立并在他面前当场签字为本文件之证人：日期即为上述文件之末所写明者。

叶良才

游建文　　　签字

李格曼

注：遗嘱原文为英文，此件译文，如遇解释上发生疑义，仍以英文为主。(《胡适研究通讯》2016年第3期，2016年9月25日)

6月6日　胡适致函吴大猷，认为吴对台湾学术现状的观察很彻底，希望吴能将在台讲演的稿子寄一份给"中基会"。又请吴写一封英文的短信，略述"此次在台教学"的经验，如①所授两门课程，②钟点及寒假中增加钟点的情形，③讲义印发，④学生人数及来源，⑤学生的程度及成绩。胡适又说：我同你谈过一晚，又重读你的5月7日长信，颇觉得"中基会"的 Visiting Professorship 在目前确是急救台湾高深学术的师资缺乏的一个办法。因此，我颇想在最近的将来，同思亮、子水、月涵诸位商量，或可将现有的"中基会"Faculty Fellowship（台大4名，"中央研究院"史语所1名，师大1名，成功大学1名，台中农学院1名，每年共8名。每名来往旅费1400元，10个月的月费1750元，共计每名3150元，外加"中基会"完全代付学费或研究费等，每名每年预算约3800元）酌量减省，而每年增设Visiting Professorships，慎选你所谓"广博专精的人材"，每年若能有两人或两人以上到台湾讲学，或可比现在的派教授出来"镀金"（其中有一部分确能得"进修"之益）为更有益吧？（现在"中基会"的力量只能每年设一个 Visiting Professorship）因此，我盼望你肯写这封英文信，由我们印发给"中基会"的15位董事，引起他们的兴趣及注意。"中基会"今年的年会在10月第一个周末。你的信若能在七八月写寄，不为迟也。(台北胡适纪念馆藏档，档号：HS-NK05-034-007)

按，6月11日，吴大猷有长函复胡适。(台北胡适纪念馆藏档，档号：HS-NK05-034-008、HS-US01-026-001)

6月7日　卫挺生致函胡适，告：到美以来，谋事困难、生活困难。在香港和菲律宾时教授历史文学及中国思想。在美，此行粥少僧多。希望胡适帮忙介绍译书职。自己1953年就指出日本"弥生式文化"古物出自中国，新近的学界有关研究不但对此有所证实，而且是公元前的第三世中到日本。又向胡适借阅刊登评论其《神武开国新考》文章的"自由中国"杂志。（台北胡适纪念馆藏档，档号：HS-US01-086-004）

6月10日　林崇墉函候胡适的病，并询时局变化问题。（台北胡适纪念馆藏档，档号：HS-US01-086-005）

6月18日　梅贻琦致函胡适，为台湾"清华大学"原子科学研究所改善计划动支台湾"清华基金"特别融资事作四点说明，附寄台湾"清华大学基金"利息支用预算表。（台北胡适纪念馆藏档，档号：HS-US01-026-003）

6月19日　胡适复函赵元任，谈及院士提名问题，史学方面若照顾老辈的话，提名蒋廷黻、姚从吾，就不能提杨联陞了。语文方面，赵提及张琨，而没有提及董同龢、周法高二人。询张在华盛顿大学的位置是什么，认为"中研院"院士应在美国第一流大学做 Associate Professor 以上。请赵元任不必着急还钱。自己此次医药费，除两种保险报销外，余款以"总统府资政"名义报销。（《近代学人手迹》三集，84～85页）

6月25日　胡适致函杨日旭，问候杨之病情：

前天赵、王两位来时，他们说你有点不舒服，不能同来。我才知道你病了。

我早就劝告你不可工作太辛苦，也不可饮食太淡薄。现在你果然病了，我很不放心，所以写这短信问问。……

你不要扶病勉强去工作，必须先把身体养好了，才可以去做工。中国有句老话："留得青山在，不怕没柴烧。"身体第一，健康第一，望你不要忘了这句话。

有什么地方我可以帮忙的，千万不要同我客气。（杨日旭教授提供）

6月27日　胡适复函朱家骅,谈院士提名事:(1)已与李书华商量,请李与吴大猷商酌共提物理学候选人。明早将亲电吴大猷,请其提出杨振宁、李政道。(2)已致电赵元任请赵提出董同龢,赵已办此事。(3)化学以李卓皓为合适人选,已请吴宪提出,又谈及该案副署人及胡适自己愿意副署事。(4)陈克恢、汪敬熙、林可胜、袁贻瑾、胡适同提生物学的王世濬。(5)因物理学提名人较多,请延展期限10天。(6)胡适自己主张医学方面提名不宜太滥。不同意凌鸿勋的女婿被提名。(7)应该注意候选人"公告"之弊。又提出:将候选人名单看作与院士选举同样重要,最好是暂定候选人名单不得过于本年应选出的院士人数。(台北胡适纪念馆藏档,档号:HS-NK05-014-043)

7月

7月6日　何振亚来访。(据《日记》)

7月8日　胡适致函赵元任,谈院士提名事:(1)吴大猷提了物理学的杨振宁、李政道、吴健雄、袁家骝。如果人太多,袁家骝可留待明年。李书华、胡适均可副署。(2)吴宪提了李卓皓。(3)吴大猷认为,工程方面可提林家翘。胡适赞成,若赵赞成,请卞学鐄搜集林之著作函寄朱家骅。(4)工程方面,凌鸿勋提了顾毓琇。(5)他自己提了史学方面的蒋廷黻。(6)陈克恢、袁贻瑾、胡适同提生物学的王世濬。又谈及自己致朱家骅信中注意候选人"公告"之弊以及候选人提名的重要性等。(《近代学人手迹》三集,86~88页)

7月13—23日　胡适陆续写了《跋孙锵原校〈全氏七校水经注〉本的后记》,文末自注:"最末段还须改写。有太简略之处。"(《胡适手稿》第2集卷3,493~536页)

7月18日　袁同礼致函胡适,告代检林颐山资料事,又告顾廷龙代抄的林颐山资料中,"宗师"指的大概是王先谦。又告:得何炳棣信,内提及北平图书馆可照微缩胶片,如需要任何数据,可由袁处函告径寄何君收转。

（台北胡适纪念馆藏档，档号：HS-NK05-062-001）

同日　胡适在 *Not Guilty*（by Judge Jerome Frank and Barbara Frank in Association with Harold M. Hoffman. 纽约，1957）扉页题记："冤狱三十六案　胡适　一九五七，七，十八（出版之日）。"（《胡适藏书目录》第 4 册，2849 页）

7月20日　胡适复函赵元任，谈"中基会"资助台湾学人做访问教授事，提到芮逸夫、郭廷以、吴相湘等。（《近代学人手迹》三集，89～91 页）

7月23日　胡适作有《俞平伯的〈红楼梦辨〉》一文。

三十多年没看见这本书了，今天见了颇感觉兴趣。有一些记录，在当年不觉得有何特别意义，在三十多年后就很有历史意味了。

如顾颉刚序中说《红楼梦辨》的历史，从我的《红楼梦考证》的初稿（一九二一年三月下旬）写成之后，那时候北京国立学校正为了索薪罢课，颉刚有工夫常到京师图书馆去替我查书……

…………

我的《红楼梦考证》初稿的年月是民国十年（一九二一）三月廿七。我的《考证》"改定稿"是同年十一月十二写定的。平伯、颉刚的讨论——实在是他们和我三个人的讨论——曾使我得到很多好处。其中一个最明显的益处是，我在初稿里颇相信程伟元活字本序里"原本目录一百二十卷"一句话，我曾推想当时各种钞本之中大概有些是有后四十回的目录的，我在"改定稿"里就"很有点怀疑了"，并且引了平伯举出的三个理由来证明后四十回的回目也是高鹗补作的。平伯的三个理由：（1）和第一回自叙的话不合，（2）湘云的丢开，（3）不合作文时的程序。我接着指出小红，香菱，凤姐三人在后四十回里的地位与结局似乎都不是雪芹的原意。

…………

颉刚序中末节表示三个愿望。其第一段最可以表示当时一辈学人对于我的《红楼梦考证》的"研究的方法"的态度：

……红学研究了近一百年，没有什么成绩。适之先生做了《红楼

1957年　丁酉　66岁

梦考证》之后，不过一年，就有这一部系统完备的著作。这并不是从前人特别糊涂，我们特别聪颖，只是研究的方法改过来了。从前人的研究方法不注重于实际的材料而注重于猜度力的敏锐，所以他们专喜欢用冥想去求解释。……

我们处处把（用？）实际的材料做前导，虽是知道的事实很不完备，但这些事实总是极确实的，别人打不掉的。我希望大家看着旧红学的打倒，新红学的成立，从此悟得一个研究学问的方法，知道从前人做学问，所谓方法实不成为方法，所以根基不坚，为之百年而不足者，毁之一旦而有余。现在既有正确的科学方法可以应用了，比了古人真不知便宜了多少。……

颉刚此段实在说的不清楚。但最可以表示当时我的"徒弟们"对于"研究方法改过来了"这一件事实，确曾感觉很大的兴奋。……他在序文前半又曾提到他们想"合办一个研究《红楼梦》的月刊，内容分论文，通信，遗著丛刊，板本校勘记等。论文与通信又分两类：（1）用历史的方法做考证的，（2）用文学的眼光做批评的。他（平伯）愿意把许多《红楼梦》的本子聚集拢来校勘，以为校勘的结果一定可以得到许多新见解。……"

平伯此书的最精采的部分都可以说是从本子的校勘上得来的结果。（《胡适手稿》第9集卷2，305～317页）

7月24日　袁同礼致函胡适，告：托查的《缪荃孙年谱》及《小传》未觅得，不过在《国学论文索引》中查到：冯昭适，《林颐山小传》，《国华月刊》，2卷1期。在《南菁文钞》黄以周所写的《序》中，查到南菁教席相关资料。南菁书院学生钮永建仍在世，可访问之。告浙江督学行署确在宁波。"中基会"支持的袁同礼编《书目》，决定委托耶鲁大学出版，工作报告拟8月撰成。美国国会图书馆拟编《全国中文书总目录》，邀袁同礼协助。告北平图书馆事，拟委托何炳棣代处理。（台北胡适纪念馆藏档，档号：HS-NK05-062-002）

7月26日　胡适复函赵元任，谈道：

……这大半年来所谓"围剿'自由中国'半月刊"的事件。其中受"围剿"的一个人就是我。所以我当初决定要回去，实在是为此。（至少这是我不能不回去的一个理由。）

我的看法是，我有一个责任，可能留在"国内"比留在"国外"更重要——可能留在"国内"或者可以使人"take me more seriously"。

我 underscored the word "more"，因为那边有一些人实在怕我说的话，实在 have taken me seriously，甚至于我在1952—53说的话，他们至今还记在账上，没有忘记。（《近代学人手迹》三集，92～94页）

7月29日　蒋梦麟为"中央图书馆"向"中基会"申请3000美元补助事致函胡适。（台北胡适纪念馆藏档，档号：HS-US01-026-006）

按，本年七八月间致函胡适向"中基会"申请补助的还有蒋梦麟代台大离台进修教职员申请补助旅费；蒋复璁请求补助"中央图书馆"3000美元；孔德成申请"故宫博物院"文物搬运铁箱整修补助；李济为出版安阳等考古报告申请补助经费。（台北胡适纪念馆藏档，档号：HS-US01-026-007、HS-US01-026-008、HS-US01-026-011、HS-US01-026-012）

7月31日　蒋廷黻日记有记：

和胡适午餐……他要我给他去台湾的意见。他说他认为蒋不希望在台湾看到他。他说他上次去的时候，经国的人在辩论了九天以后，拟具了一篇有关胡适的"公报"……蒋后来在一篇演讲里，征引并赞同这个"偷渡"说。我对胡适说，如果健康允许，他应该回去。

蒋送给他一张11000美金的支票。我建议他接受。……（转引自《舍我其谁：胡适》第四部，774页）

8月

8月4日　湖北安陆人张澄基来访。Prof. & Mrs. Van Meter Ames 来访。（据《日记》）

8月5日　胡适在 The Right to Heresy：Castellio against Calvin（by Stefan Zweig，波士顿，1951）题记："Hu Shih 胡适 August 5，1957. This remarkable book came as a present or 'dividend' from the Rationalist Press of St. Louis，Mo.。"（《胡适藏书目录》第4册，2885～2886页）

8月8日　袁同礼致函胡适，告：关于黄以周的传尚有3篇，并录林颐山的《学古堂日记》序文一小段。又谈及所寄款第一次尚未用完，第二次迄未动用，影照北平所藏《水经注》已函何炳棣设法，尚未接其复函。（台北胡适纪念馆藏档，档号：HS-NK05-062-003）

8月9日　袁同礼函告胡适：由斯坦福大学寄来《华国月刊》二卷一期《林晋霞传》，内中述及与黄以周的关系，并确定其生卒年，想尊处亦愿得此资料。孙雄、唐文治诸人文集均无关于林颐山的记载。《黄以周墓志》（《艺文堂文续集》卷一）、《黄元同先生学案》（《茹经堂文集》卷二）以及章太炎之黄传需用否，请赐示。（台北胡适纪念馆藏档，档号：HS-NK05-062-004）

8月13日　胡适在 Outlines of the History of Dogma（by Adolf Harnack；translated by Edwin Knox Mitchell；with an Introduction by Philip Rieff，波士顿，1957）注记："Hu Shih 胡适 August 13，1957。"（《胡适藏书目录》第4册，2859～2860页）

8月14日　胡适又发烧。次日，接受 Dr. Claude Forkner 之建议，入 New York Hospital 住院治疗。21日出院。（据《日记》；《近代学人手迹》三集，95页）

8月19日　袁同礼函告胡适：连日翻阅浙江《鄞县志》中关于"书院""族塾""里塾"的部分，未能查到关于"辨志六斋"记载，亦未查明

光绪初年宁波知府的姓名。查《大清缙绅全书》未查到宗源瀚之名及其到任之年，仅查到当时知府为绩溪胡元洁。（台北胡适纪念馆藏档，档号：HS-NK05-062-005）

8月28日　胡适接受赵宽医生建议，为治疗 hemelytic streptococcus（Beta type），今天开始打盘尼西林（共需要打10针）。（据《日记》）

同日　胡适复函雷震，请其补寄"自由中国"第17卷第3期，又谈近半年来的患病、治疗情形，最后谈到自己的不适合干政治：

> 我一生有四不：不拜客，不回拜客，不请客，不写荐书。近一二十年来又添"不回信"。这样疏懒的人，最不适宜于干政治。此我自知之明也。（《万山不许一溪奔——胡适雷震来往书信选集》，114～115页）

8月29日　胡适写长函与雷震，阐述其不出来领导反对党的本意：

> 今天毛树清先生来谈，我正在打第三针，他说，他得《联合报》三电，要他访问我，问反对党的问题。他带了半张《自立晚报》（剪下的，没有日月），半张全是谈"反对党"，有"胡适博士始作俑""反对党呼之欲出"等等标题，报导中说："'自由中国'刊出一序列问题，是为反对党铺路……显示着胡博士的意见……"
>
> 我对毛君说，这一年来，香港、台北的朋友曾有信来，说起反对党的需要。但我始终没有回过一个字，没有覆过一封信，因为我从来没有梦想到自己出来组织任何政党。我前几年曾公开的表示一个希望：希望国民党里的几个有力的派系能自由分化成几个新政党，逐渐形成两个有力的政党。这是我几年前的一个希望。但去年我曾对几位国民党朋友说，我对于国民党自由分化的希望，早已放弃了。我颇倾向于"毁党救国"，或"毁党建国"的一个见解，盼望大家把眼光放得大一点，用"国家"来号召海内外几亿的中国国民的情感心思，而不要枉费精力去办"党"。我还希望国民党的领袖走"毁党建国"的新路，我自己当然没有组党的心思。

…………

……我不能不写几句话劝告老兄。

第一,你和其他朋友听到的种种关于胡适之、蒋廷黻"在美国决定组党,名子〔字〕叫做自由党"一类的传说,完全没有一丝一毫的事实做根据。此种传说,无论如何"传说得像煞有介事的",都不可相信。

第二,我去年秋末曾去斯旦佛〔斯坦福〕大学住了两天,主人房君开车同我去访问君劢先生——那时他病起不久——并没有谈过政治。我在Berkeley讲学近五个月,见过顾孟馀先生几次,都没有谈政治。这是因为我从来没有梦想到我自己会出来和他们组党。

第三,丁月波和你都曾说过,反对党必须我出来领导。我从没有回信。因为我从来不曾作此想。我在台北时,屡次对朋友说——你必定也听见过——盼望胡适之出来组织政党,其痴心可比后唐明宗每夜焚香告天,愿天早生圣人以安中国!我平生绝不敢妄想我有政治能力可以领导一个政党。我从来没有能够叫〔教〕自己相信我有在政治上拯救中国的魄力与精力。胡适之没有成为一个"妄人",就是因为他没有这种自信吧。

第四,你此信屡说到"前函"之"十人",但此函至今没有收到。你的信往往有先发而后到的,也有一个月才到的。

第五,有人问我看见了《民主评论》第八卷十期大骂"自由中国"半月刊的文章没有,我说没见。后来一个朋友向香港为我觅得此期,我才得见李实先生的《历史文化与自由民主》一文。我看了此文,才去翻查"自由中国"的《重整五四精神》一文里有什么"辱骂"他们的字句。我因此发生不少感想。

此次你信上有一句话:"至于他(君劢)与先生在学术上见解之不同,不应妨碍合作的。"我读了《民主评论》李实君此文,感到其中那种不容忍异己的态度,不禁毛骨耸〔悚〕然!我和君劢都老了,大概不至于犯这样不容忍的毛病。但我至今不解那篇"五四精神"的短文

何以会引出这样不容忍的反响！《民主评论》这篇文字是值得老兄仔细想想的（李实先生是何人？）

　　以上拉杂写的，只是要老兄千万不可妄信外间一切像煞有介事的传说，千万不可轻易假定胡适之可以（或能够）出来领导一个反对党。最后两句话是:(一)港、台议论好像都认定"反共救国会议"可以召开，而这个会议可以促成反对党的出现。我看这是幻想，毫无根据。如果某些人士期望"反共救国会议"促成反对党，那末，我可以预言那个会议一定开不成。（二）港、台今日好像真有"反对党呼之欲出"的"讹言"，愈传愈像煞有介事的！我的看法是，如果台湾真有许多渴望有个反对党的人们，他们应该撇开一切毫无事实根据的"讹言""流言"——例如胡、蒋在美国组党的妄传——他们应该作点切于实际的思考，他们应该自己把这个反对党建立起来，应该用现有的可靠的材料与人才做现实的本钱，在那个现实的基层上，自己把这个新政党组织起来。胡适之、张君劢、顾孟馀……一班人都太老了，这些老招牌都不中用了。（《万山不许一溪奔——胡适雷震来往书信选集》，116～119页）

9月

　　9月9日　胡适有 A Brief Statement about "The China Foundation for the Promotion of Education and Culture", Generally Known as "The 'China Foundation'"。1960年又有修改。（台北胡适纪念馆藏档，档号：HS-NK05-204-002）

　　9月11日　胡适复函严耕望，谈道：既聋且哑，这是人生最难得的境界，可以充分利用作争取不聋不哑的鞭策，想在短时期内就可以做到"视听稍有进步"的地步了。去年通信，使自己获益不浅。感谢寄赠茶叶。（台北胡适纪念馆藏档，档号：HS-NK05-138-009）

　　9月12日　王云五飞抵纽约。下午4时后，来胡适寓所拜访。胡适本拟到旅馆访王，王云五力托宋以忠转告胡勿来。在胡寓，胡适以威士忌款待，

"胡太太相陪,其酒量甚佳,适之则因病后戒酒,仅喝葡酒"。(王寿南编:《王云五先生年谱初稿》第二册,台湾商务印书馆,1987年,897页)

同日　胡适复函杨联陞,谈最近的病情。给赵元任祝寿的文章,只写了一部分,至今没写成。题目太大了,很难得写得具体。不赞成林语堂长文的思路。严耕望的校史工作,能见其细,又能见其大,甚不易得。望杨特别指导他。(台北胡适纪念馆藏档,档号:HS-LS01-007-019)

9月14日　台湾当局"出席联合国大会代表团"于"驻美办事处"举行的团务会议,胡适、王云五、刘锴、夏晋麟、魏学仁等出席。会议主要由蒋廷黻报告,诸出席人员讨论。(《王云五先生年谱初稿》第二册,899～901页)

9月18日　胡适发高烧。(据《日记》)

同日　下午5时,蒋廷黻、王云五、胡适偕赴美国国务卿杜勒斯的酒会。(《王云五先生年谱初稿》第二册,904页)

同日　朱家骅致函胡适云,知身体微恙,希加意休养。又谈及"中研院"突发一事,并上月18日主持评议会开会及院士候选人公告诸事。(台北胡适纪念馆藏档,档号:HS-NK05-014-044)

9月24日　徐大春致函胡适,感谢自己在纽约时给予招待。又报告关于"自由中国日报"事三件及请示意见。又谈及 Andrew Louis 旅行社 Grady 与 K.S 的申请书等。(台北胡适纪念馆藏档,档号:HS-US01-086-007)

9月26日　胡适在联合国大会发表演讲。(据《日记》)

9月29日　晚,宋以忠在华埠举行宴会,招待胡适等人。同席还有王云五、吴经熊、林语堂、卢琪新、马星野等。(《王云五先生年谱初稿》第二册,908页)

10月

10月5日　胡适主持召开"中基会"第二十八次年会。同意贷予台湾"清华大学"35万美元。议决提高学术奖助金的补助金额。通过"中国科学协

进社""中国自然科学促进会""中国地质学会""中国工程学会""华美协进社"等的补助申请。董事Hopkins请辞，补选李国钦继任。（台北胡适纪念馆藏档，档号：HS-US01-026-018；《"中基会"对科学的赞助》，249～250页）

10月8日　胡适复函严耕望，谢赠《中国中古政治史论丛》，赞成杨之说法。又说朱家骅辞职风波是大不幸事。（台北胡适纪念馆藏档，档号：HS-NK05-138-010）

10月9日　胡适复函杨联陞，表示愿意为丁文江编的《梁任公先生年谱长编初稿》写序，又希望丁文渊能将该书的校样或相关序跋等抄寄。（台北胡适纪念馆藏档，档号：HS-LS01-007-020）

10月13日　胡适在 The Reformation：A History of European Civilization from Wyclif to Calvin：1300—1564（by Will Durant，纽约，1957）一书书末题记："题杜鸾特先生'文化史'第六册后，此君与我同时在哥伦比亚大学（1915—1917），他比我大六岁，今年七十二岁了。他的'文化史'已出了六大册。他的勤劳而有恒，博闻而能专力，故能有此过人的绝大成就。我题此短跋，很诚恳地感觉惭愧。胡适　一九五七，十，十三夜。"（《胡适藏书目录》第4册，2880～2881页）

10月14日　Howard D. Roelofs致函胡适，云：

> It may seem odd that when you have so many friends on this faculty, this letter should come to you from a stranger. The explanation is that some things are done officially, and in this case I happen to hold the appropriate position. On behalf of the Taft Lecture Committee I wish to repeat to you an invitation of an earlier year to give two lectures here at a time convenient to us both, and on topics of your suggestion and having our approval. Ideally, we should like to have you come in this manner. Be here for three days, Monday to Wednesday or Tuesday to Thursday, with one general public lecture on the first day, the other on the third. On the intervening day we should like to have you available for an informal presentation and discussion of some appro-

priate topic. This informal discussion I might say would really be informal, and the number of people attending would not be more than ten or twelve. The best times for us, in view of lectures already scheduled, would be quite early in December or quite early in February, almost anytime in March or quite early in April. The stipend for these lectures is $300.

If this proposal evokes your favorable interest, it would be helpful if you could send to us a number of subjects. These could be either in the field of Chinese history, Chinese philosophy, or referring directly to the present political and cultural situations in China.

I think at about this same time you will receive a letter from our mutual friend Jerome Hubert who hopes both that you will come and that you will be his house guest while you are here. Dean Barbour and others join me in hoping that you will be able to accept this invitation.（台北胡适纪念馆藏档，档号：HS-NK05-166-029）

10月15日　胡适复函陈之藩，告：陈不必急于还400元。又云：

> 你报告我的学校情形，我听了非常兴奋。我二十岁时初次读《新约》，到"耶稣在山上，看见大众前来，他大感动，说'收成是丰盛的，可惜做工的人太少了'"——我不觉掉下泪来。那时我想起《论语》里，"士不可以不弘毅，任重而道远"那一段话，和《马太福音》此段的精神相似。(《在春风里》，83～84页）

同日　胡适在《齐白石画集》（荣宝斋新记，1952年）上题记："白石死在今年八月。他生在一八六三年十二月，故他死时还不满九十四岁。此册小传说他生在一八六一年，是用他自称的岁数倒推出的，其实是错的。他七十五岁时就自称七十七岁，故报纸说他死时九十七岁，其实只是九十五岁，实不足九十四岁。今年'双十节'买得此册。"（《胡适藏书目录》第2册，835页）

10月22日　胡适日记有记：

为"中央研究院"院长朱家骅辞职的事，十一月三日召开评议会，选举三个候选人，由"总统"选任一人。

此次骝先辞职，实等于被逼迫去职。海外有六个评议员，都很愤慨。

今晚勉强写信委托王世杰先生代表我投票：①朱家骅，②李济，③李书华。

又写长信慰问骝先。

又写信给"中研"秘书杨树人先生。

写完后，已半夜后一点半了，我自己出门去把信投入信箱，才回来睡。

同日　胡适复函杨树人，告：11月3日"中央研究院"的评议会，无法回去赴会，已有正式函件委托王世杰代表出席投院长候选人的票。（台北胡适纪念馆藏档，档号：HS-NK05-108-001）

同日　胡适致函赵元任：院长候选人投票事，实在没有兴致投票。几次想给朱家骅写信，都写不下去。自己自9月25日以后，没有发烧了。（《近代学人手迹》三集，96页）

10月23—24日　胡适又发烧。（据《日记》）

10月29日　王世杰致函胡适，关心胡适健康。又告："中央研究院"选举事，当照来函所示办理。已决定投胡适、梅贻琦、李济为候选人，而自己的那张票势不能照胡适之意投写。尊函说，将于日内应劳柏森君的邀请，往他的乡间作一次讲演。晤劳君时，烦请代为问候他和他的夫人。（台北胡适纪念馆藏档，档号：HS-NK05-005-010）

10月30日　朱家骅复函胡适，感谢胡适的慰问。对胡适在联合国大会的演讲赞佩不已。详叙自己主持"中央研究院"之艰难情状。函末云：吾兄于上次选举时已为众望所归，而此次各方仍望兄能出来主持，非仅对院有其极大裨益，即对"国家"而言，亦有很多贡献。因兄为"国家"效力之处正大……（台北胡适纪念馆藏档，档号：HS-NK05-014-045）

11月

11月1日　蒋介石考虑"中央研究院"院长人选，认为"应提胡适之为最宜"。（蒋氏是日日记）

11月3日　"中央研究院"举行第三届评议会会议，依法选举胡适、李济、李书华为院长候补人，并呈请台湾当局领导人遴任。（台北胡适纪念馆藏档，档号：HS-NK05-225-001、HS-NK05-051-002）

同日　胡适复函柳无忌，认为中国的短篇小说实在特别值得一提，李田意搜集了不少这方面的材料。又道：长篇小说中，《三国志》似不足与《水浒》并提。中国小说可分为两大类：一是 stories of long evolution，如《水浒》《西游》等；一是创作的小说，如《儒林外史》《红楼梦》等。（柳无忌：《我所认识的胡适之》，《传记文学》第34卷第6期，1979年6月1日）

同日　毛子水致函胡适，云：今日"中央研究院"开评议会，听说已全体一致地选举您为院长候选人。如蒋介石一定要先生担任此职务，则您似不好强辞，因为希望您回来的，不只是蒋介石一人。这次杨振宁、李政道二君的得诺贝尔奖，更使人觉得好师资的重要。如吴大猷那样的教书人，"国家"似应设法破格罗致的。（台北胡适纪念馆藏档，档号：HS-NK05-009-002）

11月4日　蒋介石接见李济，商谈"中央研究院"院长人选，"决推胡适之也"。遂签署命令：特任胡适为"中央研究院"院长。（台北胡适纪念馆藏档，档号：HS-NK05-225-001、HS-NK05-213-004；蒋介石是日日记；"中央日报"，1957年11月5日）

同日　蒋介石致电游建文转胡适："中央研究院"为最高学术机构，关系前途至深且巨，有赖硕彦领导。兹由该院评议会依法选举院长候补人送府遴任。业经遴定请兄担任，特电奉达，敬希惠允，并早日回台视事。至所企盼。李政道、杨振宁两君，研究学术卓著，辉煌成就国有光荣，请代致恳挚嘉勉之意，并促其讲学一行。（台北"国史馆"藏"蒋中正'总统'

文物",档号:002090106004263003)

同日　胡适致电钱思亮,请钱与朱家骅两人代向蒋介石恳切辞职:Forty days without fever but still under medical observation and treatment. I cabled today begging President appoint Li Chi acting President Academia pending my return so that important policy decisions may be made. Kindly inform Zhu, Li, Yang.(台北胡适纪念馆藏档,档号:HS-NK05-122-004)

按,11月7日,朱家骅、钱思亮复电胡适:很同情您的健康情形,不过自"总统"宣告任命后,经询"秘书长"张群意见,认为取消任命有困难,所以真挚请求您再考虑接受任命。若无法立即回来,建议可暂时任命Director General代理您的缺。(台北胡适纪念馆藏档,档号:HS-NK05-014-046)

同日　赵元任致电胡适:Congratulations on appointment! For academiassake don't decline! If necessary could very well postpone moving there for health reasons chichih if made secretary general could still head institute concurrently. 当日,赵元任又打电话与胡适。(台北胡适纪念馆藏档,档号:HS-NK05-117-009;《赵元任年谱》,352页)

同日　张紫常、张其昀分别致电胡适,贺任"中央研究院"院长职。(台北胡适纪念馆藏档,档号:HS-NK05-081-001、HS-NK05-084-009)

11月5日　李济致函胡适:闻胡适不肯担任"中央研究院"院长职务事,以为不可,并陈评议会同仁之望,认为无为之治正可施之于此一机关而能收效。(台北胡适纪念馆藏档,档号:HS-NK05-025-002)

同日　李宗侗复函胡适,感谢来函示及注书之难,并告所写《论夫子与子》将在南港先作一次讲演。又谈及"中央研究院"选举胡适为院长事,劝胡适不可固辞。(台北胡适纪念馆藏档,档号:HS-NK05-031-017)

11月6日　程天放、方子卫、查良钊、樊际昌、胡家健等致电胡适,贺任"中央研究院"院长职。(均据台北胡适纪念馆藏贺电原件)

按，后来发来函电祝贺胡适任院长的还有赵友培、李诗长、楼兆元、郑进福、许焕章、董洛川、金忠烈。（均据台北胡适纪念馆藏贺电原件）

　　同日　袁同礼致函胡适，告：关于平馆善本胶卷一事，曾托负责人分别查明。在以往文件中，迄未查到任何证据。但近在地下储藏室内发现一批胶卷。经吴光清君断定，即是第二套尚未运华的。建议由"中央研究院"致函台湾对外交流事务主管部门，由其径向"美大使"接洽。公文内似可附一节略说明您与前任馆长接洽经过。此间当局接到美国国务院的公文，即不致予以否决。您如认为可行，不妨代"中央研究院"拟一节略。（台北胡适纪念馆藏档，档号：HS-NK05-062-006）

　　同日　芮逸夫致函胡适，告4日在赵元任处获闻"中央研究院"评议会选举胡适、李济、李书华为院长候选人事，并对此加以分析。又谈及己本年度承"中基会"资助来美事。（台北胡适纪念馆藏档，档号：HS-NK05-042-004）

　　11月9日　蒋介石复电胡适：贵体尚未复原，最近期中不宜远行，深为系念。"中央研究院"仍赖出而领导，至希加意调摄，早日康复回台就任为盼。（台北胡适纪念馆藏档，档号：HS-NK05-122-005）

　　同日　胡适在李塨纂《颜习斋先生年谱》（商务印书馆，1937年）书末题记："我的留学日记里有'1911年十月三日，得［梅］觐庄所寄颜习斋年谱，读之亦无大好处'。此是四十六年前的事。当时我还有长信给觐庄，'论宋儒之功'。大概我当时只读习斋年谱，所以不能充分了解习斋排斥程朱的革命精神。我读颜李遗书（畿辅丛书本）在1917—1918，那时候我的思想已经过大变化，经过大解放了，所以我能了解颜李的'反理学'的大贡献。可惜梅觐庄的思想后来反走上'卫道'之路，我们后来竟没有谈论颜李的机会，我竟不知道觐庄后来对颜李取什么态度。觐庄是宣城人，他家定九先生是同情于颜李的。宣城袁蕙缥也是一位笃信颜李的思想家。我很想知道觐庄和这个宣城遗风有何关系，可惜觐庄已死了多年了！胡适记一九五七，十一，九夜。"（《胡适藏书目录》第2册，989～990页）

11月15日 Reuben A. Holden 致函胡适,云:

As you probably know, the drive to raise funds for the Edward H. Hume Lectureship at Yale has been tremendously successful, thanks to the efforts of the Committee on which you sat and the energy of Newbold Morris and others.

Mrs. Hume, Mr. Morris, Dr. Hiscock, and I have lately been corresponding about the first lecture which we hope could be held during the current academic year. We all agree unanimously that we should like you to fill this role, and I hope you will find it possible to do so.

We understand you will be leaving the country in December but hope you may return before May. May we count on you for a lecture sometime at your convenience before the students begin their exams? We would propose to offer an honorarium from the fund of $300 which is the highest amount paid for a single lecture. Indeed we hope this will be one of our outstanding lecture programs—properly enough in honor of one of our greatest Yale men.

I am writing you now in the hope that you would be able to suggest a time on your return when we might count on you for such an address. We need not pin down the exact date of course but it would give us tremendous satisfaction if we could tell the donors and friends of the fund that you will initiate the series. (台北胡适纪念馆藏档,档号:HS-US01-027-001)

11月18日 胡适致函高宗武,云:项接"中央图书馆"编的《台湾公藏方志联合目录》(1957年),见有《乐清县志》两种(康熙廿四年刊本;光绪二十七年修,民国元年补刊本),可托"故宫博物院"庄尚严代为雇人影抄。又谈及日本东洋文库《地方志目录》并无《乐清县志》。(台北胡适纪念馆藏档,档号:HS-NK05-057-037)

同日 张伯谨函告胡适:托购之书已托山喜房书店代觅。(台北胡适纪念馆藏档,档号:HS-NK01-035-004)

11月19日　下午3时，王云五来访，《王云五先生年谱初稿》引王氏访美日记：

> 下午三时赴适之寓所长谈，至五时半始离去。适之因余对台湾情形认识较真切，殷殷以其行止相询，余略有建议，均承接受。先复电，暂以李济之代理，得复允，再派杨树人为总干事，至其本人则于检验身体，并促劝留美院士若干人同返台，然后回台接任，并即召开院士会议。(《王云五先生年谱初稿》第二册，922页)

同日　吴光清致函胡适，云：日前与袁同礼（守和）同到旅馆拜谒获益良多。嘱查有关摄制平馆善本书籍胶片旧档，发现L.C.年报曾载三期，兹录出一份附上。L.C.曾应允将胶片三份赠送中国，据云有三1947年2月归国时曾携带两份至北平，尚存一份留此待寄。如您致函馆长接洽领取当不至有问题。(台北胡适纪念馆藏档，档号：HS-NK05-037-010)

12月

12月3日　王宠惠函谢胡适电贺生日。(台北胡适纪念馆藏档，档号：HS-US01-029-012)

12月6日　胡适复电蒋介石：已经过肺、心、贫血等各项检查，医生仍劝告最近不宜远行。惟院务亟须有人负责，因诚恳电陈，可否请任命李济暂代院长，以便自己安心调养，早日回台就职。(《近代学人手迹》三集，38页)

> 按，12月12日蒋介石复电胡适："中央研究院"院务，已照胡意派李济暂代。希望胡适"加意珍摄，早日康复，'返国'就任"。(次日之"中央日报")

12月8日　胡适复函姜贵，高度评价其《今梼杌传》，认为其白话文流利痛快。认为此小说写的很有力量，能动人。(《胡适全集》第26卷，

124～125 页）

12 月 15 日　胡适致函赵元任，详谈此次"中央研究院"院长选举及自己答应就任院长一职之种种内情。并云，渠同意就任院长，是经过深思并与梅贻琦商量后做出的决定。（《近代学人手迹》三集，98～101 页）

同日　张伯谨致函胡适，祝胡适六秩晋七华诞。（台北胡适纪念馆藏档，档号：HS-NK01-035-005）次日，张群亦给胡适发出贺函。（台北胡适纪念馆藏档，档号：HS-NK01-036-014）

12 月 17 日　胡适避寿于叶良才宅。晚，王云五应约来共进晚餐。叶良才邀王、胡一起到邻镇的西餐厅庆祝，餐毕又回叶家长谈。（《王云五先生年谱初稿》第二册，926～927 页）

同日　李石曾赠送一部《中华民国大事记》（世界社，1957 年）给胡适做生日礼物，并题道：适之先生勉我作自述者屡屡，乃中西友人对此事最热心者之一。余亦曾屡试，愧尚无脱稿者。曾以此书作题注本，固为重文馆而作，亦为自述之参考与相互印证而作。惜亦去完成甚远，抑或有一日可效先生以著述寿友人……（《胡适藏书目录》第 2 册，1072 页）

12 月 20 日　冯执正致函胡适：闻胡适病愈甚感高兴，又报告近况。（台北胡适纪念馆藏档，档号：HS-US01-029-013）

12 月 22 日　李济与胡适通长途电话。（"中央日报"，1958 年 1 月 12 日）

同日　徐大春复函胡适，为迟复致歉。附寄致 Li Ming 信以明境况，又询健康情形与请辞"中央研究院"职务事。（台北胡适纪念馆藏档，档号：HS-US01-086-008）

12 月 26 日　胡适复函胡颂平，谈自己著作授权事：启明书局沈志明未经授权，即印《白话文学史》，是有点鲁莽，但可显示其办事才干，请不要怪他。同意《白话文学史》上册印 1000 册。《中国哲学史大纲》上册已托商务印书馆重印，不能交给启明书局。"新文艺文库"尚未见过，可请沈寄《白屋诗话》《白屋说诗》来看看。另，《尝试集》不能交启明出版，因已许香港友联印《胡适诗存》。《南游杂忆》可交启明出版。《四十自述》已请六艺出版社印行，若重印，请与卢逮曾的遗孀联系。同意印《新文学运动史》

（加上《逼上梁山》）。《五十年中国之文学》，似不必单行。（台北胡适纪念馆藏档，档号：HS-NK05-051-003）

同日　下午，胡适又发烧。（据《日记》）

同日　胡适致函杨日旭：

日旭兄：

　　昨天（廿五）我打电话想邀你出去吃晚饭。你的朋友说，你房门上留有条子，说你要到半夜方回来。所以我只同张钟元先生去吃饭了。

　　今天（廿六）收到你十二月廿二日的信，支票我已写了，寄给你。收到后请你给我一个电话，因为这几天的邮件是很乱的。

匆匆敬贺

新年

胡适

（杨日旭教授提供）

12月30日　胡适、江冬秀结婚40年纪念日，胡适自作一联：三十夜大月亮；廿七岁老新郎。（据《日记》）

同日　11时，王云五来胡适寓所畅谈；后胡适邀王到新乐酒家午饭，但座无虚席，恰好游建文也在此宴客，遂邀胡、王二人入席。饭后，又回胡适寓所，询问胡适返台的时间，为"明年四月在台召开'中央研究院'院士大会议时，定即如期返。但久留与否，尚未定"。（《王云五先生年谱初稿》第二册，932页）

12月31日　胡适为《胡适留学日记》的"台北版"作一"自记"。（台北商务印书馆，1959年）

是年　Edward Larocque Tinker 将 *Odyssey of a Santo Domingan Creole: A Sprightly Account of American Manners by a Refugee from Haiti* 一书题赠胡适："I hope this account of the quaint American mores of the 19th century may amuse you. Cordially ELT."（《胡适藏书目录》第4册，2850页）

1958年　戊戌　67岁

> 4月8日，胡适飞抵台北；10日，就任"中央研究院"院长，主持召开第三次院士会议，选举产生新院士。
> 4月，徐子明、李焕燊著《胡适与"国运"》流布于台北。
> 5月，胡适草拟《"国家"发展科学、培植人才的五年计画的纲领草案》。
> 6月16日，胡适离台赴美。
> 9月5日，胡适在美主持召开"中基会"第二十九次年会。
> 11月5日，胡适自美国返抵台湾。
> 是年，台湾自由派人士极力敦促胡适组织反对党，均为胡适坚辞。

1月

1月1日　上午来拜年的有宋以忠夫妇、宋以信夫妇、张午云、韩朝宗等。Mrs. Josephine B. Crane 约胡适吃午饭，同席有 Mrs. Harold I. Pratt（635 Park）、R. Michalonski 及 Amawry de Riencourt。应邀到 De Riencourt 的寓所，渠将其新书 *The Coming Caesars* 送给胡适。胡适对此书的评价是："此人颇能运用材料，但他相信一种历史哲学，则不免牵强。此书文字很流畅。"（据《日记》）

按，本谱引用胡适1958年日记，均据《胡适的日记》手稿本第18册，以下不再特别注明。

1月3日　胡适赴 The Round Table Club 聚餐，参加者共10人。（据《日记》）

同日　胡适致函杨联陞，谈同意就任"中央研究院"院长的大体经过。又格外关心《梁任公先生年谱长编初稿》的稿本在丁文渊去世后的下落："我很忧虑此唯一的存本《任公年谱》或有失落或散乱之危险。不知老兄有法子想否？极盼知道此本的下落。"（台北胡适纪念馆藏档，档号：HS-LS01-007-021）

> 按，1月7日杨联陞函复胡适说：
>
> 我检查去年出游的记录，八月十八日在九龙听丁月波先生谈过下列各事：
>
> （1）丁在君主编《任公年谱长编》，已交杨家骆先生承印，订有契约。希望胡先生写一序。
>
> （2）丁在君家书（来往信皆有。留英时全部）贴成数册，曾交与北票后任丁君，后失去。
>
> （3）友人（胡、翁等）信札存者，编过号，存丁夫人处（苏州）。今不知存否。
>
> （4）丁任上海总办时代公文，一部分存沈某处（已故），有一部分存月波先生处，（有关于孙传芳之件）拟赠与哈佛大学。另有一部分，（有关陈陶遗者？）由陈陶遗自己取回，后归其子（亦已故去）。（台北胡适纪念馆藏档，档号：HS-LS01-007-022）

1月4日　胡适致函李济，谈此次不得已就任"中央研究院"院长的经过，并感谢李济愿意代理院务。又谈到4月回台北，并为全汉昇肯担任总干事感到高兴。又谈到院士选举和《梁任公先生年谱长编初稿》的出版问题：

> 我因为原来计画可以不委托别人代表投票，所以至今没有寄院士选举票。但我曾想想，院士每人须得十六票，若事先没有细密的组织，恐甚难产生。在台院士容易集会，能否为此一重大问题开一次谈话会，

考虑一个如何可以产生十五个新院士的方法？老兄的看法如何？盼示知。（我算来算去，似很难有十一二人得到当选的票数！）

……闻月波曾将史语所所存在君主编的《梁任公年谱长编》油印本交杨家骆君承印。月波死后，此事似可由史语所主持？兄谓如何？……（台北胡适纪念馆藏档，档号：HS-NK05-025-003）

同日　胡适复函赵元任夫妇，询赵能否于 4 月回台参加院士会议，又担心不能选出 15 名院士：要选出 15 个院士，每人须得 16 票，大非易事。若有点组织，或有十一二个人当选。若无组织，我怕只有 4 人（或 3 个）物理学家，及李卓皓等 4 人当选。人文组怕没有一个人。（《近代学人手迹》三集，102～103 页）

1 月 5 日　胡适与来访的 Miss Leslie Hulme（Mt. Holyotse College 的学生）谈中国宗教，因渠正撰写毕业论文"Religious Ideas & Practices in China before Confucius"。（据《日记》）

同日　胡适改定《戴震的官本〈水经注〉最早引起的猜疑》。（台北胡适纪念馆藏档，档号：HS-MS01-014）

1 月 6 日　The Round Table Club 函催胡适缴纳 1958 年会费。（台北胡适纪念馆藏档，档号：HS-NK05-166-034）

1 月 7 日　胡适应约探视住在海军医院的 Colonel Isaac Newell。（据《日记》）

1 月 10 日　胡适约书店朋友 George Meyerson 夫妇等在荷花楼吃中国饭。（据《日记》）

同日　胡适写成《中国古代哲学史》的台北版"自记"，述及此书版本源流，又指出此书底本的缺点，如相信孔子做出"删诗书，订礼乐"的工作，用《列子》里的杨朱篇来代表杨朱的思想等。现在所以重印，"因为这本书虽然有不少缺点，究竟还有他自身的特别立场、特别方法"。又云：

我这本书的特别立场是要抓住每一位哲人或每一个学派的"名学方法"（逻辑方法，即是知识思考的方法），认为这是哲学史的中心问题。

我在第八篇里曾说：

　　古代本没有什么"名家"。无论那一家的哲学，都有一种为学的方法。这个方法便是这一家的名学。所以老子要无名，孔子要正名，墨子说"言有三表"……这都是各家的名学。因为家家都有"名学"，所以没有什么"名家"。

　　这个看法，我认为根本不错。……

　　所以我这本哲学史在这个基本立场上，在当时颇有开山的作用。可惜后来写中国哲学史的人，很少人能够充分了解这个看法。

　　这个看法根本就不承认司马谈把古代思想分作"六家"的办法。……

　　这样推翻"六家""九流"的旧说，而直接回到可靠的史料，依据史料重新寻出古代思想的渊源流变：这是我四十年前的一个目标。……

　　　　　…………

　　四十年来，有些学者们好像跑在我的前面去了。他们要进一步，把老子那个人和《老子》那部书都推翻，都移后两三百年。他们讲中国哲学思想，要从孔子讲起。冯友兰先生的《中国哲学史》就是这样办的。……

　　二三十年过去了，我多吃了几担米，长了一点经验。有一天，我忽然大觉大悟了！我忽然明白：这个老子年代的问题原来不是一个考证方法的问题，原来只是一个宗教信仰的问题！像冯友兰先生一类的学者，他们诚心相信，中国哲学史当然要认孔子是开山老祖，当然要认孔子是"万世师表"。在这个诚心的宗教信仰里，孔子之前当然不应该有一个老子。在这个诚心的信仰里，当然不能承认有一个跟着老聃学礼助葬的孔子。

　　试看冯友兰先生如何说法：

　　……在中国哲学史中，孔子实占开山之地位。后世尊为惟一师表，虽不对而亦非无由也。以此之故，哲学史自孔子讲起。……

懂得了"虽不对而亦非无由也"的心理，我才恍然大悟：我在二十五年前写几万字的长文讨论"近人考据老子年代的方法"真是白费心思，白费精力了。（胡适：《中国古代哲学史》，台北商务印书馆，1961年）

按，当日胡适将此"自记"寄与王云五，并请王提意见。（台北胡适纪念馆藏档，档号：HS-NK05-006-003）

同日 胡适复函杨联陞，谈丁文渊遗嘱中关于丁文江档案的收藏办法：

……昨日又收到执行人张万里先生寄来原文照片，其第三条云：

本寓内各遗物，除铁柜内所存家兄在君在淞沪总办任内所遗各文件装箱寄交胡适之先生外，余均赠谊女阮桂英。其他两谊女……则请在其中各自择二物，以为纪念。

当时我看了报上登的遗嘱，因"装箱"二字使我猜想其数量必颇多，敝寓恐不能容，也不安全，故有信与彦堂及胡建人，请他们转告执行人将此项文件交胡建人收存，遇便人可带交济之先生。……

今见你去年八月十八日的日记，始知月波当日曾有将此一批文件"拟赠与哈佛大学"的话。可能是月波忘了此话，也可能是他以为我已知道了此话，故寄给我安排寄顿处，不用细说了。……

我现在想，此项文件可装在月波的"铁柜"里，其数量想不太多。如哈佛愿意保存，我可以写信给胡建人（名家健，绩溪人，办香港的集成图书公司），让他把这一批文件寄到美国来。……请你考虑后示知。（台北胡适纪念馆藏档，档号：HS-LS01-007-023）

按，1月14日杨联陞复函胡适，谈丁文江档案的保存：丁月波先生遗嘱，既然很清楚地说要把在君先生"在淞沪总办任内所遗各文件，装箱寄交胡适之先生"，当然是请先生全权处置了。……照我看，哈佛不见得有人会下功夫研究这批文件，而在君先生与"中研院"关系如此之深，所以先生上次给胡建人、董彦堂两位先生的信，请他们遇便

交给济之先生，我想这是最好的办法。……（台北胡适纪念馆藏档，档号：HS-LS01-007-024）

同日　"中央研究院"代理院长李济致函包括胡适在内的各院士：征得胡适院长同意，1957年度院士选举，拟改期于1958年4月初间开会；一俟胡适院长到院，即召集开会。请台端莅临出席。设届期台端因事不能成行，亦须于会前寄奉通信选举票，并代为征询委托代表投票。切盼拨冗于本年2月底以前惠复以便筹备。（台北胡适纪念馆藏档，档号：HS-NK05-025-004）

1月11日　"中央研究院"举行新、旧院长交接典礼，由前任院长朱家骅与新任院长胡适交接（代理院长李济代胡适办理），张群监交。（台北胡适纪念馆藏档，档号：HS-NK05-025-005；"中央日报"，1958年1月12日）

同日　胡适复函陈之藩，高度评价姜贵的小说《旋风》。又云：

老实说，我也不完全相信正流逆流的话。……

…………

话虽如此，我观察了这十年（1947—58）的世界形势，我还不悲观，我还是乐观的。

乐观的一个理由是，"自由世界"在很短的时期里，居然重新武装起来，居然从"一强独霸"的世界又回到"两强对立"的世界了。……

…………

我的打算回去，是因为我今年六十六岁了。应该安定下来，利用南港史语所的藏书，把几部未完的书写出来。……（《在春风里》，56～59页）

同日　沈维甫致函胡适，求助路费。（台北胡适纪念馆藏档，档号：HS-NK01-010-008）

按，是年向胡适求助的还有陈迪光、滕诚、高清心、欧阳瑞、徐顺银。（据台北胡适纪念馆所藏档案不完全统计）

1月13日　杨日旭来访。

按，此事见胡适次日致杨日旭函：昨天你带了这一册《祖国》来，我以为是你还我的。后来我看见尾页的卖报人印章，我才知道这一册是你自己的，可惜我说话太多，没有让你谈到你要讨论的问题。我向你道歉。（杨日旭教授提供）

同日　胡适复函雷震，谈无资格写丁文渊的追悼文，又谈这次不得已就任"中央研究院"院长的大致经过：

……月波是一九三六年才回国的，我同他见过一两次，我就出国了……以后我和他见面时极少，深谈时更少。我只知道他是一个最忠厚、最爱国的人，但我实在没有机会和他接触，所以我无资格写追悼文。

鄙意以为，若无人配写此文，就不写了罢。因为我的观察是，月波是一个老实人，思想并不深刻，无著作可以参考，故追悼文实不易写。（《万山不许一溪奔——胡适雷震来往书信选集》，120～121页）

同日　胡适复函浦家麟，告：《白话文学史》《中国哲学史大纲》已交其他出版社出版，不能交浦的公司出版。《胡适文选》已交六艺出版社出版。《胡适文存五集》尚未编成。《胡适诗存》亦未编成，且已许给一家出版社。来函"统一出版"一节，现在不能实行。4月初回台北后将找一位法律专家谈自己书的出版问题。（台北胡适纪念馆藏档，档号：HS-NK05-054-007）

同日　韦莲司小姐函谢胡适寄赠茶叶和拖鞋，并希望胡适再到绮色佳小住。一如既往，对二人之间的长久友谊，怀着无限的感念。（台北胡适纪念馆藏档，档号：HS-CW01-009-023）

1月15日　胡适将历年收集的关于戴震的官本《水经注》的杂件汇订在一起。（《胡适手稿》第1集卷3，453～499页）

1月16日　余协中来访。胡适日记有记：

他说起他的儿子余英时，说Harvard的朋友都说他了不得的聪明，说他的前途未可限量。

我对协中说：我常常为我的青年朋友讲那个乌龟和兔子赛跑的寓言，我常说：凡在历史上有学术上大贡献的人，都是有兔子的天才，加上乌龟的功力。如朱子，如顾亭林，如戴东原，如钱大昕，皆是这样的，单靠天才，是不够的。

1月17日　韩朝宗来谈时局。（据《日记》）

1月24日　胡适致函童世纲，云：

关于《胡适文存》的索引，我忘了一点：你的索引好像没有为第二集的《这一周》做一个分题索引。……这六十多篇短评，在当时确是十分用心写的，现在我颇觉得删了《这一周》是可惜的。所以我盼望你试为这六十三篇做一个分题索引，如果不太费时间！

《四库藏书珍本》内有一部《水经注集释订讹》（沈炳巽），请你为我检查第一册目录后的"提要"尾上记的"乾隆几年几月校上"。并请抄"提要"尾上记的"总纂官"与"纂修"是何人。（童世纲：《胡适文存索引》，台北学生书局，1969年）

1月26日　汪敬熙致函胡适，告：接"中央研究院"公函，知李济代理院务及4月中举行院士选举事，声明自己只投一次票，不请人代投他次。另为自己在美国居留权事，请胡适代向董显光说情，以使自己能继续在美从事纯粹科学的研究工作。（台北胡适纪念馆藏档，档号：HS-NK05-018-005）

1月27日　胡适有《论赵一清〈水经注释〉的几项贡献》一文。（台北胡适纪念馆藏档，档号：HS-US01-052-009）

2月

2月2日　李济致函胡适，告与王世杰、李先闻、凌鸿勋、朱家骅、李

济等在台院士5人召开谈话会，交换有关第二届院士选举的一些意见，并请胡适作最后决定。又提及南港住宅开工事。请胡适在回台前作一次彻底的健康检查。（台北胡适纪念馆藏档，档号：HS-NK05-025-006）

2月4日　王宠惠、王世杰、朱家骅、凌鸿勋、李济、李先闻等6位院士联名致函胡适云，已遵嘱会商院士会议日期。同人以为此次院士会议责任重大，对胡适力疾归台，深为感动。惟恐海外院士不能踊跃与会，特会函留美院士，恳请务必归台。又附寄在台院士致留美院士函。（台北胡适纪念馆藏档，档号：HS-NK05-025-007）

2月9日　胡适作有《记〈永乐大典目录〉六十卷》一篇笔记。（《胡适手稿》第6集卷2，275～300页）

2月11日　胡适致函吴大猷，谈接任"中央研究院"院长的初衷，并请吴起草发展科学的计划：

你大概已收到在台六位院士联名的公函了罢？我现在已决定三月底或四月一日飞台北。此行尚不能搬家回去——因为现在尚无此精力结束这个八年多积下来的"家"。拟在台住两个月，把住宅和工作的事布置好了，再回来搬家。

我此次接受"中研院"事，实在是有两层意思。消极的，我们都有维持这个机构的生存的责任，但这还不是主要的。积极的，我实在想为中国学术前途做一点开路、铺路的工作。我今天重读你去年四月二日在《学人》上发表的《如何发展"我国"的科学》一文，仍感觉你的vision是完全对的。我很盼望你把此文的结论中的四项——特别是第一项的发展"我国"科学的"五年或十年计画"——写的更具体一点，就当作一个"五年计画或十年计画"写下来。我很愿意带这计画回去做一个探路的地图——做一点开路、铺石子的工作。

你曾说过："目前的急务是基础工作"，"目前必须作一决策"。时间已够晚了，所以我恳切的请你即日开始想想，即日开始写这个计画。能在三月中旬寄给我最好。（《胡适之先生给我的十四封信》〔上〕，《传

1958年　戊戌　67岁

记文学》第 51 卷第 6 期，1987 年 12 月）

同日　蒋硕杰致函胡适，谈及已读完《丁文江的传记》，高度赞佩丁之学养、道德、魄力、干才等。（台北胡适纪念馆藏档，档号：HS-NK05-124-001）

2 月 12 日　胡适复 Reuben A. Holden 1957 年 11 月 15 日、1958 年 1 月 18 日邀请前往耶鲁大学演讲之邀约（台北胡适纪念馆藏档，档号：HS-US01-027-001、HS-US01-027-002），认为演讲时间以 3 月中下旬为宜：

> During the past few months, I was badly upset by several personal happenings, including my illness in October, my election and appointment to the presidency of the "Academia Sinica", and my long and unsuccessful efforts to decline the honor on account of my poor health. It is only in the last few days that I could be certain that my presence will not be required in Taiwan until the 10th of April.
>
> I am writing to inquire if it is not too late for me to accept the kind invitation of Mrs. Hume, Mr. Morris, Dr. Hiscock and yourself to give the Edward H. Hume Lecture this academic year.
>
> If you still think that I should do it, I would like to suggest the subject: "Development of the Scientific Method in Chinese Intellectual History".
>
> In your November letter, you suggested that I might give the lecture sometime in May— "before the students begin their exams". Kindly inform me when the exams will start. Will you consider the last two weeks of March as a possible time?（I am planning to fly from New York about the first days of April.）
>
> If you have already secured a lecturer for the Hume Lectureship, I shall fully understand and once more offer you my humble and sincere apologies.

（台北胡适纪念馆藏档，档号：HS-US01-027-003）

按，2月15日，Reuben A. Holden 复函胡适，为胡适来信表示兴奋，并商议确实的演讲时间。2月19日，胡适再复函，选定演讲时间，题目初步定为"The Development of a Scientific Method in Chinese Intellectual History"。（台北胡适纪念馆藏档，档号：HS-US01-027-006、HS-US01-027-007）

2月13日　胡适日记有记：

……英国是1872的 Ballot Act 才采用秘密投票制的。美国1884年的大选之后，秘密投票制才渐渐推行。

…………

故近年"民主国家"多采用 Voting machines（选举机器）。1928年的美国大选，六分之一的票是用 Voting machines。那年 New York State 有百分之八十的票是用 Voting machines。

选举机器不过是"秘密投票"的一个方法——一个最没有作弊可能的方法。

同日　胡适致函李书华，感谢今晚的晚餐，又谈及"勒，刻也"的出处及含义。（周法高辑印：《李润章先生藏近代名贤手迹》，1964年，94～95页）

同日　韦慕庭致函胡适，希望胡适能在在4月返台前为哥伦比亚大学进行一部分自传口述工作：

I was delighted to learn, informally, that you will work with Columbia in the matter of your biographical memoirs. Professor Ho and I look forward to lunch with you at noon on Tuesday February 25.

It is our hope that the work may begin before you leave for Taiwan about April 1. Perhaps Mr. T'ong can have one or two recorded interviews with you, to get started, and you can also instruct him on the research he should do in your diaries and published works in your absence. Then after your return from Taiwan there would be a good opportunity to make progress through interviews and further research.

I am sure President Kirk will be much pleased to receive your letter. We will be happy to assist, as we may, in caring for your diaries, in your absence.

I am writting to Dr. Wellington Koo in the hope of discussing with him a possible relationship with Columbia. Thank you for telling him about our work.（台北胡适纪念馆藏档，档号：HS-US01-027-004）

同日　张伯谨复函胡适：遵嘱买各书仍未觅得，甚为焦灼。先将铃木著另一小册随函奉呈，不知有用否。（台北胡适纪念馆藏档，档号：HS-NK01-035-006）

2月24日　Grayson Kirk 函谢胡适愿意排出工作进度表为哥伦比亚大学做口述史访谈。（台北胡适纪念馆藏档，档号：HS-US01-027-008）

同日　Doris Sutter 致函胡适，云：

Professor Knight Biggerstaff has suggested that I contact you in regard to a biography of Dr. Sao-ke Alfred Sze which I hope to write.

To introduce myself: after working in industry for several years, I received my Master's Degree here at Cornell last June, with a major in American Diplomatic History and a minor in Far Eastern Studies（emphasis on China, under Professor Biggerstaff）; unfortunately, I do not know the Chinese language. I am now working as assistant to Visiting Professor（in the Southeast Asia Program）Claire Holt, who also is an acquaintance of yours, having met you in Peking.

I would sincerely appreciate any information you would care to give me with regard to Dr. Sze: suggestions as to which member（s）of his family or other persons it would be well for me to contact; whether you know of anyone else who might be undertaking this study; if you have any advice with regard to materials, such as Dr. Sze's papers（whereabouts, whether substantially all are written in Chinese, etc.). Perhaps eventually you would be kind enough to grant me an interview about your recollections of Dr. Sze.

　　It has occurred to me that perhaps Dr. Sze's daughter, Mai-mai, will wish to write this biography, since she has already written several books. Therefore, I am particularly desirous of obtaining her address—as, by the way, is Mrs. Holt, who knew her well some years ago.

　　Please forgive me for imposing on you in this fashion, but I shall be truly grateful for any help you can give me.（台北胡适纪念馆藏档，档号：HS-NK05-167-069）

　　2月28日　胡适复函李济，谈4月返台行程。又表示此次回台至多住3个月，理由有二：回纽约结束居美8年的寓所，医嘱不宜住在湿热之地。又表示希望形成惯例，若胡离台，则由李济代理院务。又希望院长的印鉴改由李济和总干事全汉昇合签。又谈到在美的赵元任、李书华、袁贻瑾、汪敬熙、吴大猷等都不能回台参加院士会议。又谈到南港住宅修建事：

　　……我盼望最切的有两点：①我要的是一个学人的私人住房，不是"中研"院长的住宅。②我仍坚持此房子由我自己出钱建筑。当初我所说美金两千五百元可以勉强够了，稍过此数也不妨。我先寄美金支票$2500.00请兄收下。如有不敷，乞即示知。（台北胡适纪念馆藏档，档号：HS-NK05-025-008）

3月

　　3月1日　郭颖颐（Danny W. Y. Kwok）致函胡适，谈自己论文的研究主题"The Role of Scientism in Modern Chinese Thought, 1900—1923"，并说明内容及研究方法，请胡适给予批评与建议。（台北胡适纪念馆藏档，档号：HS-US01-087-004）

1958年　戊戌　67岁

3月4日　胡适出席哥伦比亚大学 Barnard College 举办的东方学术座谈会，胡适讲演"中国哲学的创始者"。(《胡适之先生年谱长编初稿》第七册，2651页)

同日　胡适致函 Magnus I. Gregersen，谈道：

In his kind letter dated July 3, 1957 Mr. Houston H. Wasson sent us a generous grant of $7025 from "the China International Foundation" for the years 1957-58 and 1958-59 with the message, "The Trustees of 'the Foundation' have requested me to advise you that, if you prefer, you may apply the contribution entirely to the year 1957-58".

The total costs of our Teacher Training programs, including two semesters for New York City and two summer institutes, amount to $14050 (see attached budget). The operating costs are at an irreducible minimum. Hence, we have had no alternative but to follow your advice and to apply your entire contribution to the school year 1957-58.

Our programs are receiving greater responses each year from American teachers. The enrollment of the present semester (258) broke the record again. Meanwhile more teachers are bringing groups of their pupils between classes. By this June, we will be completing out 25 years of public service in our Teacher Training Program in New York City.

In the same letter of July 3, 1957, your Trustees expressed an interest in whether we would be able "to present similar programs in other areas of the United States besides New York, New Jersey and California". The Institute has standing requests from the Mid-West and the South for similar programs. We will pioneer into one or two new areas as soon as we have the necessary resources. Meantime, we must keep on improving and augmenting our existing programs at the home bases.

In order to maintain our on-going programs and to branch out to another part of the country it is necessary for us to plan in advance. Toward that end we hereby apply for a two-year grant of $20000 for the school years 1958-60 for our Teacher Training Programs which, in almost a quarter of a century have reaped remarkable results in promoting the understanding of Chinese culture and civilization in American schools.（台北胡适纪念馆藏档，档号：HS-US01-087-005）

同日　胡适复函杨联陞，主要是关心杨之病情，希望杨多多休息，多多听医生的话。又云：

今天我在 Barnard College 讲了一点钟的"Chinese Philosophy"就觉得喉咙有点像哑了，身体觉得很吃力。我的血压向来在"低"的一面，近十九年来，总在110/90上下。

三月十四日，我答应了 Yale 去作"Edward H. Hume Lecture"的第一次讲演，题为"Development of a Scientific Method in Chinese Intellectual History"。（台北胡适纪念馆藏档，档号：HS-LS01-007-025）

3月5日　胡适致函杨日旭，告赴台日期，询是否为台北眷属带信、带物。又谈及去年12月22日函中道及所借800美元，将于元月中旬奉还，"现已到三月初，请你便中查问一次，使我知道实在情形，至感"。（杨日旭教授提供原件）

按，杨收到胡函后，即在信末批注："此款余已奉还并深致谢，一九五八，三月十二　日旭。"

3月7日　朱家骅致函胡适，谈及李济代理院务、1月11日办理移交、院士会议已筹备就绪，希望多邀约在美院士前来出席等事。（台北胡适纪念馆藏档，档号：HS-NK05-014-047）

3月8日　雷震致函胡适，谈到"'国事'已届非常危险的境地，大家均盼先生能起死回生"；依然主张"召开'反共救国'会议，仍为今日团结

'反共'而不同意见人士之唯一方法,由此而成立反对党,监督'政府执政',庶腐败政治方有刷新之路"。极力希望胡适过旧金山时与张君劢、顾孟馀等一谈。(《万山不许一溪奔——胡适雷震来往书信选集》,122~123页)

3月11日　胡适在日记中粘贴了有关胡思杜消息的报道。

3月14日　胡适应邀在耶鲁大学所主办的"修姆博士基金演讲会"上发表演说,讲题为"The Development of a Scientific Method in Chinese Intellectual History"。周质平教授在为该演讲所作摘要说:"胡适指出所谓科学方法并非西方所独有,而是人类所共知。清代考证学发达,治学特重证据,这正是一种科学方法。"(《胡适未刊英文遗稿》,652页)

> 按,修姆博士是中国长沙湘雅医学院的创办人。于1957年以八十高龄逝世,修姆基金系耶鲁大学为纪念修姆博士而设立。胡适为此一演讲会今年度的第一位演讲人。

> 又按,4月4日,Richard L. Walker 致函胡适云,胡适的演讲引起广泛回响。(台北胡适纪念馆藏档,档号:HS-US01-087-006)

3月15日　雷震致函胡适,拜托胡"在美代约几位写政治问题的文章的青年作家,俾可长期为本刊撰稿。民主自由在今日中国尚属启蒙时代,对于阐释民主自由之文章,本刊尤其欢迎也"。(《万山不许一溪奔——胡适雷震来往书信选集》,124页)

同日　Eugene L. Delafield 将 W. W. Jacobs 所著 *Odd Craft*(伦敦,1903)题赠胡适:"To Dr. Hu Shih from his friend Eugene L. Delafield Mar. 15. 1958。"又将 W. W. Jacobs 所著 *Sailors' Knots*(伦敦,1909)题赠胡适:"To Dr. Hu Shih my favorite author from his friend Eugene L. Delafield Mar. 15. 1958。"(《胡适藏书目录》第4册,2850、2891页)

3月22日　胡适复函袁同礼,告:《梦溪笔谈》已收到。Giles 的《敦煌经卷目录》仍可由我购买。明义士的甲骨大概都是碎片,很少有成句的文字。5000美元亦太贵,自己担心李济对此一"藏"没有多大兴趣。回台时,当将恒慕义的意见转告他。已定4月2日起飞,8日可到台北。拟5月底即

回来，秋初才搬家回去。王重民的《善本书目》两册已收到，乞代向 Beal 先生道谢。关于此书内容，有小意见，也请转告 Beal 与吴光清。（台北胡适纪念馆藏档，档号：HS-NK05-062-007）

3月26日 胡适重读1947年9月发表的《争取学术独立的十年计画》一文，并在日记中记道："陈之藩君前些时来信，特别提到此文，我今日重读，也觉得其主旨不错，可惜没有时间试行，其实当时也没有人敢这样做。"（据《日记》）

同日 胡适复函陈之藩，谈道：

> 我此行是专为四月十日的院士会议去的。因为我们预料到王宠惠先生可能死去，开会至少要三分之一的人数，我去可以有七人到会，超过三分之一了。此次的院士会议的任务是选举［一九五七］年度要选举的新院士。
>
> 话虽如此说，其实我也想借此行替"国家"想想我十年前提出的"学术独立"的十年计划一类的问题。
>
> …………
>
> "只嫌你当时说话还太客气，其实应该集中一校，五校太多了。"
>
> 这正是我现在想要说的话：我现在想回去看看台湾的高等教育情形，想提出一个"建筑学术研究的基础"的十年计划，其主题只是一句话："'国家'用全力把台大办成一个学术研究的中心。"我的意思是说：与其叫"中央研究院"去从头筹备某种某个研究所，远不如用全力发展那个已有几十年底子的台大，使他成为一个研究院式的大学。
>
> 这就是"集中一校"的意思。但我看今日的台湾就很少能够懂得这个意思的人。所以我说你在十年前赞成此意，真是很难得的。
>
> …………
>
> ……回纽约住过夏天，再预备搬家回去。（《在春风里》，96～98页）

3月28日 胡适复函吴大猷，谈道：

此议重心在两点，①是"政府"必须表示有决心，②是必须从"奠定科学基层"工作入手。这都是我极赞成的。

Sept. 1947，我在国内发表了一篇文字，题为《争取学术独立的十年计画》。主旨是要"政府"在第一个五年内用全力培植五个最有成绩的大学，使他们成为第一流的学术研究机构；到第二个五年，可以加上五个大学。

十年的光阴过去了，想起来真可惜！

十一年前，我可以说，用全力培植五个大学。现在只能说，"用全力培植一个大学"，使他在五年之内做到你所谓"国家学术的存在处，国家 Brain Power 之源"，使他能够"奠定学术基层"。（吴大猷：《胡适之先生给我的十四封信》〔续完〕，《传记文学》第52卷第1期，1988年1月）

3月29日　胡适复函朱家骅，谈及自己得朱12月1日短札后才决心向蒋介石提议，请其任命李济为代理院长。又告4月可回来，专为4月10日的院士会议。拟作两个月的勾留，回来作搬家之计。（台北胡适纪念馆藏档，档号：HS-NK05-014-048）

4月

4月1日　熊朗川致函胡适，询"格物致知"义；另陈己见并请胡适赐正。（台北胡适纪念馆藏档，档号：HS-NK01-261-001）

按，据台北胡适纪念馆藏档，是年向胡适请教学问的还有胡亚杰、高叔康、钟伯毅、张蕴琛、魏斌、洪镭、张永明、许倬云、魏去非、刘云适、仝昭信、王素存、吴南如、杜学知、周陈居、陈崇茂、李湘芬、袁乐民、李明珠、李美静、张周仁、周之鸣、楼云梯、陈子立、卢敏春、施纯一、吴京晔、黄和平、毛荣甫、庄烈等。

4月2日　下午1时，胡适自纽约起飞，开始返台行程，当晚抵旧金山，赵元任夫妇等来接，当即出席台湾"清华大学"及西南联大同学会举办的欢迎餐会。胡适在演讲中曾谈及丁玲等。3日晚，赵元任夫妇和郭廷以公宴胡适、梅贻琦二人，郭并与胡适略谈来美后情况及近史所事。（据胡适《日记》；《赵元任年谱》，354页；台北胡适纪念馆藏档，档号：HS-CW01-009-024；郭廷以：《郭量宇先生日记残稿》，"中央研究院"近代史研究所，2012年，51页；"中央日报"，1958年4月4日）

4月4日　胡适与梅贻琦从旧金山起飞，6日早晨抵东京。

同日　台北各机关多收到一本匿名攻击胡适的小册子《胡适与"国运"》。"新闻局"沈锜发表谈话称，已经函请治安机关从速予以查究，并望各界人士勿受其恶。（据次日台北各报）

同日　张佛泉致函胡适，力促胡适组党。

……记得三十七年底北平被"围"的前夕，先生曾找出《独立评论》中丁在君先生一篇文章，给我们看。丁先生在那篇文中强调政治与国家兴亡的关系最为密切。他并指出什么学术救国、实业救国等说法，都是缓不济急的。先生当时并曾对我们说："我真不知道局势是如此之坏，回想几年来考证《水经注》，二年多作大学校长，光阴都成浪费了。"近几年台湾的情形，表面上似是可以支撑，但实际却包藏者[着]极大的危机。为解救这局势，必须有有科学训练的人，将客观的事实找出，并能大胆提出解答的方案。只有先生最有资格担此大任。我们知道先生是不喜实际政治的。但在组党之前，应可有一精神上的、理想上的团结。先生出而领导这一类的组织，尤其是最适合的。大家的希望也都寄托在先生。……（台北胡适纪念馆藏档，档号：HS-NK01-035-015）

4月5日　傅正日记有记:《联合报》等各报登载沈锜谈话说，昨天各单位接到一本匿名批评胡适的小册子《胡适与"国运"》，既无发行人，又无出版者，显已违反湾台当局有关出版的规定，下令严查云云。傅正对此评论道:"我的直觉告诉我,又是蒋经国的徒子徒孙耍的小把戏。果真如此,所谓严查云云,都必是些欺人之谈了!"(潘光哲编:《傅正"自由中国"时期日记选编》,"中央研究院"近代史研究所,2011年,64页)

4月7日　晚6时30分,沈觐鼎设宴款待胡适。出席者包括田中耕太郎、宇野哲人、松元重治、木内信胤等多位日本人士。(台北胡适纪念馆藏档,档号:HS-NK05-288-016;次日之台北各大报)

同日　岩井大慧将其所著《日本佛教史论考》赠给胡适。(《胡适藏书目录》第3册,2108页)

同日　陈之藩致长函与胡适,谈编书、译书诸问题。(台北胡适纪念馆藏档,档号:HS-NK01-022-004)

同日　李孤帆致函胡适,告大陆上新出吴恩裕著《有关曹雪芹八种》证明胡适北平藏书已移存北大图书馆。(台北胡适纪念馆藏档,档号:HS-NK01-068-001)

4月8日　下午,胡适自东京飞抵台北松山机场。来迎接胡适的有数百人。胡适对记者谈话称:在台期间将在了解"中央研究院"的实际情形后,对未来的计划作一个较为具体的打算。回来后做的第一件事是举行院士会议,选举院士。又云:"……自然科学之发展,在现代国家中,实占有极重要之地位。……'国家'最高的学术机关,必须迅速负起推展学术研究之任务。"胡适在回答有关"反对党"的提问时表示,"对于政治仍然不感兴趣"。又否认自己将出面组党。又表示已经知道《胡适与"国运"》一书,但没有看到内容,所以不能表示什么。梅贻琦同机抵台。(次日之台北各大报)

同日　胡适下榻福州街20号钱思亮寓所。下午5时,朱家骅来访。(次日之台北各大报)

同日　晚,"中央研究院"在台院士借钱思亮寓所宴请胡适。(次日之台北各大报)

同日　陈大齐、张厉生、杨继曾分别致函胡适,告无法参加"中央研究院"第三次院士会议开幕礼。(台北胡适纪念馆藏档,档号:HS-

NK01-022-001、HS-NK01-036-022、HS-NK01-151-034）

4月9日　上午，胡适曾向秘书胡颂平询及次日院士会议讲话要点。胡颂平建议，应表彰朱家骅对"中央研究院"的贡献。胡适表示：如果没有朱家骅，就没有"中央研究院"的今天。又谈及总干事人选问题、住处问题，决定今晚住南港，以后南港住几天，城里住几天。（《胡适之先生年谱长编初稿》第七册，2656～2657页；胡颂平编著：《胡适之先生年谱长编初稿〔补编〕》，台北联经出版事业公司，2015年，65～66页）

同日　上午，访客甚多。雷震来访，雷氏日记有记：

> 胡先生对"自由中国"〔杂志〕年来奋斗，十分称赞。他说他在东京对李嘉说，将来台北要给雷儆寰树个铜像，今日台湾有点言论自由，是雷某奋斗出来的，他说日人大都如此看法。他认为《中国人看美国远东政策》一文很难写。……美国政府最怕受人指责干涉内政，而"总统"祝寿号他的文章在"中央日报"去掉一段，是他自己意见，他本希望我把此信登出，我们未登，他认为这是小气。又他认为目前在"反共"阶段，对"现政府"还是要支持。我说目前有三大困难，即财政、军队和台湾人。这个"政府"不能解决，如有强大的反对党，则反对党来"主政"，当可解决，而此反对党有监督力量，国民党亦可做好，惟目前积习太深，无法改变。二人谈了一小时又十五分。他说他不但不反对我们来组织，他可以加入，胡先生未看到君劢。（《雷震全集》第39册，262～263页）

同日　中午，胡适在胡祖望寓所用午餐。（《胡适之先生年谱长编初稿》第七册，2657页）

同日　下午5时，胡适在张群陪同下拜谒蒋介石，谈1小时。胡适对记者谈话称，所谈乃学术问题。胡适又对记者谈到自己的著述计划：希望能有两三年的安静生活，完成《中国思想史》，然后写一部英文的《中国思想史》，接着写《中国白话文学史》的下册。（次日台北各大报）

同日　晚9时，陈诚夫妇来访。随后，胡适在李济陪同下前往南港

下榻，住"中央研究院"会议室。(《胡适之先生年谱长编初稿》第七册，2658～2659页)

同日　严家淦函贺胡适返台履新，认为是台湾得人。(台北胡适纪念馆藏档，档号：HS-NK01-165-003)

同日　傅正日记有记：

> ……胡先生之为人，自为者多，为人者少，只是遭遇这样一个时代，使他左右逢源而已！这种人在学术上固然能够开风气之先，但人格上并不够完满。他之不可能出来组织反对党，是我早就料定了的，但假使反对党已打开了相当好的局面，那时若再拉他出面领导时，倒可能会出来的。
>
> 这些年来，因为是"自由中国"〔杂志〕鼓吹反对党最力，所以一谈到组织反对党，大家总认为非胡先生出来领导不可，这固然是由于他的偶像作用已经造成，同时也由于大家未免太重视偶像。老实说，一个理想的反对党，并不是以某一个偶像来号召，而是要以具体的政治主张和行动来号召。假使有志于反对党活动的人，把一切希望寄托在一二人身上，那前途就太可悲了！
>
> 当然，胡先生既已有他的偶像作用，假使他真愿为反对党而努力，不惜牺牲自己，以求能对苦难的中国人有所贡献，站在有志于反对党活动的人，固然是求之不得。但胡先生如果真不出我所料，而不肯冒这种风险，人各有志，也没有甚么值得大惊小怪的。
>
> 总之，一切还要靠每个有志于组织反对党的人，去脚踏实地的一步一步努力，把一切希望寄托在自己的努力上，才是道理。(《傅正"自由中国"时期日记选编》，67～68页)

4月10日　上午9时，"中央研究院"胡适院长就职典礼在考古馆举行。胡适在就职演讲中回顾了自己与"中央研究院"的渊源以及被当选、任命为院长的大体经过，又说：

……我已过了退休年龄一年有半，应该退休，享受我退休的权利，做我自己喜欢做的事：著书，写文章。但在这个时候，"国家"艰难，而时代已进入原子能科学时代，"国家"需要科学，"国家"需要学术基础，而我们应为"国家"努力建立学术科学研究的基础，何况我们对"中央研究院"三十年来都有密切的关系。希望各研究所所长，各位研究员〔院〕同人同我一致向这个目标前进。

……在这一两个月中，我很希望和朱先生、李先生以及各所同人谈谈在新时代新需要的状况下，"中央研究院"有些什么可以帮"国家"的忙？在发展科学研究、建立学术基础方面，我们能替"国家"担任些什么？……（潘光哲主编：《胡适时论集》第8册，"中央研究院"近代史研究所，2018年，3～14页）

同日　下午3时，胡适主持召开"中央研究院"第三次院士会议，出席院士有朱家骅、董作宾、李济、李先闻、王世杰、凌鸿勋等7人，审查34位院士候选人的资历与著作。（台北胡适纪念馆藏档，档号：HS-NK05-221-003、HS-NK05-221-004）

同日　晚，胡适约见陈槃、石璋如。（《胡适之先生年谱长编初稿》第七册，2668页）

同日　赵友培、李诗长、楼兆元、郑进福分别函（电）贺胡适就任"中央研究院"院长。（台北胡适纪念馆藏档，档号：HS-NK01-046-004、HS-NK01-060-022、HS-NK01-106-001、HS-NK05-120-011）

同日　Irving Rosenthal 致函胡适，云：

I have just got your address—much too late, and I write to you on the off-chance that you might have an already prepared article or translation that you might send us for our special issue on Zen Buddhism. The issue will include essays or translations by Dr. Suzuki, Dr. Hisamatsu, Alan Watts, Dr. Harold McCarthy, Mrs. Sasaki, and a number of others—even Jack Kerouac. If you have anything, you ought to send it to us within a couple of days after you get this letter. And please forgive this last-minute business.（台北胡适纪念馆藏档，档号：HS-NK05-166-032）

4月11日　胡适主持召开院士选举会议，选出新院士14人：林家翘、吴健雄、杨振宁、李政道、潘贯、林致平、朱兰成（以上数理组）；赵连芳、李卓皓、王世濬（以上生物组）；蒋廷黻、姚从吾、劳榦、蒋硕杰（以上人文组）。次增选朱家骅、李先闻、潘贯、姚从吾、杨树人为聘任评议员。胡适对院士选举结果深表满意，并对记者逐一加以介绍。（台北胡适纪念馆藏档，档号：HS-NK05-221-004；次日之"中央日报"）

4月12日　上午，胡适接见李先闻、梁序穆、凌纯声、林致平、魏喦寿、陶振誉。（《胡适之先生年谱长编初稿》第七册，2671页）

同日　上午，周至柔来访。（《胡适之先生年谱长编初稿》第七册，2671页）

同日　下午，胡适接见总办事处各组、室主任。（《胡适之先生年谱长编初稿》第七册，2671页）

同日　下午，访客有程天放、陈宝麟、刘真、朱家骅等。（《胡适之先生年谱长编初稿〔补编〕》，66页）

同日　晚，蒋介石在官邸宴请"中央研究院"院士，蒋氏日记有记：

> 晚宴"中央研究院"院士及梅贻琦等。胡适首座，余起立敬酒，先欢迎胡、梅同"回国"服务之语一出，胡颜色目光突变，测其意或以为不能将梅与彼并提也，可知其人狭小妒嫉，一至于此。今日甚觉其疑忌之太可虑，此或为余最近观人之心理作用乎？但余对彼甚觉自然，而且与前无异也。

同日　胡适复函余序洋，云：自己从未得过糖尿病，当然也没有陆仲安治愈自己糖尿病的事。自己与陆仲安很熟，曾见他治愈朋友的肾脏炎，药方中用黄芪四两、党参三两、于术八钱，当从未听说陆有治糖尿病的方子。（余序洋：《哀悼胡适之先生》，"中央日报"，1962年3月2日；余序洋原函

见台北胡适纪念馆藏档,档号:HS-NK01-169-004)

4月13日　上午8时,尧乐博士来访。(《胡适之先生年谱长编初稿》第七册,2672页)

同日　上午9时,胡适主持召开"中央研究院"评议会第三届第四次会议,通过决议三点:美国国家科学院函请"中央研究院"推选青年科学家赴美,在各大实验室从事高深研究,决定推梅贻琦、胡适、李先闻、凌鸿勋、李济、全汉昇、钱思亮组织委员会,规划办理,梅贻琦为召集人;王宠惠所遗聘任评议员缺额,暂不补选;修正《评议员选举规程》第九条"记名投票"为"无记名投票"。(次日台北各大报)

同日　晚,钱思亮宴请胡适、李济等。(《胡适之先生年谱长编初稿〔补编〕》,66页)

4月14日　晚,毛子水、阮维周在钱思亮寓所宴请胡适。(《胡适之先生年谱长编初稿》第七册,2672页)

同日　胡适拟就一份答谢各方贺其担任院长的通函。(《胡适之先生年谱长编初稿》第七册,2672页)

4月15日　上午,应梅贻琦校长之邀,胡适在董作宾、李卓皓、查良钊、劳榦、林致平、姚从吾等人陪同下参观台湾"清华大学"原子能研究所工程。(次日台北各大报)

同日　下午,胡适在董作宾、李卓皓、查良钊、劳榦、林致平、姚从吾等人陪同下参观"经济部"工业联合研究所。(次日台北各大报)

同日　蒋硕杰致函胡适,云:获选"中央研究院"院士,自当加倍努力,并盼时赐箴言。(台北胡适纪念馆藏档,档号:HS-NK01-044-001)

同日　林海连致函胡适,请求支持《皇宫坝与石门水库现行计划关系情况报告书》中之计划。(台北胡适纪念馆藏档,档号:HS-NK01-075-018)

按,据台北胡适纪念馆藏档,提出类似要求的还有刘崇钦、高平子、胡筱川、赵星艺、阳国权、张蕴琛、刘松寿、陈金淡等。

4月16日　上午,胡适访汪敬熙夫人。(《胡适之先生年谱长编初稿

〔补编〕》，66 页）

　　同日　上午 10 时，雷震来久谈。雷氏日记有记：

　　　　……他说他已看到这一期殷先生文章，并把《领袖人物论》给我看。他说这是民国二十一年写的，当时为泛论领袖人物。今对方特别挑出，显系别有用心的。我谓："你不谈政治是不可的"，他说："那一天机场中 UP 记者太笨，首先提出政治问题，我自然不感兴趣。"我说这几天台湾报纸对"出版法"修正案之争论，十分热闹，"政府"自己已是千疮百孔，今日还自找麻烦，无论撤回或"立法院"修正，均与"政府"不利。胡先生说："这都是'自由中国'〔杂志社〕领导的结果，我叫他们给你造铜像者以此……"另约本月二十日胡先生来寓便饭。……（《雷震全集》第 39 册，268 页）

　　同日　下午，访客有戴德发、蔡培火。（《胡适之先生年谱长编初稿〔补编〕》，66 页）

　　4 月 17 日　上午，胡适参观美国海军热带病研究所。（《胡适之先生年谱长编初稿》第七册，2673 页）

　　同日　台湾大学接受"中基会"资助的离台人员在法学院宴请胡适。（《胡适之先生年谱长编初稿〔补编〕》，66～67 页）

　　4 月 18 日　胡适在"光复大陆设计委员会"第七次综合会议上发表演说，提出争取学术独立的主张，呼吁以全台湾力量建立独立的学术研究环境，充实大学和大学的研究所，挽救人才"出超"的危机。胡适倡议扩大并加强资料的搜集与研究工作，并与世界各地研究苏俄的研究机构交换资料及研究心得。胡适不同意大陆 1954 年关于人口有 6 亿人的说法。胡适痛惜人才"出超"的现象，呼吁注意科学人才的培养，又重提 1947 年所做《争取学术独立的十年计画》的基本理念。他以美国和日本争取学术独立的三个实例，说明只要建立正确研究学术的方向，以全台湾力量去发展，必可挽救人才外流的趋势。胡适说：我们应该从现在开始建立学术独立的环境，充实大学和大学研究所，使人才在台湾研究发展，不必远去他地。（次日之

"中央日报"）

同日　晚，吴相湘等宴请胡适。(《胡适之先生年谱长编初稿〔补编〕》，67页）

同日　胡适复函雷震，对新闻记者于衡的行为深表失望。又表示："十九日六时之会，我一定来。我可以和同人谈谈，但不愿意说'交"自由中国"〔杂志社〕发表'的话。因为我要和同人谈谈我心里要说的话。若顾到'发表'，说话就不同了。"（《万山不许一溪奔——胡适雷震来往书信选集》，125～126页）

同日　亚洲出版社《亚洲画报》致函胡适，请胡适就当前"国是"问题撰文。（台北胡适纪念馆藏档，档号：HS-NK05-142-002）

按，据台北胡适纪念馆藏档，是年向胡适约稿的还有 Soren Egerod and Else Glahn、Ruth Nanda Anshen、文星杂志社、邝永、"清华学报"编委会、楼兆元、菲律滨计顺省中华总商会、胡健中、洪吉岚、李瑞标、刘道平、沈锜、日本《读卖新闻》、吴裕民、《朝鲜日报》、Susumu Yamaguchi 等。

4月19日　晚，彭明敏等4人宴请胡适。(《胡适之先生年谱长编初稿〔补编〕》，67页）

同日　晚，胡适出席"自由中国"杂志举行的编辑会，并讲话。

雷震日记有记：

……适之先生六时半到，谈话时对"自由中国"〔杂志〕这几年之努力大加称赞，讲三遍台湾应与我造铜像，又说每一编委应有一铜像，台湾今日有一点言论自由是"自由中国"〔杂志〕所倡导。他说他们在曹锟贿选前办《努力》周刊，大家在北平办报批评政府，毫不畏惧，绝不至租界。当时政府之宽容，今日谈到，令人不能置信。对今后社论技术上尚须改进。他口中有若干话可以写信，但不能现出于文章之上。他又说"功不唐捐"，我们的力气不是白费的。他又谈到国际局势，认为随时均有爆发之可能。六时半到，至十一时一刻始离去，他一个人说了四小时的话，今日兴趣甚好。(《雷震全集》第 39 册，270～271 页)

傅正日记有记：

胡先生终于在七点不到便来了，看上去精神很好，虽然清瘦一点。

胡先生的话匣子一打开，便如长江大河，滔滔不绝，从他的病情，谈到他和陈独秀在一起的情形，以及陈独秀被捕的经过。在对"自由中国"〔杂志〕几年来的奋斗表示钦佩，认为"功不唐捐"以外，又透露他自己对政治没有兴趣的意向，并提到他对蒋"总统"的看法之转变，是由于"九一八"以后，能独排众议，坚持不和日本战争至六年之久。

当我们吃饭时，仍旧是边吃边谈，直到饭后，又谈到写稿要注意技术问题以及中医某人替孙中山先生治病的事。直到深晚十一点一刻才辞去。

大家在胡先生走后，便纷纷散归。我只觉得胡先生今晚说话太多，几乎没有让任何人有插嘴的分儿。我不知这是有意还是无意？

这是我第一次正式和胡先生在一个小房间里聚谈，但他所留给我的印像〔象〕，仍是不足以寄托担当扭转大局的希望。(《傅正"自由中国"时期日记选编》，74 页)

同日　蒋介石在其上星期反省录中记道：胡适到"自由中国"半月刊编辑会议之消息，并对修正台湾地区有关出版的规定表示异议。

4月20日　下午5时30分，胡适出席古巴"公使"举办的酒会。晚7时，吴劲林等4人宴请胡适。(《胡适之先生年谱长编初稿〔补编〕》，67 页)

同日　雷震日记有记：……下午5时左右徐复观、王世宪、蒋匀田、夏涛声、齐世英、刘博崑、成舍我来。……6时30分胡先生来，今日大家表示意见，说明反对党之必要，才可使政治有生机，不然台湾局面非常

危机。大家说得很多。胡先生对反对党赞成，且说你们搞好了，他一定参加。他自己对政治无兴趣，不配做领袖。他又说他可与少数人接近，和多数人在一起，他怕搞不好。他又提到1957年本刊有五四文章，而《民主评论》有一文反驳，这样不能容忍，如何能搞在一起，他实在怀疑。……至晚间10时15分，我怕胡先生太累，故请他离去。（《雷震全集》第39册，271～272页）

同日　楼云梯函致胡适，请求赐与研究学术的机会，做工人亦可。（台北胡适纪念馆藏档，档号：HS-NK01-107-001）

按，据台北胡适纪念馆藏档，是年向胡适求职或请胡适介绍谋职的还有刘松寿、解克盈、陈迪光、郭纯如、钭永操、祁致贤、胡兰生、汪云、李钧、马逢瑞、喻耕葆等。

同日　吴祖望致函胡适，请胡适为《说中华魂》作序。（台北胡适纪念馆藏档，档号：HS-NK01-148-007）

按，据台北胡适纪念馆藏档，是年向胡适求序的，还有吴常熙、赵浩生、鲍雨林、王静娴、程靖宇、祁致贤、曹寄萍、王树棠、汪云、严文郁、李钧、刘松寿等。

4月21日　杨位典致函胡适，写诗一首以表敬慕之意。（台北胡适纪念馆藏档，档号：HS-NK01-151-015）

按，据台北胡适纪念馆藏档，知今年向胡适写信请安、致敬或请求拜见的还有陆水祥、张维仁、王力航、林一民、周之鸣等。

4月22日　庄莱德（Everett F. Drumright）来访。（《胡适之先生年谱长编初稿》第七册，2676页）

同日　晚，蒋复璁宴请胡适。宴毕，毛子水随胡适来南港，谈至10时。（《胡适之先生年谱长编初稿〔补编〕》，67页）

同日　徐复观致函胡适：

……谨奉上拙文录一册，内"政治与学术之间"，或者稍补民生理论在此方面之间隙。至《儒家在修己与治人上的区别及其意义》一文，乃疏导汉宋之争，并作上文之具体补充，敬乞教正。此外则不值得寓目也。五四运动之伟大历史贡献，将永垂不朽。然四十年之岁月，不仅先生个人之学养，与日俱深；即国人对世界文化之感染，亦未尝无若干进步。

　　先生在学术上所以领导群伦者，不仅为个人在学术上之成就，而尤为知识分子精神上之象征。凡偶有文化之争，先生不必居于两造者之一方，而实为两造所共同期待之评判者。五四时代之文化斗士，必须化为今日"流亡"时代之文化褓母。区区之忱，想可蒙先生谅察也。东大吴代校长欢迎先生莅校小住，并承先生允偕同毛子水先生莅临，全校师生，无不欢欣鼓舞。(《胡适之先生晚年谈话录》，285页)

同日　台湾省基隆市文献委员会函寄胡适《基隆市志》16种。（台北胡适纪念馆藏档，档号：HS-NK01-254-021）

　　按，据台北胡适纪念馆档案，是年向胡适赠书的还有沈锜、文星杂志社、丁永安等。

同日　王世濬复函胡适，感谢来电告知当选"中央研究院"院士。期待在 China Medical Board 之赞助回台时能有机会见面。（台北胡适纪念馆藏档，档号：HS-NK05-007-008）

4月23日　朱家骅来访，并陪胡适看"中央研究院"地界。（《胡适之先生年谱长编初稿》第七册，2677页）

4月24日　胡适复函陈恭炎，感谢陈和黄可嘉来访并远道带来屏东木瓜。（台北胡适纪念馆藏档，档号：HS-NK01-024-006）

同日　胡元金致函胡适，略述乡谊并致敬意。（台北胡适纪念馆藏档，档号：HS-NK01-194-001）

4月25日　下午3时30分，崔书琴夫人来访。安徽同乡代表来谈。晚

6时至8时，参观"华美协进社"画展。(《胡适之先生年谱长编初稿〔补编〕》，67页）

同日　张佛泉致函胡适，希望胡适下月6、7日来台中能住在东海大学，至少招待吃一次便饭。(台北胡适纪念馆藏档，档号：HS-NK01-035-016)

同日　孔德成致函胡适，告遵示改餐叙日期，并询来台中之期；又谈及请柬陪客事。(台北胡适纪念馆藏档，档号：HS-NK01-228-002)

4月26日　胡适在"中国地质学会"第四十六届年会上演讲"历史科学的方法"。胡适从赫胥黎的演词《柴狄的方法》讲起。他说：

> 历史学家、考古学家、古生物学家、地质学家，以及天文学家所用的研究方法，就是这种观察推断的方法，地质学和古生物学都是"历史的科学"，同样根据一些事实来推断造成这些事实的原因。
>
> 历史的科学和实验的科学方法有什么分别呢？实验的科学可以由种种事实归纳出一个通则。历史的科学如地质学等也可以说是同样用这种方法。但是实验科学归纳得通则之后，还可以用演绎法，依照那通则来做实验，看看某些原因具备之后是否一定发生某种预期的结果。实验就是用人功造出某种原因来试验是否可以发生某种结果。这是实验科学和历史科学最不同的一个要点。地质学和其他历史的科学，虽然也都依据因果律，从某些结果推知当时产生这些结果的原因，但历史科学的证据大部分是只能搜求，只能发现，而无法再造出来反覆实验的。……
>
> 正因为历史科学上的证据绝大部分是不能再造出来做实验的，所以我们做这几门学问的人，全靠用最勤劳的工夫去搜求材料，用最精细的工夫去研究材料，用最谨严的方法去批评审查材料。
>
> 这种工夫，这种方法，赫胥黎在八十年前曾指出，还不过是"柴狄的方法"。……
>
> 历史科学的方法不过是人类常识的方法，加上更严格的训练，加上更谨严的纪律而已。(《"中国地质学会"会刊》第2期，1959年3月)

同日　雷震将《胡适与"国运"》一书寄给胡适，又邀约胡与 Dr. Swisher & Dr. Powell 等一起吃饭。(《万山不许一溪奔——胡适雷震来往书信选集》，127～128 页)

4 月 27 日　晚，李济宴请胡适。(《胡适之先生年谱长编初稿〔补编〕》，67 页)

4 月 28 日　上午，胡适写字 7 幅。下午 2 时，视察各研究所。4 时，陈日择陪西班牙记者来访。晚，中国公学校友会宴请胡适。(《胡适之先生年谱长编初稿〔补编〕》，68 页)

同日　胡适复函张云家，谈看《于右任传》校样的感想，认为该传还有许多史事需要仔细勘正，如于右任的生年、谭嗣同的卒年等。又表示无法为该书作序。(台北胡适纪念馆藏档，档号：HS-NK01-038-010)

同日　胡适函谢谢贯一寄赠《基隆市志》之前 16 种，希望后出的 4 种也能陆续寄赠。(台北胡适纪念馆藏档，档号：HS-NK01-254-022)

4 月 29 日　胡适出席土耳其"公使"举行的酒会。(《胡适之先生年谱长编初稿〔补编〕》，68 页)

4 月 30 日　晚，"中央研究院"同人宴请胡适。宴会毕，胡适与各研究所所长谈至 10 时。(《胡适之先生年谱长编初稿〔补编〕》，68 页)

同日　胡适复函赵元任、杨步伟，谈道：钱思亮仍希望赵能在 3、4、5、6 月中挑选三个月来这边讲学。自己大概在 6 月 9 日"中央研究院"30 周年纪念后离台赴美，过旧金山时"还有一些话要同你们面谈"。李卓皓在这边上课时常有 200 人旁听。此次选举新院士 14 人，外面舆论似很好，又询赵、杨二人"你们听见如何"。(《近代学人手迹》三集，104～105 页)

同日　胡适复函张云家，不同意张氏将自己列为《于右任传》的"校订人"，因传记中很多事实材料，都无暇校订。(台北胡适纪念馆藏档，档号：HS-NK01-038-012)

同日　蒋介石在其本月反省录中记道：忍受胡适之侮辱，不予计较，此或修养之进步欤。

5月

5月1日　台北县议长等12人来拜会胡适，希望胡适能为旧庄小学建校事帮忙，胡适答允帮忙。(《胡适之先生年谱长编初稿》第七册，2680页)

5月3日　胡适致函Charles B. Fahs，告近来重读其与朱家骅等人有关资助史语所的通信，请其向洛克菲勒董事会转告史语所方面的最新需要与细目。另代李济告知希望重分配奖助学金事等。(台北胡适纪念馆藏档，档号：HS-NK05-149-004)

同日　晚7时30分，陈诚宴请胡适、梅贻琦、蒋梦麟、王世杰、朱家骅、张其昀、罗家伦、钱思亮、李济、刘真。(据台北"国史馆"藏"陈诚'副总统'文物"，档号：008-010402-00019-005-004)

同日　泛亚社香港电讯，胡思杜于1957年7月自杀身亡。胡适尚未得到证实。(《胡适之先生年谱长编初稿》第七册，2680页)

同日　傅正日记记当日他与王叔岷对胡适的看法很接近：共同认为胡博士要在学术上有什么惊人的成就恐怕很难，而要想胡博士在政治上领导反对党则更难。我们对胡博士只有一个希望，就是希望他能以其地位和声望，为学术界多做一点有益的工作，例如多说几句话。(《傅正"自由中国"时期日记选编》，84～85页)

5月4日　上午10时，"北京大学同学会"举行五四运动纪念会，并欢迎胡适。胡适应邀出席并演讲。胡适回顾了五四运动与北大的关系，说1919年的五四事件把一个单纯的思想文化运动转变成政治运动。从此以后，陈独秀走上"左"倾的道路。(次日台北各大报)

同日　下午，胡适在"中国文艺协会"第8周年大会中发表讲演，大要是：自己多年来一直把新文化运动叫做"中国文艺复兴运动"，总是用Chinese Renaissance这个名词。Renaissance这个字的意思就是再生，等于一个人害了肺病死了再重新更生。更生运动、再生运动，在西洋历史上，叫做文艺复兴运动。前年，在加州大学讲演Chinese Renaissance"近千年来的中国文艺复兴运动",是用中国的文艺复兴运动这个名词,从公历纪元1000年到现在,将近1000年,从北宋开始到现在,这个900多年,广义的可以叫做文艺复兴。一次文艺复兴又遭遇到一种旁的势力的挫折,又消灭了,又一次文艺复兴,又消灭了。所以我们这个40年前所提倡的文艺复兴运动,也不过是这个1000年当中,中国文艺复兴的历史当中,一个潮流、一部分、一个时代、一个大时代里面的一个小时代。我们那个时候什么叫他再生?为什么叫做革命?别的不多,比方白话文,我在四五年前,文艺协会大家欢迎我的时候,我讲到好像是几个偶然的事件,在一块儿爆发的。今天呢,我从历史的立场说:不完全是偶然的。在个人的历史上,这件事本身的方面有许多是偶然的,我在四五年前在本会讲的,就是一连串的偶然事件。不过广义的看,不是完全偶然的。比方讲白话,不是胡适之创出来的呀!不是陈独秀、胡适之创出来的呀!白话是什么?是我们老祖宗的话,是我们活的语言,人人说的话,你们说的话,我说的话,大家说的话,我们做小孩子时都说的话。我们这个文学的革命运动,不算是一个革命运动,实在是一个"中国文艺复兴"的一个阶段。因此我们常常说说笑话:我们是提倡有心,创作无力;提倡有心也不能说提倡有功。除了白话是活的文字活的文学之外,我们希望两个标准:第一是人的文学,不是一种非人的文学,要够得上人味儿的文学,要有点儿人气,要有点儿人格,要有人味儿的,人的文学,文学里面每个人是人,人的文学;第二,我们希望要有自由的文学。(台北胡适纪念馆藏档,档号:HS-NK05-182-003)

  同日 台北"中央广播电台"播放胡适对大陆广播录音。讲演内容分两部分:五四运动的经过及影响,大陆上为什么要"清算"胡适的思想。(次日台北各大报)

  5月5日 胡适复函本际和尚,因"没有新的意思",故不想为王小徐的遗著另写新序。(台北胡适纪念馆藏档,档号:HS-NK01-179-024)

  5月6日 上午10时,胡适在王世杰、毛子水、孔德成、蒋复璁陪同下前往台中。吴德耀、周至柔及东海大学师生百余人来接。(次日台北各大报;台北胡适纪念馆藏档,档号:HS-NK05-048-017)

同日　下午，胡适到雾峰"故宫博物院"参观历史文物、图书等。（次日台北各大报）

5月7日　下午4时，胡适出席东海大学为其举行的欢迎茶会。（次日台北各大报）

同日　下午5时20分，胡适在东海大学演讲"谈谈大学"，大意谓：

> 东大是一所私立的大学，到底私人设立的大学，对于一个国家的历史和地位又有什么关系，什么影响呢？今天我们的国家可以说是最困难的时候……我们过去在学术上的一点成就和基础，现在可说是全毁了。记得二十余年前，中日战事没有发生时，从北平到广东，从上海到成都，差不多有一百多所的公私立大学，当时每一个大学的师生都在埋头研究，假如没有日本的侵略，敢说我国在今日世界的学术境域中，一定占着一席重要的地位，可惜过去的一点基础现在全毁了。……
>
> …………
>
> ……为什么历史不及我们的国家，会有那么长远历史的大学，而我国反而没有呢？因为人家的大学有独立的财团、独立的学风，有坚强的组织，有优良的图书保管，再加上教授可以独立自由继续的研究，和坚强的校友会组织，所以就能历代相传，悠久勿替，而我们的国家多少年来都没有一个学校能长期继续，实在是很吃亏的。
>
> ……我以为私立学校有其优点，它比较自由，更少限制，所以我希望东海能有一个好榜样，把握着自由独立的传统，以为其他各校的模范，因为只有在自由独立的原则下，才能有高价值的创造，这也就是我今天所希望于诸位的。（《胡适作品集》第25册，217～220页）

同日　李孤帆致函胡适，谈及曹雪芹画像事可去函上海与李祖韩相商。又寄赠俞平伯《红楼梦八十回校本》。（台北胡适纪念馆藏档，档号：HS-NK01-068-002）

5月8日　胡适由台中回南港。（台北胡适纪念馆藏档，档号：HS-

NK05-048-017）

5月10日　蒋介石日记有记：

> 对于政客以学者身份向政府投机要胁，而以官位与钱财为其目的，伍宪子等于骗钱，左舜生要求钱唱中立，不送钱就反腔，而胡适今日之所为，亦几乎等于此矣，殊所不料也。总之，政客既要做官，又要讨钱，而特别要以独立学者身份标榜其清廉不苟之态度，甚叹士风坠落，人心卑污……今日更感蔡先生之不可得矣。

5月11日　胡适去台湾"清华大学"，参加台湾"清华大学"校庆典礼，并以校友身份发表演说。（次日台北各大报）

同日　胡适复函台湾省文献会主任委员林熊祥，感谢其寄赠该会出版之《台湾省通志稿》《台湾丛书》《台湾文献》等书。（台北胡适纪念馆藏档，档号：HS-NK01-079-001）

同日　胡适复函周鸿经逝世周年纪念会主席，因有他约，不能参加纪念会。（台北胡适纪念馆藏档，档号：HS-NK01-213-001）

> 按，据台北胡适纪念馆藏档，是年胡适还收到画展请柬、大学毕业典礼请柬多种，有郭柏川油画展览、"中央通讯社"照片预展、东吴大学毕业典礼等。

5月12日　胡适复函苏雪林，谈到五四的反理智成分，还谈到历史考证的限度，等等：

> ……看见你追念"五四"的"理性女神"的文字。我很同情你的看法，但我［觉得］"五四"本身含有不少的反理智的成分，所以"不少五四时代过来人"终不免走上反理智的路上去，终不免被人牵着鼻子走。
>
> ……在美京的顾季高先生（名翊群）在今年三月尾来纽约看我，带了一部书稿来要我看。那书稿是讨论李义山的"诗谜"的，他引用

了你的《李义山恋爱事迹考》和冯浩等人的议论。……我对他说，我们做历史考证的人，不可不知道考证的方法有个限度，这个限度就是：有几分证据，说几分话。有三分证据，不可说四分话。我指出他书稿里所举义山的诗谜，往往一首诗可以有三四种不同的说法（包括雪林的说法），而没有一种说法是有两三分证据的。我那天书桌正摊着一本《朱子语类》，我翻出一条来，指给顾君看。朱子大意是说，往往"前圣"说的话，虽有"后圣"，也未必能全懂，何况千年后的我们？朱子此言是很平允的，很有经验的，很可以使我们发深省的。（台北胡适纪念馆藏档，档号：HS-NK05-139-003）

5月13日　胡适复函喻耕葆，感谢其寄赠的《白话旧约新约全书》，又谈到容忍的精神：

我虽然不是基督徒，我一生很爱读《新旧约全书》，也常常买这书的好本子送给青年的朋友。

我自己是一个不信神的人，但我感谢这个社会能容忍我不信神，所以我一生自律，我也应该容忍世间一切诚心信神的人，应该恭敬一切诚心相信宗教的人。这是我报答社会对我容忍（Tolerance）的一点点微意。（台北胡适纪念馆藏档，档号：HS-NK01-170-010）

5月15日　蒋介石宴请伊朗国王巴勒维，胡适应邀出席。（台北胡适纪念馆藏档，档号：HS-NK05-048-018）

5月16日　胡适参加蒋梦麟夫人陶曾谷的追思礼拜。（《胡适之先生年谱长编初稿》第七册，2697页）

5月17日　胡适复函严一萍，感谢艺文印书馆寄赠他们出版的书之"一全份"。（台北胡适纪念馆藏档，档号：HS-NK01-166-001）

同日　《民主呼声》第1019号发表《蒋"总统"与胡适先生》一文，其中说道：胡适1958年回台前夕，当局收缴大批《胡适与"国运"》，数达3000余份。最近，街头巷尾的书摊摆满了《胡适与"国运"》。

同日　雷震日记有记：胡先生来电话，约我去谈，程秘书说他对这一期文章有意见，我恐怕是为王国柱之死，即购《世界评论》一本，上面有王国柱之死的前前后后。(《雷震全集》第39册，288页)

5月18日　伊朗国王巴勒维回请蒋介石，胡适应邀参加。(次日台北各大报)

5月23日　晚7时，胡适陪同陈诚会见美亚保险公司董事长史坦尔。(据台北"国史馆"藏"陈诚'副总统'文物"，档号：008-010402-00019-005-030)

同日　胡适为北京大学学生陈环昌出具肄业证明书。(台北胡适纪念馆藏档，档号：HS-NK01-024-022)

5月24日　下午3时，"国大联谊会"在台湾师范大学举行欢迎胡适的茶会，张知本主席，胡适有演讲。胡适又分析了美国的外交政策。(次日台北各大报)

5月25日　胡适出席台湾"清华大学"物理学馆落成及原子炉基地破土典礼，并发表演讲。胡适说，台湾"清华大学"设备虽佳，但教授人才仍感缺乏，应以重金厚聘头等人才执教。杨振宁、李政道在西南联大就读时并非因设备完善，而是因人才集中。胡适呼吁提高教授待遇，多聘头等人才，希望"政府"对致力于科学研究的青年免除兵役。(次日台北各大报)

同日　胡适与陈诚、王世杰、曾约农等自新竹至头份，参观人造纤维工程。(次日台北各大报)

5月26日　上午，雷震来访。雷震日记有记：上午10时30分至胡先生处，报告上礼拜六胡秋原、程沧波诸先生的谈话。大家认为胡先生如出来组党，可以把台湾匡入，省得流血。因为台湾人对国民党及现"政府"之恶感太深也。但胡适总认为他不是组党之人，又说自己年纪大了。……(《雷震全集》第39册，295～296页)

同日　陈诚邀胡适、陈雪屏与蒋经国等晚餐。陈诚是日日记有记：

晚，约胡适之、陈雪屏、蒋经国诸先生便餐并谈话。

……………

适之先生提出《"国家"发展科学、培植人才的五年计画的纲领草案》,并说明"我国"科学落后及大量科学人才流出"国外"的危机。

谈话时,适之所提:

一、去年五二四雷诺案,各方对经国之误会。

二、经国所负之工作,各方认为"总统"有意培植经国,渠比经国为美国之爱伦·杜勒斯,大受各方批评与不满。

三、"总统"继承问题。

四、"毁党救国"之说明。

五、"出版法"问题,据传是他("自由中国"〔杂志〕)。

余与经国、雪屏分别予以说明,大约尚能接受,惟对于本党,渠基本观念完全不同,仅做事实上之分析。(陈诚著,林秋敏、叶惠芬、苏圣雄编辑校订:《陈诚先生日记〔二〕》,"国史馆"、"中央研究院"近代史研究所,2015年,881页)

按,5月28日胡适也将此次会面的情况告诉夏涛声(1899—1968),夏又转告雷震,雷震日记的内容可以补充陈诚的记载:夏涛声谓他昨日上午看到胡先生,胡先生对领导反对党一事,没有从前这样坚决的反对。胡把二十六日晚和陈诚和蒋经国之谈话讲了一些,第一胡先生在美到处碰到人说蒋先生扶植儿子,他为之辩明。胡又提到台湾当局有关出版的规定之不聪明。胡谓他们有许多辩解,胡又谓,蒋介石似决定不做三任,而以"总裁"来控制。胡谓他主张蒋先生要以"国家"来领导,故对反对党未提出。(《雷震全集》第39册,298页)

又按,6月2日,胡适将此次会面情形告知雷震,雷震当日日记有记:胡先生来电话请我去……他说二十六晚他和陈诚、蒋经国谈话,第一点他说美人总是说蒋介石扶植儿子,他认为不对,既扶植儿子,何以要儿子做特务头子和"政治部主任"?他看到蒋介石是培植陈诚。讲到这里,经国未发一言。陈诚说他这几年辛苦。又谈到五二四事件,和"毁党救国"及"出版法"不必要等，经国均讲话了，对"出版法"则加以辩解。我说"光复大陆会"非扶植也。乃安插陈过去之人员而不得不如此，过去蒋先生请他管管政治，不要管军事，嘱他提"行政院长"，他提张厉生、俞大维和俞鸿钧，胡先生又谈到"中央研究院"的事情。……(《雷震全集》第39册，301页)

同日 庄尚严之子来访，胡适认为他是一个很有见解的青年。(台北胡适纪念馆藏档，档号：HS-NK05-093-005)

5月27日 胡适出席"自由中国"杂志社为其举行的欢迎宴会，并有演讲。(《胡适作品集》第26册，229～236页)

是日雷震日记有记：

今日下午七时我在南阳街一号"中日文化经济协会"二楼招待胡先生、王雪艇、梅月涵……等约七十人。……这一天饭毕，我说我代表"自由中国"社欢迎胡先生及"自由中国"社朋友，敬酒一杯，祝各位健健康康。……(《雷震全集》第39册，296页)

是日傅正日记有记：

今晚主要的是介绍我们的编辑委员之一胡适博士和大家见面，饭后，雷公便请胡先生讲几句话，胡先生除掉赞誉"自由中国"[杂志]这几年在争取言论自由的努力外，并特别标榜雷公，认为台湾该为造铜像，但同时又指出技术上还需要改进，例如"反攻大陆"问题的文章所引起的反应，最后提出了对于反对党问题的看法，认为不如改用"在野党"字样，并主张组织一个以知识份子为基础的新政党。

胡先生话说完不久，雷公曾希望胡先生来领导组党，倒使他有几分窘。同时毛子水先生又向胡指出，明天报上又要说胡适之倡导组党了，也使得胡先生有些不知如何回答才好。可能胡先生怕久坐后会引起其他在座的人发问，便起表示离开。餐会便这样匆匆结束。(《傅正

"自由中国"时期日记选编》，100 页）

同日　Mrs. Kathryn Gravell 致函胡适，云：As explained in our last communication, we are collecting photographs of our distinguished honorary degree alumni. We would therefore be happy if you sent us your autographed picture at your convenience, so that we might have it for our archives.（台北胡适纪念馆藏档，档号：HS-US01-087-011）

5月28日　上午，越南"公使"阮公勋来访。（次日台北各大报）

同日　胡适将陶振誉所拟公函函寄叶公超，并云：公函所陈清代外交档案已毫无机密可言，"海防档"中批评外人之处不必删除，想必能得吾兄支持。学术机关印行档案，似应以保存原件真相为原则，此意定能得吾兄许可也。（台北胡适纪念馆藏档，档号：HS-NK01-158-002）

同日　胡适致函陈定国，谈到自己先世。（台北胡适纪念馆藏档，档号：HS-NK01-023-015）

5月29日　台北市长黄启瑞来访。（次日之"中央日报"）

5月31日　雷震日记有记：

……如我被捕，美"大使馆"可能问一问，如王世宪被捕，不过五百名"立委"之一被捕而已。如胡先生被捕则全世界震惊。……（《雷震全集》第39册，300 页）

同日　蒋介石与蒋经国谈所谓胡适组党与"勾结美国"等情，其日记有记：

此时美未必其供应什么也，为胡有跃跃欲试之意，但为过去关系，余对胡应有一次最后规戒之义务，尽我人事而已。

同日　蒋介石在本月反省录记道：

胡适狂妄，竟提出其"毁党救国"之主张，而彼且将自己组党，抑何矛盾之极耶。

……………

"立法院"对"出版法"修正案，应受反动派与民营报人鼓惑勾结，本党少数党员竭力破坏与延误，从中胡适又为其助长气焰。迁台以来，所谓民主人士嚣张与捣乱至此，殊为万不及料之事。人心卑劣、士风扫地，如何能挽救危局，复兴民族？思之悲痛无已！

6月

6月1日　上午访客有田帮办夫妇、卜少夫等。中午，台湾地区立法机构北大同人聚餐。下午4时30分，胡适访张群。晚，罗万俥宴请胡适。(《胡适之先生年谱长编初稿〔补编〕》，72页)

6月2日　胡适电约雷震来谈。(《雷震全集》第39册，301页)

同日　胡适在台湾大学法学院演讲"大学的生活"，主旨是说青年学生选科要依照自己的兴趣。胡适说："社会上需要什么，不要管它，家里的爸爸、妈妈、哥哥、朋友等，要你做律师、做医生，你也不要管他们，不要听他们的话，只要跟着自己的兴趣走。……依着'性之所近，力之所能'学下去，其未来对国家的贡献也许比现在盲目所选的或被动选择的学科会大得多，将来前途也是无可限量的。"(《胡适作品集》第25册，221～227页)

同日　下午4时，胡适访日本"大使"。(《胡适之先生年谱长编初稿〔补编〕》，72页)

6月3日　11时，陈诚偕莫德惠、胡适、王世杰、李济、梅贻琦、罗家伦夫妇等同参观石门水库，陈诚与胡适同车，谈培植人才5年计划及经费之筹备，胡适提出由"政府"向美援交涉。(《陈诚先生日记〔二〕》，885页)

同日　胡适作《中国新文学运动小史》的短序，最后说：

……我们在这个时候提出的两个目标，一个是"活的文学"，一个是"人的文学"——我相信这两个目标到今天还是值得我们继续努力的。(台北胡适纪念馆藏档，档号：HS-NK05-182-006)

同日　胡适有《明清以来〈水经注〉诸本简史札记》。(台北胡适纪念馆藏档，档号：HS-US01-050-003)

6月4日　是日访客有澳洲官员2人、李嗣聪等，晚赴"华美协进社"台北分社的宴会。(《胡适之先生年谱长编初稿》第七册，2708页)

同日　胡适复函张仁之，谈及张府所藏张皋闻《仪礼图》稿本六卷，经审为张皋闻手稿无疑，且系最后定稿，"不幸敝院限于经费，不能收购此种珍贵的手迹。谨将原稿本一木箱专人送还"。(台北胡适纪念馆藏档，档号：HS-NK01-037-003)

6月5日　下午3时30分，胡适在台湾大学法学院演讲"大学的生活——怎样选择科系？"，主旨仍是将选择科系要照自己的兴趣，即"性之所近，力之所能"。(《胡适之先生年谱长编初稿》第七册，2708～2711页)

同日　晚，居浩然宴请胡适。(《胡适之先生年谱长编初稿〔补编〕》，72页)

同日　胡适复函魏斌，云：

我在别处曾指出，人生的意义全靠每个人自己：你能给它什么意义，它就有什么意义。

每个人在不同的时间，在不同的境地，也会对人生的意义有不同的看法。……

总之，人生有无穷的意义，全靠每个人自己的努力寻求，努力创造。

…………

我是一个很平常的人，从来没有梦想到"人生目标""人生的意义"一类没有答案的问题——所以我到今年六十六岁半，还没有进入疯人院去，也还不感觉有信仰宗教的需要。

你看的《胡适文存》是第一集，那是我民国十年以前(包括我做学生的时代)的文字。请你看看那一集里的《〈诗〉三百篇言字解》(那是我不满二十岁时写的第一篇考据的文字)，《尔汝篇》《吾我篇》《〈尝试集〉自序》《〈水浒传〉考证》《〈红楼梦〉考证》……一类解答问题的文字。你看了这些文字，就可以知道我那时差不多天天看许多有趣味的问题需要我解答，所以我从来没有工夫梦想那"人生目标是什么"的问题。（台北胡适纪念馆藏档，档号：HS-NK01-146-010）

6月6日　蒋介石与陈诚谈胡适的"毁党救国"之说，蒋对此极为痛恨。（蒋介石当日日记）

> 按，蒋介石在其本周反省录中记道：对胡适方针与处理党的基本方针亦深加考虑……

6月7日　下午，胡适主持"中央研究院"院务会议。晚，钱思亮宴请胡适。（《胡适之先生年谱长编初稿〔补编〕》，72页）

同日　胡适复电Lyman V. Ginger，很遗憾不能接受NEA（National Educational Association）Assembly 7月的演讲邀约。（台北胡适纪念馆藏档，档号：HS-NK05-150-009）

6月8日　上午，胡适会见客人甚多。下午来的有钱思亮夫妇、胡祖望一家、叶公超、严家淦等。晚，沈昌焕宴请胡适。（《胡适之先生年谱长编初稿〔补编〕》，72～73页）

同日　陈诚日记有记：

> 克述兄谈报业问题，其对"出版法"完全以登载颠倒是非之新闻与威胁之社论，而"政府"对之毫无办法，实由于主管者太不负责所致，且各报均由"政府"予以经济上之扶植，及态度予以纵容，而有今日。最可惜者是胡适之，不问事实真相，专为反动者说话，实有失学者之身分。（《陈诚先生日记〔二〕》，889页）

6月9日　上午，胡适主持召开"中央研究院"成立30周年庆祝仪式，出席仪式的有在台院士、评议员、工作人员及学术界人士100多人。朱家骅、李济先后致辞，胡适也有简短讲话，主旨是"有证据的知识，才是真正的

知识"。（次日之"中央日报"）

6月10日　胡适写成《梁任公先生年谱长编初稿》的序言，详叙该书的成书、保存及出版过程，又云：这是一部没有经过删削的长编初稿，所以是最可宝贵的史料，最值得保存，最值得印行。（台北胡适纪念馆藏档，档号：HS-NK05-182-007）

同日　中午，梅贻琦宴请胡适。晚，李济宴请胡适。（《胡适之先生年谱长编初稿〔补编〕》，73页）

6月11日　上午澳洲康德修来访，并参观。又有亚细亚大学校长等来访。晚，张群宴请胡适。（《胡适之先生年谱长编初稿〔补编〕》，73页）

6月12日　下午4时，胡适在台湾师范大学演说"我对中国文学史的看法"，大要是：

……中国文学史，自古迄今，只有两个阶层：一是上层的文学，一是下层的文学。上层文学是士大夫文学，是朝堂文学，贵族文学，也是文人文学；下层文学是老百姓的文学，匹夫匹妇的文学，痴男怨女的文学，也就是平民的文学。

这两种文学的发展路线，有时平行，有时并行，彼此相互影响。研究文学的人，假如不看清这两条路线，很不容易了解中国文学的历史。

……现在还有很多人用骈文打电报，用过去的方式来写文章，可是也有许多人，喜欢用白话来写文章；老百姓们则用自己的语言，通过歌谣的方式，来表达他们的情感，他认为以上两条路线，也不是完全隔绝的，他们之间，也有着交通关系，互相影响。他说，真正的文学史的记录，就是交通不交通两条之间的相互交替的历史。第一，文学史上的新的花样，新的格调，新的形势，新的工具，不管是中国的或是西洋的，凡是一种新的创造，它的发源地均来自下层，中西文学史都很少例外，老百姓是创造者，而文人都是守旧的；学了老的一套，总舍不得丢开。第二，老百姓创造的，都是新鲜而有活力的，流行的快，传播的广。因此，上层往往逃不开下层的影响，譬如：上层社会人家的孩子，家里有厨司，有奶妈，有男女佣工，当父母出去打麻将时，孩子总逃不开奶妈的影响，这些佣人们，常常唱歌或讲故事给孩子们听，说故事是无意的，而在孩子们的脑海，却留下了很深的印象，有时当父母不在时，也会主动的要求他们继续的讲。当孩子们长大时，便对这些故事不能感到满足了。于是，有天才的大孩子，便偷闲来修改这类的故事，经过长时期及许多人不断的修改，乃发生了文学上的演变。例如《水浒传》从宋朝至明末清初，只有七十一回定本，你改一章，他改一章；你改一回，每改一次，都比从前更好，当然也有更坏的，那仅有少数。不但长篇如此，例如《今古奇观》等，也是这类情形。

……上述情形是第一种交通的关系，也是良好的关系，这也是中国民间文学写定的时期……

这两层交通路线的相互影响关系，并不是永远满意的。再坏的方面，第一，上层路线做了六百年的八股，老百姓天天听到老爷们哼：但是他们不懂，也就不能影响到下层。第二，各地方的戏，就以评剧说，因为无人创作新歌剧，原有的戏剧文学，也没有经过好的修改，因此便没有进步。（次日之"中央日报"）

同日 晚，杨肇嘉、吴三连、郭雨新、李万居请胡适吃饭。出席者有台北市议员20人，及民意代表胡秋原、夏涛声、程沧波、成舍我、张九如、王世宪，以及陶百川、端木恺、雷震等。雷震日记记胡适谈话：

又谓今日台湾人与内地人济济一堂，有省议员、市议员和"立委"、"监委"，还有他这个化外之"国大"，大家是在同一目标向前努力，无分彼此，中间是没有界线的。……（《雷震全集》第39册，307～308页）

6月13日 上午，居浩然来访，并求墨宝。（《胡适之先生年谱长编初稿〔补编〕》，74页）

同日　下午 4 时，胡适在台湾政治大学演讲，他说：

……中国传统的文化是顺乎人性的……真正的我国古代思想，是汉朝以前直至孔子、老子时代的思想，汉朝以后，虽然有印度思想的输入，使人民生活发生一些变化，但一千年后，中国又回复到地道的中国思想。此种地道的中国思想，是建筑在平平常常的人性之上的，是建筑在平平常常的人情之上的。老子和孔子，都不主张极端。孔子说："性相近也，习相远也。"无论上智下愚，其性都是相近的，所以儒家之教是"有教无类"，这也就是儒家的平平常常的人性观。

…………

……我国不仅是农业国，也是个商业国家，我们的老祖宗并不反对做买卖……

……秦始皇施行暴政，其全部统治时间不过十五年，而汉高祖行仁政竟绵亘四百余年，且一直影响到以后两千余年的政治。……

…………

……我在《胡适文存》里曾以《红楼梦》小说人物考证，并不是叫你们看小说，人人都会看小说，我是叫你们获得一种方法，叫你们不受欺骗，一切都要拿考证来。(《胡适时论集》第 8 册，57～59 页)

同日　晚，胡适在王世杰家便饭。晚 9 时 30 分，莫德惠来访。(《胡适之先生年谱长编初稿》第七册，2720 页)

同日　胡适复函汪敬熙夫人何肇菁，为邀宴致谢，并告拟赴美而无暇参加特致歉。(台北胡适纪念馆藏档，档号：HS-NK01-204-005)

6 月 14 日　上午访客有陈光甫、朱家骅等。下午，离开南港，住进钱思亮寓。(《胡适之先生年谱长编初稿〔补编〕》，74 页)

同日　胡适访陈诚。陈诚日记有记："适之来访，对五月二十六日谈话表示歉意；又提'宪法'问题，余告以'总统'对'宪法'之意见：一、不做不合法之事。二、不学李承晚办法。"(《陈诚先生日记〔二〕》，891 页)

6 月 15 日　早 9 时，胡适访张群，张氏日记记胡、张讨论三件事："争取学术独立的五年计划盼能实施";"'毁党救国'之意义至在盼蒋先生以'国家领袖'地位领导'全民'"……（张群日记，中国国民党党史馆藏档，档号：群7/11）

同日　晚，陈诚来访。（《陈诚先生日记〔二〕》，892页）

同日　晚，胡适访李济，长谈。（《胡适之先生年谱长编初稿〔补编〕》，74页）

6月16日　胡适离台赴美。登机前对记者称：近四年来，台湾进步很大，尤其是教育方面。在飞机上遇钮永建，中途曾劝钮写回忆录，并有赠钮诗："冲绳岛上话南菁，海浪天风不解听。乞与人间留记录，当年侪辈剩先生。"（次日之"中央日报"；台北胡适纪念馆藏档，档号：HS-MS01-030-074）

6月18日　胡适飞抵旧金山，住赵元任宅。（《胡适之先生年谱长编初稿》第七册，2723页）

6月19日　"第一届'国民大会'代表全国联谊会"函告胡适当选第十一届干事，请于6月25日出席第十一届干事会首次会议。（台北胡适纪念馆藏档，档号：HS-NK05-266-001）

6月21日　胡适飞抵纽约，在机场对记者表示：在台期间，深为大量翻印中国古典书籍所感动，认为这是"保持并促进中国文化有效办法之一"。江冬秀、蒋廷黻、薛毓麒、游建文等到机场迎接。（《胡适之先生年谱长编初稿》第七册，2723页）

6月22日　蒋介石在其日记中记道，台湾当局出版相关规定修正案通过后，政治上注意各点：甲，党内反党分子之叛变离心运动。乙，党外反动分子煽动分化与组织反对党之企图。丙，"匪谍"渗透从中"颠覆"的阴谋。丁，胡适、雷震与民营报纸"自由中国"半月刊之处理方针。戊，对教育界联系组织之加强。

6月24日　胡适到傅泾波宅参加司徒雷登的82岁生日聚会。（据《司徒雷登日记》，书前照片）

6月25日　胡适与蒋廷黻共进午餐。胡适告知蒋他与陈诚、蒋经国、陈雪屏的谈话。他认为陈诚是继任者。（转引自《舍我其谁：胡适》第四部，

738 页）

6 月 26 日　孟治致函胡适，云：

Referring to our appeal to "the China International Foundation" you were kind enough to sign an appeal to Dr. Magnus Gregersen.

I am enclosing herewith a copy of your letter and a copy of my letter to Dr. Anderson, who is also a trustee of "China International Foundation". In order to insure that our appeal will get the best attention, may I suggest that you find opportunities to mention it to Dr. Gregersen, Dr. Anderson and other trustees of the "Foundation"?

Our Teacher Program has recently graduated 333 students at the completion of our 25 years of public service to the public schools of New York City. Quite a number of people are registering for our autumn semester. It would be a serious thing if "C.I.F." should decide to withdraw their support. （台北胡适纪念馆藏档，档号：HS-US01-087-023）

同日　Thomas C. Desmond 致函胡适，云：

The great social worker, Helen Keller; the renowned public figure, Eleanor Roosevelt; the discoverer of aureomycin, Benjamin Duggar; the famous physiologist, A.J. Carlson; and the great educator, John Dewey, all appeared at one time or another before our Committee to give us the benefit of their advice and judgment.

There are other famous people, you among them, from whom we should like to hear. Because of your broad experience and your accomplishments we know that you have a real contribution to make to a better understanding by our Committee and by the public of the place of older people in today's world.

We realize that it is not easy for anyone to join us in person on the day

1958年　戊戌　67岁

of our hearings in New York City. Therefore, we are hoping that instead you will send a message to the large audiences which will gather to hear the testimony of experts on aging, and explore means of bringing more hope, vitality and happiness into the later years.

The New York State Joint Legislative Committee on Problems of the Aging will hold public hearings again this year in the State Office Building in New York City. At these hearings we would like to give your message to the large audiences which will attend. Of particular interest to us and to the audiences, I believe, would be your answers to these questions:

1.Do you think the trend to retirement is sound, or should retirement be deferred as long as possible?

2.Does creativity decline with age?

3.What is your daily regime in your present years?

4.Do you have a "formula" for long life?

5.What is the chief problem in your judgment faced by old folks?

In addition to large audiences in New York City including key governmental officials, specialists in aging and representatives of health, social welfare, labor and management groups, proceedings of our hearings will be covered by press and other news media. Statements made at the public hearings and those submitted in writing, such as "yours", are customarily included in our annual reports which are widely distributed both in this country and abroad.

Because of your distinguished career, and because you are you, I believe your views will have an enormous impact on the legislators who comprise our Committee and on the large audiences which come from all parts of the country.

Please send your message to me at my 94 Broadway, Newburgh, New York address. We are looking forward to hearing from you.（台北胡适纪念馆藏档，档号：HS-US01-087-024）

6月30日　蒋介石在其本月反省录中记道：胡适荒谬言行最为"害国"，惟有置之不理，以此种政客不屑计较矣。

7月

7月1日　Arthur C. Dwyer 致函胡适，云：

Mr. Tung, librarian of the Gest Oriental Library at Princeton, suggested that I speak to you about Mr. Yuan. He informed me that you were familiar with Mr. Yuan's problems and might be able to give me some information about him.

I would appreciate the opportunity to talk to you at your earliest convenience. I shall be out of the office after Thursday, July 3rd, for two weeks but may be reached by mail at 412 Park Avenue, Paterson, New Jersey, or by telephone at SHerwood 2-9652.

Thanking you in advance for any consideration that you may give, I am.（台北胡适纪念馆藏档，档号：HS-US01-087-026）

7月2日　叶公超致函胡适，云：

With reference to your letter of June 10, 1958, I take pleasure to inform you that I have asked "Ambassador" Hollington Tong to be present as my representative at the 29th Annual Meeting of the Board of Trustees of "China Foundation" for Promotion of Education and Culture, to be held on September 5, 1958, in Washington, D.C.（台北胡适纪念馆藏档，档号：HS-US01-087-027）

7月7日　上午，郭廷以偕唐德刚来访，主要谈近代史所事。

郭廷以是日日记：

上午十时半与德刚往晤胡适之先生，谈近代史所事，胡先生对于余之邀约军政教有关人物谈话计画，深表赞同。并商定聘房兆楹夫妇为通信研究员，将来房氏夫妇赴台尽可能予以方便。其他在美研究近代史学人，应加强联系。对于近史所人员，胡先生认为杨绍震、胡秋原、萧一山三先生不甚许可，对于海防档编辑，亦谓开始时有欠仔细。凡此余亦有同感，曾略加解释，并谓余实不适宜于主持近史所事，胡先生云，任何人均有其短长，甚少完人。又嘱可在美多留几日，余告以七八月之交即准备离去，以已"出国"七八月也。午胡先生请吃饭……

　　…………

（胡先生一再谈及陈辞修"组阁"事，并推测"部长"人选，何人可望联蝉，何人或将更动，据其观察，"司法""教育""交通"三部可能最大，足证胡先生对于现实政治，颇感兴趣）。(《郭量宇先生日记残稿》，79～80页）

按：郭氏7月6日日记记云：与胡适之先生通电话，胡先生嘱即往一谈，以天晚，改定明早往访。（《郭量宇先生日记残稿》，79页）

7月9日　胡适与蒋廷黻、郭廷以餐叙，主要谈近代史所事。郭廷以日记有记：

　　…………

2. 胡先生云待遇单独解决有困难，彼于六月一日曾向"政府"当局提出一发展学术之整个计画。

3. 余云可否向美国基金会设法，胡云必须自己先有所表示。

4. 余提出聘蒋先生为近史所通信研究员，胡先生力表赞同，蒋先生亦首肯。

5. 胡先生谓张晓峰为一神经病、疯子，处处想以南高、东大、"中大"为主，打击北大及胡适之，专与台湾大学为难，以钱思亮不肯受其支配。张故意抬高政大、交大，压制台大。"清华"梅月涵亦饱受其欺凌。

此次陈辞修"组阁"，必须使张离"教育部"。

6. 胡先生又云，目前应以全力发展台大、"清华"、"中央研究院"，但难望作到。

7. 蒋先生及余云研究人员待遇，每月应为四至五千元台币。胡先生云不得少于五千，多于一万元。

8. 胡先生云近代史范围应拓大，可包括十六世纪以来，即近三百年，不必限于鸦片战争以后。余云即令以鸦片战争为断，吾人仍须研究其背景，可上溯一二百年。蒋先生未作表示。

9. 胡先生云，其所以被迫离开"驻美大使"之职，由于其反对蒋夫人访美。蒋夫人之访美，将过去之努力及美国对华之好感，完全败坏。对于蒋夫人此次之来，亦不谓然。

…………

就今日谈话，发现蒋先生论事著［着］实，条目井然，不作偏激之言，胡先生则不免有过分之处。(《郭量宇先生日记残稿》，80～83页)

同日 胡适函谢赵元任赠送《水经注疏》。(《近代学人手迹》三集，106～108页)

同日 蒋介石日记有记：

约晓峰来谈其调职问题，余虽知其受北大派攻击而遭辞修之无情打击，亦明知此为胡适等反党分子对党的重大胜利。孰知"行政院"改组未露消息以前，此事早为胡适所悉并以此预对晓峰示威，望其早自预备下台。此实为余所万不料及者，可知辞修不仅不分敌友，已失党性而其不守机密至此，殊为呵叹。

7月11日 胡适致函韦莲司小姐，收到其赠给江冬秀的精美贵重的Gorham牌银器。转达江冬秀的恳切谢意。江冬秀尚未决定是否随胡一起回台湾。胡适又说：

我想加句话，文字无法表达我对你衷心的感谢。我非常欣赏你说的那句话"两个人之间的友谊",这份友谊长久以前开始,一直维持到今天,对我们的一生有多方面的影响,这个影响是超过我们所能理解的。我一向珍惜这份友谊。

胡适又谈道:到纽约已经三星期了,还觉得很疲倦,没有精力做计划,也没有精力整理行装。要料理将近九年来所留下的一笔烂账,不是一件容易的事。(《不思量自难忘:胡适给韦莲司的信》,269~270页)

按,7月4日韦莲司小姐寄赠一套银制两人用餐具与江冬秀夫人带到台湾。韦莲司小姐还在函中回顾了二人之间的友谊:这份友谊从自己的母亲和胡适开始,始终只是两个人之间的友谊,既不因文化和种族上的差异而有所增减,也不是因为一种异国的风情而造成特殊的吸引(毫无疑问的,吸引是有的)。我相信你有许多这样的友谊,但这样友谊的可贵的价值还少有人知道。一种单方面为了权势、博学、魅力或荣耀所建立起来的关系,一旦失掉这些东西的时候就成了乌有。(台北胡适纪念馆藏档,档号:HS-CW01-009-026;《胡适与韦莲司:深情五十年》,170~171页)

7月14日 下午,胡适约郭廷以来谈2小时。郭氏日记有记:

……四时半应胡适之先生约,谈话二小时,略记如下:1.近史所工作,胡先生深感兴趣,人事须行加强。2.泛论宋以来之中国历史及近代化之阻碍。3.略评钱穆等之历史观。4.胡先生主尽可能为近史所邀聘通信研究员,并说及房兆楹之性格,谓其个性颇强。5.胡先生以其先人钝夫年谱相示,其中有关社会经济史记载颇多,并以原稿交阅。(《郭量宇先生日记残稿》,85页)

7月21日 韦慕庭致函胡适,云:

I am very pleased that you have begun once more work on your memoirs and hope that, as you say, you can give Mr. T'ong two or three sessions a week. A regular schedule will surely produce valuable results.

May I confirm my remark that we want to do anything we can to make it convenient and pleasant for you. Please do keep a record of your taxi expenses to come to Columbia for interviews and send them to me every two weeks or so. And if you are able to spare the time for interviews both morning and afternoon, I have arranged for Mr. T'ong to take you to the Faculty Club for lunch as our guest.

All of us at Columbia involved in this project are gratified that you are working with us, and we all look forward to an interesting and historically valuable record. We appreciate also your suggestions to Dr. Koo and Mr. Niu Yung-chien that they work with us. Dr. Koo already is, and we are trying to be in touch with Mr. Niu.

Thank you very much for the copy you gave me of Tai-wan Chi-lu liang chung.（台北胡适纪念馆藏档，档号：HS-US01-088-010）

7月31日　胡适在《菩提达摩南宗定是非论》上写有一则短跋。（《胡适手稿》第7集卷1，169～188页）

8月

8月4日　胡适写定《宋高僧传里的〈唐洛京荷泽寺神会传〉》。（《胡适手稿》第7集卷2，233～256页）

8月10日　胡适致函 Ruth Nanda Anshen，云：

It was good to talk to you on the phone.

I hope you will understand my writing this letter to repeat my request that my name be taken off the list of "the Board of Editors of World Perspectives".

As I told you on the phone, I wanted to withdraw my name as a protest against many statements in Dr. Brock Chilholm's book, "*Can People Learn to Learn?*" What he has said in that book seems to show that the author is a man of strong prejudices and has never "learned to learn".

  I do hope you will not refuse my request.（台北胡适纪念馆藏档，档号：HS-NK05-144-014）

  8月12日 杨联陞将熊会贞致郑德坤讨论《水经注》的三信抄寄胡适。（台北胡适纪念馆藏档，档号：HS-LS01-007-026）

  8月14日 雷震致函胡适，谈近来台湾政情。又谈道："在台湾搞反对党，可能流血。如先生出来，不仅可消弭台湾人、内地人之隔阂，且可防止流血。……对在野党事，是为'中国'民主政治铺路，我还是希望先生出来。"（《万山不许一溪奔——胡适雷震来往书信选集》，132～138页）

  8月17日 夜，胡适有《〈神会和尚遗集二〉（巴黎 Pelliot 3047）的末段：关于"开元二十年"的一条小注》一文。（《胡适手稿》第7集卷1，189～195页）

  8月19日 胡适复函杨联陞，详细讨论杨氏抄寄的熊会贞致郑德坤三函。（台北胡适纪念馆藏档，档号：HS-LS01-007-027）

  同日 胡适致函童世纲：打了几次电话，都打不通，故把这封信转上一看。情形似不很好，乞与律师一谈。（台北胡适纪念馆藏档，档号：HS-NK05-095-036）

  同日 胡适致函袁同礼，询袁之书目付印的进展情形，又托袁帮忙查找载有熊会贞《水经注疏》的"遗言"39条的《中国学报》。（《胡适全集》第26卷，183页）

  8月20日 胡适致函赵元任夫妇，谈及蒋梦麟9月初可飞抵旧金山。下半年自己还是预备回台北，江冬秀不愿回台，拟请钱煦夫妇与其同住。（《近代学人手迹》三集，109页）

  8月22日 台湾行政管理机构副负责人王云五召集陈雪屏、王世杰、梅贻琦、严家淦、陈大齐、钱思亮、阎振兴、李熙谋、李济举行会议，讨

论胡适提出的《"国家"发展科学、培植人才的五年计画的纲领草案》,大体通过。(台北胡适纪念馆藏档,档号:HS-NK05-025-009)

8月25日　胡适复函赵元任,谈赵搜求一种材料的出处等。(《近代学人手迹》三集,110页)

8月29日　胡适复函袁同礼,感谢袁帮忙找到载有熊会贞《水经注疏》"遗言"的《中国学报》,又对袁编纂书目能在10月印成表示欣慰。(《胡适全集》第26卷,185页)

8月　顾维钧致函胡适,云:

Professor L. Carrington Goodrich, Dean Lung Professor of Chinese at Columbia University, has conferred with us on the needs of the Chinese Department at the University for improvement and expansion to serve the ever-increasing interest of American people in Chinese language, custom, art and culture and on the possibilities of enlisting support for this worthy purpose from the Chinese communities in this country and abroad. His statement, copy of which is enclosed herewith, gives a clean and challenging account of the activities and requirements of the Chinese Department.

We are appreciative of the work of his Department and feel deeply sympathetic toward his desire and hope to enlist support for the furtherance of its service for the cause of Chinese art and culture in the United States. We think a joint appeal by a group of Chinese interested in this cause to the prominent members of the different Chinese communities in this country and possibly abroad, may result in the raising of a fairly substantial fund for this good cause.

Will you give us the support of your name and join us in the proposed appeal? A list of the names of the Chinese to be approached and a draft text of the appeal are being prepared, and upon receiving your favourable response to this invitation, we will send you copies of them both for revision and approval.

Please address your reply in care of Prof. Margaret K. Shen, Brenau College, Gainesville, Ga.（台北胡适纪念馆藏档，档号：HS-NK05-141-004）

9月

9月3日 Charles A. Moore 函邀胡适到夏威夷大学执教：

Two items very briefly.

First, I am wondering if current events in the Far East are going to force any change in your plan—that is, whether you might change your mind about going to "Formosa"? If not, please let me know exactly when you will arrive in Hawaii so that I can meet you and chat with you again.

Secondly—although I am broaching this subject completely on my own and without having any knowledge of assured funds—if your plans to go to "Formosa" are changed, might you be interested in an appointment at the University of Hawaii. If so, I would seek funds for your salary from local Chinese, since the University itself has no funds for such an appoinment at this time. I am optimistic about raising the funds locally, but don't want to start anything here before I know you are interested. I certainly hope you are.（台北胡适纪念馆藏档，档号：HS-NK05-159-001）

9月5日 胡适主持召开"中基会"第二十九次年会。

9月9日 胡适致函赵元任，谈及赵明年1—3月在台湾大学做访问教授事，台大已接受了。（《近代学人手迹》三集，111页）

同日 胡适有《〈大般涅槃经〉里极端排斥女人的话》一文。（《胡适手稿》第9集卷3，367～370页）

9月13日 胡颂平致函胡适，谈及胡适在"中央研究院"的住宅已布置完成。又告檀香山总会有信请胡适演说。（台北胡适纪念馆藏档，档号：HS-NK05-051-004）

9月14日　胡适有读《醒世姻缘传》(世界书局出版)的笔记。(据《日记》)

9月15日　胡适复函赵元任,谈及赵明年1—3月在台湾大学做访问教授的有关细节问题,又告胡适春间起草的发展科学的草案已于8月22日大致通过,又询赵能否参加胡适召集的北美院士谈话会,请赵想想明年可以提名作院士的人选等。(《近代学人手迹》三集,112～114页)

9月19日　胡适给在美"中央研究院"院士发出10月11日举行"中央研究院"院士谈话会通告,告知谈话会将讨论事项。请尽快回复是否参加。(台北胡适纪念馆藏档,档号:HS-NK05-220-001)

9月20日　胡适致函李济、全汉昇,告回纽约后感觉十分疲乏。江冬秀夫人暂不同胡适一起回台。胡适回台后,钱煦夫妇搬来与江冬秀夫人同住。自己10月下旬回台。拟于10月11日召集北美院士谈话会,谈及出席人员的大致名单及经费事等。(台北胡适纪念馆藏档,档号:HS-NK04-009-003)

9月25日　胡适致函R. Norris Shreve,云:

Mr. P. H. Ho has sent me copies of your letter to him dated August 15, 1958 and his reply dated August 20. I am glad that Purdue University will grant to the staff of Cheng Kung University 2 graduate fellowships, each in the sum of between $1800 to $2000 and each for 2 years period. I note that the fellows will have to provide themselves the funds for transportation amounting to, in your estimate, about $1200 round trip per person.

"The China Foundation" may be able to pay for the transportation expenses of the fellows. We may be able to utilise the funds which we have intended to allocate for a Cheng Kung University Faculty Fellowship in the year 1959-60. But a request will have to be made to "the Foundation" by the Cheng Kung University. Please take up the matter with the latter.

We all appreciate greatly your interest to help the cause of engineering education in Taiwan.（台北胡适纪念馆藏档，档号：HS-NK05-167-030）

10月

10月7日　胡适复函杨联陞，关心杨之病情，又谈到自己最近三个月也极易感觉疲倦，又谈到近期将举行之院士谈话会：

>……起初以为是远行归来之故，后来医生疑是贫血，但 Blood Count 结果不差。近来为装运藏书，俵［裱］散藏书，种种忙乱，更觉疲倦，总以为这是"老景"的一个现象。
>
>…………
>
>此种现象主要原因大概是因为我们平日太不爱惜精力，往往有"透支"的事实。"透支"总是要偿还的。……
>
>…………
>
>十一日的谈话会，现在已知有十五位院士可以到。元任已回信说可以来，但后来打电话说因为举重，闪了筋，"坐立不安"，所以把旅费寄还了。方桂也不能来。萧公权是唯一的西岸院士能来的。（李卓皓也不能来。）你同洪先生，我本没敢邀，因为谈话的一桩是 nomination，通信研究员往往在被提名之列，故不敢邀也。（台北胡适纪念馆藏档，档号：HS-LS01-007-028）

同日　胡适致函严耕望，谈及洪业、杨联陞因为有可能被提名，都不能参加北美院士谈话会。若言能将杨等人的论文目录带到会场，是最感谢的。（台北胡适纪念馆藏档，档号：HS-NK05-138-013）

10月11日　胡适在 Hotel Henry Hudson 召集在美院士谈话会，出席者有萧公权、陈省身、陈克恢、汪敬熙、吴宪、朱兰成、吴大猷、杨振宁、蒋硕杰、蒋廷黻、吴健雄、李政道、袁贻瑾、李书华、胡适、林致平等16人。

谈话会的内容有三：院士候选人的提名；8月22日台湾地区行政主管机构讨论到的"长期性发展科学"以及台北院士电报上的"General Policy of the Academy"。特别提到，今日的最大问题，乃人才外流。当晚，胡适在羊城酒家宴请全体人员及眷属。（据《日记》；台北胡适纪念馆藏档，档号：HS-NK05-220-002、HS-NK05-025-010）

10月21日　胡适复函韦莲司小姐，告知返台行程及到台后的联系方式。和江冬秀同住的是钱煦博士夫妇（10月19日，韦莲司小姐来函感谢胡适寄赠的茶叶和食品，并询以上诸问题）。很遗憾行前不能到绮色佳前去探望，但明年会回康奈尔大学。（《不思量自难忘：胡适给韦莲司的信》，271页；《胡适与韦莲司：深情五十年》，174页）

10月22日　杨联陞致函胡适，对胡适等要提名杨作院士候选人惶恐之至。杨函云："这当然是您提携后进的意思，不过我实在没有甚么成就可言，只好说把在国外的人另眼看待了。"又谈到自己的健康状况。（台北胡适纪念馆藏档，档号：HS-LS01-007-030）

同日　胡适为《施植之先生早年回忆录》作一序言。（台北胡适纪念馆藏档，档号：HS-NK05-182-008）

10月23日　林致平致函胡适，告在美行程及返台日期，并及赶不及回纽送行事。又谈及朱兰成同意提名柏实义为工科候选人。（台北胡适纪念馆藏档，档号：HS-NK05-040-009）

10月24日　王云五致函陈诚，谈道：兹以胡适之君返台在即，对其原拟计划书，意必甚关注，故请先将彼时研讨结论连同有关文件，先行呈阅，以便再行面谈。（《王云五先生年谱初稿》第2册，986页）

10月26日　刘大中函谢胡适赠送墨宝。又云：荀子名言，令人深思，当永远珍存。（台北胡适纪念馆藏档，档号：HS-NK05-128-003）

10月27日　蒋廷黻日记有记：他和胡适有个长谈，胡适担心《蒋介石－杜勒斯公报》里提到了中国文化可能会造成不好的影响。蒋廷黻告诉他：在这种新环境之下，他发展科学的计划应该会更有成功的机会。蒋廷黻和胡适都同意必须低调地增强陈诚的力量，以帮助他可以顺利接蒋介石的班。

他们同时同意"自由中国"杂志社的雷震需要改变其杂志的基调,从带有敌意转变为善意的批评。(转引自江勇振:《舍我其谁:胡适》第四部,783页)

10月30日　下午1时,胡适自从纽约起飞返台湾。当晚6时30分抵旧金山,赵元任夫妇、王恭守夫妇、徐大春来接。与徐大春谈。(据《日记》)

同日　胡适函寄500美元支票与李书华,又云:将来准备Visiting Professorships以及State-endowerd Research Professorships等事,还请李做一个中枢,以做接洽人才之准备。请李就此事多考虑并见示。(《李润章先生藏近代名贤手迹》,97页)

同日　Alexander D. Wainwright函谢胡适赠送1939年上海发行的中文版《爱丽思梦游仙境》(*Alice's Adventures in Wonderland*)。(台北胡适纪念馆藏档,档号:HS-NK05-172-002)

10月31日　上午,亚洲基金会的Ivy、Sheeks约胡适谈话。谈后共进午餐。(据《日记》;台北胡适纪念馆藏档,档号:HS-NK05-167-024)

同日　汪敬熙致函胡适,谈道:上次纽约谈话会时,大家都谈提倡台湾的科学,可是没有一个人肯回去,自己至感不舒服。自己年轻时在国内创的实验室所做工作至今仍是《中国生理学》杂志中尚被人引用的文章,现已老,想在美国待下去系为享受一点美国的好设备,故在谈话会场上不肯说话。附上院士提名表一纸,请回台时再找两位院士签名,谈及不愿在美国找吴宪和袁贻瑾签名之由。又,陈克恢所提三人自己虽签名,但不选该三人;袁贻瑾所提两人亦不够被选资格。(台北胡适纪念馆藏档,档号:HS-NK05-018-006)

同日　Charles A. Moore致函胡适,讨论有关明年夏天的"Third East-West Philosophers' Conference"事宜,希望能尽量配合参与第二、三、五部分的讨论。(台北胡适纪念馆藏档,档号:HS-NK05-159-002)

10月　蒋硕杰发表"A Theory of Foreign-Exchange Speculation under a Floating Exchange System"(*The Journal of Political Economy*,Vol. LXVI,No. 5)一文。蒋氏曾将此文抽印本寄赠胡适。(《胡适藏书目录》第4册,2918页)

按，胡适藏书中，还有蒋氏题赠的 *The Theory of Forward Exchange and Effects of Government Intervention on the Forward Exchange Market*（《胡适藏书目录》第 4 册，2919 页）

11月

11月1日　赵元任亲自驾车送胡适去机场，中途发生车祸，赵元任夫妇被紧急送医，所幸是轻伤。（《赵元任年谱》，356 页）

同日　于焌吉复函胡适：久未见面，接到来信十分欣喜。希望有一天您会道经罗马。关于您与顾维钧联名要求我成为赞助人，我很乐意列名其中。得知您将于 11 月 4 日抵台，祝福任"中央研究院"院长。（台北胡适纪念馆藏档，档号：HS-NK05-002-003）

11月3日　胡适飞抵东京。沈觐鼎设晚宴招待。

同日　陈之藩函谢胡适寄赠《伽利略传》。（台北胡适纪念馆藏档，档号：HS-NK01-022-006）

11月4日　深夜，胡适自东京起飞，次日凌晨飞抵台北。当天住进南港的新建住房。（次日台北各大报）

11月5日　韦慕庭致函胡适，云：

Just a day or two after you left the enclosed came for you and I presume it is a check to cover some of your expenses in connection with our oral history project.

T.K. is just now working on the manuscript and then we expect to get it edited. Sometime before the present text is made final we want you to go over it and apporve it. My thought is to leave the pages unnumbered so that you will feel free to make corrections. We also will, I think, get some translation of parts of your autobiography to insert if this meets your approval.

We hope this project can continue and will approach a Foundation for financing. If we get such support we hope, indeed, that you will have time to go on with your memoirs while on visits to the U.S.（台北胡适纪念馆藏档，档号：HS-NK03-001-004）

同日 王云五呈文陈诚：11月4日再度约集王世杰、严家淦、梅贻琦、陈雪屏及尹仲容等会商，就该专款总额第一年所需经费如何筹措等问题交换意见后，获致结论四点。陈诚11月6日回签：适之先生已回台，可由雪屏先生与适之先生商谈后，再行决定。（台北胡适纪念馆藏档，档号：HS-NK05-245-004）

同日 傅正日记有记：

> 我始终决定不去接他，这由于他和我根本不熟悉，只是拉过几次手而已，最主要的还是由于我对他并不太敬佩。我总觉得王叔岷教授所说的话很恰当："'国家'对胡先生太厚，胡先生对'国家'太薄"，甚而至于我根本怀疑胡先生是否真有以天下为己任的胸怀。（《傅正"自由中国"时期日记选编》，107页）

11月6日 上午，雷震偕胡秋原、成舍我、沈云龙等来访。雷氏日记有记：

> ……问起亚洲协会之事，他说该会会长Blum原约他至旧金山一行，因胡先生须十月底。B君谓他已去东南亚了，在行前他通知该会纽约办事处，说他三十日到金山，三十一日住一日。不料飞机早到一小时，接的人未到，只有赵元任来到。该会迎接者由赵处获悉胡已去旅馆，迨该人至旅馆，胡出外吃饭。那个人留一条子谓，明日上午有六个人来谈一谈，然后同去吃午饭，次晨胡打电话谓他旅馆太小，仅有椅子二张，还是到亚洲协会谈话。谈了二小时，胡未提"自由中国"社事。及吃饭时，亚洲协会萨克斯说，"自由中国"文章有刺激，"政府"抗议，因为他补助的。胡说，刺激是双方的，"政府"对雷君亦有刺激。他举出三事，第一，美新闻处请雷君访美，"政府"不给"护照"，他写信给"总统"亦无效。第二，"中央日报"不给"自由中国"登广

告，这是付款的。第三，对"自由中国"印刷厂一再麻烦。胡说补不补助，你们自定，但他的意思，还是补助好。(《雷震全集》第 39 册，394～395 页)

同日　上午，郭廷以来访，胡适颇称道其太平天国历法考订，又说及日人之模范世界年表。(《郭量宇先生日记残稿》，98～99 页)

同日　上午访客还有查良钊等。(《胡适之先生年谱长编初稿〔补编〕》，76 页)

同日　下午 4 时 15 分，胡适访陈诚，"谈一般国际情形及科学发展计画与经费之拨发"。(《陈诚先生日记〔二〕》，964～965 页) 又访于右任、朱家骅，均未遇。(《胡适之先生年谱长编初稿〔补编〕》，76 页)

同日　晚，李济欢宴胡适，出席者为"中央研究院"院士及各所负责人。胡适报告 10 月 11 日在美院士谈话经过，侧重于来年新院士候选人提名。(《郭量宇先生日记残稿》，99 页)

同日　王素存致函胡适，不以胡适的"西周生为蒲松龄"之说为然，认为西周生乃丁野鹤，自己已有文发表于《大陆杂志》，请胡适赐阅指教。(台北胡适纪念馆藏档，档号：HS-NK01-141-024)

11 月 7 日　今日访客有程天放、查良钊、马国霖、吴忠信、雷震等。(《胡适之先生年谱长编初稿〔补编〕》，76 页；《雷震全集》第 39 册，395 页)

同日　陈省身将院士候选人提名表 5 张（周炜良、王宪钟、钟开莱、顾毓琇、袁家骝）及王宪钟论文单一份函寄胡适、李济。并提供若干数据，以备参考。(台北胡适纪念馆藏档，档号：HS-NK05-091-029)

11 月 8 日　下午 3 时，胡适主持召开院士选举委员会会议。(次日台北各大报；台北胡适纪念馆藏档，档号：HS-NK05-222-005)

同日　访客有蒋梦麟、黄仁霖、黄景南、曾后希、匡文炳、朱家骅、凌鸿勋、王世杰、竹嗣洪等。刘真来访不遇。(《胡适之先生年谱长编初稿〔补编〕》，76 页)

同日　雷震致函胡适，请胡为"自由中国"杂志撰文，又请胡出席该社 20 日的同人聚餐。又请胡适烧毁寄至纽约的雷函等。又送酒 2 瓶及《联合评论》等。（《万山不许一溪奔——胡适雷震来往书信选集》，139～140 页）

同日　王云五函寄胡适《"总统府临时行政改革委员会"总报告》及《美国胡佛首次委员会报告纲要》《行政改革言论集》各一册。（台北胡适纪念馆藏档，档号：HS-NK01-143-023、HS-NK05-006-004）

11 月 9 日　今日访客有雷宝华夫妇、张正礼、顾文霞、黄国书夫妇、钱思亮夫妇等。长子胡祖望一家来。（《胡适之先生年谱长编初稿〔补编〕》，76 页）

11 月 10 日　今日访客有朱家骅、沈刚伯、刘真夫人、孙多慈、顾如、张目寒、汪敬熙夫人等。（《胡适之先生年谱长编初稿〔补编〕》，76～77 页）

11 月 11 日　今日访客有凌纯声、吴相湘、刘瑞恒、张贵永、李青来、全汉昇夫人、周德伟、王淦、郭廷以等。胡适向郭廷以谈及 1937 年冬奉命赴美，作非正式活动，谋由罗斯福调解中日战争事。（《胡适之先生年谱长编初稿〔补编〕》，77 页；《郭量宇先生日记残稿》，99 页）

同日　胡适函谢刘真赠送麻豆白柚。又为刘 8 日来访时因事不能谈而抱歉。（台北胡适纪念馆藏档，档号：HS-NK01-084-002）

同日　胡适复函滕诚：无法帮助解决困难。（台北胡适纪念馆藏档，档号：HS-NK01-129-002）

同日　胡适函谢杨家骆寄来《梁任公先生年谱长编初稿》。因上册中序文印得模糊，希望杨检寄一本比较清楚的。（台北胡适纪念馆藏档，档号：HS-NK01-152-001）

同日　胡适致函郭克悌，告因事不能参加 13 日晚上欢迎蓝道尔夫妇的餐会。（台北胡适纪念馆藏档，档号：HS-NK01-191-008）

11 月 12 日　今日访客有张庆桢、张兹闿、金柯、李新民、冷彭、梅贻琦等。（《胡适之先生年谱长编初稿〔补编〕》，77 页）

11 月 13 日　胡适出席"中国工程师学会"年会暨土木、水利、化学、造船、纺织、电机、农业、机械、矿冶等 9 个专门工程学会的联合年会，并作讲演。对 8 月 22 日台湾地区行政管理机构讨论的《"国家"发展科学、

培植人才的五年计画的纲领草案》，我们举双手拥护，这是台湾的根本大计，希望当局早日实施。又谈及人才出超是一个普遍的现象。又谈及最近50年来航空工程的进步，可抵上人类历史上55000年的进步。（次日台北各大报）

11月14日　访客有马保之、孔德成、汤惠荪、张宪秋、李诗长、德克、赖再德等。下午4时，偕董作宾参观曾后希的画展。5时，访王世杰。（《胡适之先生年谱长编初稿〔补编〕》，77页）

同日　晚，陈诚宴请胡适等20人。（《陈诚先生日记〔二〕》，968页）

11月15日　上午9时，胡适出席台湾大学13周年庆祝会，并作讲演，谈及中国大学没有连续性。欧美的大学所以有悠久的历史，有三个原因：有董事会性质的组织，保护学校的财产；有健全的独立和自主性的教授组织；校友会持续不断地跟母校保持密切的联系。（次日之"中央日报"）

同日　下午3时，胡适主持召开"中央研究院"院务会议。（台北胡适纪念馆藏档，档号：HS-NK05-228-001；《郭量宇先生日记残稿》，100页）

同日　晚，程天放、萧铮宴请胡适等。（《胡适之先生年谱长编初稿〔补编〕》，78页）

11月16日　今日访客有许孝炎、伍家宥、郭登敖、李锦屏、土耳其教授沐德累等。晚应王世濬之邀宴。（《胡适之先生年谱长编初稿〔补编〕》，78页）

11月17日　访客有陈熊文、刘宗怡、张堃、雷震等。（《胡适之先生年谱长编初稿〔补编〕》，78页）

雷震是日日记：

晨九时前到南港，与胡先生谈甚久。我将许孝炎谈话告诉了他，他对十一月一日《请蒋"总统"释疑》之社论，认为有凭有据、天公地道。午间在胡先生午饭，四菜一汤，饭菜不错。今日谈话甚乱，我曾谈到政治上如无反对力量，政治不易进步。胡先生说他和我有一点距离，即我对现局认为去之亦无所谓，他是想改善。他当面告诉全汉昇说我是来做说客的，劝他加入政治。他又告诉我，说他们（指全

都是反对他参加政治的。(《雷震全集》第39册，401页)

同日　下午，王大空来作访问录音。胡适评论了大陆的人民公社、公共食堂以及炮击金门事件等。又谈及自己近在从事唐朝佛教历史的研究等。("中央日报"、《新生报》，1958年11月19日)

同日　胡适复函严一萍，谢其赠书58种。(台北胡适纪念馆藏档，档号：HS-NK01-166-002)

同日　胡适复函简又文，告《太平天国典制通考》三大册已收到，并谓拜读之后如有意见再告知。(台北胡适纪念馆藏档，档号：HS-NK05-136-003)

同日　胡适作有《顿悟无生般若颂的全卷》。(《胡适手稿》第7集卷1，159～168页)

11月18日　访客有胡秋原、鲍克兰等。晚，钱思亮宴胡适等。(《胡适之先生年谱长编初稿〔补编〕》，78页)

雷震日记记胡适与胡秋原谈话：

……秋原今日认为只有组成反对党，在政治上不失为一条出路。他对胡先生激励了几句，认为胡先生今天可谓功成名就，若组反对党，可能失败，则累及清誉，故胡先生不肯出来，似有道理。胡先生说他不是爱惜羽毛的，在此时爱惜羽毛是下流，惟他对政治太外行，故须考虑，对此事他还要和蒋先生谈一谈。……(《雷震全集》第39册，405～406页)

同日　胡适函辞徐富嘉为乃父作墓志铭，因向来不会作碑志文字。(台北胡适纪念馆藏档，档号：HS-NK01-017-022、HS-NK01-017-021)

同日　胡适函托胡家健帮忙购买《齐白石年谱》三四本。(台北胡适纪念馆藏档，档号：HS-NK05-050-002)

同日　胡适复函齐良怜：《齐白石年谱》已托人从香港购买，若有多余必送你一本，希能听到齐白石最后的消息及府上的情形。(台北胡适纪念馆

藏档，档号：HS-NK01-057-014）

11月19日　下午4时30分，胡适晋谒蒋介石。蒋介石日记有记：

> 午课后，召见胡适。此诚一政客也，余仍予以普通礼遇，不使难堪，以彼二次请见也。

同日　上午，翁燕娟来访。晚，余家菊宴请胡适。（《胡适之先生年谱长编初稿〔补编〕》，79页）

同日　赵元任、李卓皓函致胡适，就院士选举提名提供四条意见。（台北胡适纪念馆藏档，档号：HS-NK05-117-011）

11月20日　访客有胡牧求、夏道平。（《胡适之先生年谱长编初稿〔补编〕》，79页）

同日　晚，胡适出席"自由中国"社9周年聚餐会。雷震是日日记有记：

> 上午和胡先生通电话，他今晚一定来"自由中国"社吃饭。道平去访他，他为赵元任六十五岁论文集，昨晚写文章至今晨五时半始睡觉。
>
> 下午四时半本刊编委会，他们一致要求为纪念十二月十日之"世界人权宣言"，出一纪念特刊，我即函台中张佛泉、徐道邻写文章。今晚共两桌，饭毕请胡先生谈美国此次选举。他说昨日说给蒋先生听，很难说明。……（《雷震全集》第39册，403～404页）

同日　胡适写毕《新校定的敦煌写本神会和尚遗著两种》（台北胡适纪念馆藏档，档号：HS-NK05-182-010）

同日　胡适写有悼洪兰友的短文。（"中央日报"、《新生报》，1958年11月24日）

11月21日　上午汪敬熙夫人来访。下午访客有杨锡仁、周象贤、罗祖光、雷震、Mr. John F. Sullison 和 Thompson 等。（《胡适之先生年谱长编初稿〔补编〕》，79页）

雷震是日日记：

……下午二时三十五分至胡先生处，他已回来，打算给洪兰友写点纪念文字。

....

五时周、杨去后，我们谈"自由中国"[杂志]，S君说本刊文物有许多过于刺激而无建设性，他提出《七十岁》之短评，显见来此后所见。这一短评载在本刊十一月十六日这一期。我说明此短评之来由。张群去年生日，他说七十岁是人生的开始，青年人非常不满，人家说我们是"老人政府"。胡先生又提出左舜生说六十五岁以上之人，在原则上不宜参加"政府"，他说他自己已超过了。S谓他们不欲干涉我们的编辑政策，惟他们是客人。他提印尼该分会封闭之事，胡先生说，国民党及"政府"有许多刊物批评"自由中国"[杂志]、攻击"自由中国"[杂志]，则是无所谓的。惟有三事不公平（unfair），如（一）"中央日报"不登"自由中国"[杂志]之广告；（二）警察干涉工厂不印"自由中国"；（三）美国国务院请我去访问，"政府"不给"护照"。他写了二信均不生效。……晚到舍我处吃饭……最后我不客气的说，今日之局面，如胡不出来，我不相信反对党可组成。（《雷震全集》第39册，404～405页）

同日　胡适为金承艺题写了"宁鸣而死，不默而生"。（台北胡适纪念馆藏档，档号：HS-NK05-194-007）

11月22日　上午访客有王蓝、李青来、吴三连等，胡适谈到他的老师Prof. George Lincoln Burr说的"容忍比自由还更重要"。胡适说，"容忍就是自由"。

同日　晚，胡适为商谈院士候选人事，宴请9位大学校长：钱思亮、陈百年、陈可忠、阎振兴、吴德耀、卢致德、王志鹄、杜元载、梅贻琦等。（《胡适之先生年谱长编初稿》第七册，2745页）

同日　胡适复函吴相湘，谈朱芾煌及朱芾煌日记以及留学时为《大

共和日报》撰文一事之始末。又嘱吴写信宜养成记年月日的习惯。次日，吴有复函。（台北胡适纪念馆藏档，档号：HS-NK05-035-003、HS-NK05-035-004）

同日　胡适复函程沧波，谈《李斯传》《韩诗外传》的两处翻译问题：

《李斯传》"吾方燕私"，《韩诗外传》孟母责子"汝往燕私之处，入户不有声"，确有点合乎 privacy 的字典意义，尤其是孟母说的"燕私之处"一语。

但《牛津字典》引 Emerson "To guard the independence and privacy of their homes" 一例，则"燕私""燕息"，似仍不能达其意。（此语中的 homes 一字也就不易翻译。）"要保障他们的家的独立与燕私"，似不成话。

老兄试译此句，有何妙法？ "No more privacy in the homes"，又如何译法？

老兄要到汉人文字里去寻例证，可见 privacy 这个 concept 久已不存在了。此字的难译，正是因为我们的生活习惯里就没有这个观念。

"幽独"似近一点。但也不是平常人生活习惯里的一个平常观念。（台北胡适纪念馆藏档，档号：HS-NK01-053-015）

按，此函写好后，胡适未发出。次年 3 月 13 日，胡适又有函与程，继续讨论此问题：

我现在想，你引的《李斯传》与《韩诗外传》孟母语两例确是切当。但在西方人的生活里，如《牛津字典》所举，这个字似侧重"being withdrawn from the society of others""avoidance of publicity"，即"不受侵扰""不受别人打搅"的意思特别着重。故"To guard the independence and privacy of their homes"似可以译作"保障他们家庭的独立与不受侵扰"。

我前函说的"我们的生活习惯里就没有这个概念"，我现在觉得也不对。中国人常说的"清闲""清福"，其中"清"字似含有"冷清清的""没有人打扰"的意思。古语"燕私"的"私"字,也侧重"单独""没有外人打扰"。《论语》"退其[而]省其私",孔注"察其退还与二三子说释道义",《正义》"言回既退还而省察其在私室与二三子……"。朱注"私谓燕居独处,非进见请问之时"。此即"私语""私情"之私,同是"没有人打搅"。而"子之燕居",朱注"燕居谓闲暇无事之时"。故"燕私"之"私"字,与"清闲"的"清"字,都侧重"单独";而古语之"燕"与近世语之"闲",则是闲暇休息之意。"夜半无人私语时",单用"私"字,又加"无人",才是privacy了。

总起来说,西文的privacy若单指其seclusion之义,可译为"独居""独处",即"退而省其私"之私。若侧重其消极意义"being withdrawn from the society of others",则似须用"无人打搅""不受侵扰"一类字样。如说"there is no privacy in the homes",似须译作"私人的家庭已没有不受外人侵扰的清福了"?这类啰嗦的翻译,老兄一定要大笑了。

拉杂写出,请老兄指教。(台北胡适纪念馆藏档,档号:HS-NK01-053-046)

同日 蒋介石在其上星期反省录中记道:

> 今后最不愿见的无赖胡适政客及悔改之党员程念波,勉强而行,是乃品性修养之进步之效也。

同日 雷震致函胡适,请胡适就"人权保障问题"为"自由中国"杂志撰一文。(《万山不许一溪奔——胡适雷震来往书信选集》,141页)

11月23日 胡祖望一家三口来陪胡适晚餐。下午,王世杰夫妇来访。吴申叔来访。晚,约陈槃晚餐。(《胡适之先生年谱长编初稿》第七册,2746页)

同日 胡适复函杨家骆,感谢其寄赠《梁任公先生年谱长编初稿》的第一、二册,又希望杨将此书寄给国外的著名中文图书馆和学者,并为杨

开具一个名单。(台北胡适纪念馆藏档,档号:HS-NK01-152-003)

按,12月2日,杨家骆复函胡适,云:《梁谱》已遵嘱寄出。又寄上杨守敬《水经注疏》《古今小说》等。有询《藏晖室日记》可否重印等。(台北胡适纪念馆藏档,档号:HS-NK01-152-004)

11月24日　8时50分,雷震、夏涛声来访。上午9时,胡适偕同李济、沈刚伯、全汉昇到青潭参观大陆资料。在张庆恩家午饭。下午访客有谢明山、劳侃如。(《雷震全集》第39册,409页;《胡适之先生年谱长编初稿〔补编〕》,80页)

同日　胡适为佟明璋请求补发证书事函请陈雪屏帮忙处理。(台北胡适纪念馆藏档,档号:HS-NK01-022-028)

11月25日　上午10时,胡适在台湾地区监察机构动员月会讲演"美国选举的结果及其对参议员的影响"。(次日台北各报)

同日　下午,胡适到松山机场迎接陈省身。下午访客有钱天鹤、樊际昌。晚,周德伟邀宴胡适等。(《胡适之先生年谱长编初稿〔补编〕》,80页)

11月26日　钱思亮、陈省身来访。(《胡适之先生年谱长编初稿〔补编〕》,80页)

同日　晚,胡适在留美同学会演讲,是为该会以"台湾海峡紧张情势"为题一连6次演讲的最后一次。(英文稿题名"A Sum-up and a Warning",收入《胡适英文文存》第3册,远流版,1508～1514页)

11月27日　访客有蒋复璁、查良鉴、王文伟等。(《胡适之先生年谱长编初稿〔补编〕》,80页)

同日　胡适与郭廷以谈太平天国史问题。(《郭量宇先生日记残稿》,101页)

同日　张群宴请胡适、徐柏园、朱为堂等人。(张群日记,中国国民党党史馆藏档,档号:群7/11)

同日　胡适作有《关于江阴南菁书院的史料》。(《胡适手稿》第2集卷3,440～460页)

11月28日　访客有张起钧、张翰书、陶振誉、朱家骅等。晚,孔德成宴请胡适。(《胡适之先生年谱长编初稿〔补编〕》,80页)

同日　曹聚仁致函胡适,云:到今日为止,我还是一个自由主义者,做"新闻记者"这一自由职业。这几年,到大陆看过之后,觉得不少人士的说法看法都是错误的。建议作为实验主义者的胡适应该到大陆去实地看看,单凭幻想,是不行的。上月在北京见到罗隆基,罗请曹对胡适转致问候,也说请胡适去看一看再说。何永佶说,胡适老了,不敢正视现实了。难道胡先生真老了吗?先生如要去看看,我一定陪你去。(台北胡适纪念馆藏档,档号:HS-NK05-077-006)

11月29日　访客有雷震、夏涛声、杜光埙、周仲民等。(《胡适之先生年谱长编初稿〔补编〕》,81页)

雷震是日日记:

> 晨与涛声至南港会适之先生……我与涛声劝他担任反对党领袖之事,他劝我们先做起来,他觉得好可来参加,我说要联合今日民主力量,只有他一人可以领导。……今日谈甚久,在他处吃午饭。他也说有人劝他不要和台湾人多来往。胡先生主张"救国会议"要开,人数不可多,劝我不要多提条件,如反对党之类,因为提到反对党,"政府"可能不敢开也。(《雷震全集》第39册,414页)

同日　晚,胡适看望傅斯年夫人俞大綵。朱家骅宴请胡适。(《胡适之先生年谱长编初稿〔补编〕》,81页)

11月30日　上午,雷宝华夫妇来访。晚,胡适约石璋如、杨时逢、李光涛晚餐。(《胡适之先生年谱长编初稿〔补编〕》,81页)

同日　胡适校抄《熊会贞〈水经注疏〉的遗言》。(《胡适手稿》第5集卷2,462～490页)

12月

12月1日　访客有吴相湘、王世宪。中午，胡适约凌纯声、全汉昇等来午餐。(《胡适之先生年谱长编初稿〔补编〕》，81页)

同日　胡适有《记熊会贞晚年才用〈水经注〉〈永乐大典〉本、残宋本及明抄本来校勘他的〈水经注疏〉》。(《胡适手稿》第5集卷2，452~461页)

同日　曹聚仁致函胡适，云：自己仍为一自由主义者，一直做新闻记者，一种自由职业；另申明自己非共产党，但20年来自己是不反共的。中共建立的政权确实做到了国家富强和自由平等。这几年自己到大陆的城市乡村去看，干劲冲天。并建议由胡适领导组织一个"观政团"到大陆作全面考察，并拥护胡适做这个团长。又就两岸关系提出自己的看法。(台北胡适纪念馆藏档，档号：HS-NK05-077-007)

12月2日　访客有马之骕、金承艺、罗敦伟、杨一峰。(《胡适之先生年谱长编初稿〔补编〕》，81页)

12月3日　访客有沈志明、延国符、胡晓溪、程敷锒、浦麟生、陈畴、刘宗怡、毛子水、台静农、郑骞、胡锺吾、胡又华等。(《胡适之先生年谱长编初稿〔补编〕》，81页)

12月4日　沈怡来访。晚赴"北大同学会"之宴。(《胡适之先生年谱长编初稿〔补编〕》，81页)

同日　胡适致函赵连芳，请赵在1月11日蔡元培纪念会上做主题演讲。(台北胡适纪念馆藏档，档号：HS-NK01-050-001)

同日　胡适函谢胡家健帮忙在港九各旧书肆中觅购《齐白石年谱》和《中国史学论文索引》上册。(台北胡适纪念馆藏档，档号：HS-NK05-050-003)

同日　胡适复函刘道平，告："神要毁灭谁，神先叫他发疯"是希腊戏曲家尤里比底斯的话。(台北胡适纪念馆藏档，档号：HS-NK01-085-002)

同日　胡适复函王志鹄：如时间许可，可到台湾农学院讲演。(台北胡

适纪念馆藏档，档号：HS-NK01-144-016）

按，王志鹄原函见台北胡适纪念馆藏档，档号：HS-NK01-144-004。

同日　陈诚日记有记：

十二时三十分，见黄"副秘书长"伯度，报告台大教授王益崖函"总统"，拟辞研究院职务，控告胡适之，打击其竞选下届"总统"。余以为王太荒唐，徒招麻烦，应通知晓峰劝止之。又谈及"宪法"问题……（《陈诚先生日记〔二〕》，976页）

12月5日　访客有李湘芬、王企祥、胡秋原。晚应王世宪之邀宴。（《胡适之先生年谱长编初稿》第七册，2755～2756页；《胡适之先生年谱长编初稿〔补编〕》，82页）

同日　胡适复函林元象：因自己不懂古物、医学，所以无法请其来谈。（台北胡适纪念馆藏档，档号：HS-NK01-075-005）

12月6日　晚，胡适约李济、凌纯声、董作宾、毛子水等来餐叙。（《胡适之先生年谱长编初稿〔补编〕》，82页）

12月7日　下午2时20分，胡适在"中华农学会"暨各专门农业学会年会上做"基本科学研究与农业"的演讲，主旨是"唤起大家注意基本科学研究在农业上的重要"。胡适说，"如果科学的研究不能从基本上做起，我们的科学便永不会追上人家"。又说，"农业科学的基本科学是植物学、动物学、微生物学、遗传学、化学、生物化学、物理学、数学"，而在台湾，"这几门基本科学，都没有做基本研究的研究所和实验室——都缺乏做基本研究的学人，也都缺乏设立基本研究机构的钱"。最后，提出三个梦想：希望"农复会"包办台大农学院的三个研究所，并在五年内把这三个研究所造成三个第一流的科学研究机构；希望台糖公司包办"中央研究院"植物研究所，并在五年内把该所建成第一流的植物学研究机构；希望台湾省烟酒公卖局包办"中央研究院"化学研究所，并在五年内把该所建成第一流的化

学基本研究机构。(《胡适之先生年谱长编》第七册，2757～2766页)

同日 胡适为《师门五年记》作一"后记"。(台北胡适纪念馆藏档，档号：HS-NK05-182-011)

12月8日 上午8时30分，胡适在台中农学院讲演"中国文化的问题"，大要是：在2000—2500年前，世界文化有四大中心：一为中国，一为印度，一为犹太或希伯来文化，一为希腊、罗马文化。但在当时，以中国文化为最进步。但2000年以后以至清代的文化，则有许多路向错误的地方，并以缠足、鸦片、八股为例说明。胡适极推崇朱熹的学说。讲演毕，参观台中农学院。(《胡适之先生年谱长编初稿》第七册，2767页)

同日 张佛泉设午宴招待胡适。下午，参观东海大学。吴德耀举行欢迎茶会。晚，刘真、孔德成宴请胡适。(台北次日各报)

同日 雷震致函胡适，再请胡适为"自由中国"杂志新年特大号撰文。(《万山不许一溪奔——胡适雷震来往书信选集》，142页)

12月9日 胡适偕孔德成回台北。(《胡适之先生年谱长编初稿》第七册，2767页)

同日 访客有马逢瑞、李济偕外宾汤姆生、陈省身。(《胡适之先生年谱长编初稿〔补编〕》，83页)

12月10日 下午，胡适到机场迎接马歇尔·史东（Marshall H. Stone）夫妇。又与胡颂平谈起"台湾大法官"的人数多的问题："大法官是解释'宪法'的，多么重要！在美国，始终只有九位大法官，都是法学的权威。"(《胡适之先生晚年谈话录》，2页)

同日 下午4时30分，胡适出席同志会人权节宣言10周年纪念活动。(《胡适之先生年谱长编初稿〔补编〕》，83～84页)

同日 胡适复函水祥云，恳请中国公学校友会不要为其祝寿。(台北胡适纪念馆藏档，档号：HS-NK01-279-002)

按，12月12日，中国公学校友会复函胡适云，奉手谕嘱以望七之年避免应酬之劳自应遵命，推校友水祥云、阮毅成、李一飞、李玉

阶、周友端等代表本会前来祝贺。(台北胡适纪念馆藏档,档号:HS-NK05-142-007)

12月11日　谢明山来函。(《胡适之先生年谱长编初稿〔补编〕》,84页)

同日　中午,胡适在扶轮社午餐聚会席上演讲,呼吁重建新的科学研究中心。胡适说,要有决心,在五年之中训练出一批青年的科学研究领导者,建立中心,发展科学研究。胡适重提了1947年他提出的《关于学术独立的十年计画》。胡适说,建立科学中心的条件之一,是政府的倡导协助。(次日之《新生报》)

同日　晚,胡适宴请马歇尔·史东夫妇。(台北胡适纪念馆藏档,档号:HS-NK05-167-060;《胡适之先生年谱长编初稿〔补编〕》,84页)

同日　胡适复函夏雨人:自己写"中华农学会"的演讲稿时,未曾参阅李先闻、夏雨人合作的《甘蔗品种Co310推广的回头与前瞻》一文,"真是大胆荒唐",又云:我盼望有机会可以修改自己那篇"外行"的讲稿,修改时一定要充分利用李、夏之文作资料。胡适认为,该文指出的310在台湾所以推广成功的三个因素——"理论根据的正确""试验结果的准确""团结一致的努力",确是都很重要。又反省自己:这一次大胆妄言,违反了自己平日自律"不知为不知"的戒律,是很可耻的。但因此得夏之指示,得细读此文,也可算因罪过而得教益了。(台北胡适纪念馆藏档,档号:HS-NK05-064-003)

12月12日　陈诚主持台湾当局领导人办公室12月份孙中山纪念月会暨"中央研究院"院长胡适等就职典礼。(据台北"国史馆"藏"陈诚'副总统'文物",档号:008-010110-00003-075-002)

同日　中午王叔铭宴请胡适。下午访客有龚弘、周德伟、酒井盐夫妇。(《胡适之先生年谱长编初稿〔补编〕》,84～85页)

同日　胡适有《贬天子》札记一条。(《胡适手稿》第9集卷3,341～342页)

同日　胡适复函李钧:"中央研究院"将来有社会科学机构时,会把所

寄资料交给他们参考。(台北胡适纪念馆藏档,档号:HS-NK01-060-035)

12月13日　胡适拟就一份谢绝给他人题字的通用函稿:

> 我从来没有好好的学写字。十几岁时,我曾临写颜鲁公,也曾临写褚河南,也曾临写苏东坡。无论临写谁,我总学不像,当时中国公学有一位会写字做诗的安徽同学汤保民先生(昭)曾说:"适之样样事都聪明,就是写字真笨!"
>
> 我十九岁出国留学,更没有学写字的工夫了。民国六年回国教书,到现在四十多年了。这四十多年里,我写了三四百万字的稿子,或是讲义,或是文稿,用钢笔的时候多,用毛笔的时候很少。我只有一条自律的规则,就是:不写一个潦草的字,不要叫排字工人排错。
>
> 但在过去四五十年里,我从没有费一天工夫去学写字。所以我自己知道我不会写字,更不配给别人写字。
>
> 承先生的好意,要我写字。我写这封信,请先生原谅,请先生恕我不写了。原纸奉还,敬祝先生健康。(台北胡适纪念馆藏档,档号:HS-NK01-213-004)

> 按,据台北胡适纪念馆所藏档案,是年向胡适求字、求题词、书写对联、题签书名的还有许焕章、陈丁炎、王学善、许超、刘松寿、曾今可、刘燕夫、金振庭、陈舜齐、游国谦、"中国无线电协进会电声广播电台"、张文锐、张京钻、菲律滨计顺省中华总商会、裴溥贤、龚静波、卓耀东、林草、李湘芬、陈崇茂、林常青、谢玉裁等。

同日　访客有香港大学教授Dr. Kirby及Dr. Priestley,竹嗣洪、雷震、王洪钧等。(《胡适之先生年谱长编初稿〔补编〕》,85页)

同日　胡适复函阎振兴:这回史东博士恐怕没时间到台南去。阎之信,会当面转交史东博士。(台北胡适纪念馆藏档,档号:HS-NK01-160-017)

12月14日　上午,台湾《中华日报》等6家报纸的记者来访。下午访客有李先闻、赵连芳、王世漴以及林致平夫妇。晚,胡适请院士、评议员

及各所所长餐叙。(《胡适之先生年谱长编初稿〔补编〕》,85页)

同日　严耕望函请胡适延揽钱穆为院士候选人。(台北胡适纪念馆藏档,档号:HS-NK05-138-014)

12月15日　访客有马保之夫妇、史东、李先闻等。中午,"美驻台机构"负责人宴请胡适、史东。(《胡适之先生年谱长编初稿〔补编〕》,85页)

12月16日　吴忠信、张其昀、郭莲荫、郭寄峤、萧勃、江一平等来祝寿。同日,胡适对胡颂平谈起"容忍比自由还更重要":其实容忍就是自由,没有容忍,就没有自由。(《胡适之先生年谱长编初稿〔补编〕》,86～87页)

同日　胡适复函罗家伦、洪炎秋,指出他们的文章应提及蒋梦麟维持北大、整顿北大的功绩。(《罗家伦先生文存》第七册,279页)

12月17日　上午,胡适接见记者,谈到"人生七十才开始"这句话,胡适说:"我总觉得六十以后,身体开始衰退了,记忆也差了,到了七十是应该退休的。退休后可以作自己喜欢作的事情,也可以让年轻人上来,不应该阻碍年轻人上进的位置。"又谈到神会和尚的巨大贡献。(《胡适之先生年谱长编初稿》第七册,2773～2774页)

同日　中午,"北京大学校友会"在静心乐园举行北大校庆,同时为胡适祝寿,胡适发表演讲说:

……民国五年蔡孑民先生出任北大校长,为北大开了新风气,把北大变成一个新的大学,北大的精神和校风都是民五以后建立起来的,蔡先生值得人纪念之处甚多,最重要的是他树立了六项北大精神(1)高尚纯洁的精神,(2)兼容并包的精神,(3)合作互助的精神,(4)发扬蹈厉的精神,(5)独立自由的精神,(6)实是[事]求是的精神。在北洋时代,国会议员向外签卖身约时代,他始终不畏困难环境与恶势力压迫,而保持主持正义的精神。……

胡适在讲演中还提到蒋梦麟做校长的贡献,以及"将来的希望是回大陆"等。(《胡适之先生年谱长编初稿》第七册,2774～2776页)

同日　下午5时,陈诚来贺寿,谈:台湾地区行政管理机构改组经过;

炮战前后情形；监察机构弹劾谷凤翔，所谓"奉命不上诉"之真相。（《陈诚先生日记〔二〕》，984～985 页）

按，是日来祝寿的人颇多，包括陶希圣、陈雪屏、程天放等政界人士以及北大、中公等校毕业生，教育学术界等各方面人士。《胡适之先生年谱长编初稿〔补编〕》说，贺客有 1000 多人，而胡适 1959 年 1 月 14 日给江冬秀的信中说有 500 多人。这个数字，已不可考，也没有必要考。是日收到鲜花、礼物、寿联、寿账、寿屏甚多。

又按，生日之前，写信给胡适祝寿、寄生日贺卡、寄书、寄诗、寄礼物的还有杨家骆、朱一家、徐文珊、蒋昌炜、程敷锟、李敖、林霖、罗清泽、雷宝华、叶良才、王叔铭、王姜贵、阎振兴、严际之、郝更生、庄申、高业茂、史次耘、廖文堉、欧阳砺侬、胡功烛、石超庸、李方晨、刘锡五、井口贞夫、陈维纶等。（据台北胡适纪念馆藏档不完全统计）

同日　晚 6 时 30 分，胡适出席"中央研究院"同人举办的庆祝宴会，并演讲。胡适谈到自己在抗战时期收集火柴盒、荣誉学位以及怕老婆故事的事。胡适说，在全世界，只有德国、日本、俄国这三个国家没有怕老婆的故事，"凡是有怕老婆故事的国家都是自由民主的国家；反之，凡是没有怕老婆故事的国家，都是独裁的或极权的国家"。（《胡适之先生晚年谈话录》，3～4 页）

同日　"中央研究院"为庆祝胡适生日举办展览，展品内容包括史语所的部分古物、北京大学的有关史料、胡适的著作、大陆"批判胡适思想"的书籍等。（《胡适之先生年谱长编初稿》第七册，2773～2774 页）

同日　雷震致函胡适，盛赞《师门五年记》写得好，并再索四五本。（《万山不许一溪奔——胡适雷震来往书信选集》，143 页）

同日　李敖将胡适著《四十自述》题赠胡适。（台北胡适纪念馆藏书资料库藏档，档号：N06F2-037）

12 月 18 日　上午访客有雷宝华、汪新民、庄烈。晚，毛子水、钱思亮夫人、江小波为胡适举办寿宴。（《胡适之先生年谱长编初稿〔补编〕》，88 页）

同日　胡适与郭廷以商谈日后近代史所的工作。(《郭量宇先生日记残稿》,103页)

12月19日　访客有悟明和尚、谢仁钊等,又有简姓侨生等3人来要胡适讲演,允之。(《胡适之先生年谱长编初稿〔补编〕》,88页)

同日　胡适将印有人权节10周年的纪念邮票并信封函寄朱家骅。(台北胡适纪念馆藏档,档号:HS-NK01-002-003)

同日　晚,李济宴请胡适。出席者还有王世宪夫妇、罗家伦夫妇、雷震夫妇等。(《雷震全集》第39册,421～422页)

同日　唐德刚、吴昭文致函胡适,谈道:能否嘱出版商寄赠神会和尚的集子一份给哥伦比亚大学。胡适的英文自述经整理后仍有400余页,待打出后当即寄上一份。何炳棣可能于月内飞台一游,并为其服务之大学购7万美元的中文书籍,将请胡适指导。王纪五与我等二三十人最近组织一个时事座谈会,由专人作专题主讲,大家参加讨论,十分成功。另外我等还有10个人包括周策纵等拟于3月1日起发行一小型刊物,届时当寄呈一份。(台北胡适纪念馆藏档,档号:HS-NK05-059-002)

12月20日　"国大代表"年会总召集人富圣廉等3人来邀请胡适担任年会的主席并演说。(《胡适之先生年谱长编初稿〔补编〕》,89页)

同日　下午5时,胡适为马之骕证婚。胡适说,结婚要以"爱"为基础,要"相敬如宾",美国人结婚只有两种人可以证婚,一为市府的低级职员,一为牧师。自己已经八九年未做此事了。(《雷震全集》第39册,422页)

同日　胡适复函潘悫,感谢寄赠《钟表浅说》,又谈到《红楼梦》的避讳问题:

> 你在钟表小史里提到《红楼梦》里提及钟表的地方,我可以给你加一条"脂砚斋评本"的小考据。五十二回(你已提到了此一回)写晴雯补裘完时,"只听自鸣钟已敲了四下"。脂砚斋本有小注云:
>
> 按四下乃寅正初刻。寅此样"写"法,避讳也。
>
> 曹雪芹是曹寅的孙子,所以说"避讳"。……(台北胡适纪念馆藏

档，档号：HS-NK01-239-012）

同日 秦孟潇致函胡适，期望胡适舍弃科学的观点来研究佛学。（台北胡适纪念馆藏档，档号：HS-NK01-057-007）

同日 胡适复函丁明达，感念丁文江：

在君的传记，你说你读时曾多次流泪，我可以告诉你，我写此传时也曾多次流泪。你家二叔是不应该早死的。他是能做学问又有办事的能力的人；朋友之中，只有他和傅孟真先生是有办事干才的学人。今天是傅孟真去世八周年的纪念日，我上午上他的坟去了。再过十六天，就是在君去世廿三周年的纪念日了！他若活到今天，还不满七十二岁。想起，真真不幸，也是国家的大不幸。（台北胡适纪念馆藏档，档号：HS-NK05-001-004）

按，丁明达原函现存台北胡适纪念馆藏档，档号：HS-NK01-181-004。

同日 何炳棣来胡适寓所小住6日。（《读史阅世六十年》，380页）

12月21日 上午，胡适主持召开"中央研究院"文史组院士谈话会，王世杰、董作宾、劳榦、姚从吾在胡宅午餐。下午，胡适主持召开"中央研究院"数理组院士谈话会，朱家骅、凌鸿勋、潘贯、林致平等在此晚餐。（《胡适之先生年谱长编初稿》第七册，2778页）

12月22日 胡适复函徐文珊，感谢其寄赠《原抄本日知录》。（台北胡适纪念馆藏档，档号：HS-NK04-013-011）

同日 胡适复函吴杰，愿意为其出具学历证明。（《胡适之先生年谱长编初稿〔补编〕》，89页）

同日 晚6时，胡适在《民主潮》半月刊的餐会上，发表讲演。

按，据雷震是日日记，知出席此次餐会的共36人，计有程沧波、成舍我、杨肇嘉、吴三连、李万居、雷震等。（《雷震全集》第39册，

423 页）

又按，12月26日，雷震将此讲演的整理稿函寄胡适审定，又云：

三、昨日震和道平兄谈过。这里和美国费城会议有点不同。美国费城会议，各州是独立自主，各位代表背后都有一个力量支持他们。代表彼此完全平等。"救国会议"则不同，除"政府"党外，其他代表，如有力量，只是在精神上代表民众，故他们发言，多少要靠舆论的力量来支持，不然，"政府"可以置之不理，或者避重就轻，很可能仅仅为"政府"捧了一次场……新闻记者参加，确有先生所说的毛病。可否大会公开，而小组会则秘密，当年之政协会是这样的。（《万山不许一溪奔——胡适雷震来往书信选集》，145～146页）

12月23日 胡适出席"光复大陆设计委员会"全体会议，蒋介石在会议上致辞。（次日台北各大报）

同日 晚，杨继曾宴请胡适。（《胡适之先生年谱长编初稿〔补编〕》，89页）

12月24日 胡适出席"光复大陆设计委员会"会议并演说。胡适非常明确地表示佩服支持蒋介石代表中国国民党的表态。（次日台北各大报）

同日 赵松岩（赵亚曾之子）来谒，未晤。晚，梅贻琦、尹仲容宴请胡适。（《胡适之先生年谱长编初稿〔补编〕》，90页）

12月25日 晚，潘贯宴请胡适。（《胡适之先生年谱长编初稿》第七册，2791页）

同日 夜，胡家健来访。（《胡适之先生年谱长编初稿〔补编〕》，90页）

同日 董作宾将陈寅恪著《元白诗笺证稿》赠送胡适，并在封面上注记：寅恪公自远道托人送此书一册与宾，乃在台北影印少许，赠友好。谨以此册呈适之先生。（《胡适藏书目录》第2册，1011页）

12月26日 访客有龚德柏、胡兰生、郑英有、刘雨民、黄任封等。晚，胡汉文宴请胡适。（《胡适之先生年谱长编初稿〔补编〕》，90页）

同日 胡适与胡颂平谈起"六十而耳顺"的"耳顺"是容忍的意思。

(《胡适之先生晚年谈话录》，4～5页）

12月27日　访客有达鉴三、黄彰键、杨时逢等。(《胡适之先生年谱长编初稿〔补编〕》，90页）

12月28日　陈纪滢来访。晚，汪敬熙夫人宴请胡适。(《胡适之先生年谱长编初稿〔补编〕》，91页）

12月29日　上午，蔡培火、刘世昌等来访。下午，吴相湘带领台大历史系侨生40多人来见。胡适对他们说道：

> ……学历史跟学理化不同，学理化几年就可看得出成绩，但学历史三年、五年、七年，还是看不出成绩的。所以这一行看起来很容易，但因为太广泛的关系，学起来是很难的，既要聪明，还要功力；如果自己感到不行，赶快改行，还来得及。……(《胡适之先生年谱长编初稿》第七册，2792～2793页）

同日　《胡适之先生晚年谈话录》有记：

> 这几天来，外间对于先生廿四日在"光复大陆设计委员会"上演讲的反应很多。见仁见智，各有不同……先生笑着说：我对"总统"是很恭维的。(《胡适之先生晚年谈话录》，5页）

同日　应胡锺吾的请求，胡适为《绩溪胡氏集王右军书》作一跋文。（台北胡适纪念馆藏档，档号：HS-NK05-182-015）

同日　胡适致函朱家骅，送上钱穆的院士提名表一纸，已由姚从吾、董作宾、劳榦、胡适4人签名，询朱可否签名加入提名人之一。另询31日夜圆山饭店的聚餐，穿马褂长袍赴会，是否合适。（台北胡适纪念馆藏档，档号：HS-NK05-014-049）

12月30日　上午，胡适对来访的姚从吾说："做学问切不可动感情，一动感情，只看见人家的错，就看不见自己的错处。"(《胡适之先生晚年谈话录》，5页）

晚　胡适出席梅贻琦70岁生日晚宴，并讲话，胡适谈到1948年冬北

平围城时，梅贻琦不顾劝留，毅然"逃出"的事。(《新生报》，1958 年 12 月 31 日）

同日　董作宾赠《增补二十史朔闰表》(陈垣编纂，董作宾增补，艺文印书馆，1958 年）与胡适，并题签："适之先生备用　作宾敬呈。"(《胡适藏书目录》第 2 册，1022 页）

同日　胡适复函傅安明：

> 谢谢你十二月廿三日的信。
>
> 题签我写作"施植之先生早年回忆录"，而删去了"一九一四年以前的自述"一行，你看这个标题可用吗？（字写大了，可用照相缩小。）
>
> 你若不赞成这个书名，乞用飞邮告我，当重写寄上。
>
> 序文匆匆写成，颇不满意，但现在看了两遍，只改动了几个字，仍用飞邮寄还。
>
> "中风"一句，我改不好，乞代为酌改。
>
> "中风"是不是"脑溢血"？
>
> 此句或可改成"一九五四年秋天他大病之后"？乞酌改，不必经我再看了。
>
> 第五页"不必骈体四六"是你的原文，似不如作"不必骈四俪六"或"不必作四六骈体"？
>
> 见着施老夫人时，乞代道候。
>
> 到南港新居，已近两日，新居很舒适，我觉得太舒适了，我心里不安，因为此间朋友们都太苦了。
>
> 华府朋友，见面时乞代问好。
>
> 敬贺　新年，并祝双安。
>
> 　　　　　　　　　　　　　　　　　　　　　　　　　适之

(傅安明：《如沐春风二十年》，载李又宁主编：《回忆胡适之先生文集》第一集，纽约天外出版社，1997 年，271～272 页）

12 月 31 日　访客有董作宾、胡宏述、陈星耀、杨时逢。(《胡适之先生

年谱长编初稿〔补编〕》，92 页）

同日 胡适致函张承樞，询问中国公学校友朱芾煌的史料，并劝张写回忆录。（台北胡适纪念馆藏档，档号：HS-NK01-035-026）

> 按，是日晚胡颂平持胡适此函见张时，张说，朱芾煌的事不大清楚，"但慢慢的可以想得起，以后再说罢"。又说，中公的事，只有胡适可以出来领导复校的，要胡颂平告诉胡适。又说自传不好写，牵涉太多了。（《胡适之先生年谱长编初稿》第七册，2795 页）

同日 陈光甫致函胡适，告自己在圣诞夜寄了亲笔签名的近照与胡适，那使他想起彼此35年既长又可爱的友谊。虽然已年届八十，但自己对1938年那段最晦暗的日子仍记忆犹新，当时他们一起工作，为了值得的原因向美国政府与国会恳求。虽然签订的两笔借款相当小，但无论如何，那是开拓了美国对当局援助的一条路。1938年在华盛顿的任务对自己来说是一个挑战，它对自己的人生及后来的工作都许多影响。目前胡适已决定定居台湾，自己很高兴能较常看到他。（台北胡适纪念馆藏档，档号：HS-NK05-091-016）

是年 蒋介石之全年反省录有记：心身修养与学术研究方面似较往年有进无退。其中说到胡适：

> ……其间复有胡适之狰狞面目与荒谬言行，从中煽惑，及其"中央研究院"无理面斥，更为难堪，然皆能以容忍出之，最后仍得安定无恙。此乃上半年中所遭遇之无妄之侮辱，而竟能忍耐到底，度过内部重重难关，不可谓非忍人之所不能忍之修养所得也。……

是年 汪厥明将其著 On Some Problems of Statistical Analysis of Fractions（or Percentages）题赠胡适。（《胡适藏书目录》第 4 册，2853 页）